Special Thanks to

세상이 아무리 바쁘게 돌아가더라도
책까지 아무렇게나 빨리 만들 수는 없습니다.

길벗은 독자 여러분이
가장 쉽게, 가장 빨리 배울 수 있는 책을
한 권 한 권 정성을 다해 만들겠습니다.

독자의 1초를 아껴주는 정성을 만나보세요.

미리 책을 읽고 따라해 본 2만 베타테스터 여러분과
무따기 체험단, 길벗스쿨 엄마 2% 기획단,
시나공 평가단, 토익 배틀, 대학생 기자단까지!
믿을 수 있는 책을 함께 만들어주신 독자 여러분께 감사드립니다.

피피티프로 지음

PPT

길벗

피피티. 이럴 땐, 이렇게!
PowerPoint. In this case, like this!

초판 발행 2025년 10월 7일

지은이 피피티프로(이승원)
발행인 이종원
발행처 ㈜도서출판 길벗
출판사 등록일 1990년 12월 24일
주소 서울시 마포구 월드컵로 10길 56(서교동)
대표 전화 02)332-0931 | **팩스** 02)322-3895
홈페이지 www.gilbut.co.kr | **이메일** gilbut@gilbut.co.kr

기획 및 편집 최동원(cdw8282@gilbut.co.kr) | **표지 및 본문 디자인** 박상희
제작 이준호, 손일순, 이진혁 | **영업마케팅** 전선하, 박민영, 서현정
유통혁신 한준희 | **영업관리** 김명자 | **독자지원** 윤정아

교정교열 하윤정 | **전산편집** 김정미 | **CTP 출력 및 인쇄** 대원문화사 | **제본** 신정문화사

- 잘못 만든 책은 구입한 서점에서 바꿔 드립니다.
- 이 책은 저작권법에 따라 보호받는 저작물이므로 무단전재와 무단복제를 금합니다.
  이 책의 전부 또는 일부를 이용하려면 반드시 사전에 저작권자와 (주)도서출판 길벗의 서면 동의를 받아야 합니다.
- 인공지능(AI) 기술 또는 시스템을 훈련하기 위해 이 책의 전체 내용은 물론 일부 문장도 사용하는 것을 금지합니다.

ⓒ 피피티프로(이승원), 2025

ISBN 979-11-407-1600-5 03000
(길벗 도서코드 007216)

정가 25,000원

독자의 1초까지 아껴주는 정성 길벗출판사

㈜도서출판 길벗 • IT교육서, IT단행본, 경제경영, 교양, 성인어학, 자녀교육, 취미실용 ▸ www.gilbut.co.kr
길벗스쿨 • 국어학습, 수학학습, 어린이교양, 주니어 어학학습, 학습단행본 ▸ www.gilbutschool.co.kr

인스타그램 ▸ gilbut.it | **페이스북** ▸ gilbutzigy | **네이버 블로그** ▸ blog.naver.com/gilbutzigy

책을 처음 쓰기 시작했을 때 생각했던 단어는 '사전'이었습니다. 뜻을 모르거나 예문이 떠오르지 않을 때 가장 먼저 찾아보는 사전처럼, 피피티가 어렵고 어떻게 시작해야 할지 막막할 때 펼쳐볼 수 있는 책을 만들고 싶었습니다.

다행히 오랜 실무 경험에서 비롯된 노하우와 유튜브·인스타그램 채널을 운영하며 받은 질문들, 그리고 기업과 대학 강의를 통해 접한 실무자들의 실제 어려움 덕분에 피피티 제작 과정에서 어떤 점이 힘든지 누구보다 명확히 이해할 수 있었습니다.

이 책은 단순히 문제를 해결하는 데 그치지 않습니다. 제가 겪은 시행착오에서 얻은 중요한 깨달음을 바탕으로, 독자 여러분이 각자의 업무에 맞게 응용하고 발전시킬 수 있도록 구성했습니다. 실무에 몰두하는 많은 분들, 그리고 제 채널을 꾸준히 응원해 주신 분들께 이 책을 소개할 수 있어 기쁩니다.

마지막으로, 이 책이 세상에 나올 수 있도록 응원해 주신 구독자분들, 만날 때마다 통찰력 있는 조언을 전해 주신 교육 담당자님들, 그리고 제 첫 책을 상상한 그대로 구현해 주신 길벗출판사 최동원 에디터님께 깊이 감사드립니다.

머리말

수업 자료를 만들 때나 발표를 준비할 때, 피피티는 어느새 누구나 일상과 실무에서 자연스럽게 사용하는 프로그램이 되었습니다. 늘 곁에 있지만, 정작 피피티를 제대로 배우려는 경우는 많지 않습니다. 포토샵이나 프리미어프로처럼 배우지 않으면 다루기 어려운 프로그램과 달리, 피피티는 비교적 사용법이 간단해 누구나 그럴듯한 결과물을 만들 수 있기 때문에 그냥 넘어가는 경우가 많죠.

하지만 실무에서는 바로 이 점이 문제가 됩니다. 사용할 줄은 알아도, 제대로 다루는 사람은 많지 않습니다. 그래서 저는, 조금만 배워도 눈에 띄는 차이를 만들 수 있는 이 도구의 활용법을 담은 피피티 책을 집필하고자 했습니다.

그렇다면 피피티를 잘 만든다는 건 무엇일까요? 단순히 보기 좋게 디자인하는 것을 말하는 건 아닙니다. 실무에서 피피티를 잘한다는 건, 메시지를 효과적으로 전달할 수 있는 구성, 문서를 매력적으로 완성하는 디자인, 그리고 이를 빠르게 완성하는 속도를 모두 갖추는 것입니다. 이 세 가지가 고루 갖춰져야 비로소 실무에서 '잘 만든 피피티'라고 할 수 있습니다.

영어를 배울 때 단어를 뜻과 1:1로 대응시키기보다 문장 속에서 익히라고 하듯, 피피티도 기능만 따로 익히는 것보다 실무 속 다양한 상황에서 어떤 방식으로 활용되는지를 아는 것이 더 중요합니다. 그래야 혼자 힘으로 완성도 높은 프레젠테이션 문서를 만들어낼 수 있습니다.

『피피티. 이럴 땐, 이렇게!』는 실무에서 피피티를 사용할 때 마주치는 다양한 벽마다 해결책을 제시합니다. 더 나아가 그 과정에서 익힌 방식을 다음 문서에 응용할 수 있도록 구성했습니다. 이렇게 하나씩 쌓인 피피티 활용 능력은 실무에서도, 개인의 역량을 표현하는 데에도 강력한 자산이 됩니다.

1장 [슬기로운 피피티 실무 생활] 에서는 누구나 부딪히는 기본적인 문제들을 다룹니다. 단축키, 입력과 수정, 슬라이드 구조 등 자주 쓰이지만 놓치기 쉬운 기초 기능을 실제 사례와 함께 설명하며, 단순히 '어떻게'가 아니라 '왜' 그렇게 해야 하는지를 짚어줍니다. 이를 통해 독자는 피피티의 기초 체력을 쌓고, 작은 차이가 큰 효율을 만든다는 걸 경험하게 됩니다.

2장 [피피티 요소 제대로 다루기] 에서는 슬라이드를 구성하는 핵심 요소들을 깊이 있게 다룹니다. 색상을 조합하고, 텍스트를 강조하며, 표와 차트를 가독성 있게 다듬는 과정을 통해 단순히 예쁜 화면이 아니라 메시지가 살아 있는 화면을 만드는 법을 익힙니다. 각 요소를 어떻게 써야 전달력이 극대화되는지에 대한 감각도 함께 익힐 수 있습니다.

`3장 [피피티프로의 디자인 수업]` 에서는 완성도 높은 프레젠테이션을 만들기 위한 디자인 감각과 레이아웃 원칙을 배웁니다. 기능을 많이 아는 것보다 중요한 건, 정보를 어떻게 구성하고 보여주느냐입니다. 이 장에서는 정렬, 강조, 대비, 레이아웃 구성 같은 기본기를 실습하듯 익히며, 나아가 틀을 깨는 과감한 시도를 통해 '보여주는 피피티'가 아닌 '전달되는 피피티'를 만드는 감각을 키울 수 있습니다.

`4장 [피피티×AI 활용법]` 에서는 최신 AI와 자동화 도구들을 활용해 피피티 작업을 한 단계 끌어올리는 방법을 소개합니다. AI 요약으로 방대한 자료를 정리하고, 이미지와 아이콘을 직접 생성하며, 색상과 모션 효과를 자동 추천받는 등, 새롭고 강력한 도구들을 어떻게 실무에 적용할 수 있을지를 구체적으로 알려드립니다. 이를 통해 독자는 단순한 기능 학습을 넘어 스마트하고 차별화된 피피티 제작 역량을 갖추게 됩니다.

누구나 알고 있지만, 제대로는 다뤄보지 않은 피피티. 이 책을 통해 그 막연한 불편함을 해소하고, 자신만의 속도와 표현력, 그리고 최신 도구 활용 능력까지 갖춘 피피티 실력을 쌓으시길 바랍니다. 피피티가 더 이상 발목을 잡는 존재가 아니라, 여러분의 역량을 더 빛나게 해주는 든든한 도구가 되기를 바랍니다.

피피티프로 이승원

저자 소개

인스타그램&유튜브
실무 피피티 크리에이터 **피피티프로**가
비효율적인 당신의 피피티에
속이 뻥 뚫리는 솔루션을 제시합니다.

피피티의 정점으로 안내할 실전·실무 피피티프로!
'피피티…. 이럴 땐 어떻게 하죠?'라는 질문에
명쾌한 해답을 제시합니다.
피피티프로가 쉽고 체계적으로 알려줄게요.
이럴 땐, 이렇게 해보세요.

'피피티프로'는 직접 부딪히며 익힌 피피티 실무 꿀팁들을 바로 써먹을 수 있게, 최대한 쉽게 풀어서 알려줘요. 이런 현실적인 팁들 덕분에 인스타그램과 유튜브에서 많은 사람들의 공감을 얻고, 실무 피피티 꿀정보를 알려주는 대표 크리에이터로 자리 잡았죠. 업무 시간을 1초라도 줄여주는 다양한 팁부터, 센스 있어 보이는 실무 디자인 노하우까지! 실무에 바로 도움 되는 실용적인 조언들을 꾸준히 전해주고 있어요.

혹시 피피티 작업하다가 막히거나, 더 똑똑하게 일하고 싶을 때가 있다면? '피피티프로'의 채널에 한 번 들러보세요. 필요한 정보가 딱! 있을지도 몰라요.

피피티, 이럴 땐, 이렇게!

슬기로운
피피티 실무 생활

⚙ 설정　📁 파일 관리　⌨ 단축키
🌐 레퍼런스 사이트

피피티는 누구나 한 번쯤 사용해 본 익숙한 도구로, 쉽고 간단하게 그럴듯한 결과물을 만들 수 있습니다. 하지만 그렇기 때문에 가장 기본적인 부분을 놓치고 지나칠 수 있죠. 피피티의 기본부터 작업 시간을 줄일 수 있는 팁은 물론, 효율을 높여 줄 단축키와 알짜배기 레퍼런스 사이트까지 일목요연하게 정리했습니다. 슬기로운 피피티 실무 생활을 시작해 보고 싶다면, 이럴 땐 이렇게 해보세요.

피피티 요소
제대로 다루기

✏ 텍스트　◆ 도형　🖼 이미지　⭐ 아이콘
🎨 색상　📊 차트와 표　🎞 영상　➕ 도형 병합

있어 보이는 피피티를 완성하려면 텍스트, 도형, 이미지, 아이콘, 색상 등 슬라이드를 구성하는 기본 요소들을 제대로 다룰 줄 알아야 합니다. 매력적인 프레젠테이션을 만들기 위해 꼭 필요한 피피티의 기본 요소 활용법부터, 효율적인 정보 전달을 위한 차트와 표 사용법까지 빠짐없이 정리했습니다. 멋진 피피티를 완성하고 싶다면, 이럴 땐 이렇게 해보세요.

피피티프로의
디자인 수업

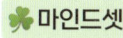 마인드셋　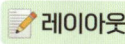 레이아웃　 구성법
 효과　🎀 디자인

피피티의 기능을 많이 안다고 해서 좋은 프레젠테이션을 완성할 수 있는 것은 아닙니다. 감탄을 자아내는 피피티를 위한 마인드셋부터, 완성도를 높여 주는 레이아웃과 구성법, 그리고 피피티에 생동감을 더해 기억에 남는 발표를 만드는 방법까지, 피피티프로가 피피티의 정점으로 안내합니다. 당신의 피피티에 임팩트를 주고 싶다면, 이럴 땐 이렇게 해보세요.

피피티 × AI
활용법

🚩 요약　🤖 이미지 생성　📊 도식화
🌈 색상 조합　🔄 변환

AI가 등장한 지 오래되지는 않았지만, 실무에서는 이미 선택이 아닌 필수로 자리 잡고 있습니다. 이제는 AI를 능숙하게 활용할 줄 아는 역량이 곧 경쟁력이 됩니다. 피피티 실무에 AI 도구를 적극적으로 활용하면, 상상만 했던 이미지를 생성할 수 있을 뿐 아니라, 방대한 자료를 순식간에 요약하고 복잡한 슬라이드도 간편하게 도식화할 수 있습니다. 피피티에 AI를 도입하고 싶다면, 이럴 땐 이렇게 해보세요.

템플릿 소개

피피티의 정점으로 안내할 템플릿 30종, 550개 슬라이드를 제공합니다.

1 컬러 템플릿

2 크리에이티브 템플릿

3 발랄 템플릿

4 딥그린 템플릿

5 형광 템플릿

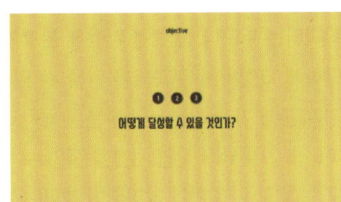
6 노란 템플릿

7 강렬한 템플릿

8 애플스타일 템플릿

9 만능 블랙 템플릿

10 여름 템플릿

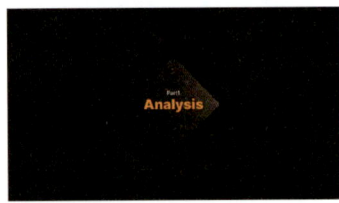
11 우주 템플릿

12 브라운 템플릿

13 레드블랙 템플릿

14 연두 템플릿

15 도쿄 템플릿

평생 사용할 수 있는 심플·깔끔한 피피티프로의 템플릿을 만나보세요.

16 노란2 템플릿

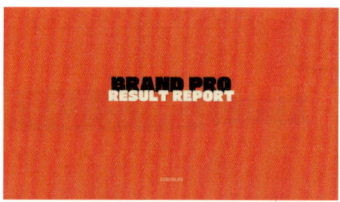
17 오렌지 템플릿

18 포레스트 템플릿

19 파스텔 템플릿

20 레드그린 템플릿

21 실무활용1 템플릿

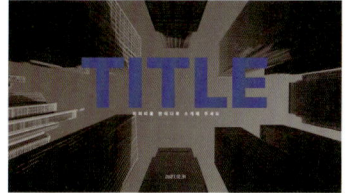
22 실무활용2 템플릿

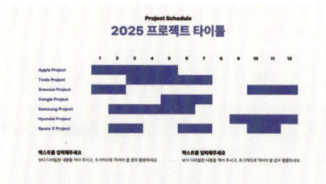
23 실무활용3 템플릿

24 실무활용4 템플릿

25 실무활용5 템플릿

26 실무활용6 템플릿

27 실무활용7 템플릿

28 실무활용8 템플릿

29 실무활용9 템플릿

30 지도활용 템플릿

이 책을 보는 방법

CHAPTER 피피티의 주요 기능이나 주제별로 챕터를 구성했습니다. 처음부터 봐도 되지만 꼭 필요한 내용이 있다면 바로 찾아서 실무에 적용해 보세요.

실습 예제 피피티의 정점으로 안내할 실무 밀접형 고퀄리티 예제를 제공합니다. 이제 바로 실무에 적용할 수 있을 거예요.

Q&A 엑셀 실무가 막힐 때, 검색창에 뭐라고 검색해야 할지도 몰라 난감했던 적 있지 않나요? 각 실습을 Q&A 형식으로 구성했습니다.

QR 코드 조금 어려운 것 같나요? QR 코드를 스캔하면 당신을 피피티의 정점으로 안내할 동영상 강의가 바로 시작됩니다.

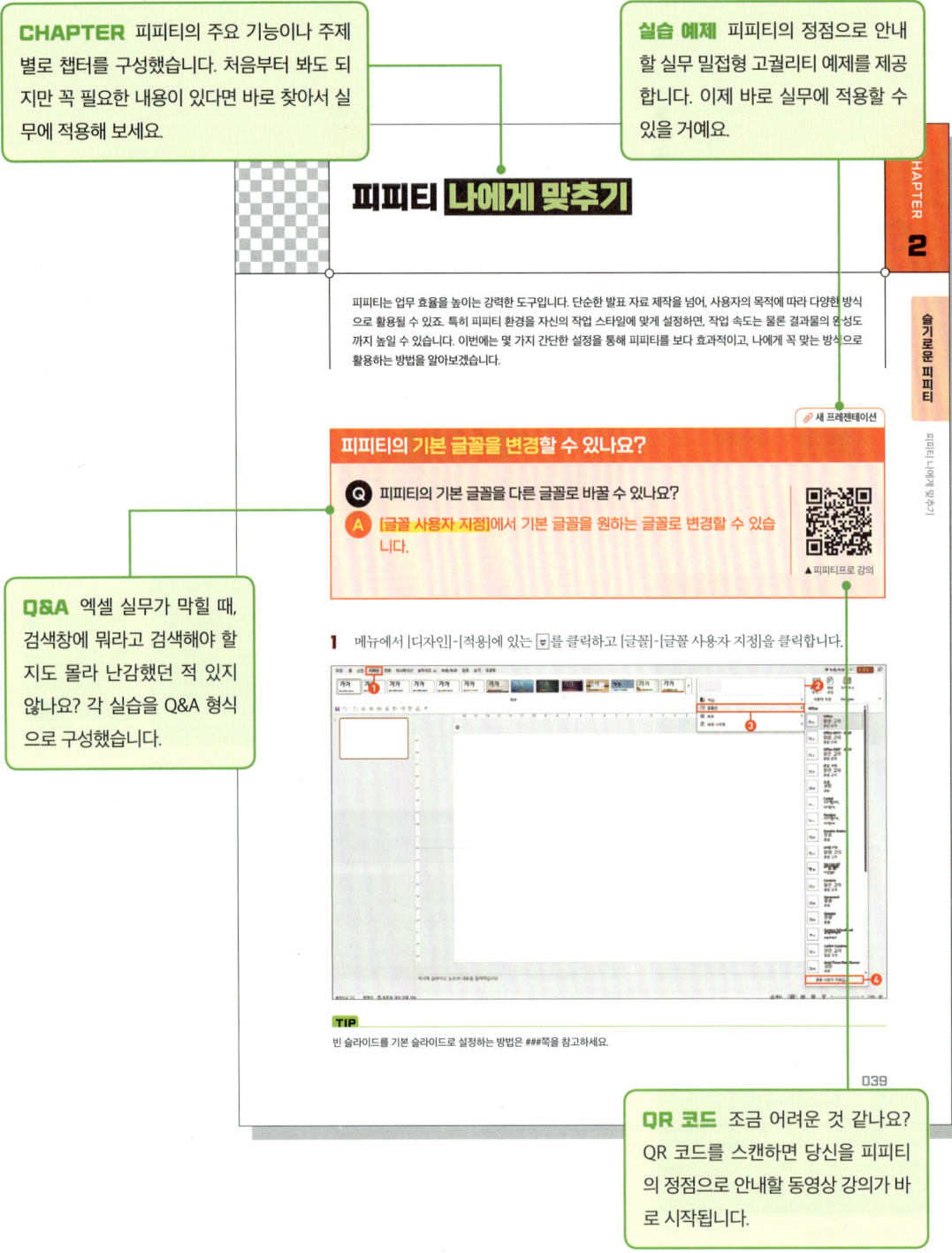

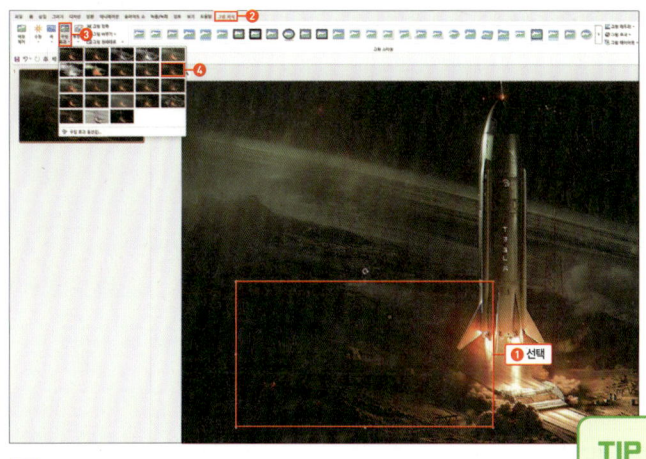

무따기 누구나 쉽게 따라할 수 있어요! 차근차근 따라하면 누구나 할 수 있어요.

TIP 조금 더 효율적인 방법이 있을 것 같은데? 이런 방법도 있다니! 칼퇴로 직행하는 꿀팁을 제공합니다.

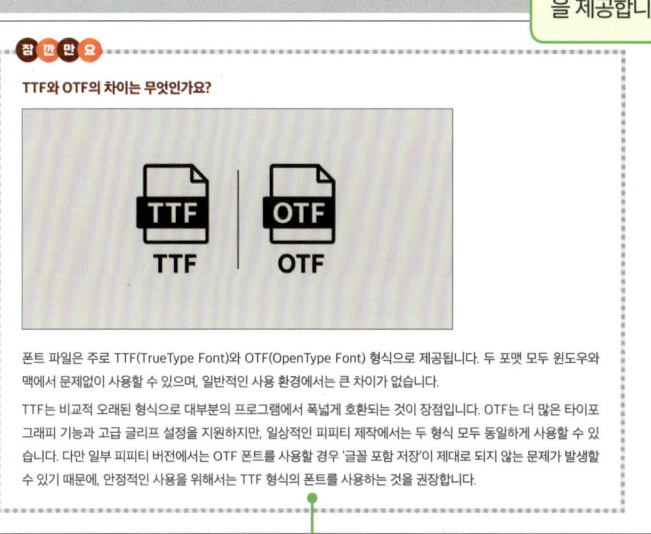

잠깐만요 잠깐만요! 알아두면 피피티 고수로 거듭날 수 있는 비법을 정리했습니다. 피피티 실무 능력을 향상시켜 보세요.

1장 슬기로운 피피티 실무 생활

☑ 피피티 초보 당장 탈출하기

시작 화면 없이 바로 피피티를 시작할 수 있나요?	022
아무것도 없는 빈 슬라이드로 피피티를 시작할 수 있나요?	024
새 슬라이드를 좀 더 빠르게 추가할 수 있나요?	027
슬라이드의 배경 색상을 변경할 수 있나요?	029
피피티를 PDF나 이미지로 저장할 수 있나요?	033
잠깐만요 PDF를 피피티로 변환할 수는 없나요?	035
슬라이드의 크기와 방향을 변경할 수 있나요?	036
잠깐만요 슬라이드 안에 있는 객체를 빠르게 확대/축소할 수는 없을까요?	038

☑ 피피티 나에게 맞추기

피피티의 기본 글꼴을 변경할 수 있나요?	039
피피티의 기본 색상을 변경할 수 있나요?	041
잠깐만요 색상 정보를 확인할 수 있는 방법이 있나요?	046
자주 사용하는 기능을 빠르고 쉽게 사용할 수 있나요?	047
잠깐만요 빠른 실행 도구 모음에 이건 필수예요!	050
텍스트 상자나 도형 등의 기본 스타일도 변경할 수 있나요?	051
실행 취소의 최대 횟수를 변경할 수 있나요?	053
잠깐만요 자동으로 나타나는 디자이너 창을 없앨 수 있나요?	055

✅ 작업 시간을 줄여주는 피피티 습관

글머리 기호나 번호 매기기의 간격을 조절할 수 있나요? 056
자동으로 슬라이드 번호를 표시할 수 있나요? 059
잠깐만요 표지 슬라이드를 제외하고 번호를 시작할 수 있나요? 060
피피티에 사용한 글꼴을 한 번에 변경할 수 있나요? 061
피피티 파일의 용량이 큰데, 줄일 수 있나요? 062
피피티 초안을 빠르게 만들 수 있나요? 066

✅ 피피티에 가속도를 붙이는 방법

복사·붙여넣기를 더 효율적으로 할 수 있나요? 069
이미지를 같은 위치에 빠르게 삽입할 수 있나요? 071
이미지 비율을 빠르게 변경할 수 있나요? 078
잠깐만요 이미지 윤곽선을 빠르게 적용할 수 있나요? 081
완성한 서식을 다른 요소에도 똑같이 적용할 수 있나요? 082
피피티 단축키, 꼭 필요한 것만 알고 싶다면? 083
피피티 웹사이트, 꼭 필요한 곳만 알고 싶다면? 090

2장 - 피피티 요소 제대로 다루기

✅ 피피티 색상의 모든 것

피피티 색상을 쉽게 선택하는 방법이 있을까요? 096
피피티에 몇 가지 색상을 사용하는 것이 가장 이상적일까요? 099

그라데이션은 어떻게 만들어요?	102
피피티에는 없는 특별한 그라데이션은 만들 수 없나요?	108
잠깐만요 텍스트에도 그라데이션을 넣을 수는 없나요?	113

✓ 피피티 텍스트의 모든 것

피피티 텍스트를 빠르게 변경할 수 있나요?	114
잠깐만요 텍스트 위치가 자꾸 바뀌어서 불편해요.	117
텍스트를 간단하게 꾸밀 수 있을까요?	118
텍스트 효과보다 좀 더 멋지게 텍스트를 꾸밀 수 있을까요?	122
텍스트를 더 눈에 띄게 꾸밀 수 있나요?	125
피피티에 어떤 폰트를 사용하는 게 좋을까요?	131
저작권 걱정 없이 사용할 수 있는 무료 폰트는 어디에서 받을 수 있나요?	137
잠깐만요 TTF와 OTF의 차이는 무엇인가요?	141
다운받은 폰트는 어떻게 설치할 수 있나요?	142

✓ 피피티 도형의 모든 것

피피티의 기본 도형을 정교하게 편집할 수 있나요?	145
잠깐만요 도형의 모서리를 둥글게 표현할 수 있나요?	148
윤곽선도 색다르게 꾸밀 수 있나요?	149
피피티에서 제공하지 않는 도형을 사용할 수 있나요?	153
도형을 더 눈에 띄게 만들 수 있나요?	156

✓ 피피티의 한계를 넘는 도형 병합

피피티에 없는 도형을 직접 만들 수 있나요?	161
이미지를 도형 모양에 맞춰 자를 수 있나요?	166
텍스트에 이미지를 넣을 수 있나요?	168
잠깐만요 동영상도 텍스트나 도형 안에 넣을 수 있나요?	171
어떻게 하면 이미지를 색다르게 강조할 수 있을까요?	172

☑ 피피티 아이콘의 모든 것

피피티 아이콘, 어디서 구할 수 있을까요?   176
잠깐만요 SVG 형식이 아닌 아이콘은 편집할 수 없나요?   179
움직이는 아이콘도 사용할 수 있나요?   180
어떻게 하면 아이콘을 제대로 사용할 수 있을까요?   184
아이콘도 편집해서 사용할 수 있나요?   185

☑ 피피티 이미지의 모든 것

이미지를 더 세련되게 활용하려면 어떻게 해야 하나요?   190
저작권 걱정 없이 사용할 수 있는 무료 이미지는 어디에서 받을 수 있나요?   193
피피티에 사용할 이미지의 배경을 제거할 수 있나요?   196
잠깐만요 배경이 없는 투명한 이미지를 사용할 수는 없나요?   203

☑ 피피티에서 영상을 활용하는 방법

피피티로 간단한 동영상을 만들 수 있나요?   204
슬라이드에 영상을 삽입할 수 있나요?   208

☑ 피피티 차트와 표의 모든 것

차트를 쉽게 만들 수 있는 방법이 있나요?   211
잠깐만요 x, y축을 바꾸고 싶어요.   216
꼭 차트 기능을 사용해야 할까요?   217
표를 쉽게 만드는 방법이 있나요?   219
표를 좀 더 보기 좋게 만들 수 있을까요?   223
엑셀 표 데이터를 피피티로 쉽게 가져올 수 없나요?   227

3장 피피티프로의 디자인 수업

☑ 피피티 고수가 되는 마인드셋

좋은 피피티 디자인, 어디서부터 시작해야 할까요?	232
어떻게 해야 피피티 실력을 향상시킬 수 있을까요?	234
잘 만든 피피티는 뭘까요?	238
강한 인상을 주는 피피티는 어떻게 만드나요?	240

☑ 피피티가 정돈되어 보이는 레이아웃

내가 만든 피피티는 왜 깔끔해 보이지 않을까요?	243
잠깐만요 좀 더 쉽고 빠르게 정렬 기능을 사용할 수 있을까요?	249
레이아웃을 어떻게 구성하면 좋을까요?	250
슬라이드 마스터는 뭐고 어떻게 사용하는 건가요?	256

☑ 올바른 피피티 구성법

전체 피피티가 너무 복잡해 보여요!	260
슬라이드의 특정 요소에 집중하게 하려면 어떻게 해야 하나요?	262
잠깐만요 이미지는 어떻게 강조하나요?	266
계속 똑같은 슬라이드가 반복되는 것 같아요.	267
잠깐만요 슬라이드에 텍스트가 너무 많은데 어떻게 하면 좋을까요?	271
슬라이드 한 장은 너무 좁고, 연결성도 떨어질 땐 어떻게 해야 하나요?	272
슬라이드에 원하는 명령을 삽입할 수 있나요?	278
잠깐만요 발표 중 원하는 슬라이드로 바로 이동할 수 있나요?	281

☑ 피피티에 생동감을 더하는 방법

도대체 모핑이 뭔가요? 283
피피티의 전환과 애니메이션은 어떤 차이가 있나요? 286
잠깐만요 애니메이션 효과에 있는 트리거는 뭔가요? 291
틀에 박힌 피피티에 활력을 불어넣을 이미지 없을까요? 292

☑ 피피티 디자인 필살기

텍스트와 이미지만으로 임팩트를 줄 순 없나요? 295
슬라이드에 깊이감을 표현할 수 있을까요? 302
주목도 높은 표지 슬라이드를 만들려면 어떻게 해야 하나요? 305
이미지 위에 텍스트를 배치하려면 어떻게 해야 할까요? 308
텍스트만으로도 임팩트 있는 슬라이드를 만들 수 있을까요? 313
그림자 효과가 눈에 띄지 않는데 어떻게 설정해야 할까요? 315
잠깐만요 그림자는 꼭 어두워야 하나요? 319
매번 비슷한 그림자 효과만 사용하는데 좀 더 색다르게 활용할 수는 없을까요? 320

☑ 피피티의 무한한 확장, 3D 모델 활용법

피피티에도 3D 모델을 활용할 수 있나요? 324
3D 모델에도 움직임을 줄 수 있나요? 328
피피티의 기본 3D 모델 말고, 더 다양한 3D 모델은 없을까요? 331

4장 피피티 × AI 활용법

✓ 피피티프로의 AI 활용법

발표를 준비해야 하는데, 방대한 자료를 빠르게 요약할 수 있을까요? ... 336
인터넷에서 본 폰트가 어떤 폰트인지 알 수 있나요? ... 338
피피티에 사용할 이미지를 직접 생성할 수 있나요? ... 340
잠깐만요 AI로 아이콘도 생성할 수 있나요? ... 352
도식화를 쉽고 빠르게 할 수 있는 방법 없을까요? ... 353
내가 원하는 스타일의 색 조합을 만들 수 있나요? ... 357
정적인 이미지를 움직이게 할 수 있나요? ... 361

피피티의 정점을 안내할 템플릿의 압축을 해제하려면, 뒷 표지 바코드 끝자리 숫자를 입력하면 됩니다.

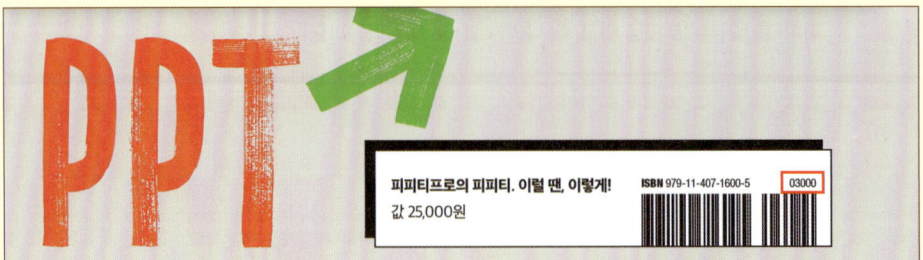

실습 예제 다운로드

이 책에 사용된 예제는 길벗출판사 홈페이지(www.gilbut.co.kr)에서 다운로드할 수 있습니다. 길벗출판사 홈페이지 검색 창에 『피피티. 이럴 땐, 이렇게!』를 검색하여 [자료실]을 선택해 실습 예제 파일을 다운로드하세요. 홈페이지 회원으로 가입하지 않아도 누구나 실습 예제 파일을 다운로드할 수 있습니다. 다운로드한 예제 파일의 압축을 해제하면 각 챕터별로 구분된 예제 파일을 확인할 수 있습니다.

1

길벗출판사 홈페이지
www.gilbut.co.kr
▼
『피피티. 이럴 땐, 이렇게!』 검색

2

자료실
▼
실습 예제 파일 다운로드

3

압축 해제

1장

슬기로운 피피티 실무 생활

피피티를 자주 사용하는 사람이라도 기본적인 사용법은 대수롭지 않게 여기고 그냥 지나치는 경우가 많습니다. 하지만 모든 일이 그렇듯, 기초가 탄탄해야 응용도 가능하고 실력도 쌓을 수 있습니다. [1장]에서는 실무에서 꼭 필요한 피피티의 기본 사용법을 하나씩 살펴보겠습니다.

POWERPOINT. IN THIS CASE, LIKE THIS!

- ☑ 피피티 초보 당장 탈출하기
- ☑ 피피티 나에게 맞추기
- ☑ 작업 시간을 줄여주는 피피티 습관
- ☑ 피피티에 가속도를 붙이는 방법

CHAPTER 1

피피티 초보 당장 탈출하기

피피티는 누구나 한 번쯤은 사용해 본 익숙한 툴입니다. 직접 다뤄보면 생각보다 쉽고 간단하게 그럴듯한 결과물을 만들 수 있죠. 그래서 피피티의 가장 기본적인 부분을 모르고 넘어가는 분들이 많습니다. 난생 처음으로 피피티를 켰다면 무엇을 먼저 알아야 하는지, 피피티의 기본을 알아봅시다.

시작 화면 없이 바로 피피티를 시작할 수 있나요?

Q '시작 화면'을 거치지 않고 바로 새 슬라이드를 시작할 수 있을까요?

A [PowerPoint 옵션] 창의 [일반]에서 **[이 응용 프로그램을 시작할 때 시작 화면 표시]**를 해제하면 시작 화면이 표시되지 않습니다.

🔗 새 프레젠테이션

▲ 피피티프로 강의

💡 피피티를 실행하면 새 프레젠테이션 만들기, 템플릿 선택, 최근 파일 열기 등을 할 수 있는 시작 화면이 표시됩니다. 여러 가지 작업을 빠르게 고를 수 있어 유용하지만, 단순히 새 슬라이드를 바로 만들고 싶을 때는 한 번 더 클릭해야 해서 불편하죠. 이럴 땐 시작 화면을 아예 생략하도록 설정해보세요.

1 피피티를 실행하면 '시작 화면'이 표시됩니다. 시작 화면에는 최근 열어본 프레젠테이션을 선택하거나 완성된 디자인이 반영된 프레젠테이션을 선택할 수 있습니다. 새로운 프레젠테이션을 만들려면 [새 프레젠테이션]을 선택합니다.

2 피피티를 실행했을 때 시작 화면 대신 새로운 프레젠테이션을 표시할 수도 있습니다. 시작 화면을 표시하지 않으려면 메뉴에서 [파일]-[옵션]을 선택합니다.

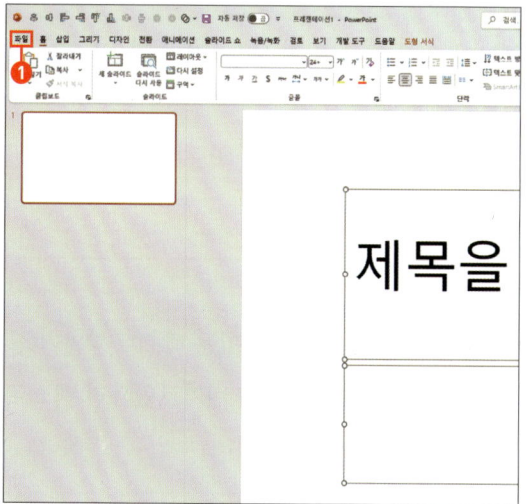
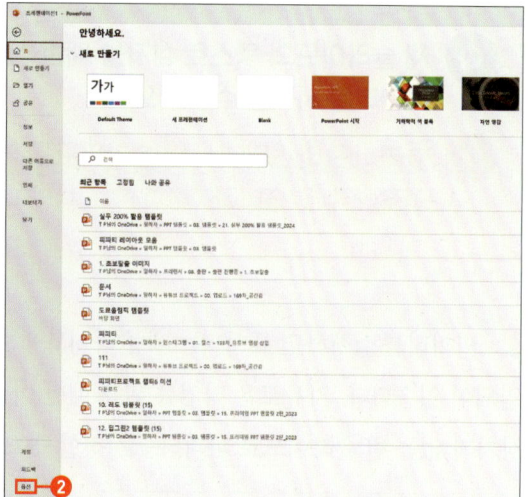

3 [PowerPoint 옵션] 창의 [일반] 탭을 선택합니다. [시작 옵션] 범주에 있는 [이 응용 프로그램을 시작할 때 시작 화면 표시]의 체크를 해제하고 [확인]을 클릭합니다. 이제 피피티를 실행하면 시작 화면이 표시되지 않습니다.

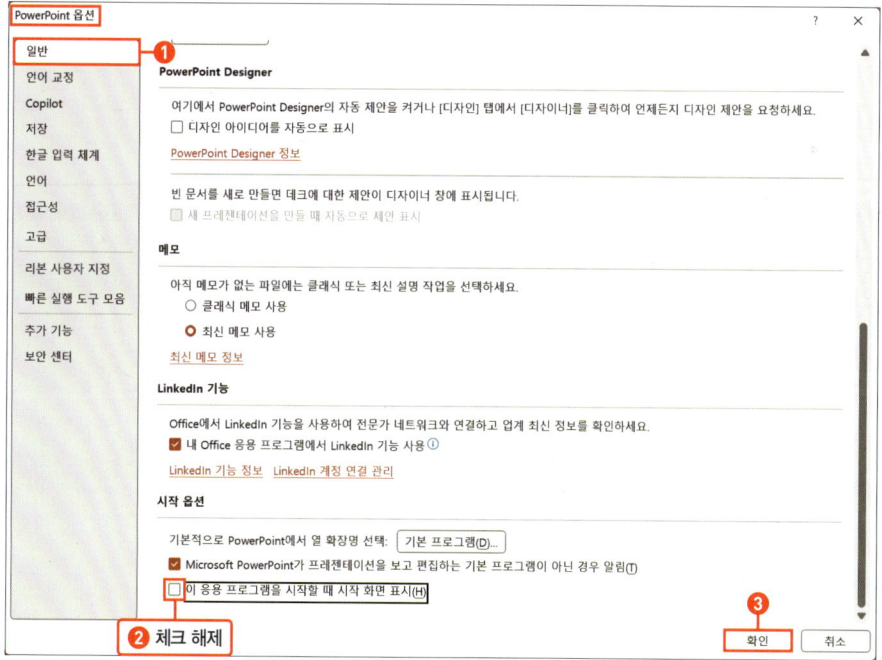

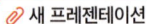 새 프레젠테이션

아무것도 없는 빈 슬라이드로 피피티를 시작할 수 있나요?

Q 새 슬라이드의 텍스트 상자를 매번 삭제하는데 텍스트 상자가 없는 빈 슬라이드로 피피티를 시작할 수 있나요?

A 슬라이드 마스터에서 **빈 슬라이드를 기본 테마로** 저장하면 빈 슬라이드로 피피티를 시작할 수 있습니다.

피피티를 실행하면 표시되는 새 슬라이드에는 제목과 부제목을 입력할 수 있는 텍스트 상자가 삽입되어 있습니다. 자유로운 작업을 위해 매번 이 텍스트 상자를 삭제하는 것이 번거로웠다면 텍스트 상자가 없는 빈 슬라이드로 피피티를 시작할 수도 있습니다.

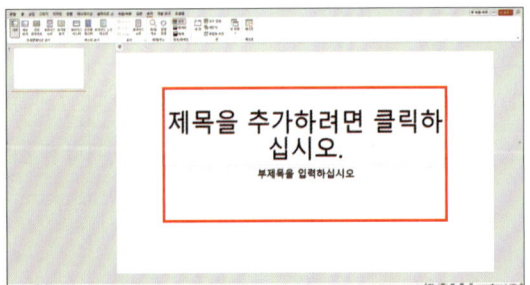
▲ 기본 테마 변경 전

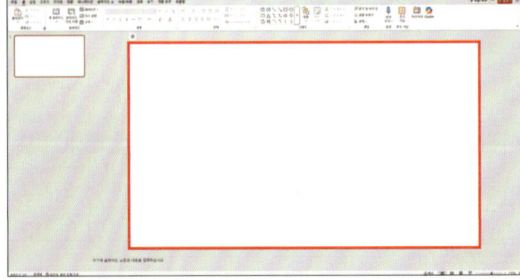
▲ 기본 테마 변경 후

1 메뉴에서 [보기]-[슬라이드 마스터]를 선택합니다.

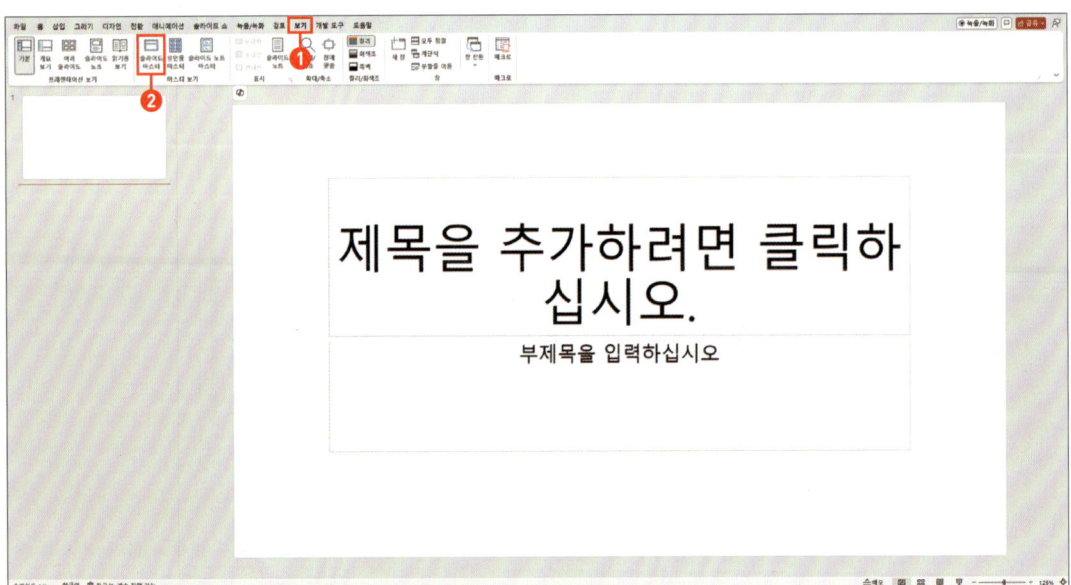

2 슬라이드 마스터의 [슬라이드 창]에서 첫 슬라이드에 있는 텍스트 상자를 모두 삭제합니다.

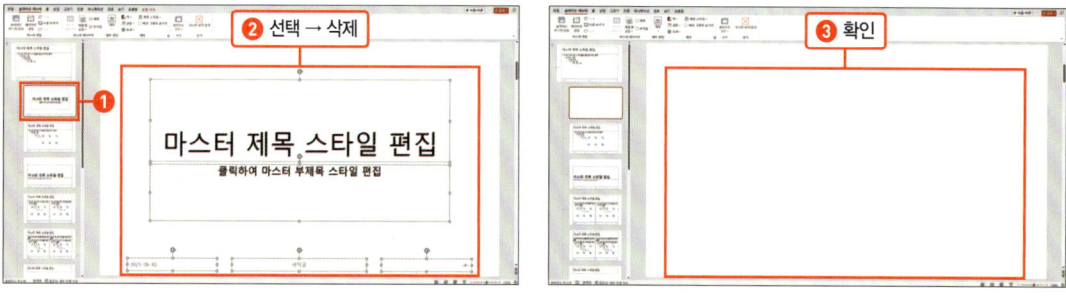

3 [마스터 보기 닫기]를 클릭합니다.

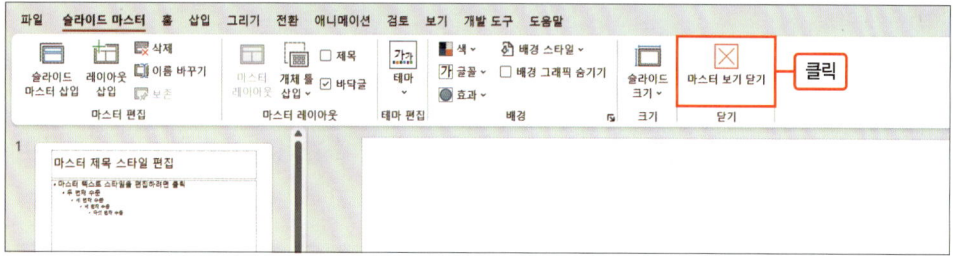

4 [디자인]-[테마]의 [▼]를 클릭하고 [현재 테마 저장]을 클릭합니다.

5 테마를 저장할 위치를 선택하고 테마 이름을 입력한 후 [저장]을 클릭합니다.

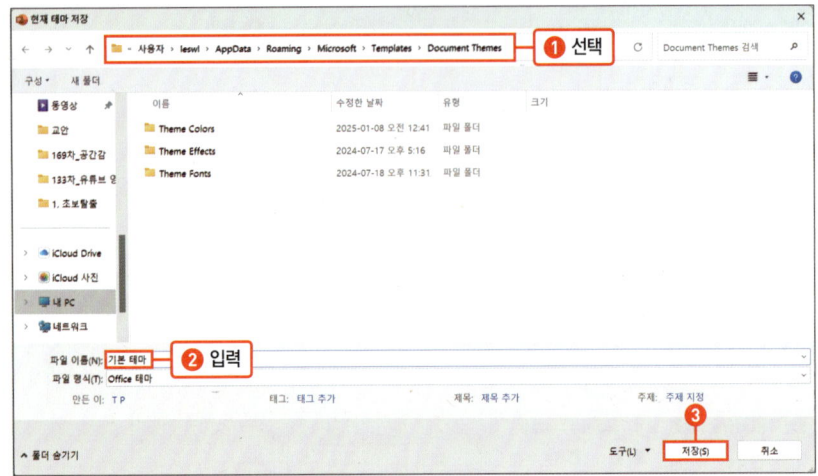

6 메뉴의 [디자인]-[테마]에서 ▼를 클릭합니다. [사용자 지정]에 추가된 테마를 마우스 오른쪽 버튼으로 클릭한 후 [기본 테마로 설정]을 선택합니다.

7 피피티를 종료한 다음 다시 실행하면 아무것도 없는 빈 슬라이드로 피피티가 시작됩니다.

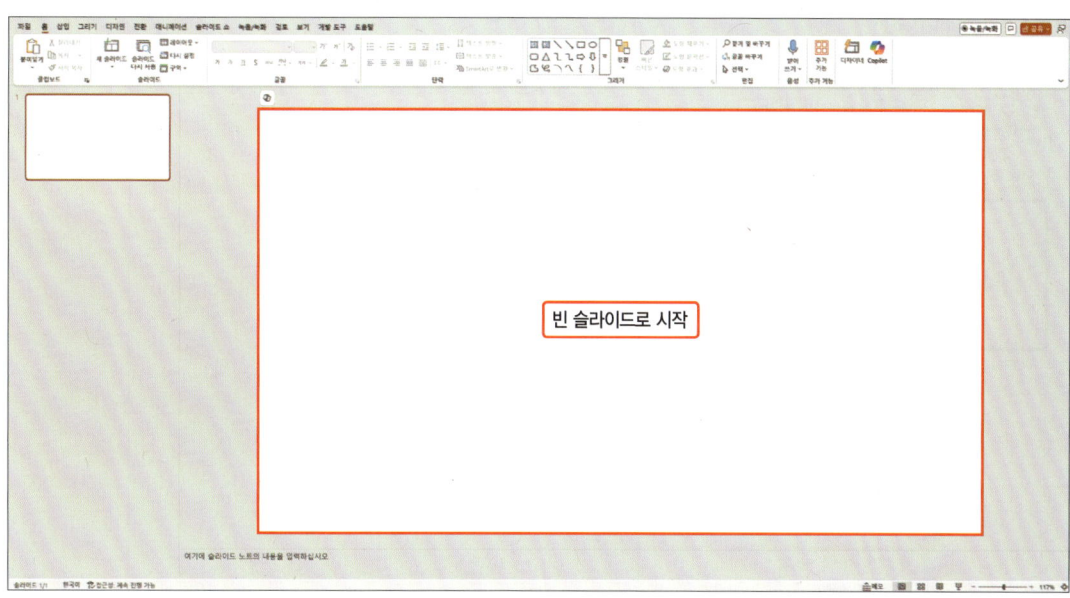

새 슬라이드를 좀 더 빠르게 추가할 수 있나요?

Q 새 슬라이드를 더 빠르게 추가하려면 어떻게 하나요?

A 다양한 방법으로 새 슬라이드를 추가할 수 있습니다.

1 [슬라이드 창]에서 Enter 를 누르거나 메뉴에서 [홈]-[슬라이드]-[새 슬라이드]를 클릭하면 현재 선택된 슬라이드 아래 새 슬라이드가 추가됩니다.

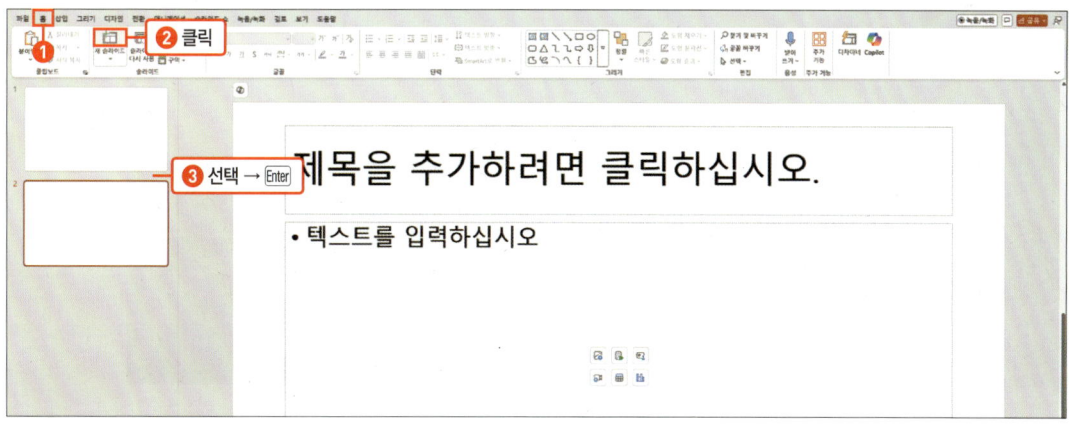

TIP
피피티에서 한 페이지의 단위는 [슬라이드]입니다. Ctrl + D 를 눌러도 새 슬라이드를 추가할 수 있습니다.

2 메뉴의 [새 슬라이드]에서 [∨]나 [레이아웃]을 선택하면 레이아웃이 적용된 새 슬라이드를 추가할 수도 있습니다.

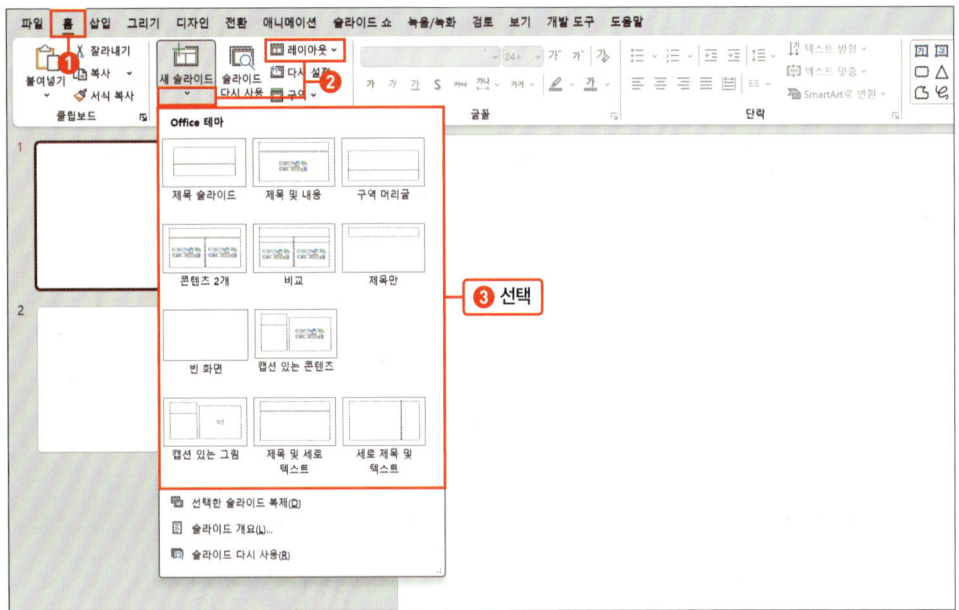

3 배경색이나 레이아웃이 적용된 슬라이드를 복제하려면 슬라이드가 선택된 상태에서 Ctrl+D를 누르면 배경색이나 레이아웃이 적용된 슬라이드가 추가됩니다. 이 방법으로 슬라이드를 추가하면 다른 슬라이드의 같은 위치에 이미지나 도형 등을 배치해야 할 때도 유용합니다.

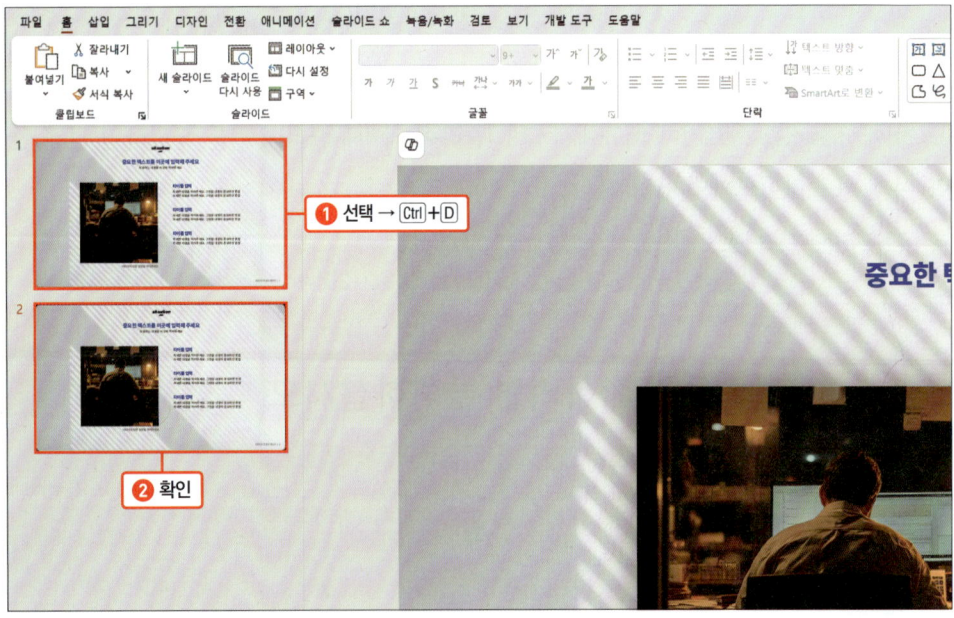

🔗 배경서식

슬라이드의 배경 색상을 변경할 수 있나요?

Q 슬라이드 배경 색상을 다른 색상으로 변경하거나 색다르게 꾸밀 수 있나요?

A [배경 서식]에서 슬라이드의 배경 색상을 다양하게 변경할 수 있습니다.

💡 슬라이드 배경이 너무 밋밋하게 느껴진다면 [배경 서식]을 활용해 프레젠테이션 분위기에 맞게 꾸며 보세요. 단색은 물론, 그라데이션, 질감, 패턴, 이미지 등 다양한 방식으로 배경을 설정할 수 있습니다.

1 슬라이드 탐색 창이나 슬라이드를 마우스 오른쪽으로 클릭한 다음 [배경 서식]을 선택합니다.

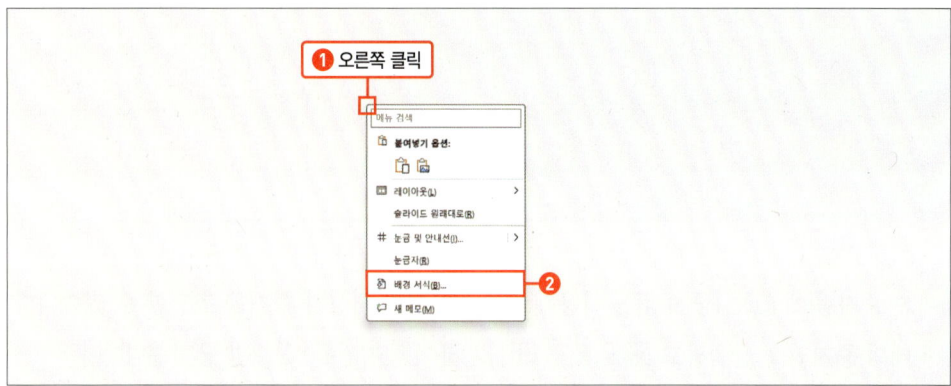

2 [배경 서식]의 [채우기]에서 [단색 채우기]를 선택하고 원하는 [채우기 색]을 선택하면 배경 색상을 변경할 수 있습니다.

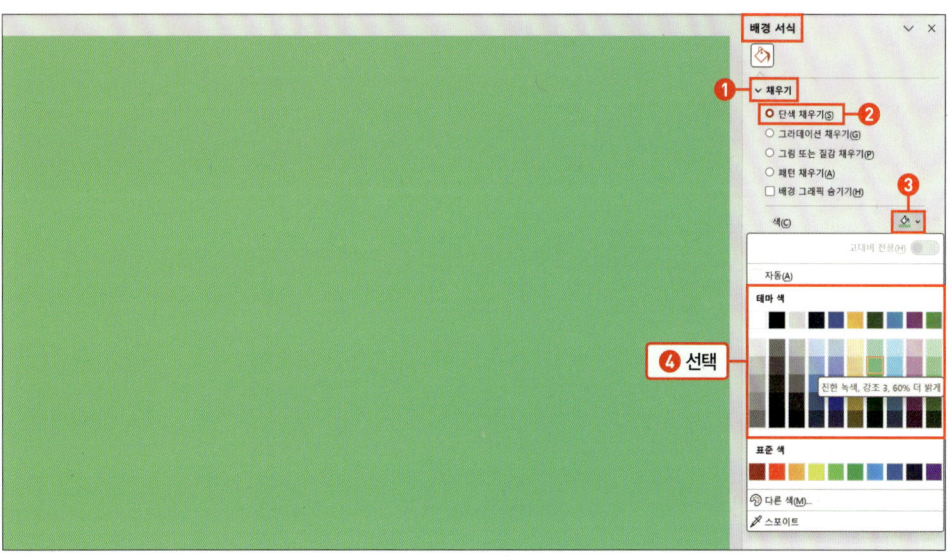

TIP
[다른 색]을 클릭하면 더 다양한 색상을 선택할 수 있습니다.

3 [배경 서식]의 [채우기]에서 [그라데이션 채우기]를 선택하면 배경색을 그라데이션으로 설정할 수 있습니다.

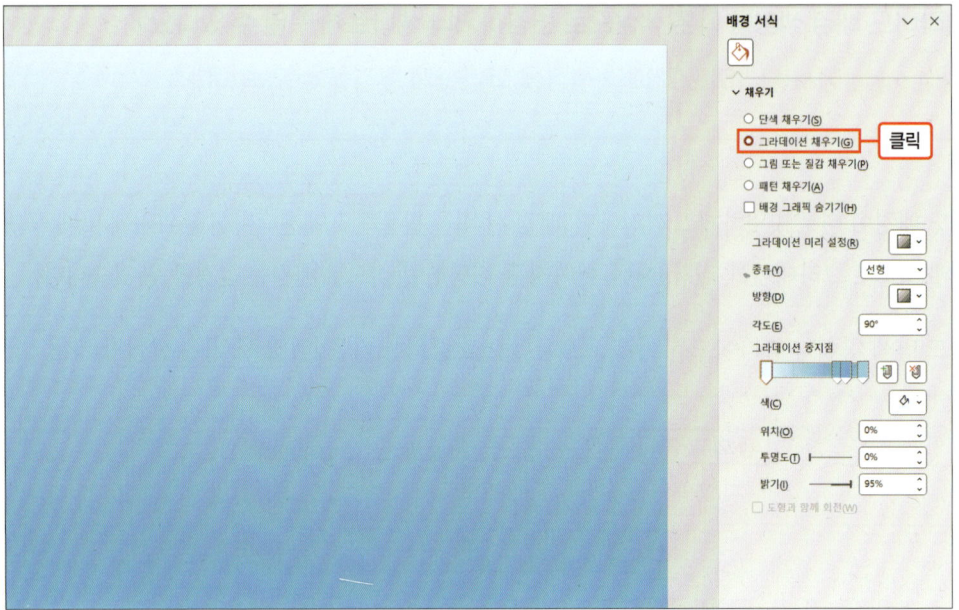

4 [그라데이션 중지점]에 있는 [중지점]을 사용해 그라데이션의 색상과 형태를 조절할 수 있습니다. 여기서는 가운데의 중지점을 선택하고 Delete 를 눌러 삭제하여 중지점을 두 개만 남겼습니다.

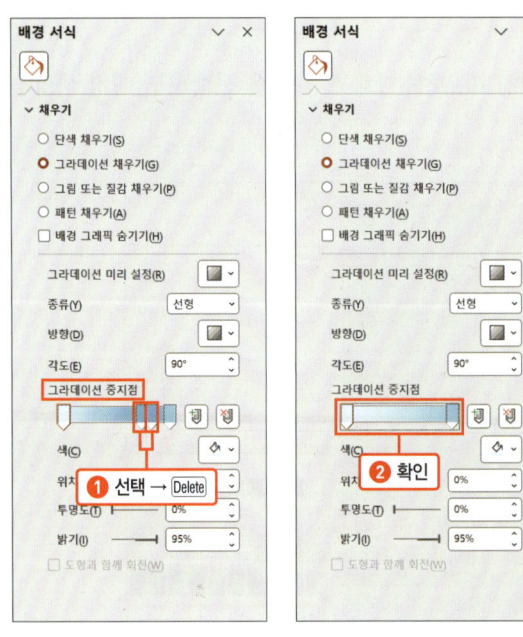

5 그라데이션의 색상을 변경하려면 [중지점] 선택 후 원하는 색상을 선택하면 나만의 그라데이션 색상으로 배경색을 변경할 수 있습니다.

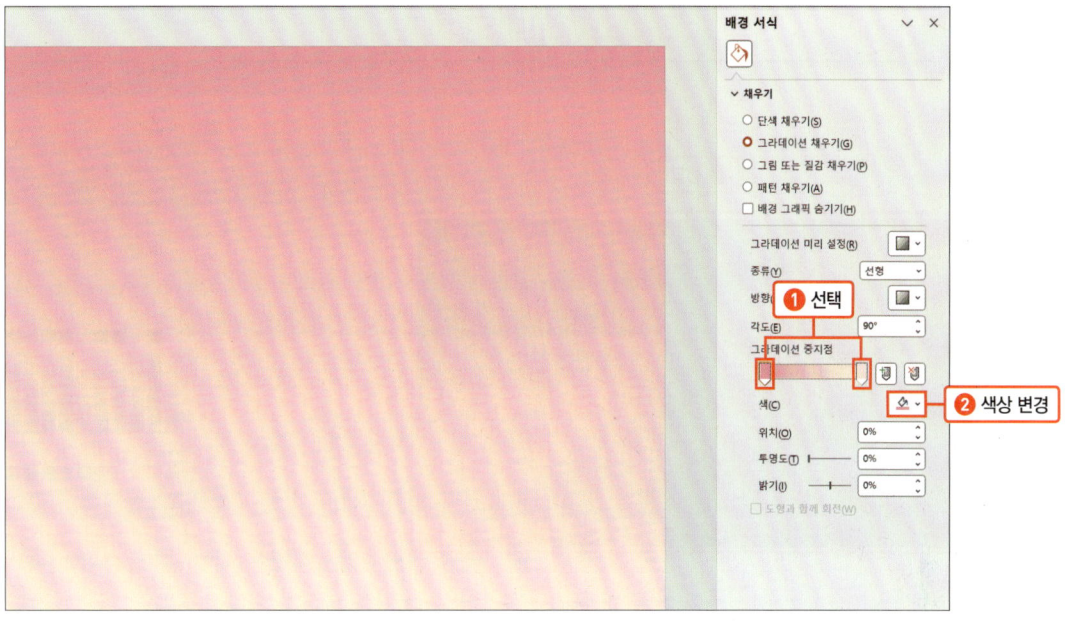

TIP

배경에 그라데이션을 활용할 경우, 텍스트와의 대비를 고려해 완전히 밝거나 완전히 어두운 톤을 사용하는 것이 좋으며 포털 사이트에서 'gradient', 'gradation', '그라데이션 색 조합' 등의 키워드로 검색하면 다양한 그라데이션 조합 예시를 쉽게 찾을 수 있습니다.

6 [방향]을 선택한 후 그라데이션을 원하는 방향으로 조절할 수 있습니다.

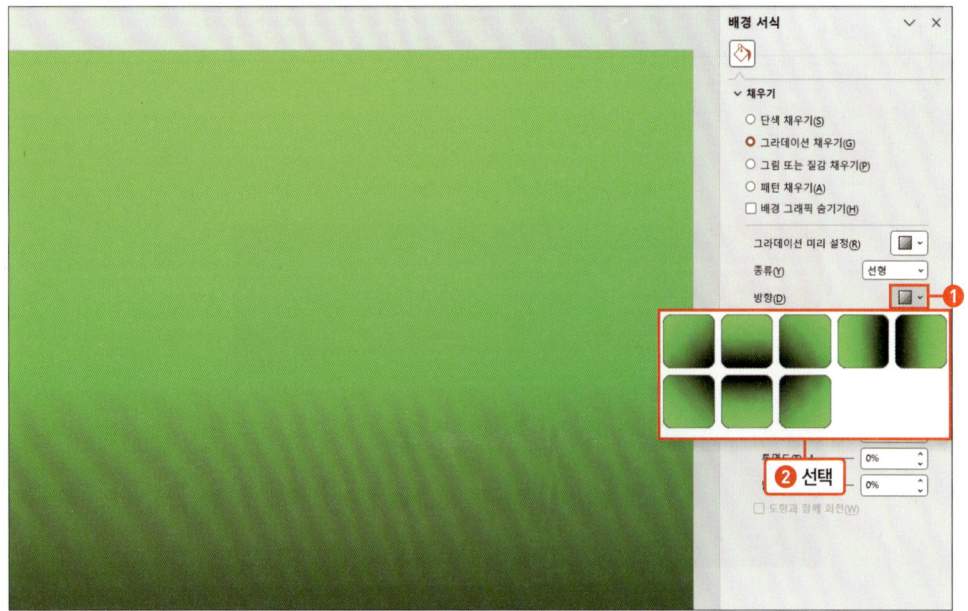

TIP

그라데이션에 대한 더 자세한 내용은 102쪽을 참고하세요.

7 슬라이드에 삽입한 이미지에서 원하는 색을 추출해 배경색으로 채울 수도 있습니다. 슬라이드에 이미지를 삽입한 상태에서 [배경 서식]의 [채우기]에서 [단색 채우기]-[채우기 색]-[스포이트]를 선택합니다.

> **TIP**
> 메뉴에서 디자인-배경 서식을 선택하면 배경 서식 창을 표시할 수 있습니다.

8 마우스 커서가 스포이트 모양(🖋)으로 변경된 상태에서 이미지 중 배경색으로 지정하고 싶은 영역을 클릭합니다.

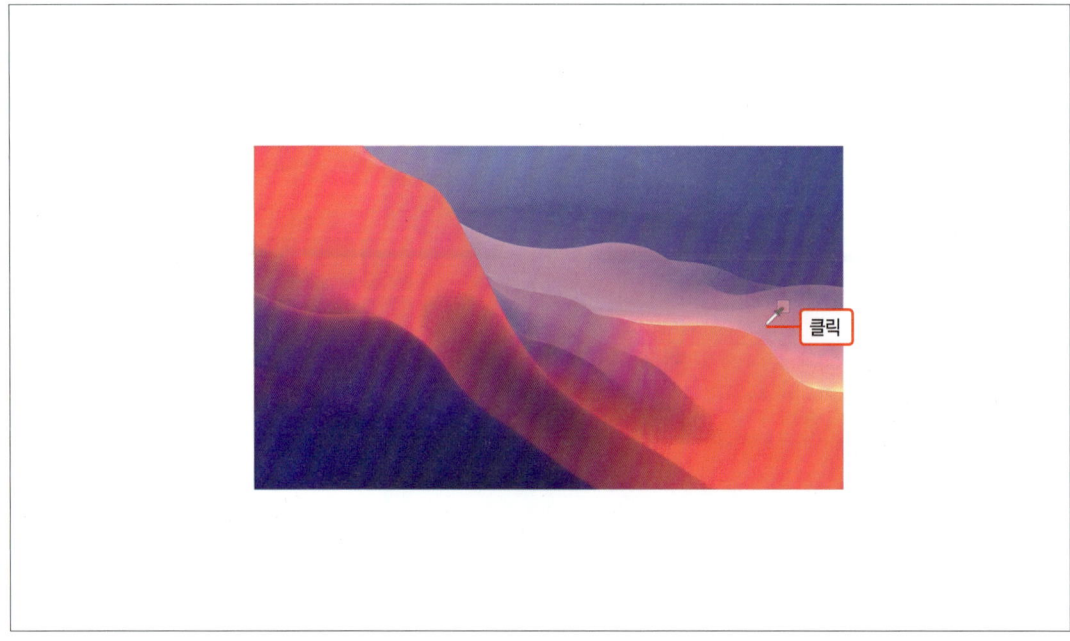

9 **8**에서 선택한 영역의 색상이 배경색으로 지정됩니다.

확인

> **TIP**
> 배경 색상을 변경할 때에는 단순하게 예쁜 색을 선택하는 것보다 슬라이드의 가독성까지 고려하여 선택하는 것이 좋습니다.

📎 PPTX

피피티를 PDF나 이미지로 저장할 수 있나요?

Q 피피티에서 작업한 프레젠테이션을 PPTX가 아닌 다른 형식으로 저장할 수 있나요?

A [파일]-[다른 이름으로 저장]에서 파일 형식을 변경하여 저장할 수 있습니다.

💡 피피티 파일을 공유해야 할 때 PPTX 형식의 파일은 피피티에서만 확인할 수 있죠. 이럴 때 프레젠테이션을 PDF나 이미지로 저장하면 피피티가 없어도 프레젠테이션을 확인할 수 있습니다. 여기에서는 프레젠테이션을 PPTX가 아닌 다른 형식으로 저장하는 방법에 대해 알아보겠습니다.

1 다른 형식으로 저장할 프레젠테이션에서 [파일]-[다른 이름으로 저장]을 선택합니다.

2 여기에서는 프레젠테이션을 이미지로 저장해보겠습니다. 파일 형식을 클릭한 다음 [JPEG 파일 교환 형식(*.jpg)] 또는 [PNG 형식(*.png)]를 선택하고 [저장]을 클릭합니다. PNG 형식이 JPEG보다 화질은 더 좋지만 용량은 더 큽니다. 상황에 맞는 파일 형식을 선택하여 활용하면 됩니다.

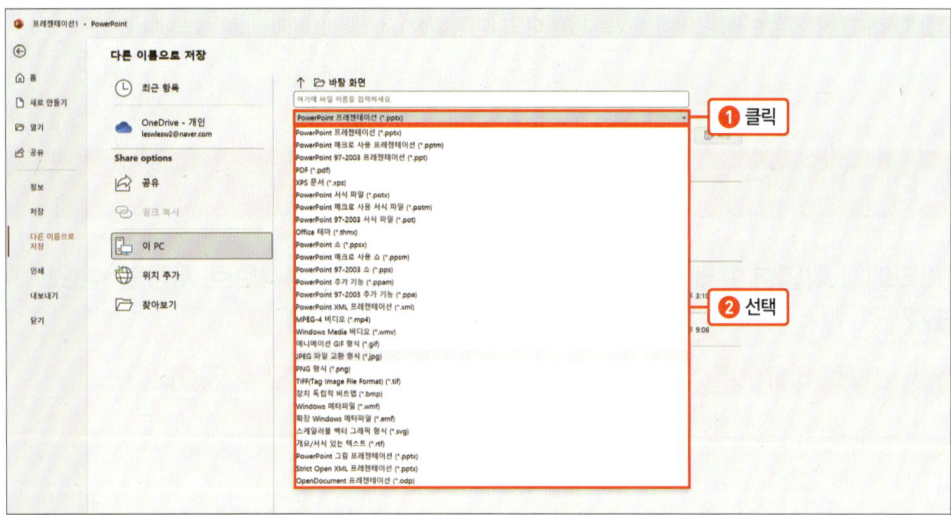

3 메시지 창에서 [모든 슬라이드]를 선택하면 프레젠테이션의 모든 슬라이드가 개별 이미지로 저장되고 [현재 슬라이드만]을 선택하면 현재 화면에 표시된 슬라이드만 이미지로 저장할 수 있습니다.

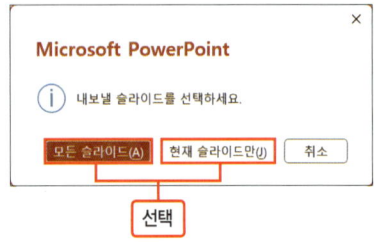

같은 방법으로 'JPG', 'PNG'와 같은 이미지 파일 형식뿐만 아니라, 'PDF' 파일로도 저장할 수 있습니다. 프레젠테이션에 애니메이션 효과가 적용되어 있다면, 애니메이션과 타이밍을 유지한 'MP4' 영상 파일로 저장할 수도 있습니다.

 PDF

PDF를 피피티로 변환할 수는 없나요?

프레젠테이션 자료를 PDF로만 받은 경우, 슬라이드를 수정하거나 디자인을 변경하려면 PDF 파일을 피피티 파일로 변환해야 합니다. 또한 보고서나 리플렛처럼 PDF로 제작된 자료를 발표용으로 재사용하려면, 피피티 형식으로 불러와 슬라이드로 구성하는 것이 훨씬 효율적입니다. 이럴 땐 PDF를 피피티로 변환해주는 'I Love PDF' 같은 웹 사이트를 활용해 보세요.

'I Love PDF(https://www.ilovepdf.com/ko)'에 접속한 다음 [PDF 파워포인트로 변환]을 선택한 뒤 [PDF 파일 선택]을 클릭합니다.

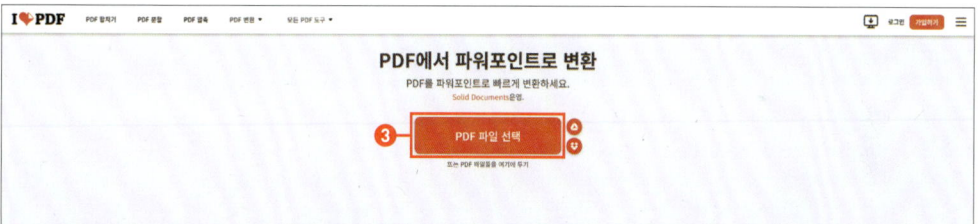

변환할 PDF 파일을 선택 후 [열기]를 클릭하여 업로드한 후 [PPTX로 변환]을 클릭하면 변환된 피피티 파일을 다운로드할 수 있습니다.

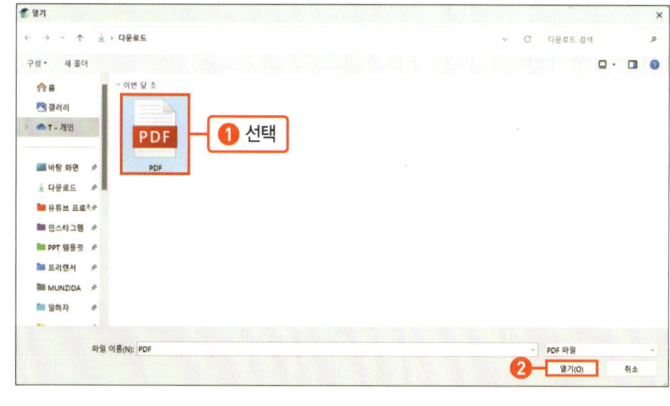

슬라이드의 크기와 방향을 변경할 수 있나요?

Q 슬라이드를 세로, A4 사이즈로 변경할 수 있나요?

A [사용자 지정 슬라이드 크기]에서 슬라이드의 사이즈와 방향을 변경할 수 있습니다.

💡 피피티는 사용법이 쉬워서 보고서나 제안서뿐 아니라 SNS 카드뉴스 작업에도 자주 활용되죠. 하지만 가로로 고정된 슬라이드 방향과 사이즈 때문에 불편했던 적이 있다면, [사용자 지정 슬라이드 크기]에서 슬라이드의 방향과 크기를 조절할 수 있습니다. A4 세로형 보고서도, 정사각형 카드 뉴스도 상황에 맞게 설정해보세요.

1 메뉴에서 [디자인]-[슬라이드 크기]-[사용자 지정 슬라이드 크기]를 선택합니다.

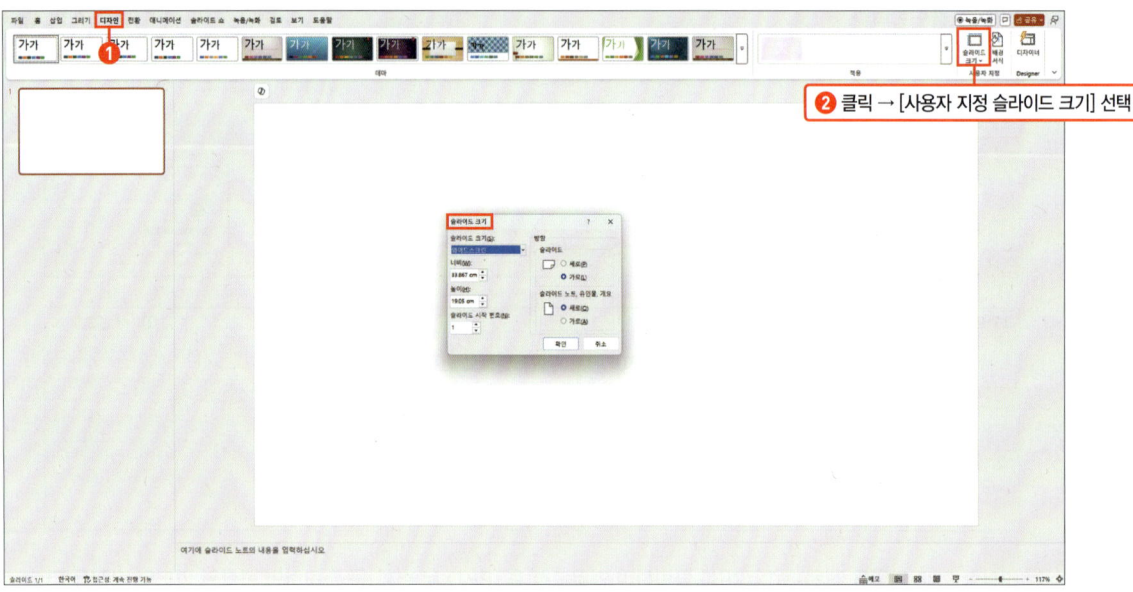

2 [슬라이드 크기] 창에서 [슬라이드 크기]를 클릭한 다음 [A4 용지(210x297mm)]를 선택하고 [방향]에서 [세로]를 선택하고 [확인]을 클릭합니다.

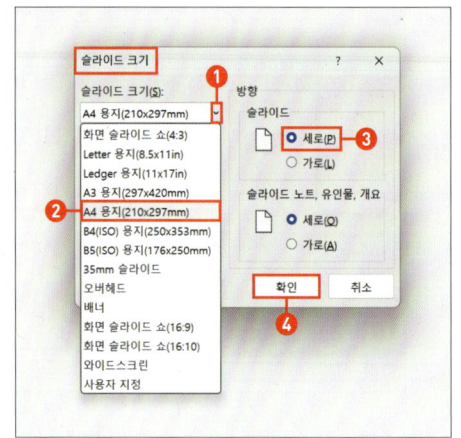

3 메시지 창이 표시되면 [최대화]와 [맞춤 확인] 중 하나를 선택할 수 있습니다.

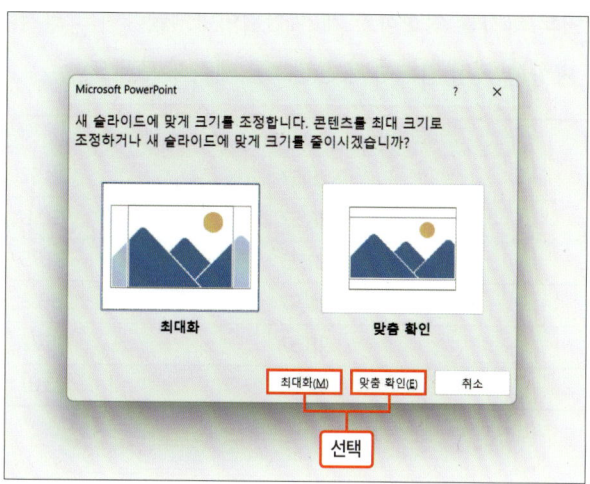

4 [최대화]를 선택하면 기존 콘텐츠의 크기와 비율이 유지된 상태에서 변경한 슬라이드의 크기에 맞게 확대되고 [맞춤 확인]을 선택하면 변경한 슬라이드의 크기에 맞춰 축소됩니다. 이렇게 슬라이드 크기를 변경할 경우 기존 콘텐츠의 배치를 수정해야 하므로 슬라이드의 크기와 비율 등을 확정한 뒤 작업을 시작하는 것이 좋습니다.

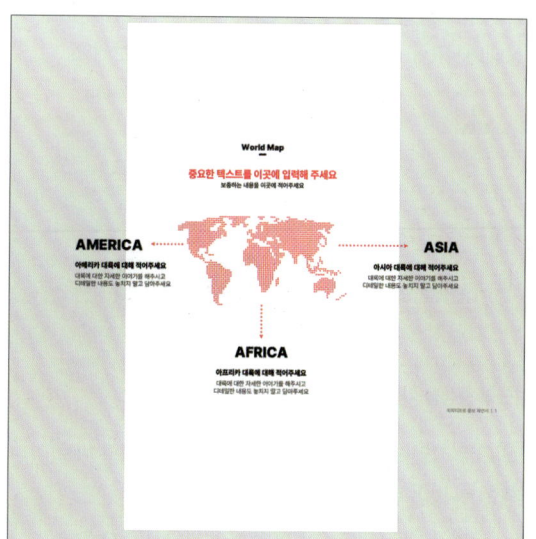

▲ [최대화]를 선택한 경우

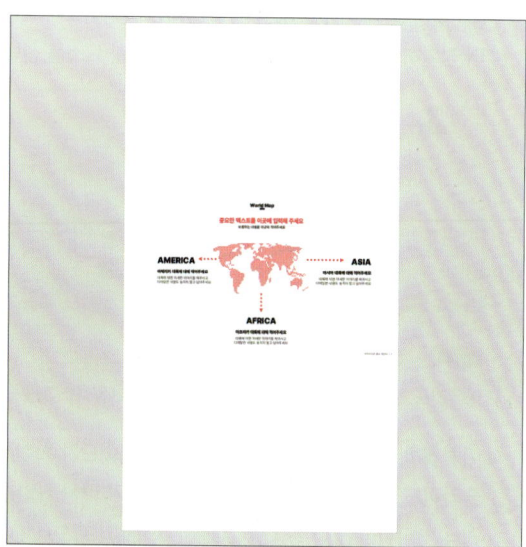

▲ [맞춤 확인]을 선택한 경우

💡 피피티는 사용법이 쉬워서 인스타그램 피드, 유튜브 썸네일 같은 SNS 콘텐츠 제작 도구로도 자주 활용되죠. 이럴 땐 콘텐츠의 용도에 맞게 슬라이드 크기를 설정하는 게 핵심입니다. [슬라이드 크기] 창에서 다음의 표를 참고하여 원하는 사이즈와 방향을 직접 입력하여 콘텐츠를 제작해 보세요.

플랫폼	너비(cm)	높이(cm)
인스타그램 피드	28.57	28.57
인스타그램 스토리	28.57	50.8
페이스북 피드	31.75	31.75
페이스북 스토리	28.57	50.8
유튜브 커뮤니티	28.57	35.72
트위터/X	42.33	23.81

 확대축소

잠깐만요

슬라이드 안에 있는 객체를 빠르게 확대/축소할 수는 없을까요?

슬라이드에 삽입한 도형이나 이미지를 수정하기 위해 일일이 [보기] 탭에서 확대 비율을 바꾸는 건 번거롭죠. 이럴 땐 Ctrl 을 누른 채 마우스 휠을 움직여 보세요.

Ctrl 을 누른 채 마우스 휠을 위로 올리면 슬라이드가 확대되고 마우스 휠을 내리면 슬라이드가 축소됩니다. 만약 좀 더 정밀하고 빠르게 확대/축소하려면 수정할 요소를 선택한 상태에서 Ctrl +마우스 휠을 위, 아래로 움직여 보세요.

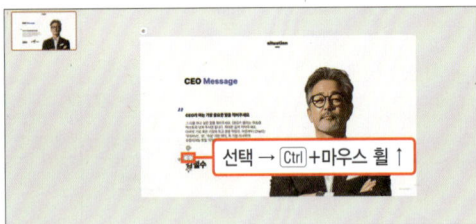 

TIP
아무것도 선택하지 않은 상태에서 슬라이드를 확대/축소하면 슬라이드의 중심을 기준으로 화면이 조절됩니다.

이렇게 하면 선택한 요소를 중심으로 슬라이드가 확대/축소되므로 작업 흐름이 끊기지 않게 작업할 수 있고 바로 슬라이드 크기를 조절할 수 있어서 정밀하게 배치 작업을 진행할 수 있어 유용합니다.

다음 그림처럼 여러 요소가 선택된 상태에서 화면을 확대/축소하면 현재 선택된 요소의 중심 부분을 기준으로 슬라이드를 확대/축소할 수 있습니다.

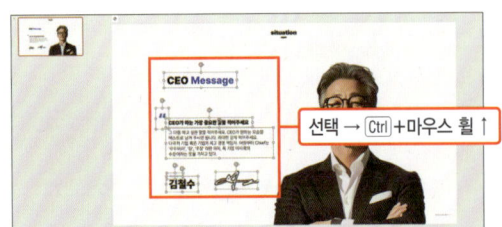 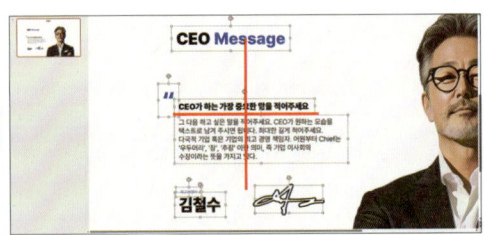

피피티 나에게 맞추기

CHAPTER 2

슬기로운 피피티

피피티는 업무 효율을 높이는 강력한 도구입니다. 단순한 발표 자료 제작을 넘어, 사용자의 목적에 따라 다양한 방식으로 활용될 수 있죠. 특히 피피티 환경을 자신의 작업 스타일에 맞게 설정하면, 작업 속도는 물론 결과물의 완성도까지 높일 수 있습니다. 이번에는 몇 가지 간단한 설정을 통해 피피티를 보다 효과적이고, 나에게 꼭 맞는 방식으로 활용하는 방법을 알아보겠습니다.

🔗 새 프레젠테이션

피피티의 기본 글꼴을 변경할 수 있나요?

Q 피피티의 기본 글꼴을 다른 글꼴로 바꿀 수 있나요?

A [글꼴 사용자 지정]에서 기본 글꼴을 원하는 글꼴로 변경할 수 있습니다.

▲ 피피티프로 강의

1 메뉴에서 [디자인]-[적용]에 있는 ▼를 클릭하고 [글꼴]-[글꼴 사용자 지정]을 클릭합니다.

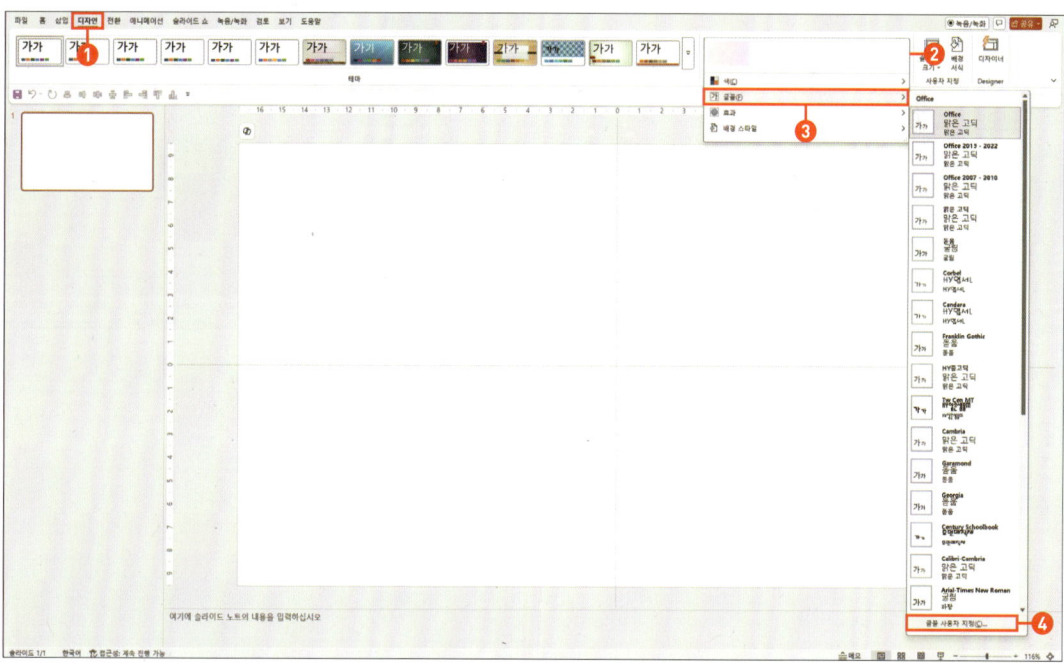

> **TIP**
> 빈 슬라이드를 기본 슬라이드로 설정하는 방법은 24쪽을 참고하세요.

2 [새 테마 글꼴 만들기] 창에서 원하는 기본 글꼴을 변경할 수 있습니다. [영어 글꼴]과 [한글 글꼴]에서 원하는 글꼴을 선택하고 [이름]을 입력한 후 [저장]을 클릭합니다.

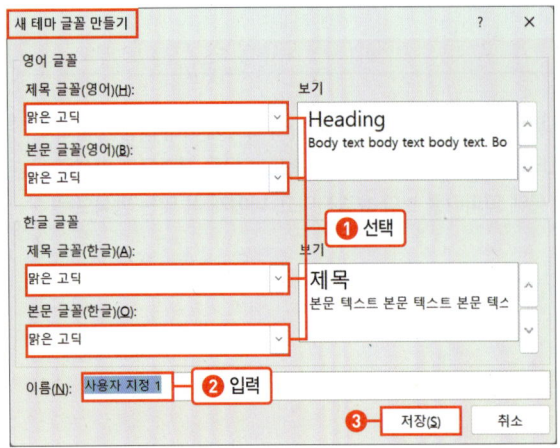

3 메뉴의 [디자인]-[적용]-[글꼴]-[사용자 지정]에서 **2**에서 설정한 글꼴을 선택합니다.

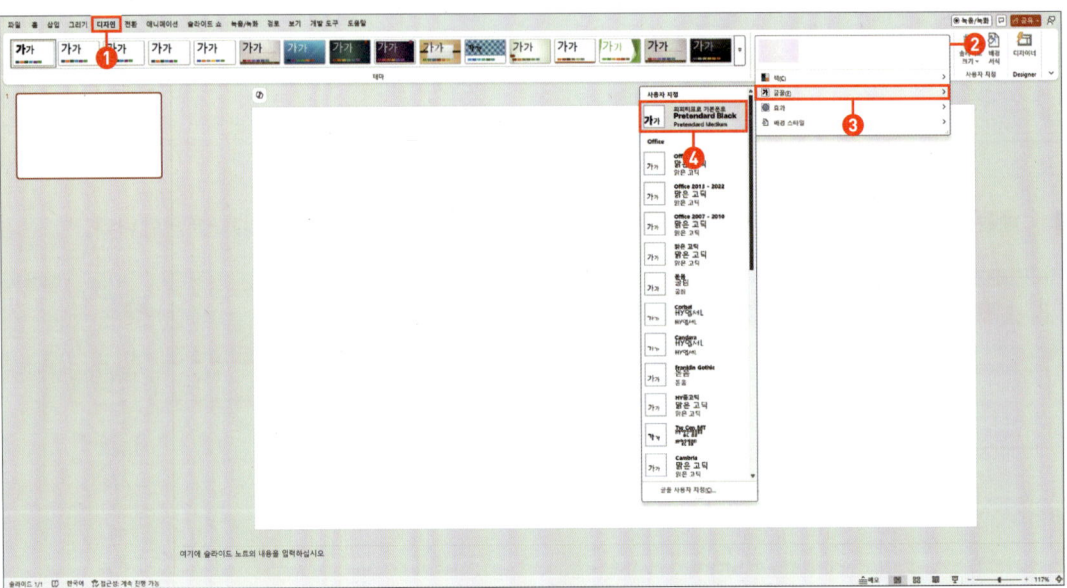

4 메뉴의 [홈]-[새 슬라이드]에서 원하는 테마를 선택하면 기본 글꼴이 적용된 슬라이드가 생성됩니다.

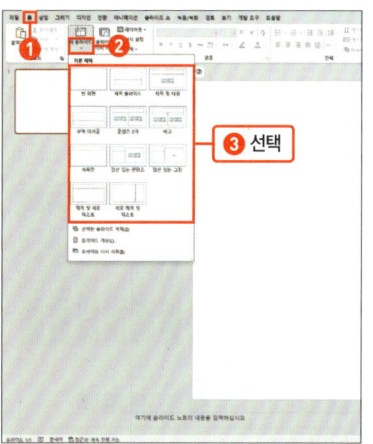
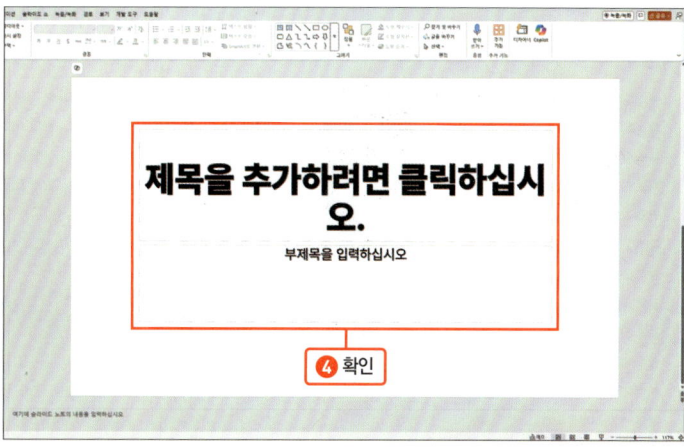

> **TIP**
> 이 방법으로 기본 글꼴을 변경하면 현재 프레젠테이션의 기본 글꼴만 변경되는 것이므로 새 프레젠테이션 파일을 생성하면 피피티의 기본 글꼴인 '맑은 고딕'이 적용되어 변경한 기본 글꼴을 다시 변경해야 합니다.

🔗 **새 프레젠테이션**

피피티의 기본 색상을 변경할 수 있나요?

Q 피피티의 기본 색상을 다른 색상으로 바꿀 수 있나요?

A [색 사용자 지정]에서 기본 색상을 원하는 색상으로 변경할 수 있습니다.

1 메뉴에서 [디자인]-[적용]에 있는 ⯆를 클릭하고 [색]-[색 사용자 지정]을 클릭합니다.

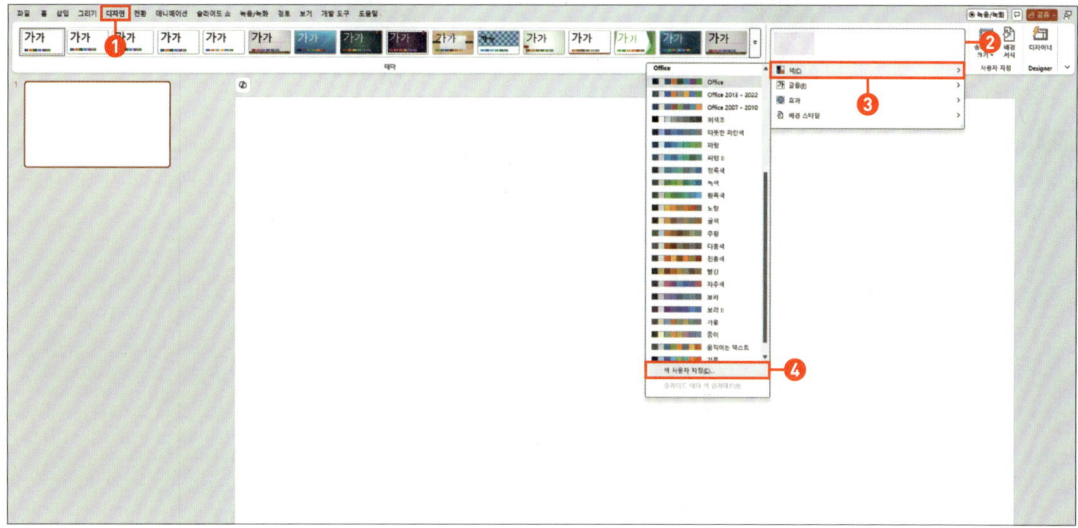

2 [새 테마 색 만들기] 창에서 기본 색상을 변경할 수 있습니다. 변경할 색상을 클릭한 다음 [다른 색]을 클릭하면 [색] 창이 표시됩니다.

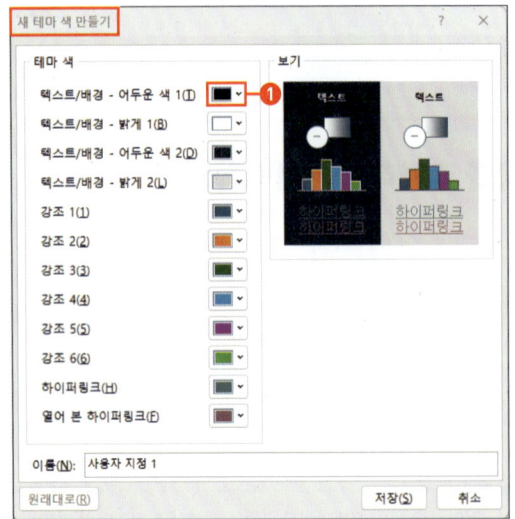 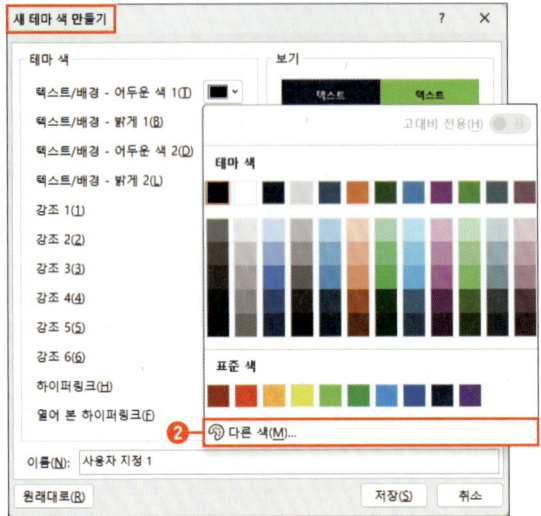

3 [색] 창의 [기본] 탭을 클릭하면 더 많은 색을 선택할 수 있고 [사용자 지정] 탭을 클릭하면 'RGB'와 'HSL'의 색 모델이나 '16진수'를 사용해 원하는 색상을 직접 지정할 수 있습니다.

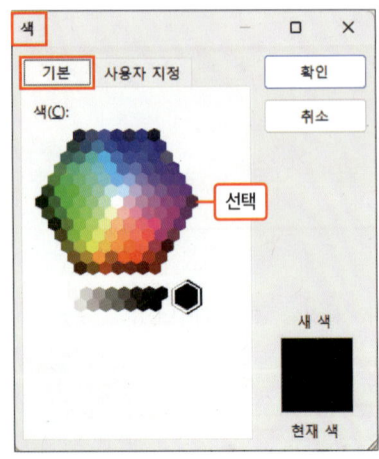 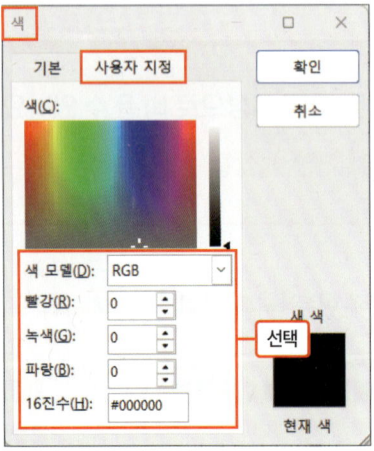

> **TIP**
>
> 변경하려는 색상의 정보를 확인하려면 [스포이트] 도구를 활용해 색상 정보를 확인할 수 있습니다. [스포이트] 도구에 대한 자세한 내용은 46쪽을 참고하세요.

4 색상 변경을 완료했다면 [이름]에 원하는 이름을 입력하고 [저장]을 클릭합니다.

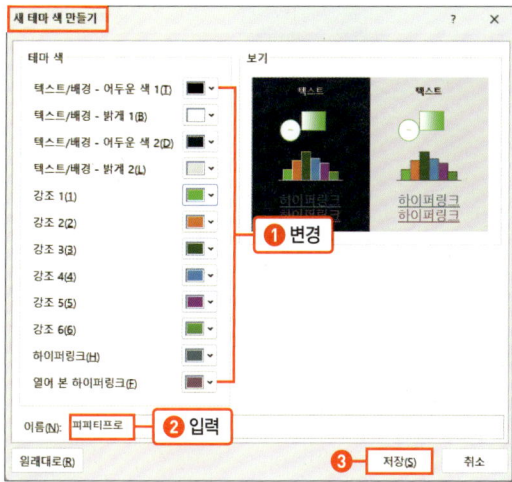

> **TIP**
> 변경한 색은 창 오른쪽에 있는 [보기]에서 확인할 수 있습니다.

5 메뉴의 [디자인]-[적용]-[색]-[사용자 지정]에서 **4**에서 저장한 테마 색을 선택합니다.

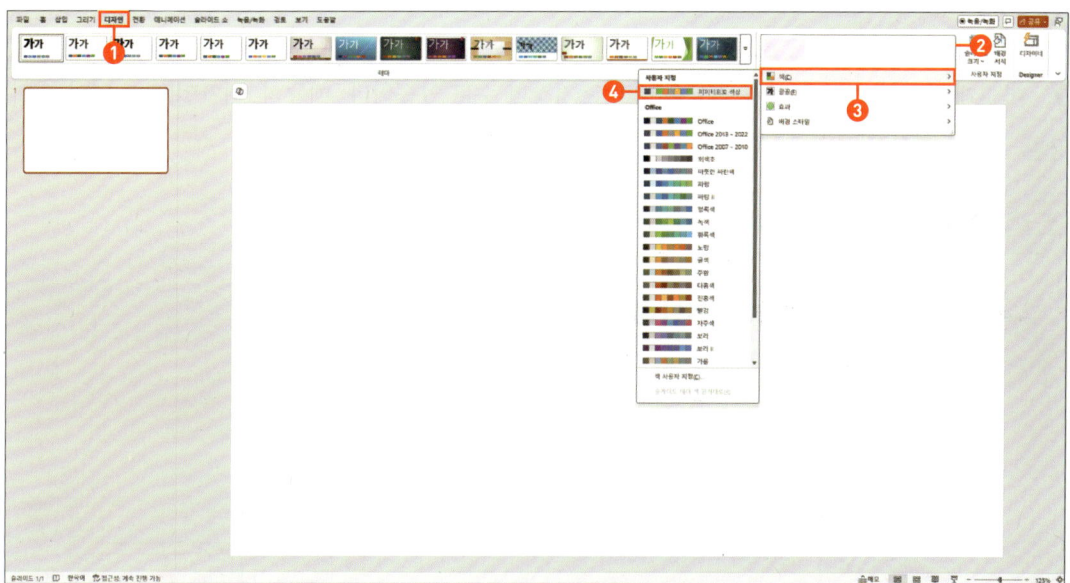

6 피피티의 기본 색상이 변경됩니다.

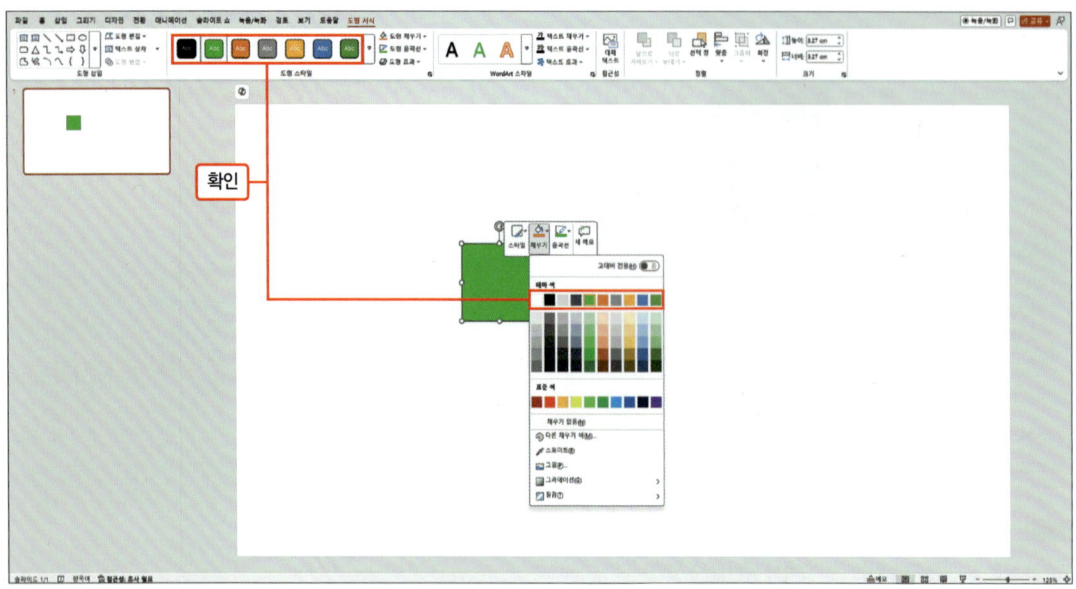

> **TIP**
> 이 방법으로 기본 색상을 변경하면 현재 프레젠테이션의 기본 색상만 변경됩니다. 새 프레젠테이션 파일을 생성하면 기존의 기본 컬러가 적용되므로, 새로운 기본 컬러를 원한다면 다시 변경해야 합니다.

7 이렇게 변경한 기본 글꼴과 색상을 테마로 저장할 수도 있습니다. 메뉴의 [디자인]에서 테마로 저장할 글꼴과 색상을 선택합니다.

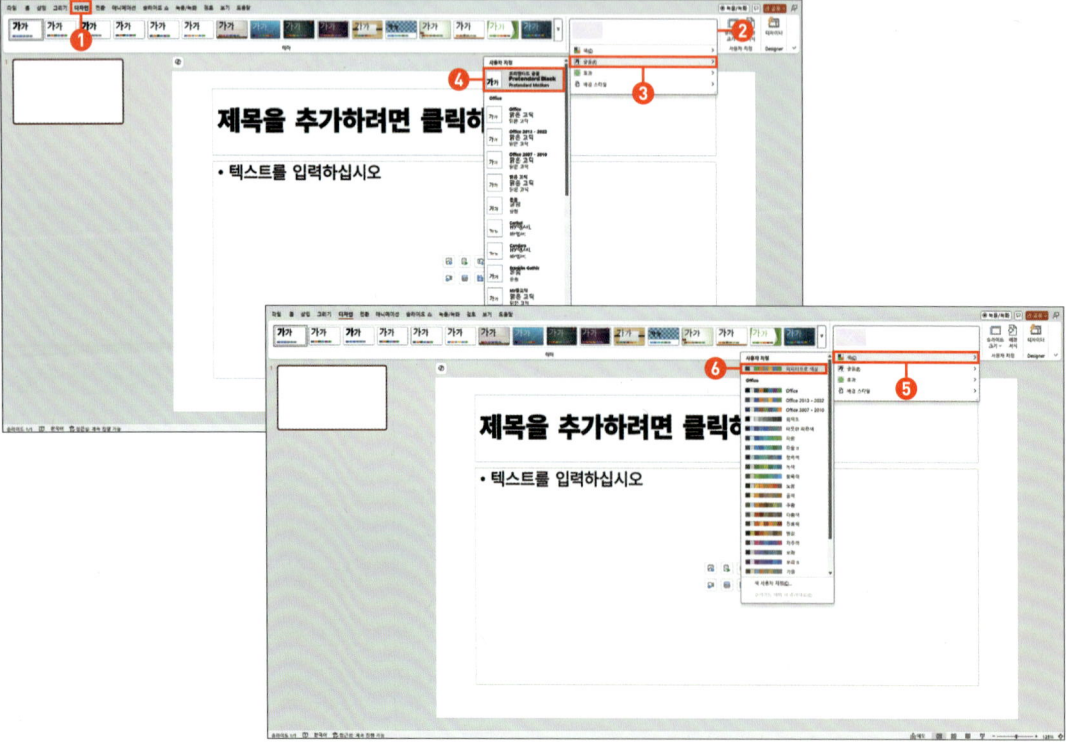

8 기본 글꼴과 색상을 지정한 뒤 메뉴의 [디자인]-[테마]에서 [▼]를 선택하고 [현재 테마 저장]을 선택합니다.

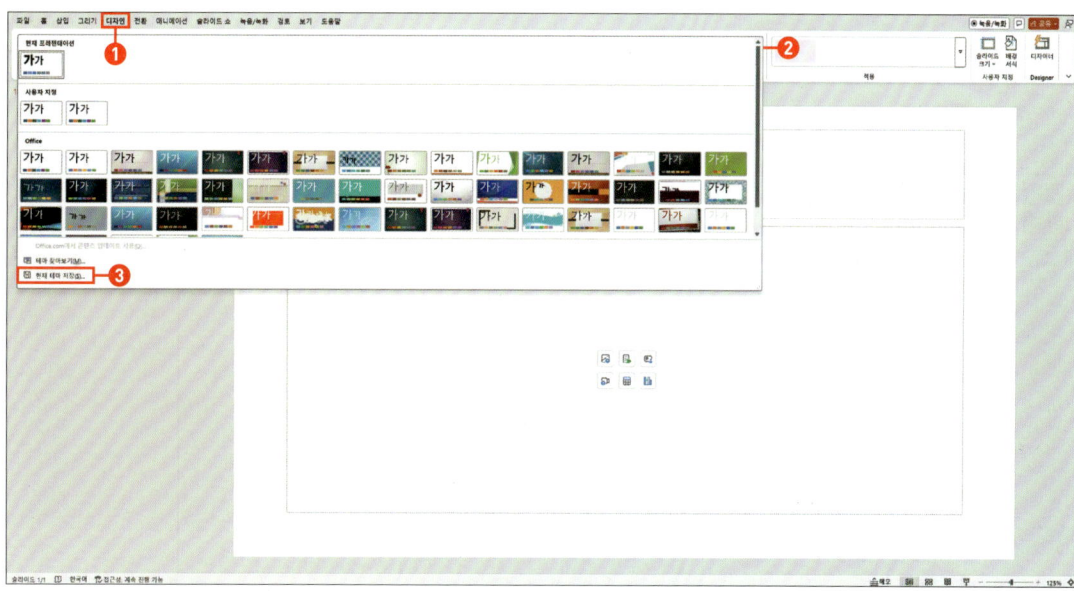

9 지정할 테마의 이름을 입력하고 [저장]을 클릭합니다.

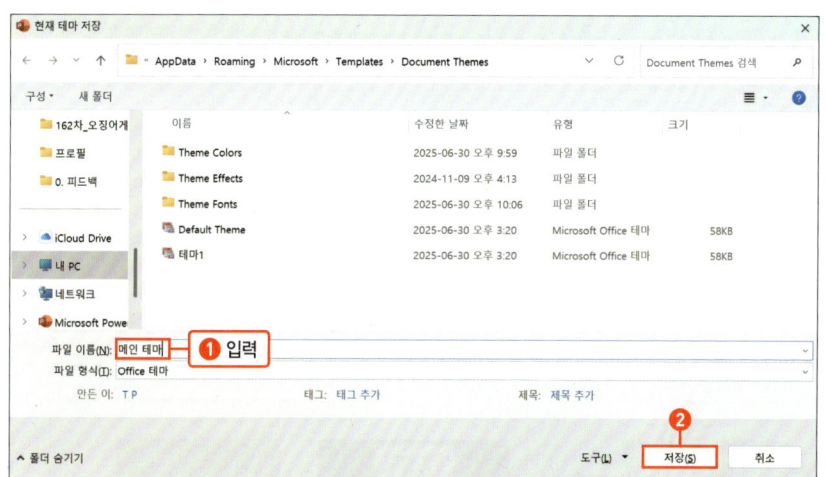

10 피피티를 다시 시작하고 메뉴의 [디자인]-[테마]-[사용자 지정]에서 새로 저장한 테마를 선택하면 지정한 글꼴, 색상을 한 번에 변경할 수 있습니다.

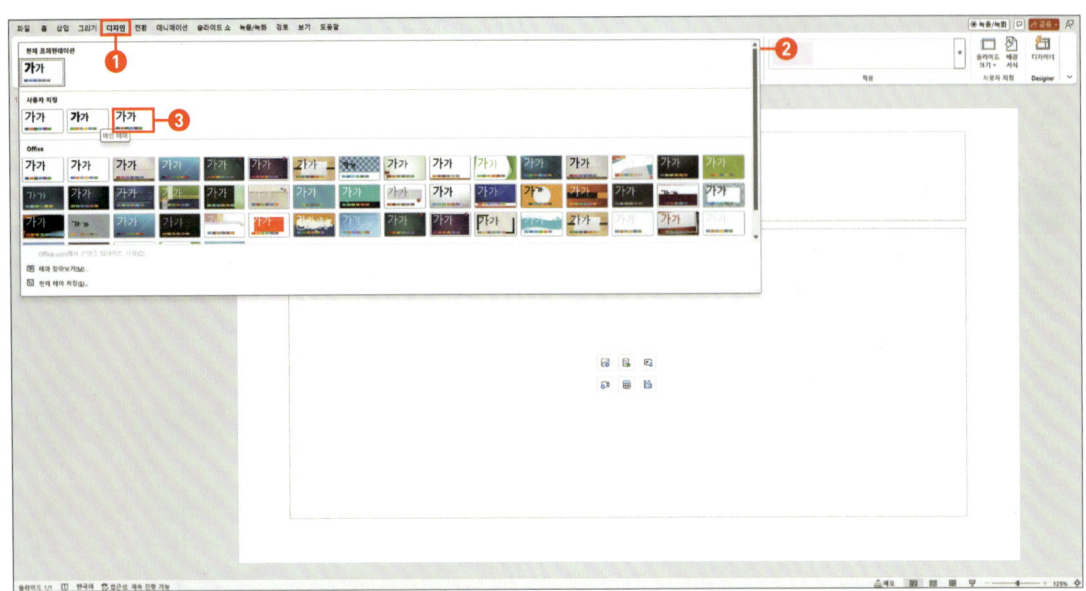

📎 색상정보

잠깐만요

색상 정보를 확인할 수 있는 방법이 있나요?

인터넷에서 본 예쁜 색 조합이나 이미지의 색상을 피피티에 활용해 보고 싶은데 색상 정보를 모르겠다면 [스포이트] 도구를 활용해 정확한 색상을 추출하거나 색상 정보를 확인할 수 있습니다.

우선, 색상 정보를 확인할 이미지 등을 캡처하여 슬라이드에 도형과 함께 삽입합니다.

슬라이드에 삽입한 도형을 마우스 오른쪽 버튼으로 클릭한 다음 [채우기]의 [스포이트]를 선택하고 추출하고 싶은 색상을 클릭하면 도형의 색상이 변경됩니다.

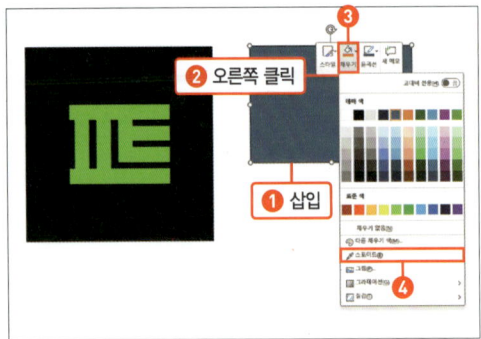

이렇게 원하는 색상을 바로 사용할 수도 있지만 색상 정보를 확인하려면 도형을 마우스 오른쪽 버튼으로 클릭한 다음 [채우기]-[다른 채우기 색]을 클릭하여 [색] 창을 표시하고 [사용자 지정] 탭을 선택하면 [스포이트] 도구로 추출한 색상의 색상 정보를 확인할 수 있습니다.

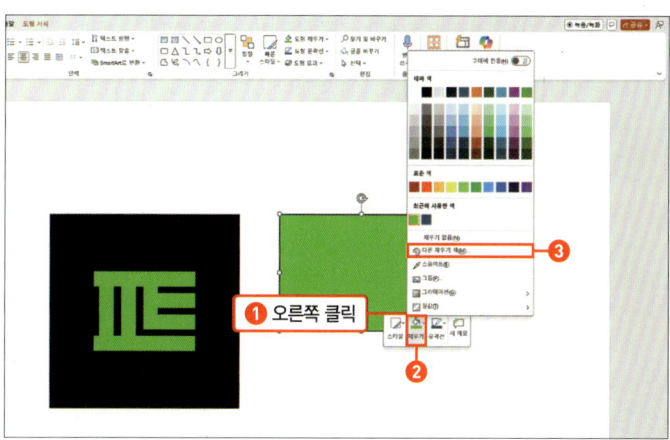

빨강, 녹색, 파랑의 정보를 포함한 RGB 값이나, 16진수라고 표시된 헥스코드를 활용해 다른 항목에서 같은 색상을 적용할 수 있습니다.

📎 새 프레젠테이션

자주 사용하는 기능을 빠르고 쉽게 사용할 수 있나요?

Q 자주 사용하는 기능을 매번 메뉴에서 선택하는데 좀 더 빠르고 쉽게 사용할 수 있는 방법은 없나요?

A [빠른 실행 도구 모음]에 원하는 기능을 추가해 보세요.

💡 빠른 실행 도구 모음은 피피티 창의 왼쪽 위에 있는 작은 아이콘 모음입니다. 여기에는 사용자가 자주 사용하는 기능을 등록해 두어, 리본 메뉴를 거치지 않고도 바로 실행할 수 있습니다. 자주 사용하는 기능이 있다면 빠른 실행 도구 모음에 추가하여 사용해 보세요. 작업 속도가 눈에 띄게 빨라집니다.

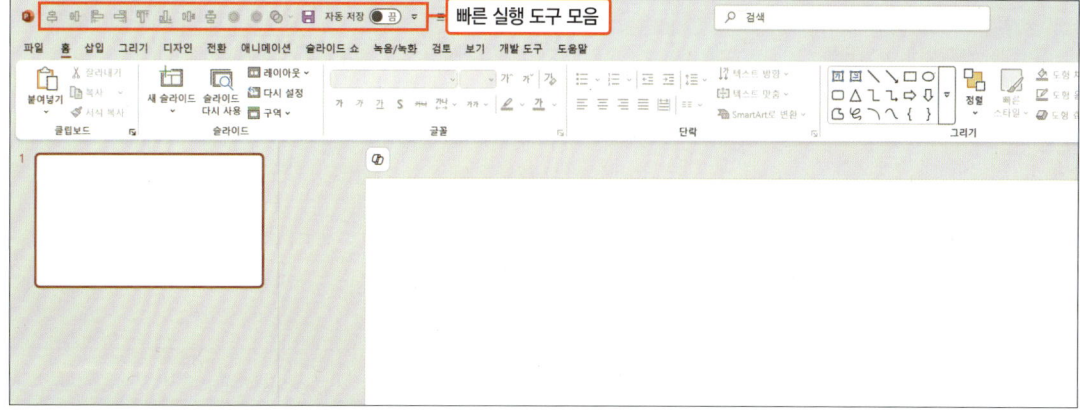

1 [빠른 실행 도구 모음]에 원하는 기능을 추가하려면 추가할 기능을 마우스 오른쪽 버튼으로 클릭한 다음 [빠른 실행 도구 모음에 추가]를 클릭합니다. 여기서는 [새 슬라이드]를 추가했습니다.

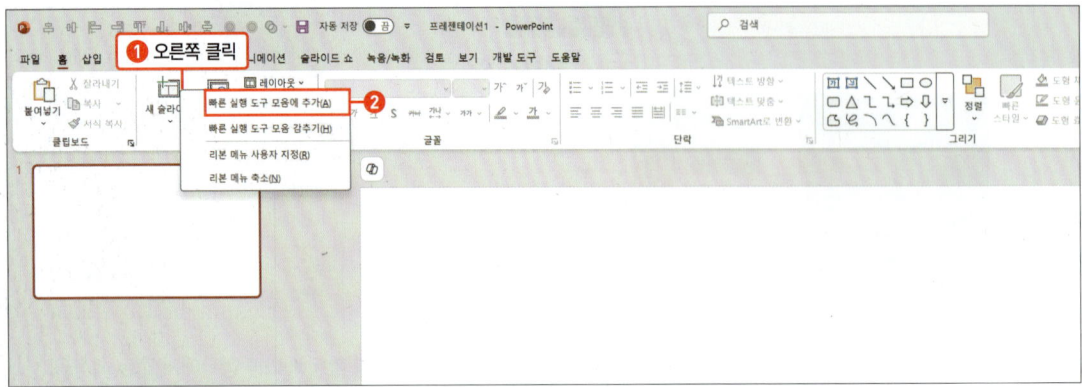

2 [새 슬라이드]가 빠른 실행 도구 모음에 추가됩니다.

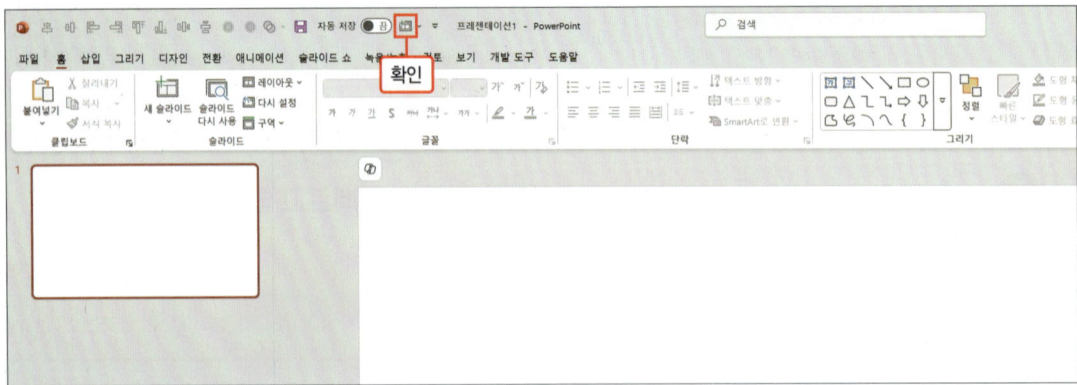

3 일일이 기능을 추가하는 것이 번거롭다면 원하는 기능을 한꺼번에 추가할 수도 있습니다. 메뉴 빈 곳을 마우스 오른쪽 버튼으로 클릭한 다음 [리본 메뉴 사용자 지정]을 선택합니다.

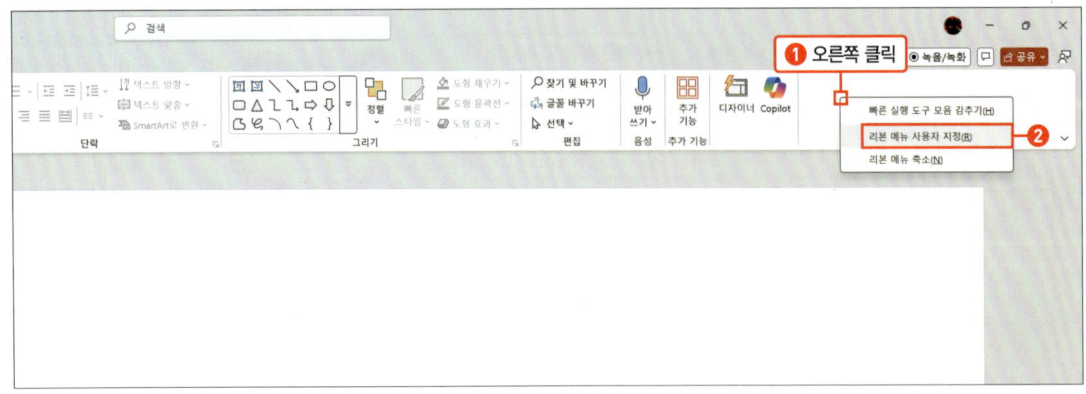

TIP

[빠른 실행 도구 모음] 오른쪽 끝에 있는 ▾를 클릭해 [리본 메뉴 사용자 지정]을 선택할 수 있습니다.

4 자동으로 [PowerPoint 옵션] 창의 [빠른 실행 도구 모음 사용자 지정]이 표시됩니다. 이 창의 왼쪽 패널에서 추가할 기능을 선택한 다음 [추가]를 클릭하면 오른쪽의 [빠른 실행 도구 모음]에 추가할 수 있고 오른쪽 패널에서 기능을 선택한 다음 [제거]를 클릭하면 [빠른 실행 도구 모음]에서 제거됩니다.

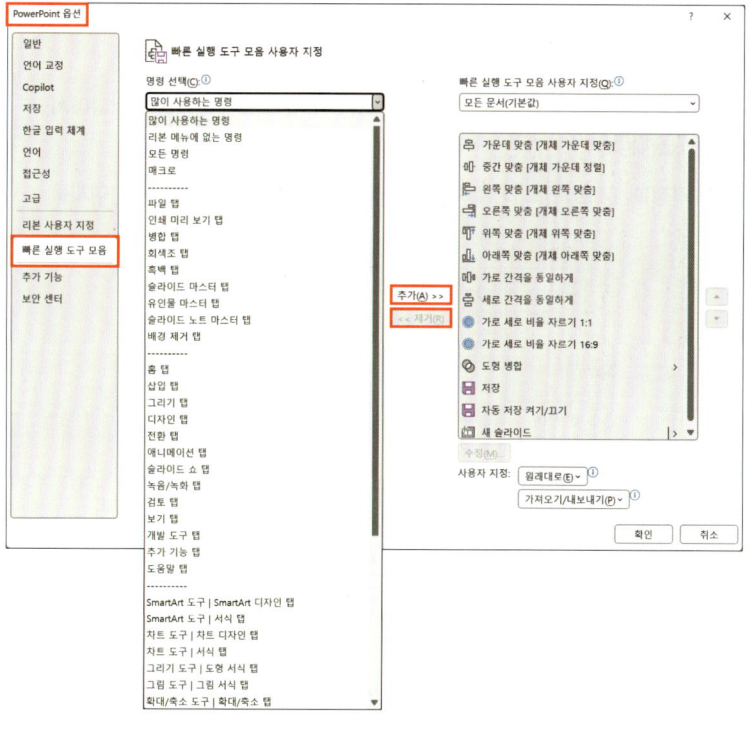

TIP

왼쪽 패널에서 [많이 사용하는 명령]을 클릭하면 더 많은 기능을 확인할 수 있습니다.

5 오른쪽 끝에 있는 [위로 이동], [아래로 이동]을 이용하면 [빠른 실행 도구 모음]에 표시될 순서를 변경할 수 있습니다. 원하는 기능을 모두 추가한 다음 [확인]을 클릭합니다.

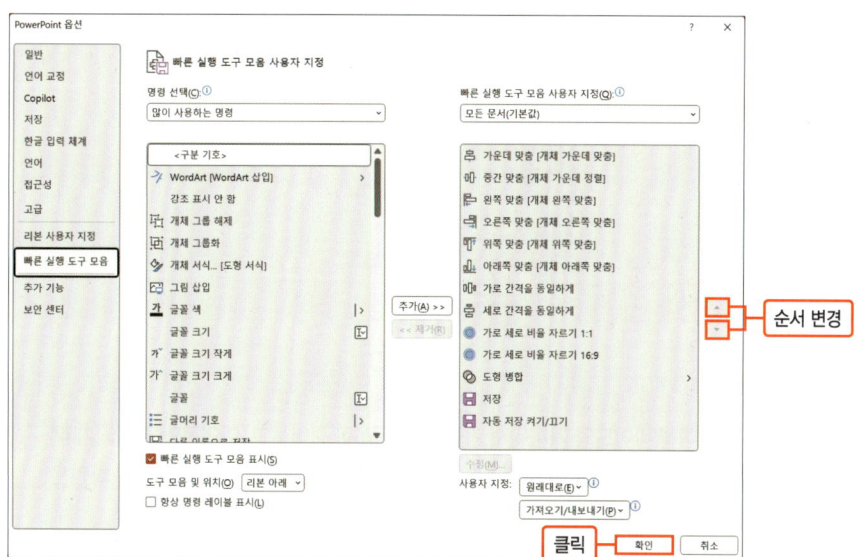

빠른 실행 도구 모음에 이건 필수예요!

[빠른 실행 도구 모음]에는 반복적으로 사용하지만 해당 기능을 실행하는 데 여러 번의 과정이 필요한 기능을 추가해두는 것이 좋습니다.

추천 ❶ [도형 서식]의 [맞춤] 기능을 추가하면 슬라이드 안의 객체를 빠르게 정렬할 수 있습니다.

추천 ❷ [도형 삽입]의 [도형 병합] 기능을 추가하면 이미지를 병합할 때 [도형 서식]이 표시되지 않는 상황에서 [빠른 실행 도구 모음]을 통해 사용할 수 있습니다.

추천 ❸ [빠른 실행 도구 모음 사용자 지정]에 [자르기]의 [가로 세로 비율] 중 원하는 비율을 추가하면 이미지를 원하는 비율로 빠르게 변경할 수 있습니다.

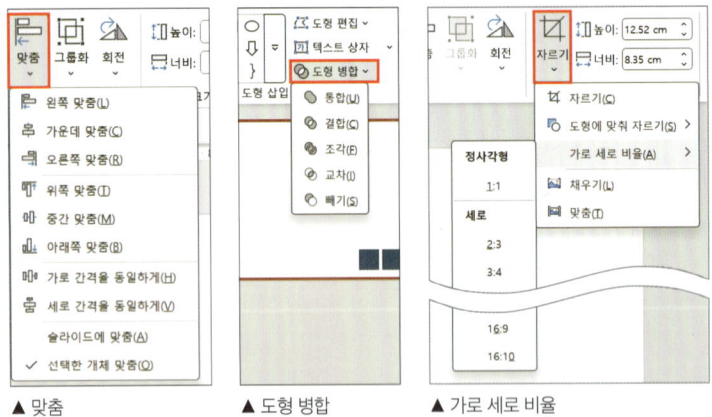

▲ 맞춤 ▲ 도형 병합 ▲ 가로 세로 비율

추천 ❹ [빠른 실행 도구 모음 사용자 지정]에서 [도구 모음 및 위치]를 [리본 아래]로 변경하고, [항상 명령 레이블 표시]의 체크를 해제합니다.

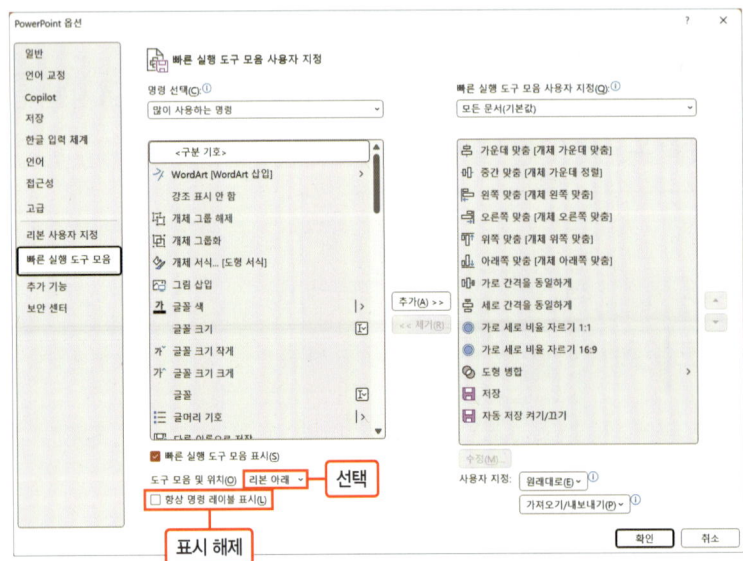

이렇게 설정하면 [빠른 실행 도구 모음]이 슬라이드와 가까워져 기능 선택 동선이 줄어들고, 아이콘만 표시되기 때문에 더 많은 기능을 추가할 수 있습니다. 또한 작업 동선이 줄어드는 장점은 있지만, 편집 가능한 슬라이드 화면은 다소 줄어듭니다. 개인 업무 스타일에 맞게 지정하여 활용해 보세요.

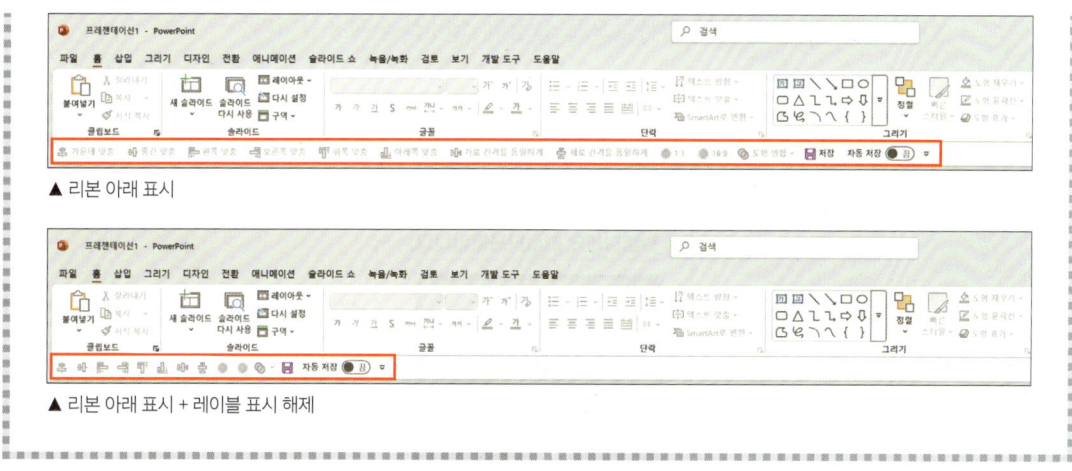

▲ 리본 아래 표시

▲ 리본 아래 표시 + 레이블 표시 해제

 기본스타일

텍스트 상자나 도형 등의 기본 스타일도 변경할 수 있나요?

Q 프레젠테이션의 주제에 맞게 글꼴과 도형을 반복해서 변경하는데 원하는 디자인으로 기본 스타일을 변경할 수 있나요?

A **[기본 텍스트 상자로 설정], [기본 도형으로 설정]**을 선택하면 원하는 디자인을 기본 스타일로 변경할 수 있습니다.

💡 프레젠테이션은 전달하려는 주제나 분위기에 따라 텍스트와 도형의 스타일도 달라져야 합니다. 이를 위해 반복해서 도형의 테두리를 없애거나, 글꼴을 변경하다 보면 작업 흐름이 끊길 수밖에 없죠. 이럴 땐 자주 사용하는 스타일을 기본값으로 설정해 두면, 훨씬 빠르고 효율적으로 작업할 수 있습니다.

1 텍스트 상자와 도형을 삽입한 뒤 기본값으로 설정할 스타일을 적용합니다.

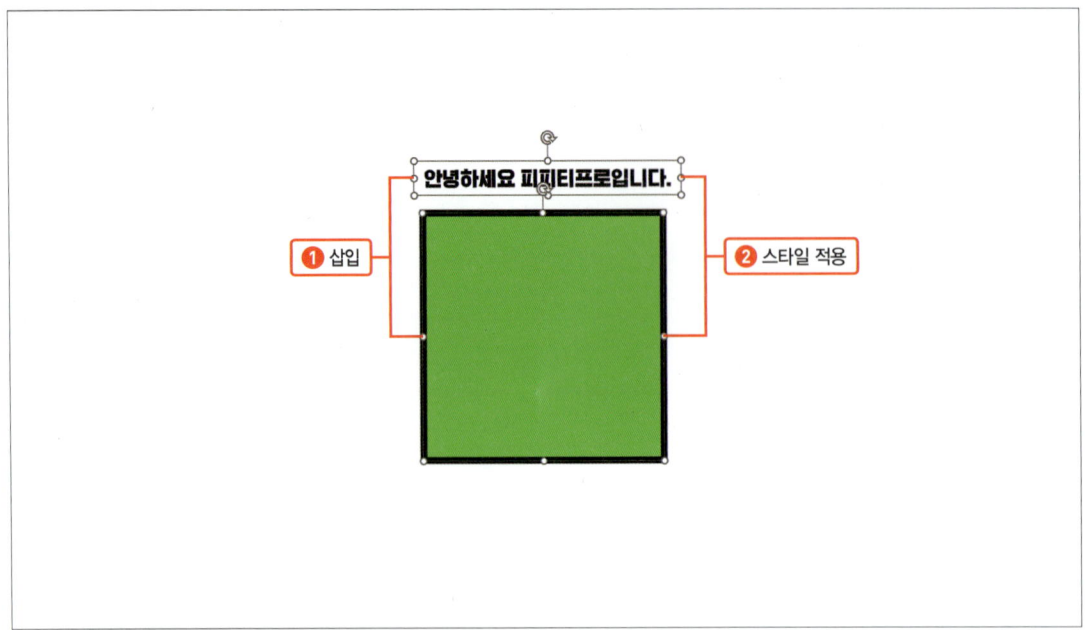

2 텍스트 상자와 도형을 마우스 오른쪽으로 클릭한 다음 [기본 텍스트 상자로 설정], [기본 도형으로 설정]을 클릭합니다.

3 이렇게 설정해 두면 텍스트 상자와 도형이 기본 스타일로 삽입됩니다.

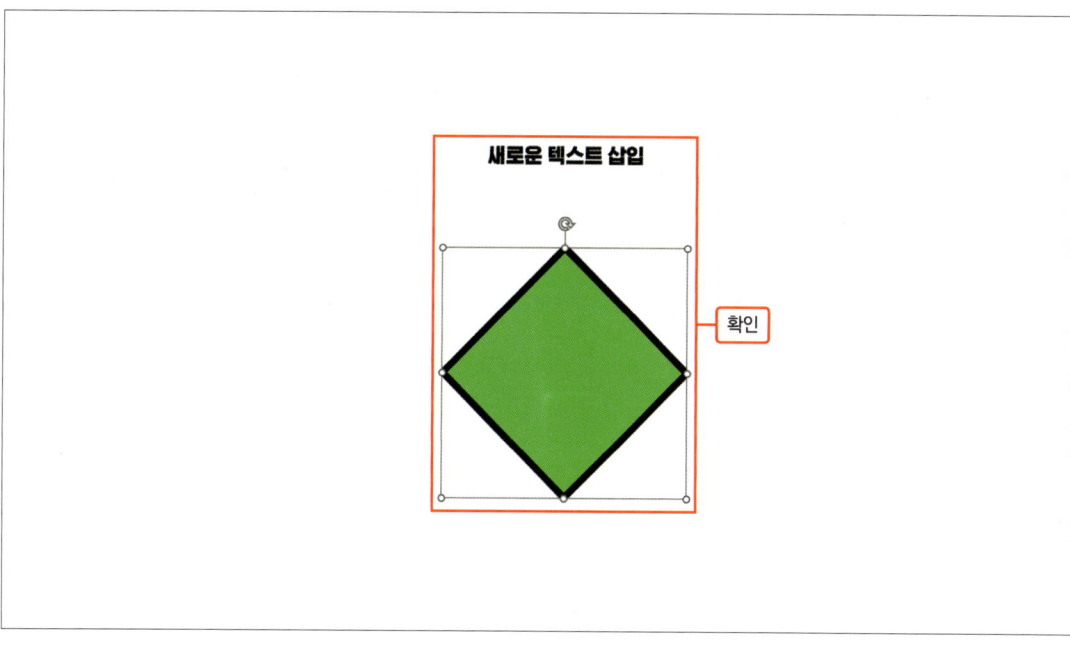

TIP

이 방법으로 변경한 텍스트 상자와 도형은 현재 프레젠테이션에만 적용되며 새 프레젠테이션을 시작하면 기본 스타일이 적용됩니다.

📎 새 프레젠테이션

실행 취소의 최대 횟수를 변경할 수 있나요?

Q 작업을 여러 번 되돌리고 싶은데, 실행 취소 횟수를 늘릴 수 있나요?

A [파일]-[옵션]-[고급] 탭에서 [실행 취소]의 최대 횟수를 변경할 수 있습니다.

💡 작업하다 보면 실수하거나 이전 상태로 되돌리고 싶은 순간이 자주 생깁니다. 피피티의 [실행 취소] 기능은 그런 상황에서 꼭 필요한 기능이죠. 하지만 기본 설정으로는 취소할 수 있는 횟수에 제한이 있어, 여러 단계를 되돌릴 수 없을 때도 있습니다. 이럴 땐 실행 취소 가능 횟수를 직접 늘려 더 여유 있게 작업할 수 있어요.

1 메뉴에서 [파일]-[옵션]을 선택합니다.

2 [PowerPoint 옵션] 창의 [고급] 탭을 선택합니다. [편집 옵션]의 [실행 취소 최대 횟수]를 150으로 변경 후 [확인]을 클릭하면 최대 150번까지 실행 취소를 할 수 있습니다.

> **TIP**
>
> 실행 취소의 단축키는 Ctrl+Z, 다시 실행의 단축키는 Ctrl+Y 입니다. 이 두 단축키를 활용하면 많은 작업 내역을 빠르게 취소하다가도, 원했던 지점을 지나쳤을 경우 Ctrl+Y로 쉽게 되돌아갈 수 있습니다.

자동으로 나타나는 디자이너 창을 없앨 수 있나요?

Microsoft 365를 구독하고 있다면, 슬라이드에 콘텐츠를 삽입할 때마다 [디자이너] 창이 자동으로 표시됩니다. 디자이너는 슬라이드에 삽입된 내용을 자동으로 분석해 다양한 레이아웃을 제안해 주는 기능이지만, 반복적으로 창이 나타나 작업 흐름을 방해한다면, 설정을 변경하여 필요한 상황에서만 사용할 수 있습니다.

[파일]-[옵션]을 선택해 [PowerPoint 옵션] 창을 표시한 다음 [일반] 탭의 [PowerPoint Designer] 항목에서 [디자인 아이디어를 자동으로 표시]의 체크를 해제하고 [확인]을 클릭합니다.

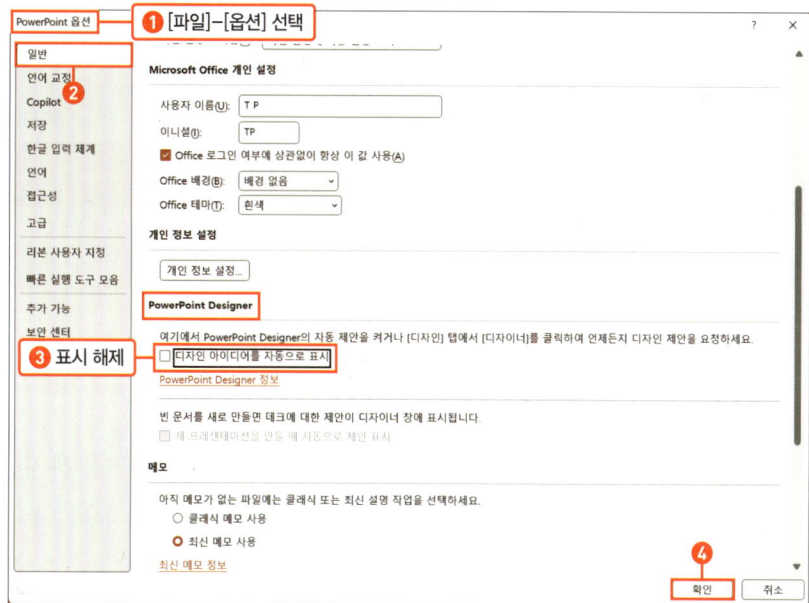

이제 요소를 삽입해도 [디자이너] 창이 나타나지 않습니다. 디자인 아이디어가 필요한 경우에는 메뉴에서 [홈]-[디자이너]를 선택하거나 [디자인]-[디자이너]를 선택하면 [디자이너] 창을 표시해 디자인 아이디어 기능을 사용할 수 있습니다.

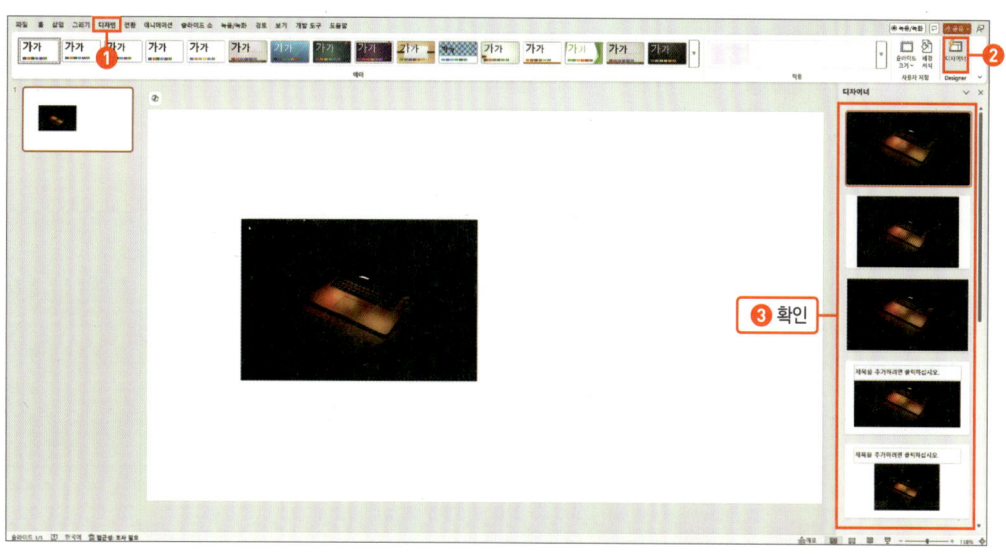

CHAPTER 3
작업 시간을 줄여주는 피피티 습관

분명 별것 아닌 문제 같은데도 해결이 안 돼서 당황했던 경험, 누구나 한 번쯤은 있을 거예요. 사실 피피티에서 겪는 대부분의 문제는 알고만 있으면 단번에 해결할 수 있습니다. 이번 챕터에서는 실무에서 자주 마주치는 막힘 포인트와 그 해결법을 모았습니다. 앞으로 더 매끄럽고 수월하게 피피티 작업을 이어가는 데 도움이 될 것입니다.

📎 글머리기호

글머리 기호나 번호 매기기의 간격을 조절할 수 있나요?

Q 글머리 기호, 번호 매기기의 간격이 너무 넓은데 조절할 수 있나요?
A 슬라이드에 눈금자를 표시하면 글머리 간격을 조절할 수 있어요.

💡 글머리 기호나 번호 매기기를 활용하면 내용을 정리할 때 한눈에 들어오기 좋습니다. 하지만 글머리 기호를 삽입하면 기호와 텍스트 사이 간격이 너무 넓어져 디자인이 어색해지는 경우가 종종 있습니다. 이 간격은 직접 조정할 수 있습니다.

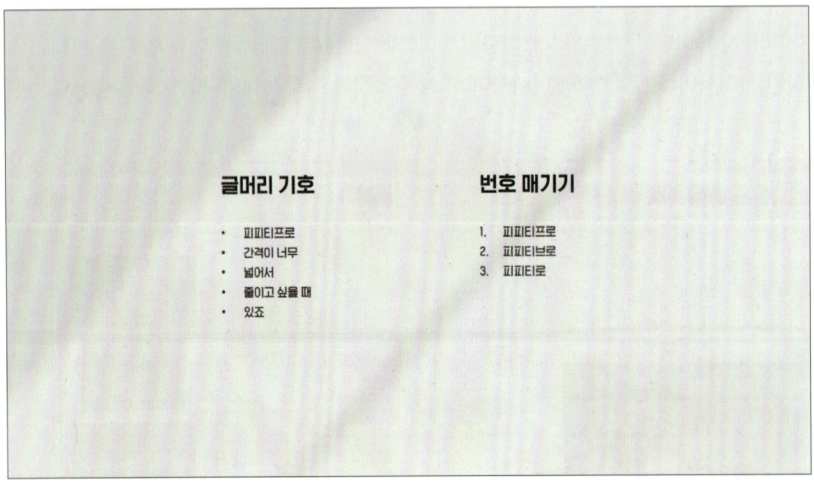

▲ 글머리 기호, 번호 매기기 사이에 간격이 넓은 텍스트

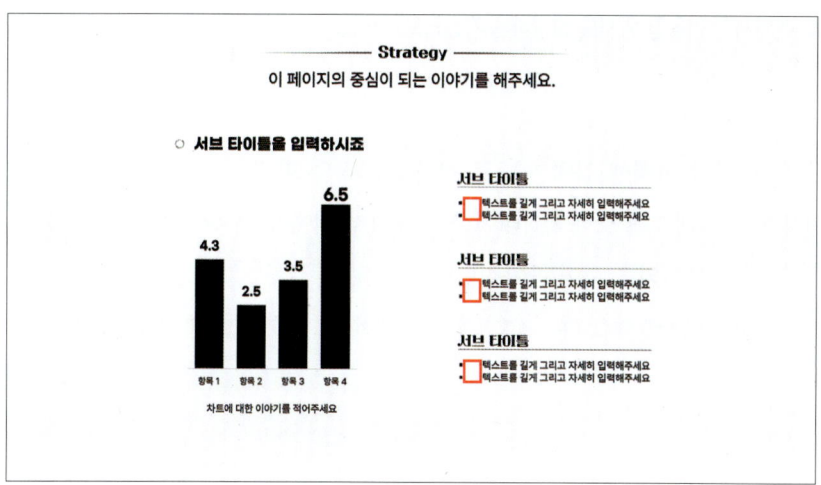

▲ 기호와 텍스트 간격이 길어 아쉬운 디자인

글머리 간격을 간단하게 조절하려면 눈금자를 활용해 보세요. 슬라이드의 빈 곳을 마우스 오른쪽으로 클릭한 다음 [눈금자]를 선택하면 작업 화면에 눈금자를 표시할 수 있습니다.

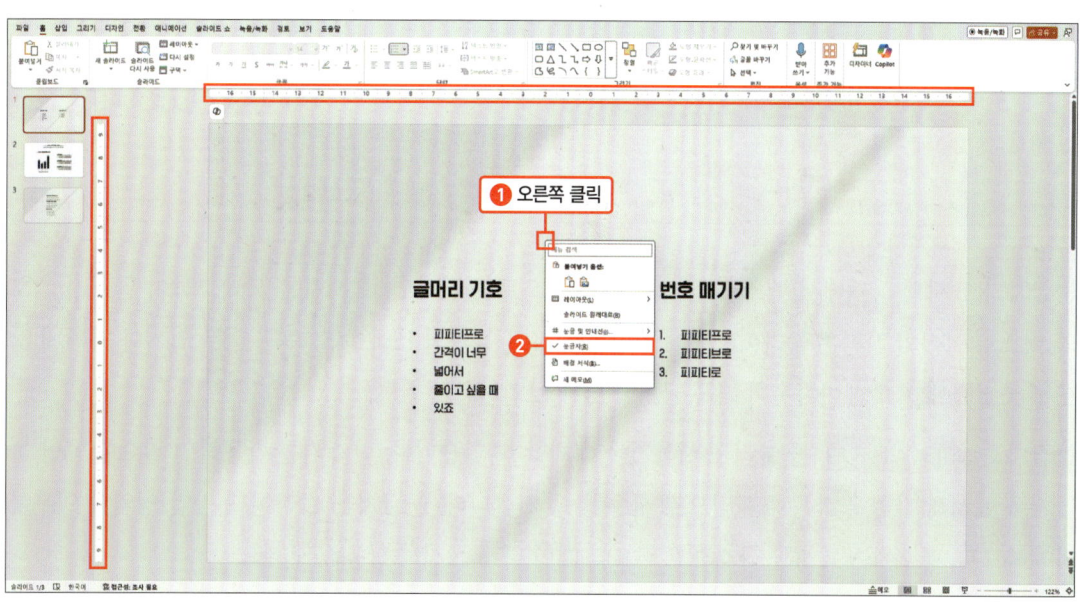

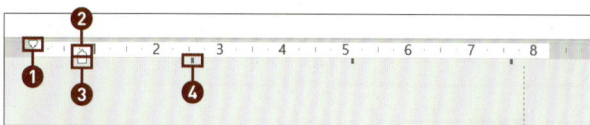

❶ **첫줄 들여쓰기 표시자**: 선택한 줄의 시작 위치만 안쪽으로 들여쓰는 기능으로, 첫 줄만 살짝 안쪽으로 정리할 때 사용합니다.

❷ **내어쓰기 표시자**: 문단 전체의 왼쪽 여백을 조절하는 기능으로, 글머리표가 있는 문단을 한 번에 안쪽으로 이동할 때 유용합니다.

❸ **왼쪽 들여쓰기 표시자**: 위쪽과 아래쪽 마커를 함께 움직여 문단 전체를 이동시키는 기능입니다. 줄 간격이나 탭 위치는 그대로 두고 문단 전체를 옮길 때 사용합니다.

❹ **탭 정지점**: Tab 키를 눌렀을 때 커서가 이동할 위치를 설정하는 기능으로, 가격표나 날짜 등을 일정한 위치에 맞춰 정렬할 때 사용됩니다.

글머리 간격을 조정할 텍스트 상자를 선택해 입력 모드로 전환하고 작업 화면 위에 표시되는 눈금자의 [내어쓰기 표시자]를 왼쪽으로 드래그해 보세요. [내어쓰기 표시자]에 눈금선이 함께 표시되며, 드래그한 만큼 텍스트와 글머리 기호 사이의 간격이 좁아집니다.

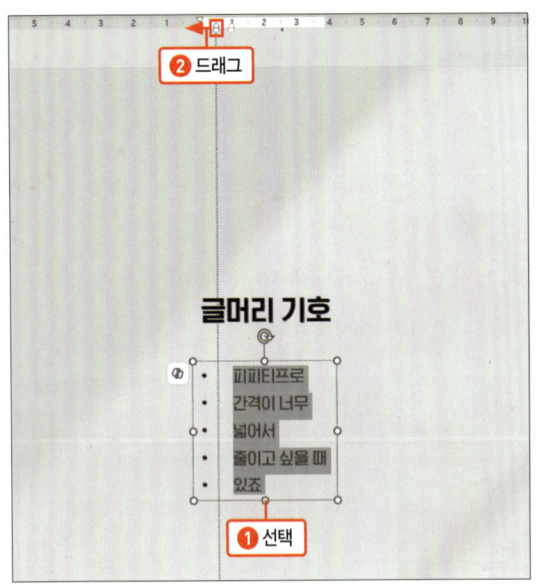 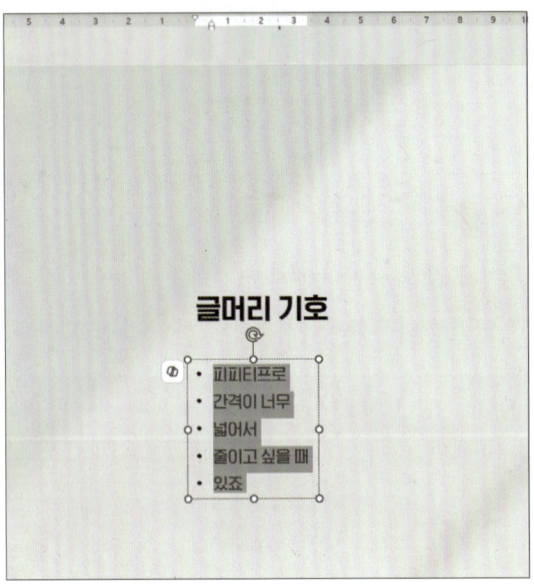

눈금자가 표시된 상태에서 텍스트 상자를 입력 모드로 전환하면, 표시자를 드래그하여 글머리 기호와 텍스트 사이의 간격은 슬라이드에 배치한 다른 요소들과의 조화를 고려해, 너무 멀거나 가깝지 않도록 조절해야 전체 레이아웃이 더욱 균형감 있게 보입니다.

눈금자는 Shift + Alt + F9 를 눌러 표시하거나 해제할 수 있습니다. 단축키를 활용하면 필요할 때만 눈금자를 표시해 작업 공간을 효율적으로 사용할 수 있습니다. 눈금자는 슬라이드 작업 영역의 일부를 차지하므로, 평소에는 표시를 해제하고 필요할 때만 다시 표시해 활용해 보세요.

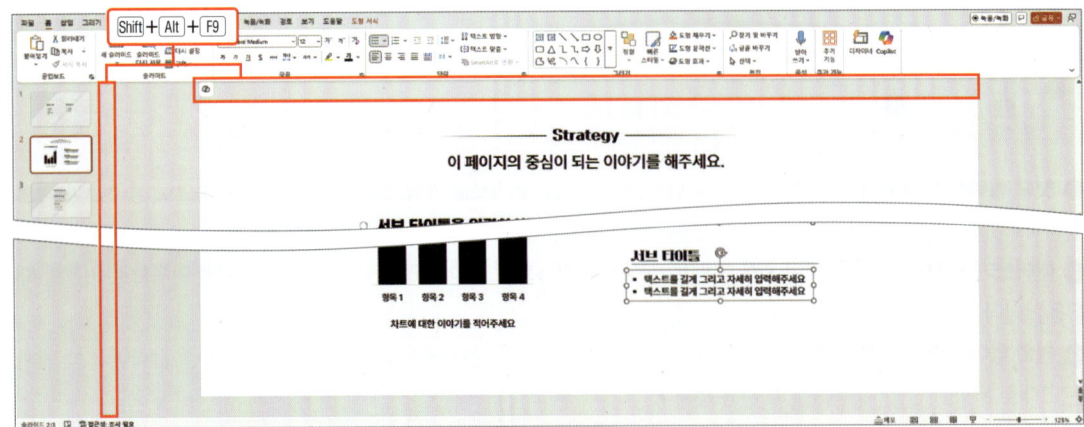

🔗 슬라이드번호

자동으로 슬라이드 번호를 표시할 수 있나요?

Q 각 슬라이드에 슬라이드 번호를 자동으로 삽입할 수 있나요?

A [삽입]-[슬라이드 번호] 기능을 사용하면 슬라이드에 자동으로 번호를 넣을 수 있습니다.

▲ 피피티프로 강의

💡 슬라이드 수가 많은 프레젠테이션을 준비할 때는 전체 분량을 가늠하거나 발표 중 진행 상황을 확인하기 위해 슬라이드 번호를 삽입하는 경우가 많습니다. 슬라이드 수가 적을 때는 수작업으로 번호를 넣을 수 있지만, 많은 경우 일일이 삽입하는 일은 번거롭고 비효율적입니다. 이럴 때 [슬라이드 번호] 기능을 활용하면 전체 슬라이드에 번호를 자동으로 삽입할 수 있습니다. 번호는 텍스트 상자나 디자인 요소를 활용해 원하는 위치에 잘 보이도록 배치할 수 있습니다.

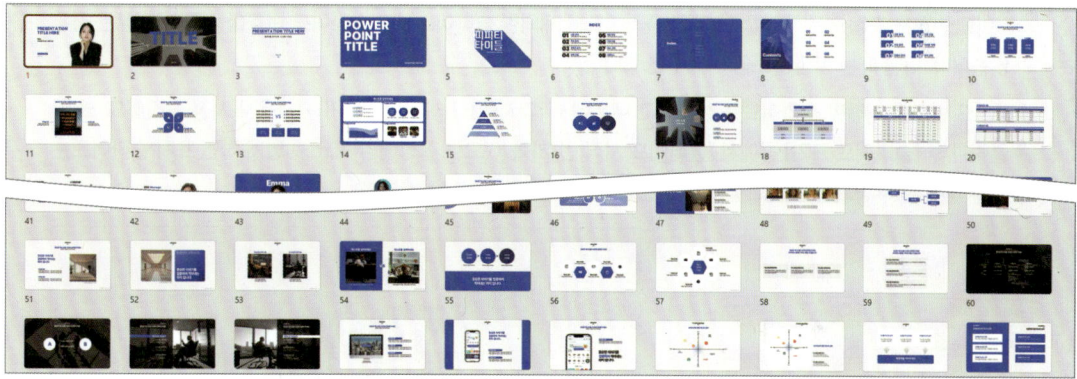

▲ 슬라이드가 많아 슬라이드 번호를 개별적으로 삽입하기 어려운 프레젠테이션

슬라이드 번호를 자동으로 삽입하려면, 슬라이드에 번호가 삽입될 위치에 [텍스트 상자]를 삽입하고 원하는 디자인으로 꾸며줍니다. 원하는 디자인의 슬라이드 번호가 완성됐으면 이 텍스트 상자의 숫자를 블록 지정한 다음 메뉴에서 [삽입]-[슬라이드 번호]를 클릭합니다.

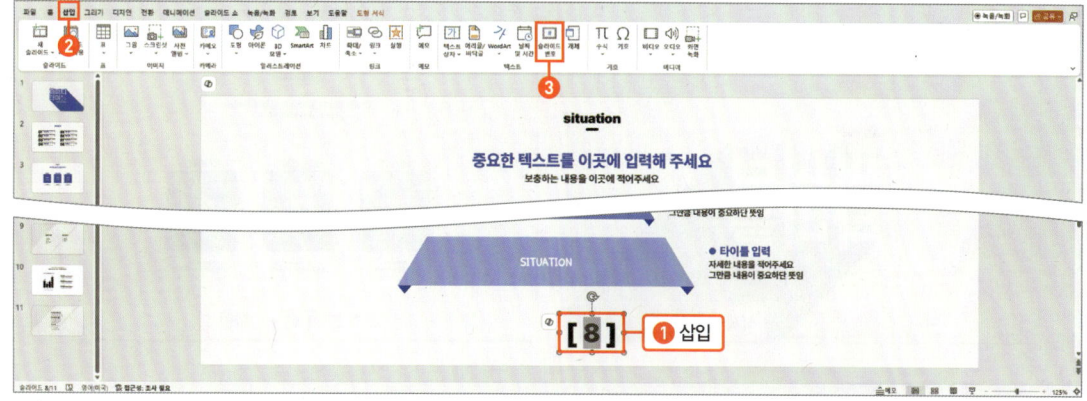

슬라이드 번호가 들어 있는 텍스트 상자는 각 슬라이드에 복사해 붙여 넣을 수도 있고, 슬라이드 마스터에 삽입해 전체 슬라이드에 자동으로 적용할 수도 있습니다. 페이지 수가 많은 프레젠테이션을 효율적으로 관리하고 싶다면 슬라이드 번호 기능을 꼭 활용해 보세요.

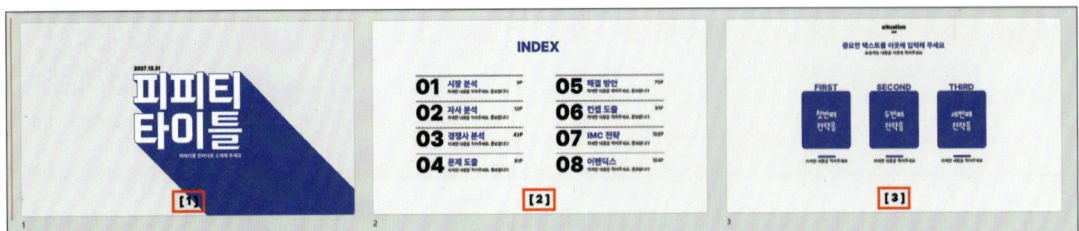

TIP

슬라이드 마스터에 대한 자세한 내용은 256쪽을 참고하세요.

 슬라이드번호

표지 슬라이드를 제외하고 번호를 시작할 수 있나요?

슬라이드 번호를 자동으로 삽입할 때, 표지 슬라이드를 제외한 슬라이드부터 슬라이드 번호를 시작하고 싶은 경우가 많습니다. 이럴 때는 설정만 조금 바꿔주면 됩니다.

슬라이드 번호를 시작할 슬라이드를 선택하고 메뉴에서 [디자인]-[슬라이드 크기]-[사용자 지정 슬라이드 크기]를 클릭한 후 [슬라이드 크기] 창에서 [슬라이드 시작 번호]를 '0'으로 설정해 주세요. 이렇게 하면 표지 슬라이드는 0번, 두 번째 슬라이드는 1번으로 슬라이드 번호가 표시됩니다.

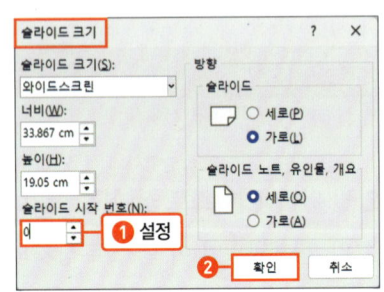
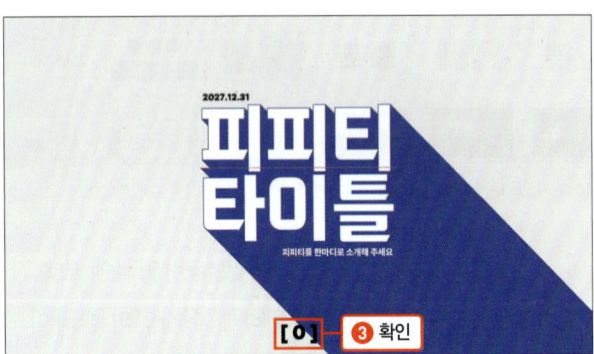

표지에 번호를 표시하지 않으려면, 해당 슬라이드에 삽입된 번호 텍스트 상자를 선택해 삭제하면 됩니다. 이렇게 설정하면 전체적인 페이지 흐름은 유지하면서도 표지를 깔끔하게 구성할 수 있습니다.

피피티에 사용한 글꼴을 한 번에 변경할 수 있나요?

Q 슬라이드가 많은 프레젠테이션에서 글꼴을 한 번에 바꿀 수 있나요?

A [글꼴 바꾸기] 기능을 사용하면 전체 슬라이드에 사용된 글꼴을 한 번에 변경할 수 있습니다.

프레젠테이션 작업을 모두 마친 뒤, 전체 글꼴을 변경해야 하는 상황이 종종 발생합니다. 슬라이드 수가 많을수록 일일이 수정하기 어렵지만, 이럴 때는 [글꼴 바꾸기] 기능을 활용하면 몇 초 만에 전체 글꼴을 손쉽게 교체할 수 있습니다.

1 [홈]-[글꼴 바꾸기]를 선택하면 프레젠테이션 전체의 글꼴을 한 번에 변경할 수 있습니다.

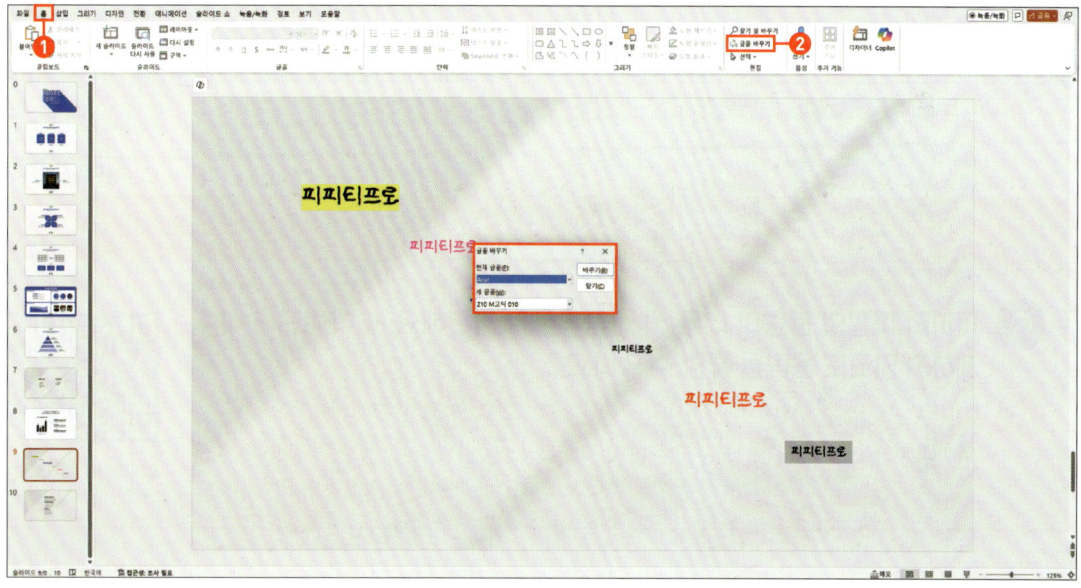

TIP

PowerPoint 2016 이하 버전에서는 [바꾸기] 오른쪽에 있는 작은 화살표를 클릭해야 [글꼴 바꾸기] 항목이 표시됩니다.

2 [글꼴 바꾸기] 창의 [현재 글꼴]에는 프레젠테이션에 사용된 모든 글꼴이 표시됩니다. 이 중 변경할 글꼴을 선택한 뒤, [새 글꼴]에서 바꿀 글꼴을 지정하고 [바꾸기]를 클릭하면 전체 슬라이드에 한 번에 적용됩니다.

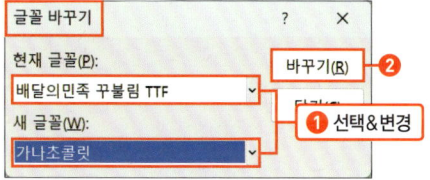

이렇게 하면 전체 프레젠테이션에 사용된 글꼴을 한 번에 변경할 수 있습니다. 단, 글꼴에 따라 크기나 자간 비율이 달라 줄바꿈이나 텍스트 위치가 어긋날 수 있으므로, 변경 후에는 전체 슬라이드를 한 번 점검해보는 것이 좋습니다.

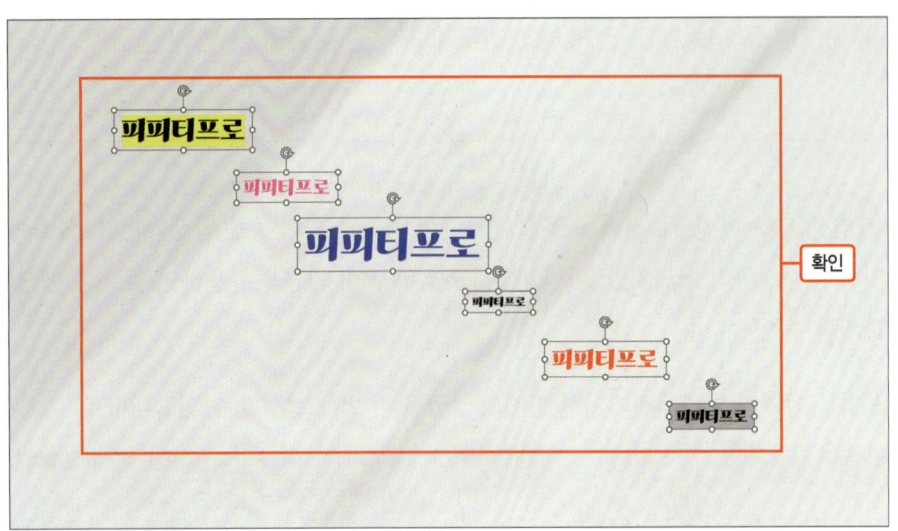

🔗 이미지압축

피피티 파일의 용량이 큰데, 줄일 수 있나요?

Q 피피티 파일의 용량이 너무 커서 공유하기 불편해요. 슬라이드를 삭제하지 않고도 용량을 줄일 수 있나요?

A **이미지를 압축**하면 슬라이드를 그대로 유지하면서도 파일 용량을 크게 줄일 수 있습니다.

▲ 피피티프로 강의

💡 애써 만든 피피티 파일을 외부에 제출하거나 메일로 공유해야 할 때, 파일의 용량이 커서 곤란했던 경험이 있을 겁니다. 특히 고화질 이미지를 많이 사용할수록 피피티 파일의 용량은 커질 수밖에 없죠. 예를 들어, 다음 그림의 피피티 파일은 단 두 장의 이미지를 삽입했을 뿐인데 용량이 4.68MB나 됩니다. 이런 이미지가 수십 장 포함되면 용량이 100MB를 훌쩍 넘기게 됩니다.

이 파일에 삽입된 이미지를 확대해 보면, 표지판의 내용이 선명하게 보일 정도로 이미지 데이터를 전부 유지하고 있습니다. 따라서 이런 이미지를 압축하면 피피티 파일의 용량을 간단하게 줄일 수 있습니다.

1 슬라이드에서 압축할 이미지를 선택하고 메뉴에서 [그림 서식]-[그림 압축]을 선택합니다.

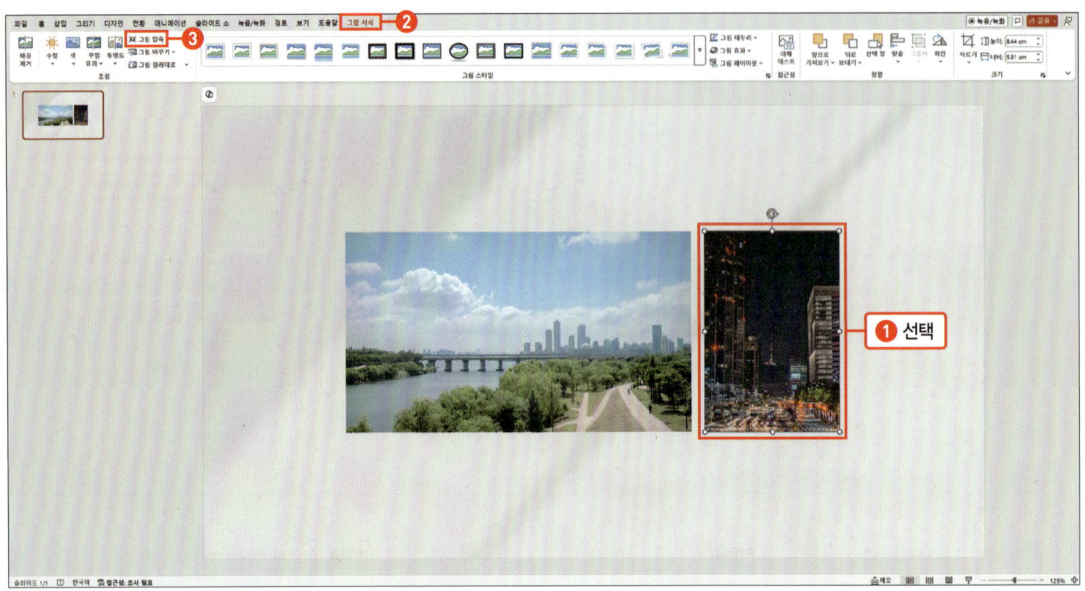

2 [그림 압축] 창에서는 압축 방식을 선택할 수 있습니다. 원하는 압축 옵션과 해상도를 선택한 다음 [확인]을 클릭합니다.

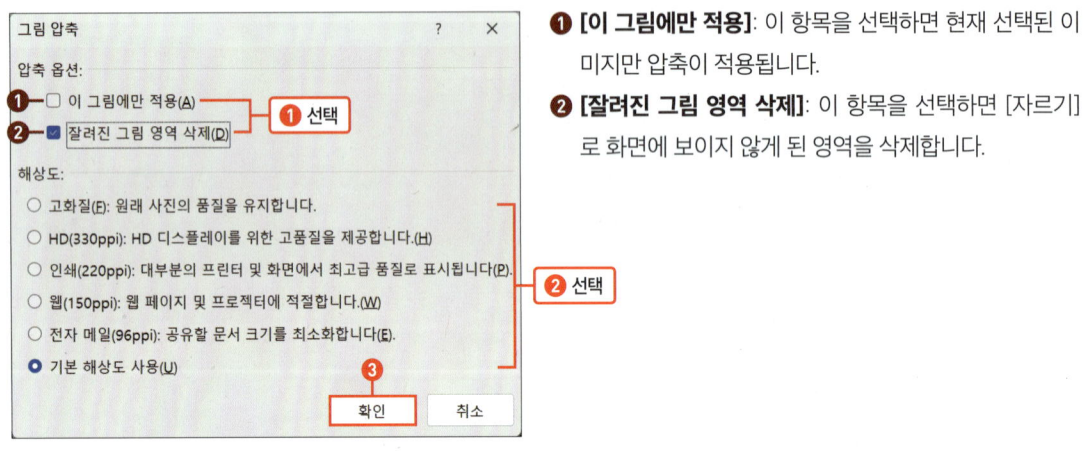

❶ **[이 그림에만 적용]**: 이 항목을 선택하면 현재 선택된 이미지만 압축이 적용됩니다.

❷ **[잘려진 그림 영역 삭제]**: 이 항목을 선택하면 [자르기]로 화면에 보이지 않게 된 영역을 삭제합니다.

TIP

해상도 선택이 어렵다면 [HD]나 [인쇄] 옵션을 선택해도 일반적인 화면에서는 큰 차이를 느끼기 어렵습니다. 특별히 큰 화면에서 발표할 예정이 아니라면 [인쇄] 해상도만으로도 충분합니다.

이렇게 이미지를 압축하면 피피티 파일의 용량을 눈에 띄게 줄일 수 있습니다.

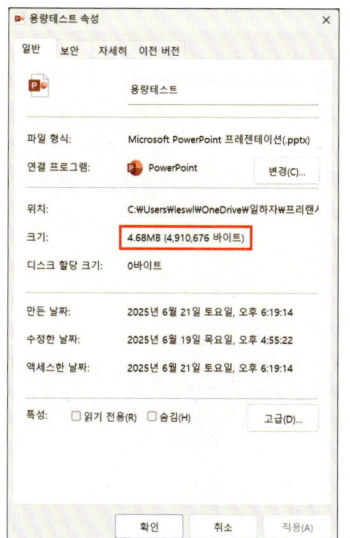
▲ 그림 압축 전

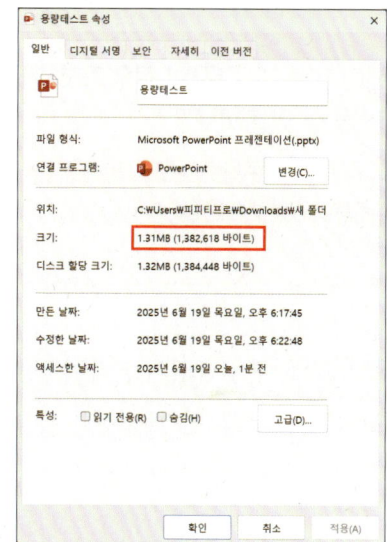
▲ 그림 압축 후

피피티에 삽입된 이미지가 많을수록 그림 압축의 효과는 더욱 커집니다. 압축된 이미지를 직접 확인해 보면 원본과 큰 차이가 없어, 실무에서 활용하기에도 무리가 없습니다.

피피티 초안을 빠르게 만들 수 있나요?

Q 급하게 피피티를 제작해야 하는데, 디자인 작업을 하기 전에 주요 내용만 빠르게 초안으로 만들 수 있을까요?

A **메모장**을 활용하면 정리한 텍스트만으로도 슬라이드 구조에 맞는 피피티 초안을 빠르게 만들 수 있습니다.

▲ 피피티프로 강의

💡 디자인 작업은 나중에 하더라도, 우선 내용 중심의 슬라이드를 빠르게 만들어야 할 때가 있습니다. 이럴 때 텍스트로 정리한 개요나 목차가 있다면, 메모장을 활용해 그 내용을 슬라이드 형태로 손쉽게 구성할 수 있습니다.

1 메모장에 슬라이드 초안으로 사용할 내용을 입력합니다.

2 슬라이드를 나눌 부분에서는 Enter 로 줄을 바꾸고, 하나의 슬라이드 안에서 세부 항목을 구분할 경우에는 Tab 으로 들여쓰기를 합니다.

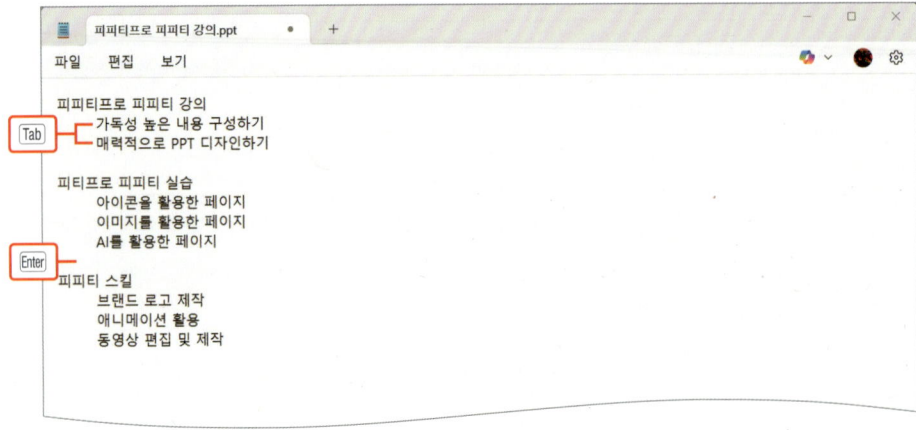

3 내용 정리가 끝났다면 메모장의 메뉴에서 [파일]-[다른 이름으로 저장]을 선택한 다음 확장자명을 '.ppt'로 변경하고 [인코딩]은 [UTF-16 LE]로 변경합니다.

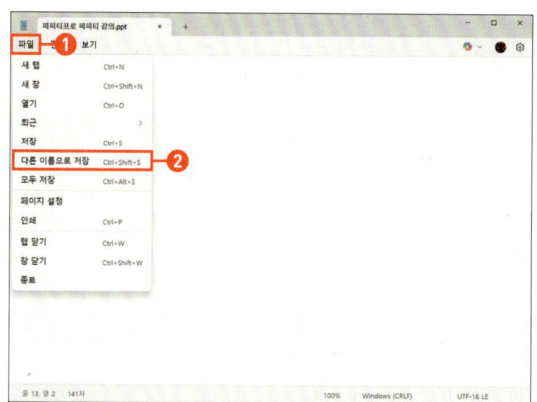
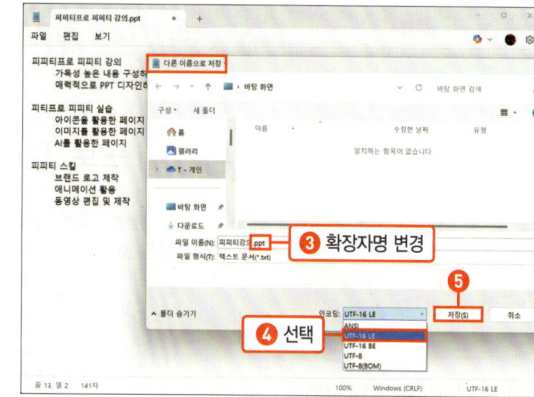

4 3에서 저장한 피피티 파일을 열어보면 메모장에서 Enter 와 Tab 으로 구분한 내용이 초안으로 정리된 것을 확인할 수 있습니다.

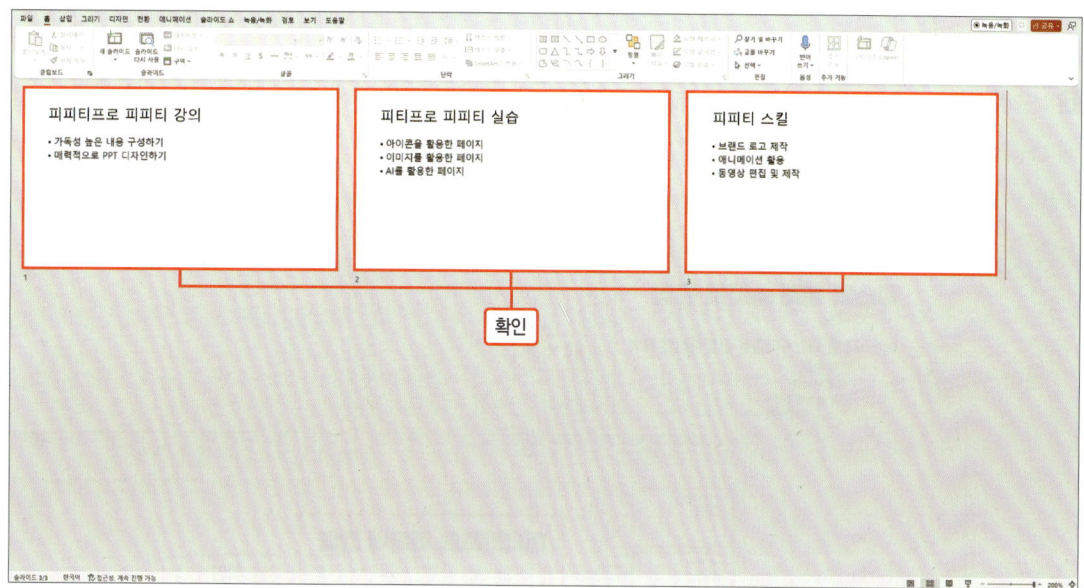

5 슬라이드 전체의 디자인을 간단하게 통일하고 싶다면 메뉴에서 [보기]-[슬라이드 마스터]를 선택합니다.

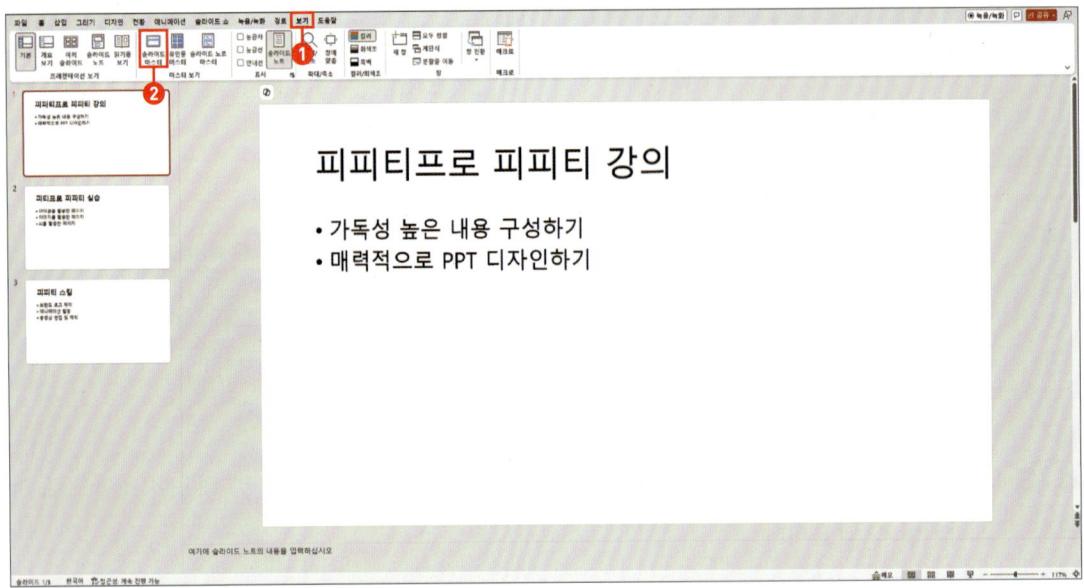

6 슬라이드 마스터에서 기본 레이아웃의 텍스트 상자 서식을 수정해 보세요. 한 번의 수정으로 전체 슬라이드에 적용할 수 있어 작업 시간이 훨씬 단축됩니다.

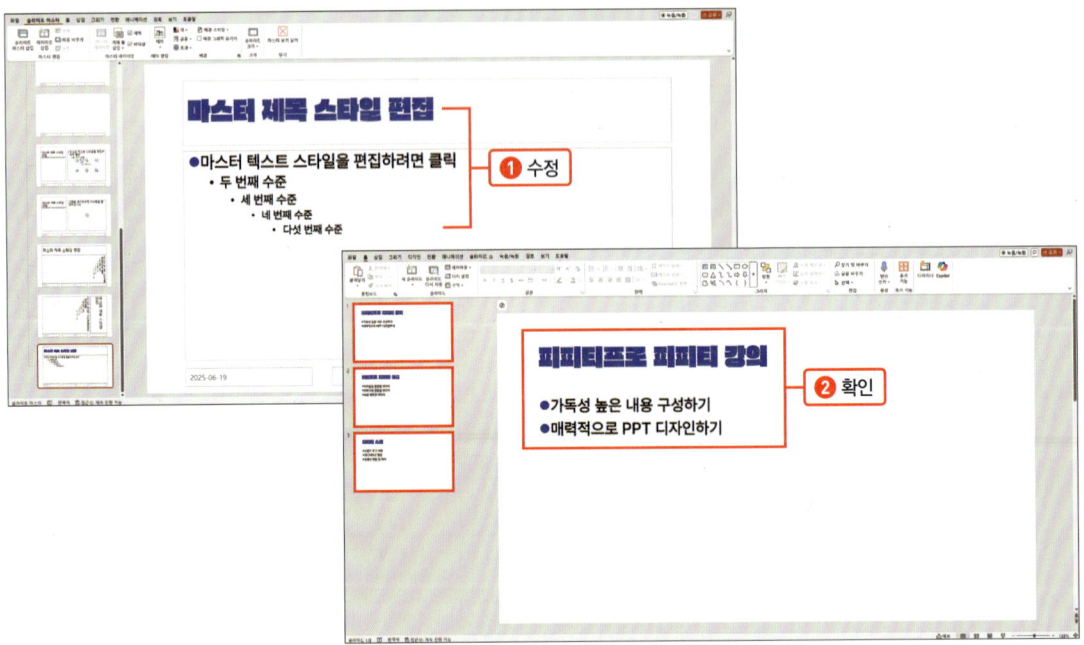

이 방법을 활용하면 별도의 디자인 작업 없이도 정리해 둔 텍스트만으로 피피티 초안을 빠르게 만들 수 있습니다. 특히 시간에 쫓길 때나 개요 중심으로 슬라이드를 먼저 구성해야 할 때 유용하게 활용할 수 있으니, 꼭 한 번 시도해 보세요.

피피티에 가속도를 붙이는 방법

피피티를 잘 만드는 것도 중요하지만, 때로는 '얼마나 빠르게' 만드는지가 더 중요할 때도 있습니다. 주어진 시간 안에 최선의 결과물을 만들기 위해, 그리고 퇴근 시간을 지키기 위해, 이제 피피티에도 가속도를 붙여볼 시간입니다.

📎 복제

복사·붙여넣기를 더 효율적으로 할 수 있나요?

Q 복사(Ctrl+C), 붙여넣기(Ctrl+V)를 조금 더 빠르고 효율적으로 할 수 있는 방법은 없을까요?

A 복사와 붙여넣기를 한 번에 처리할 수 있는 **복제(Ctrl+D)** 단축키를 활용해 보세요.

💡 피피티 실무에서 복사(Ctrl+C)와 붙여넣기(Ctrl+V)는 가장 자주 사용하는 단축키입니다. 대부분의 Office 앱은 물론 거의 모든 프로그램에서 동일한 기능으로 사용되기 때문에, 습관처럼 익숙하게 사용하는 경우가 많습니다. 하지만 피피티에는 복사와 붙여넣기를 더 빠르고 편리하게 수행할 수 있는 단축키, 복제(Ctrl+D)가 있습니다.

Ctrl+D는 선택한 요소를 한 번에 복제할 수 있는 단축키로, 복사(Ctrl+C) 후 붙여넣기(Ctrl+V)의 두 단계를 한 번에 처리할 수 있어 작업 속도를 크게 높일 수 있습니다. 이미지, 도형, 텍스트 상자는 물론 슬라이드까지 복제할 수 있으며, 특히 슬라이드를 복제할 경우 기존 서식과 애니메이션이 100% 그대로 유지되어 별도의 수정 없이 바로 활용할 수 있습니다.

다음의 왼쪽 그림은 슬라이드를 Ctrl+C, Ctrl+V로 복사한 것이고, 오른쪽 그림은 Ctrl+D로 복제한 결과입니다. 복사·붙여넣기를 사용한 경우 슬라이드 안의 개별 요소는 복사되지만, 배경 서식은 유지되지 않아 동일한 배경을 다시 적용해야 합니다. 반면 복제한 슬라이드는 모든 요소와 배경 서식까지 그대로 유지되기 때문에, 별도의 추가 작업 없이 동일한 디자인을 이어갈 수 있습니다.

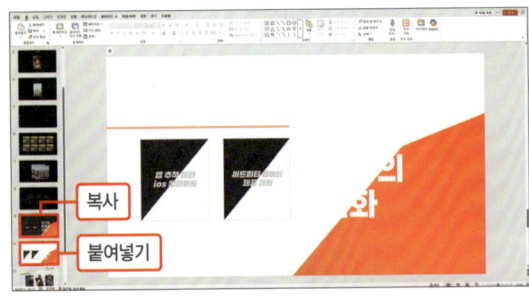
▲ 복사(Ctrl+C), 붙여넣기(Ctrl+V)한 경우

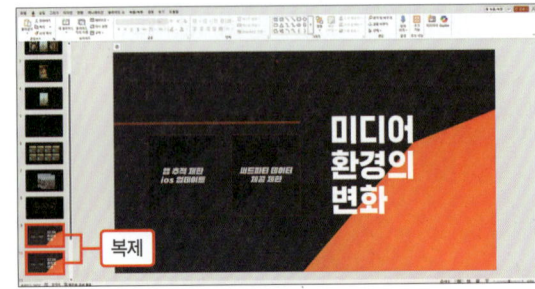
▲ 복제(Ctrl+D)한 경우

복제 기능의 가장 유용한 점은 한 번 복제한 뒤 위치를 조정하고 다시 Ctrl+D를 누르면, 이전과 동일한 간격으로 요소가 자동 배치된다는 것입니다.

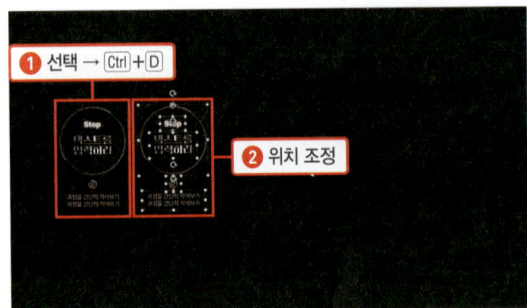

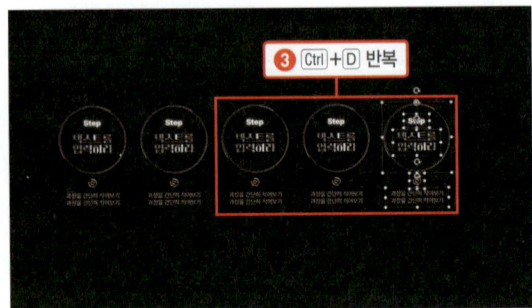

이 기능을 활용하면 반복적인 레이아웃을 손쉽게 구성할 수 있고, 정렬에 대한 부담 없이 깔끔한 디자인을 빠르게 완성할 수 있습니다.

📎 이미지삽입, 이미지

이미지를 같은 위치에 빠르게 삽입할 수 있나요?

Q 여러 슬라이드의 같은 위치에 이미지를 삽입해야 하는데 더 빠르게 할 수는 없나요?

A [도형병합]-[교차] 기능이나 [슬라이드 마스터]의 **[개체 틀 삽입]** 기능을 활용하면 같은 위치에 이미지를 빠르게 삽입할 수 있습니다.

▲ 피피티프로 강의

💡 레이아웃이 동일한 다른 슬라이드에 이미지를 교체한 뒤 슬라이드를 전환해 보면, 새로 삽입한 이미지의 위치가 조금만 달라져도 그 차이가 바로 눈에 띄는 경우가 많습니다. 그렇다고 이미지를 삽입할 때마다 위치를 조절하고 정렬하는 것은 작업 시간을 불필요하게 늘리는 결과로 이어집니다.

이럴 때는 도형 병합 기능과 슬라이드 마스터를 활용해보세요. 원하는 위치에 이미지를 간편하게 교차하여 삽입할 수 있어, 빠르고 정확하게 작업할 수 있습니다.

▲ 각 요소는 통일되어 있지만 슬라이드가 전환되면 달라진 위치가 두드러져 보임

도형 병합 활용하기

여러 이미지를 선택한 상태에서 [도형 병합]-[교차]를 클릭하면, 서로 겹치는 영역만 남고 나머지는 모두 제거됩니다. 이때 가장 먼저 선택한 이미지가 결과물의 형태를 결정하므로, 교차 기능을 사용할 때는 이미지 선택 순서가 매우 중요합니다. 즉, 남기고 싶은 형태를 가진 이미지를 가장 먼저 선택해야 원하는 결과를 얻을 수 있습니다.

[도형 병합]의 [교차] 기능을 활용하면, 새로 삽입한 이미지를 자르거나 정렬 도구로 위치를 맞추는 것보다 훨씬 빠르게 정확한 위치에 이미지 교체를 할 수 있습니다.

1 이미지를 교체할 슬라이드를 복사/붙여넣기한 다음, 복사한 슬라이드의 기존 이미지 위에 새로 교체할 이미지를 배치합니다. 이때 두 이미지가 겹치는 부분이 최종적으로 남겨질 영역이므로, 새 이미지가 기존 이미지와 잘 겹치도록 정확하게 배치하는 것이 중요합니다.

2 [도형 병합] 기능은 먼저 선택한 이미지를 기준으로 결과가 만들어지므로, 새로 삽입한 이미지를 먼저 선택하고, 그다음에 기존 이미지를 선택합니다. 두 이미지를 선택한 상태에서 [빠른 실행 도구 모음]에 있는 [도형 병합]-[교차]를 차례대로 클릭합니다. [도형 병합] 메뉴는 기본적으로 도형을 선택했을 때 나타나는 [도형 서식] 탭에서 사용할 수 있지만, 이미지 간 병합에는 표시되지 않기 때문에 이미지에 적용하려면 [빠른 실행 도구 모음]에 해당 기능을 미리 추가해 두어야 사용할 수 있습니다.

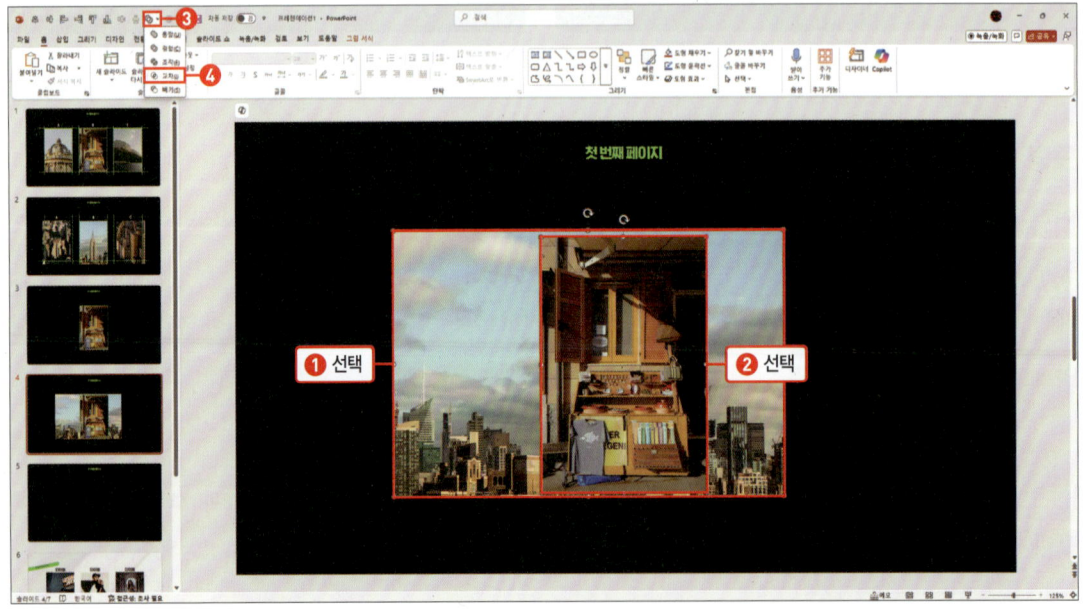

> **TIP**
>
> [도형 병합]을 빠른 실행 도구 모음에 추가하면 좀 더 빠르게 작업할 수 있습니다. 원하는 기능을 빠른 실행 도구 모음에 추가하는 자세한 방법은 46쪽을 참고해 주세요.

3 선택한 이미지 중 겹쳐진 부분만 남겨지므로, 동일한 위치에 이미지를 정확하게 배치할 수 있습니다. 이미지를 삽입한 뒤에는 윤곽선이나 그림자와 같은 서식을 적용해야 할 수 있는데, 이때는 '서식 복사(Ctrl+Shift+C)', '서식 붙여넣기(Ctrl+Shift+V)' 단축키를 활용하면 빠르게 동일한 서식을 적용할 수 있습니다.

TIP
교체할 이미지가 기존 이미지보다 작을 경우, 이미지 전체를 남기려면 남기고 싶은 부분이 기존 이미지와 충분히 겹치도록 이미지를 확대해 배치해야 합니다.

개체 틀 삽입 활용하기

💡 피피티에서 이미지를 여러 개 삽입해야 하는 경우, 슬라이드 마스터의 [개체 틀 삽입] 기능을 활용하면 훨씬 효율적으로 작업할 수 있습니다. 특히 반복적으로 이미지가 들어가는 레이아웃을 구성할 때 매우 유용하죠.

[개체 틀 삽입]은 슬라이드 마스터에서 특정 위치에 이미지, 텍스트, 차트 등의 요소가 삽입될 틀을 미리 지정해두는 기능입니다. 이렇게 틀을 설정해두면 여러 슬라이드를 추가할 때마다 정해진 위치에 이미지를 자동으로 삽입할 수 있어, 매번 정렬하거나 크기를 조정할 필요가 없습니다. 특히 이미지만 교체해도 동일한 위치를 유지할 수 있어, 작업 속도와 일관성을 모두 확보할 수 있습니다.

1 슬라이드에서 동일한 위치에 유지할 이미지나 도형을 먼저 배치한 다음, Ctrl + A 를 눌러 슬라이드 안의 모든 요소를 선택하고 Ctrl + C 로 복사해 둡니다.

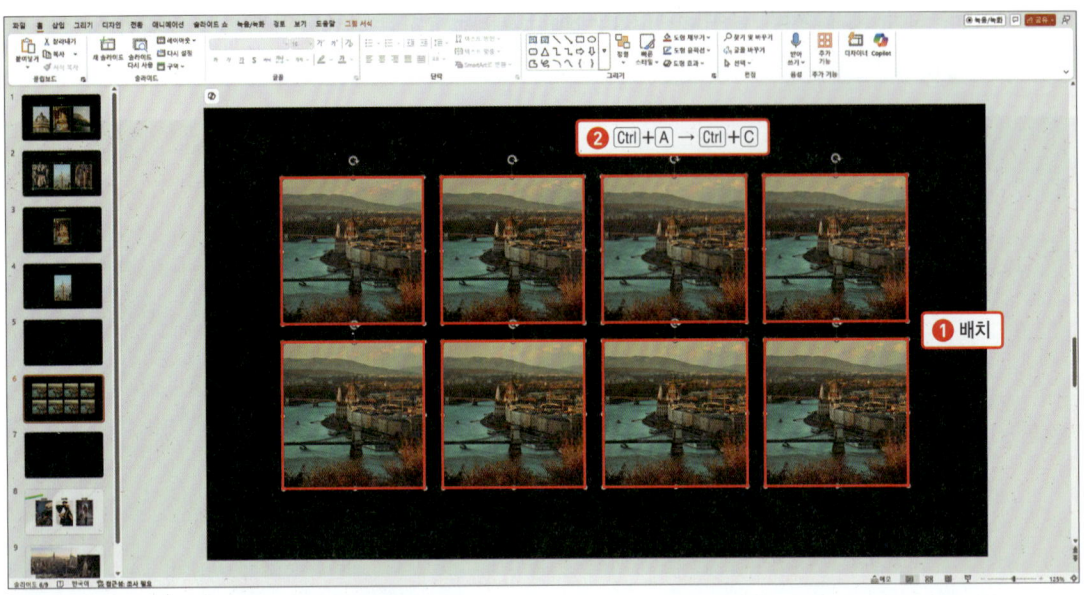

2 메뉴에서 [보기]-[슬라이드 마스터]를 선택합니다.

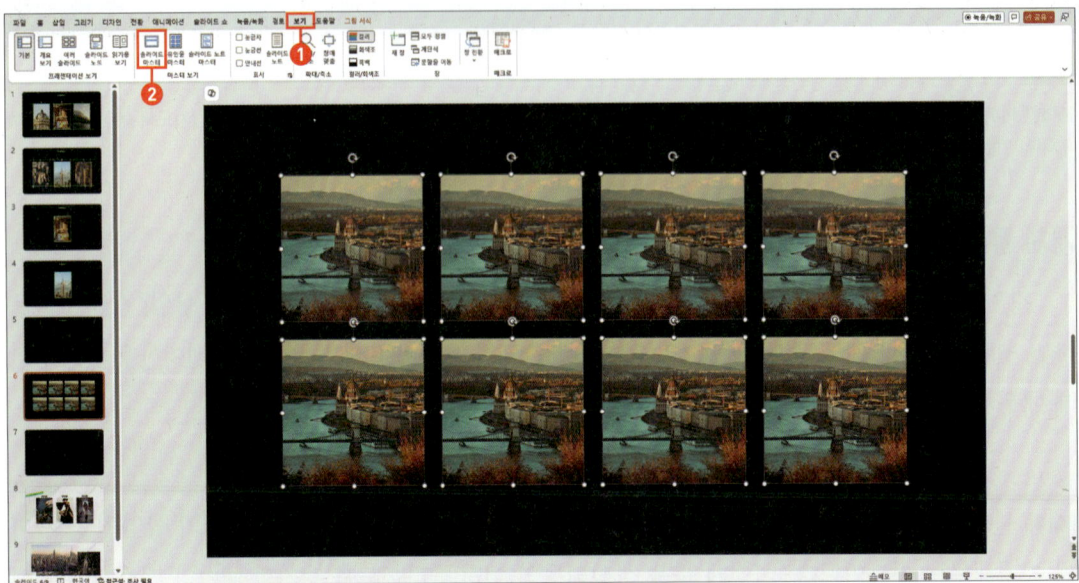

3 [슬라이드 마스터]의 슬라이드 미리보기에서 빈 슬라이드를 선택하고 Ctrl+D를 눌러 복제합니다.

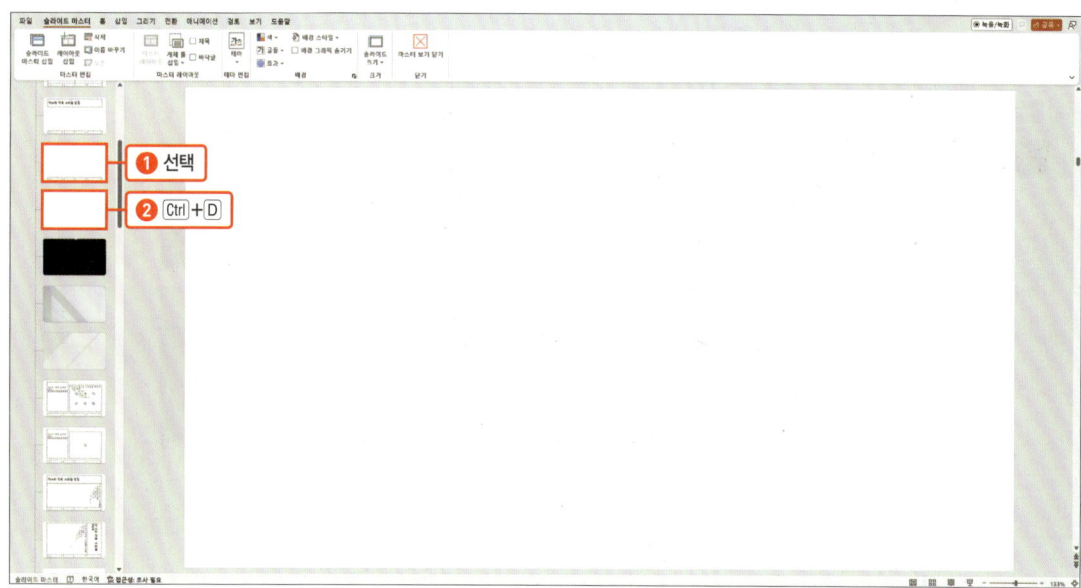

TIP
[슬라이드 마스터]의 미리보기에 표시되는 슬라이드 목록은 사용자 환경이나 작업 방식에 따라 다르게 보일 수 있습니다. 빈 슬라이드가 없다면 새 슬라이드를 추가한 후 실습을 진행하세요.

4 복제된 슬라이드에 **1**에서 복사한 요소를 붙여넣기 합니다.

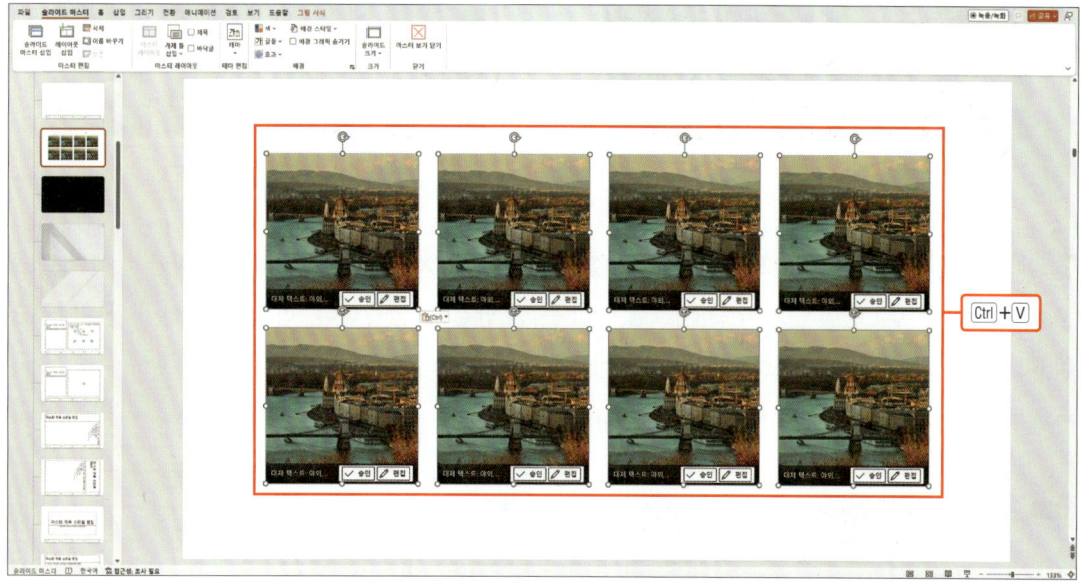

5 [슬라이드 마스터]-[개체 틀 삽입]-[그림]을 차례대로 선택합니다.

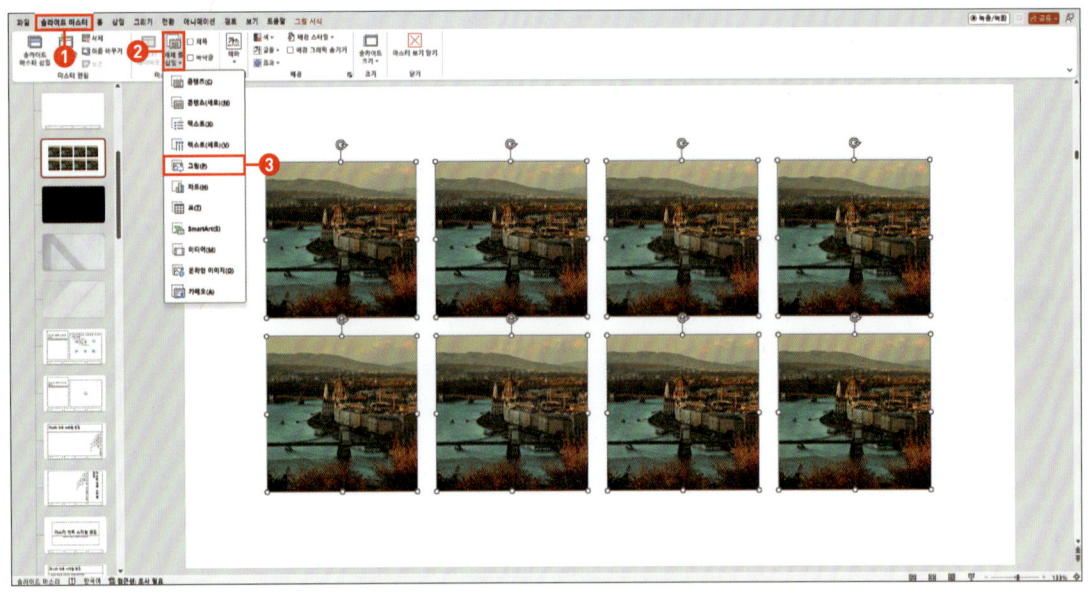

6 슬라이드에 삽입된 [그림 삽입 틀]을 복사/붙여넣기하여 **4**에서 삽입한 이미지와 동일한 위치와 크기로 조정해줍니다.

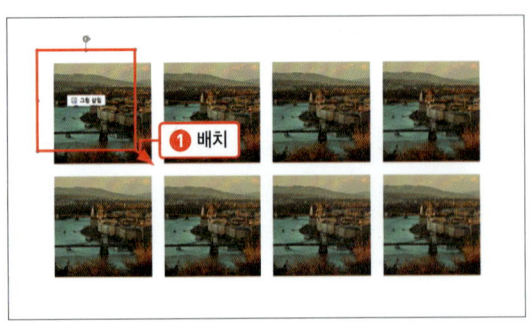
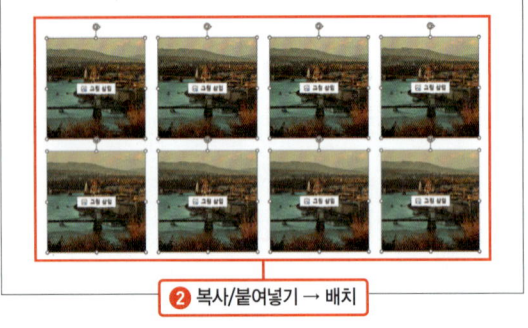

7 배치된 [그림 삽입 틀]을 모두 선택하여 잘라내기(Ctrl+X) 한 뒤 기존의 이미지를 삭제한 다음 붙여넣기(Ctrl+V) 하면 슬라이드에 [그림 삽입 틀]만 남길 수 있습니다. 삽입 틀 구성이 완료되었으면 [마스터 보기 닫기]를 클릭하여 일반 슬라이드로 돌아옵니다.

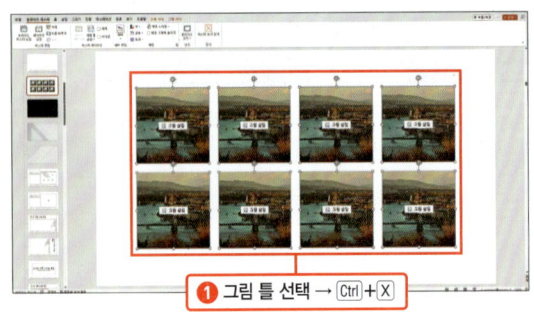
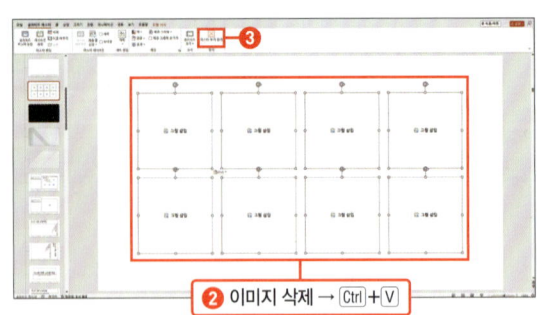

8 이미지를 교체할 슬라이드를 선택한 다음 슬라이드의 빈 곳을 마우스 오른쪽으로 클릭하고 [레이아웃]에서 앞서 만들어둔 레이아웃을 선택합니다.

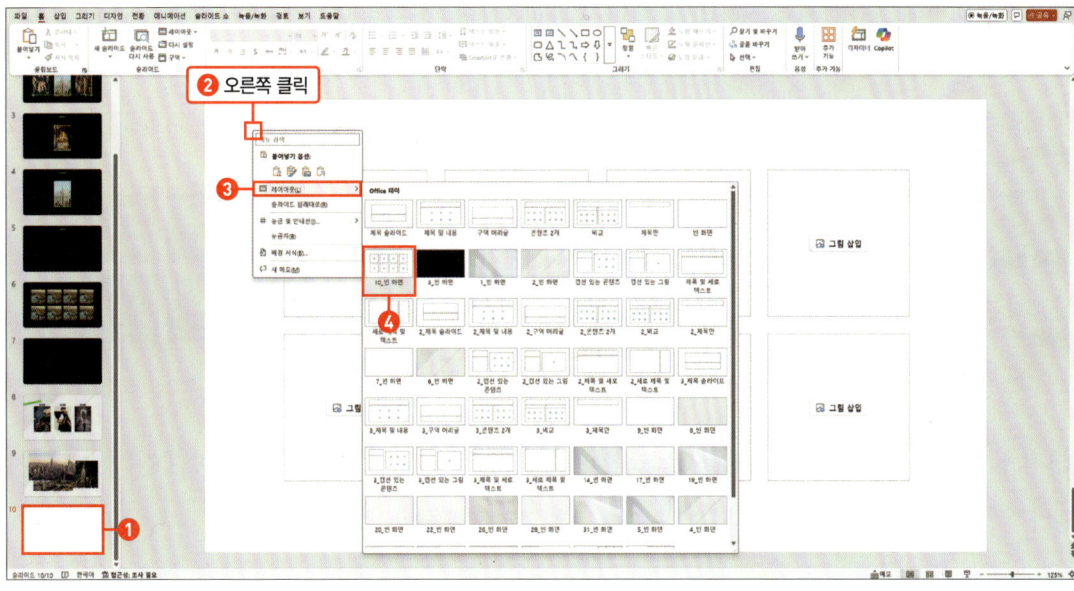

9 슬라이드에 삽입된 [이미지 삽입 틀]을 선택하고 이미지를 삽입하면 자동으로 [이미지 삽입 틀]의 크기에 맞게 삽입됩니다.

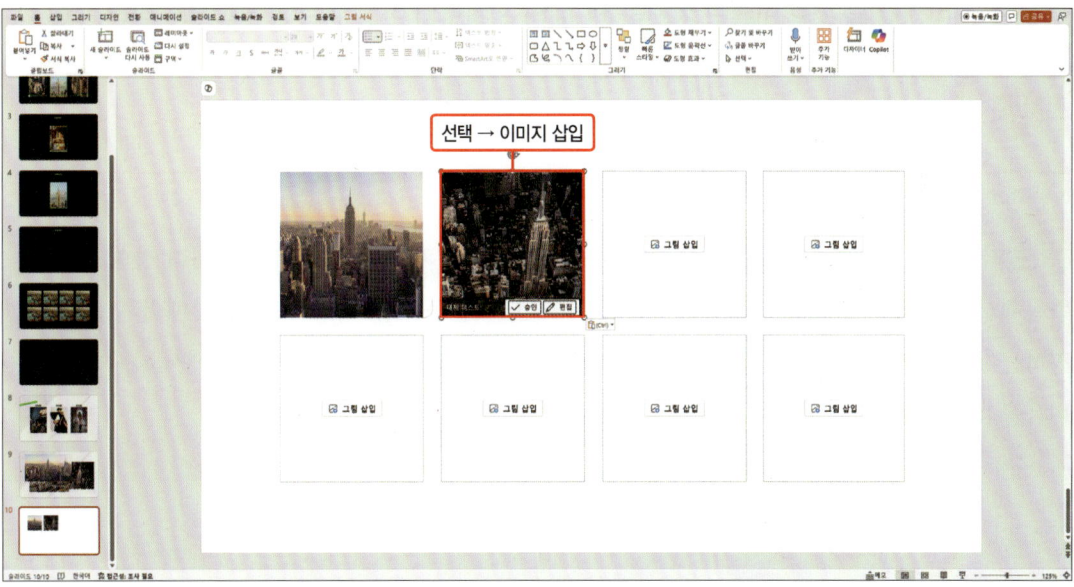

이렇게 [이미지 삽입 틀]을 설정해 두면 더 빠르게 이미지를 교체할 수도 있습니다. 교체할 이미지가 저장된 폴더에서 이미지 파일을 직접 슬라이드로 드래그하여 교체할 수 있습니다. 이때 여러 개의 이미지를 한꺼번에 드래그해 삽입하려면, 이미지 파일 이름을 숫자로 변경해두는 것이 좋습니다. 파일명이 숫자 순서(예: 1.jpg, 2.jpg, 3.jpg)로 되어 있으면, 슬라이드에도 그 순서대로 자동 삽입됩니다.

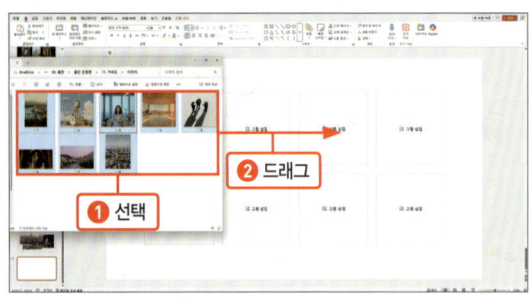 

[그림 삽입 틀]을 사용하면 이미지를 그룹화할 수 없으므로 슬라이드 마스터에서 미리 정확하게 배치해야 추가 작업을 줄일 수 있습니다.

🔗 이미지비율

이미지 비율을 빠르게 변경할 수 있나요?

Q 이미지를 늘 같은 비율로 조정할 때, 매번 설정하지 않고 빠르게 적용하는 방법이 있을까요?

A [자르기]에 있는 **[가로 세로 비율]**도 [빠른 실행 도구 모음]에 추가할 수 있습니다.

💡 슬라이드에 이미지를 삽입한 뒤, 썸네일이나 제품 사진처럼 정해진 비율로 여러 장의 이미지를 반복해서 조정해야 할 때가 있습니다. 이처럼 동일한 비율을 자주 사용하는 경우, 매번 수동으로 설정하는 일이 번거롭게 느껴질 수 있습니다. 이럴 때는 [자르기]의 [가로 세로 비율]에서 자주 변경하는 비율을 [빠른 실행 도구 모음]에 추가해두면 훨씬 빠르게 작업할 수 있습니다.

1 슬라이드에 삽입한 이미지를 선택한 후, 메뉴에서 [그림 서식]-[자르기]-[가로 세로 비율]을 차례대로 클릭하면 원하는 비율로 이미지를 쉽게 조정할 수 있습니다.

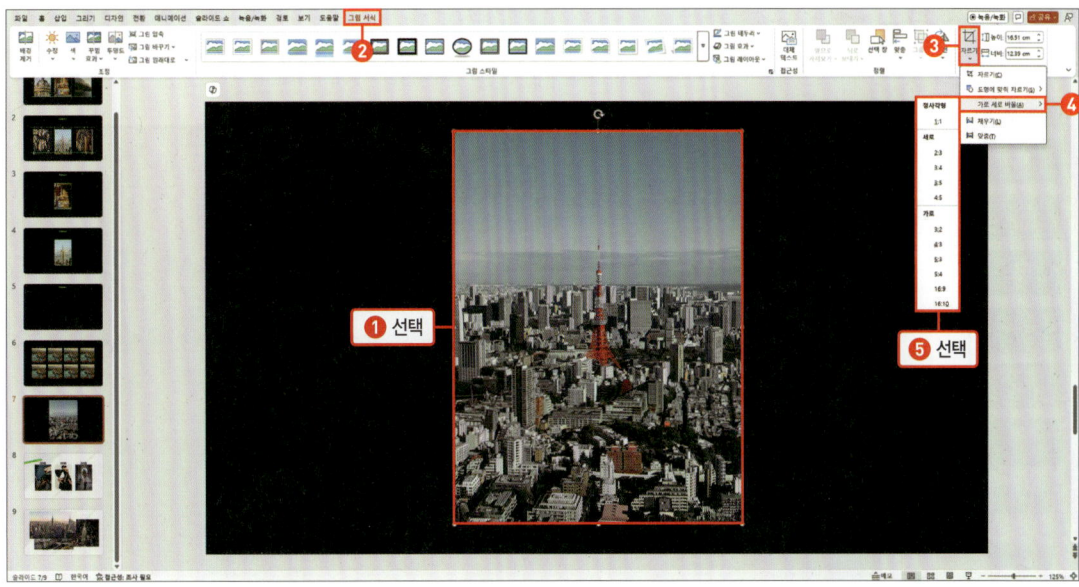

2 자주 사용하는 비율이 있다면, 해당 항목 위에서 마우스 오른쪽 버튼을 클릭한 뒤 [빠른 실행 도구 모음에 추가]를 선택해 보세요. 자주 쓰는 비율을 리본 메뉴에 고정해 둘 수 있습니다.

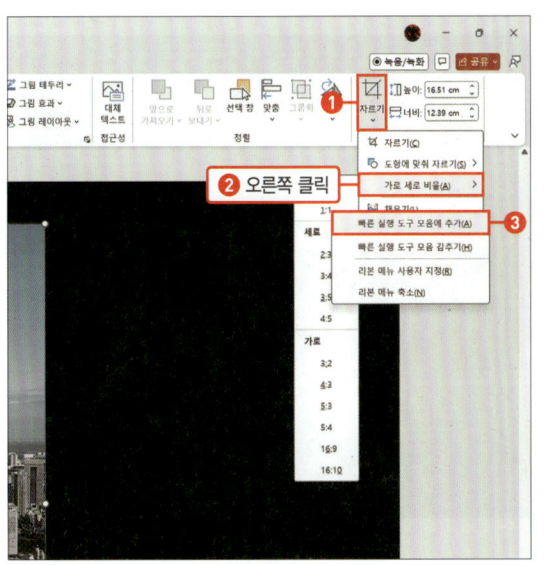 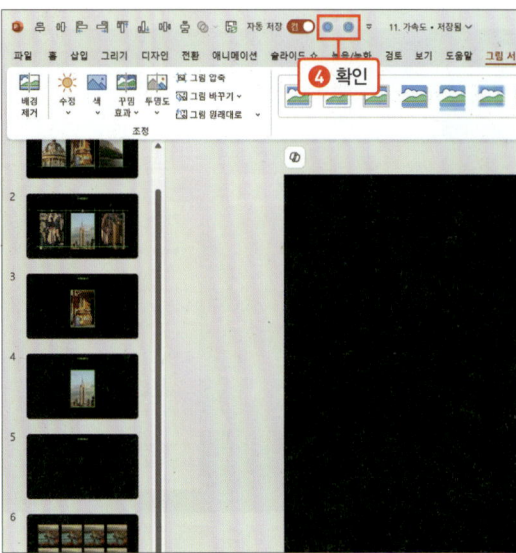

3 이렇게 설정해 두면 매번 메뉴를 열지 않고도 [빠른 실행 도구 모음]에서 바로 원하는 이미지 비율을 적용할 수 있어 훨씬 빠르게 작업할 수 있습니다.

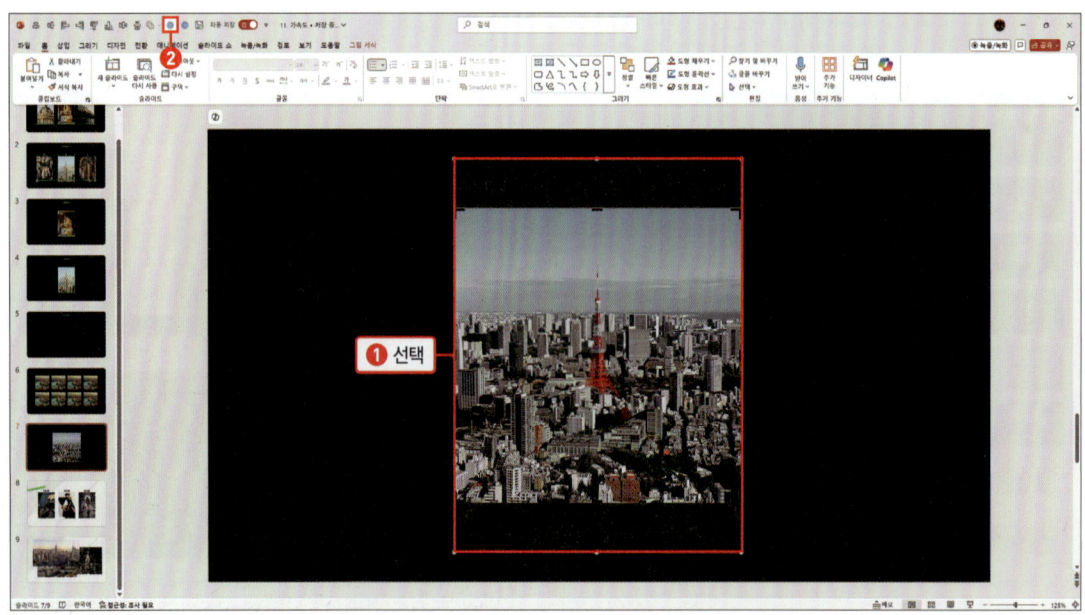

4 비율을 조정한 뒤 이미지를 마우스 오른쪽 버튼으로 클릭하고 [자르기]를 선택하면 잘린 영역이 표시되므로, 필요한 부분만 남기거나 원하는 위치로 자유롭게 조정할 수 있습니다.

 이미지윤곽선

이미지 윤곽선을 빠르게 적용할 수 있나요?

슬라이드에 삽입한 도형은 마우스 오른쪽 버튼을 클릭해 바로 윤곽선을 적용할 수 있지만, 이미지는 [그림 서식] 메뉴로 들어가 [그림 테두리]를 선택해야만 윤곽선을 설정할 수 있습니다. 하지만 이미지도 도형처럼 마우스 클릭만으로 윤곽선을 지정하는 방법이 있습니다. 이미지에 빠르게 윤곽선을 적용하고 싶다면 이렇게 해보세요.

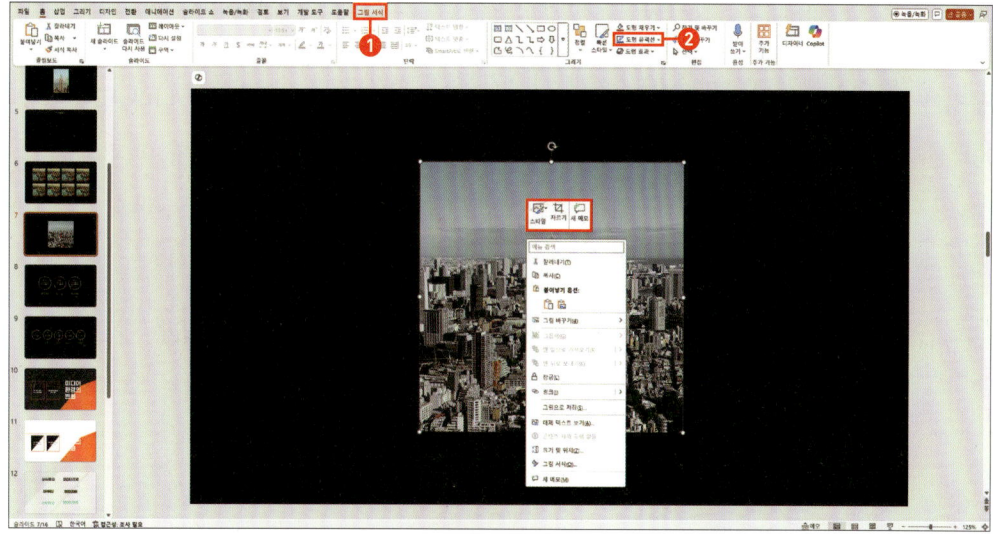

윤곽선을 설정하려는 이미지를 선택한 후 Ctrl+D를 눌러 복제합니다. 그다음, 원본 이미지와 복제한 이미지를 함께 선택한 뒤 마우스 오른쪽 버튼을 클릭하면, 도형처럼 [윤곽선] 옵션이 바로 표시됩니다.

윤곽선을 적용한 후에는 복제한 이미지를 삭제하면 됩니다. 간단한 방법이지만, 반복 작업에서 작업 속도를 크게 높일 수 있습니다.

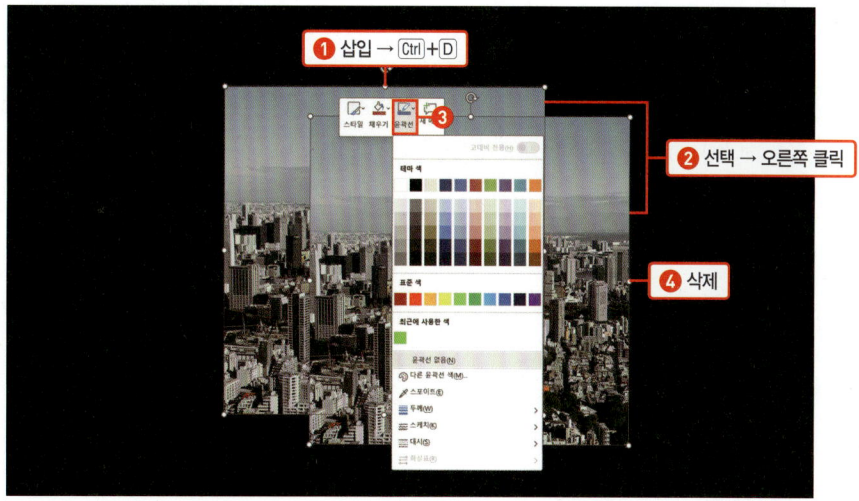

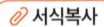 서식복사

완성한 서식을 다른 요소에도 똑같이 적용할 수 있나요?

Q 완성한 서식을 다른 요소에도 똑같이 적용하려고 매번 같은 효과를 다시 설정했는데 더 빠르게 적용할 수 있는 방법은 없을까요?

A 서식 복사·붙여넣기 단축키를 활용하면 시간을 크게 단축시킬 수 있습니다.

💡 우리가 피피티에서 도형이나 텍스트를 사용할 때는 각기 다른 서식을 적용합니다. 글꼴, 색상, 크기, 윤곽선, 그림자 등 디자인에 변화를 주는 요소들을 통틀어 '서식'이라고 합니다. 피피티 작업의 대부분은 이 서식을 조절하는 데 시간을 쓰기 때문에, 서식은 디자인 과정에서 매우 중요한 부분입니다.

▲ 텍스트와 도형에 포함된 다양한 서식

텍스트, 도형, 이미지 등에 의도한 대로 서식을 적용했다면, 이제 그 스타일을 전체 슬라이드에 일관되게 유지하는 것이 중요합니다. 하지만 매번 색상, 글꼴, 효과 등을 수동으로 바꾸다 보면 시간이 많이 걸릴 수밖에 없습니다. 이럴 때 유용한 단축키가 바로 서식 복사(Ctrl+Shift+C)와 서식 붙여넣기(Ctrl+Shift+V)입니다.

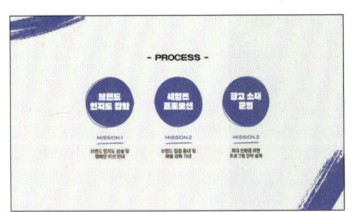  

▲ 색상, 글꼴, 크기 등 슬라이드 안에 포함된 다양한 서식

피피티에서 가장 많이 사용하는 복사·붙여넣기(Ctrl+C, Ctrl+V) 단축키에 Shift만 더해주면 서식 복사·붙여넣기로 바뀝니다. 기존에 만든 도형이나 텍스트를 선택한 뒤 Ctrl+Shift+C로 서식을 복사

하고, 적용하고 싶은 요소를 클릭해 Ctrl+Shift+V를 누르면 동일한 서식이 그대로 적용됩니다.

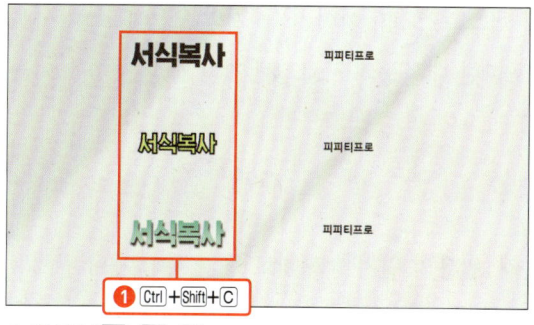
▲ 서식 복사(Ctrl+Shift+C)

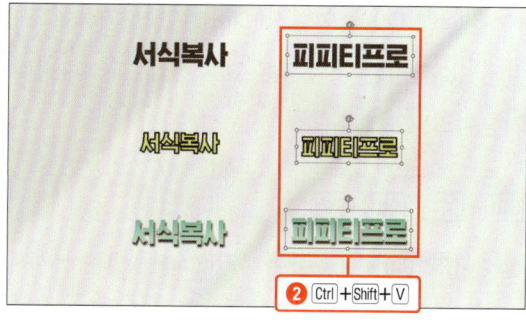
▲ 서식 붙여넣기(Ctrl+Shift+V)

여러 개의 요소에 같은 서식을 적용하고 싶을 때도 Ctrl+Shift+C와 Ctrl+Shift+V 단축키를 그대로 활용할 수 있습니다. 서식을 복사한 뒤 적용 대상인 도형이나 텍스트를 여러 개 선택해 서식을 붙여 넣으면, 한 번에 일괄 적용되어 작업 시간을 크게 줄일 수 있습니다.

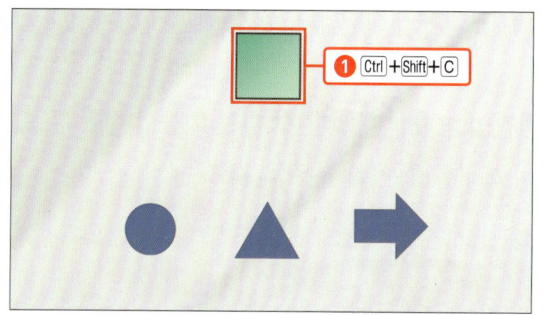
▲ 서식 복사

▲ 서식 붙여넣기

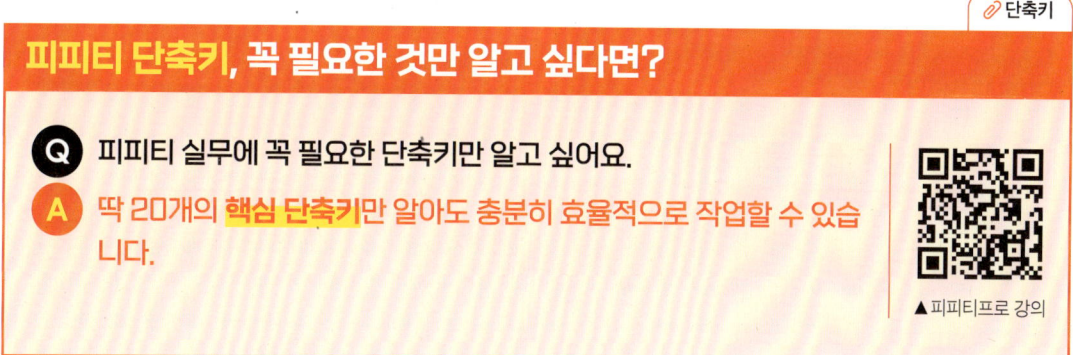

💡 더 완성도 높은 한 장의 슬라이드를 만들기 위해 매번 메뉴를 클릭하고 있진 않나요? 빠른 실행 도구 모음에 자주 사용하는 기능을 추가해 작업 속도를 높일 수 있지만, 단축키만큼 효율적이진 않습니다. 여기에서 소개하는 핵심 단축키만 익혀도 전체 작업 시간을 눈에 띄게 줄일 수 있습니다. 피피티를 사용한다면 무조건 알아야 할 단축키 20개를 소개합니다.

Ctrl+C / Ctrl+V

복사(Ctrl+C)/붙여넣기(Ctrl+V)는 슬라이드 안의 텍스트, 도형, 이미지 등 거의 모든 요소에 사용할 수 있는 기본 중의 기본 단축키입니다. 피피티를 포함한 대부분의 프로그램에서 가장 자주 쓰이는 기능이기도 합니다.

Ctrl+X / Ctrl+V

잘라내기(Ctrl+X)/붙여넣기(Ctrl+V)는 복사와 달리, 원본의 위치를 그대로 두는 것이 아니라 해당 요소를 잘라내어 새로운 위치로 옮길 때 사용합니다. 복사와의 차이는 원본이 남느냐 사라지느냐에 있습니다.

Ctrl+Z / Ctrl+Y

실행 취소(Ctrl+Z)는 직전에 한 작업을 되돌릴 수 있는 단축키로 실수했을 때나 다양한 시도를 되돌리고 싶을 때 유용합니다. Ctrl+Z를 누를 때마다 한 단계씩 작업이 취소되며, 대부분의 작업에 적용됩니다.

되돌리기(Ctrl+Y)는 실행 취소(Ctrl+Z)로 되돌린 작업을 다시 복원할 수 있는 기능입니다. 두 단축키를 번갈아 사용하면 이전 작업 상태를 비교하거나 복구할 수 있어 유용합니다.

Ctrl+마우스 휠

슬라이드 확대(Ctrl+마우스 휠 위로)/축소(Ctrl+마우스 휠 아래로)는 작업 중 세밀한 조정이 필요할 때 유용합니다. 아무 요소도 선택하지 않은 상태에서는 슬라이드 중앙을 기준으로 확대되고, 특정 요소를 선택한 상태에서는 해당 요소 방향으로 화면이 확대됩니다.

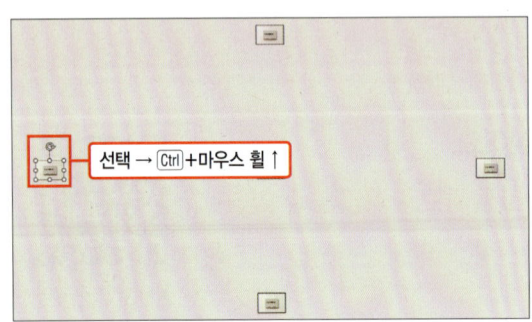
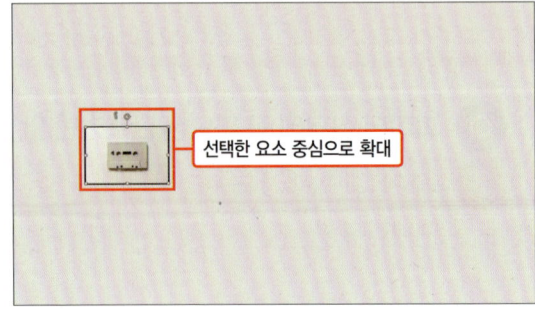

F5 / Shift+F5

슬라이드 쇼를 처음부터 시작하려면 F5, 현재 슬라이드부터 시작하려면 Shift+F5를 사용합니다. 전체 흐름을 점검하거나 중간부터 프레젠테이션을 이어서 보여줄 때 유용합니다.

Ctrl + D

복제는 복사(Ctrl+C)와 붙여넣기(Ctrl+V)를 한 번에 처리할 수 있는 단축키입니다. 요소를 반복 배치하거나 일정한 간격으로 연속 복제할 때 특히 유용합니다. 복제에 대한 자세한 내용은 69쪽을 참고하세요.

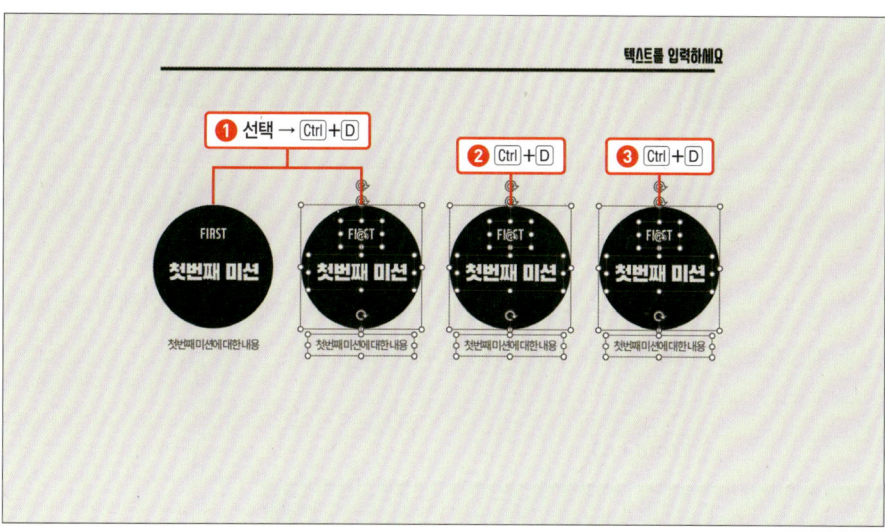

Ctrl + G / Ctrl + Shift + G

그룹화(Ctrl+G)는 여러 개의 요소를 하나로 묶어 한 번에 이동하거나 정렬할 수 있도록 해줍니다.

그룹 해제(Ctrl+Shift+G)를 사용하면 언제든지 개별 요소로 다시 나눌 수 있습니다. 원하는 요소를 그룹화하면 전체 레이아웃 조절이 한결 쉬워집니다.

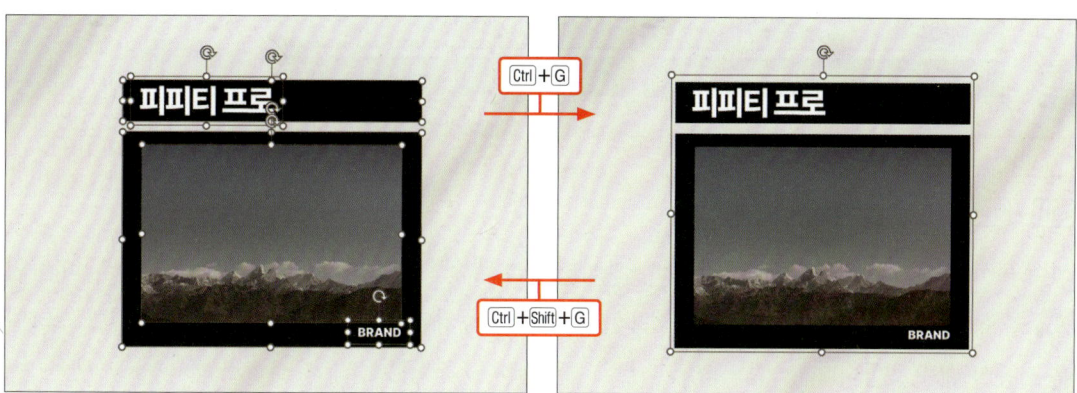

F2

도형이나 텍스트 상자를 선택한 뒤 F2를 누르면 바로 입력 상태로 전환됩니다. 마우스로 텍스트 상자를 다시 클릭하지 않아도 바로 원하는 텍스트를 입력하거나 수정할 수 있어 빠르게 작업을 이어나갈 수 있습니다.

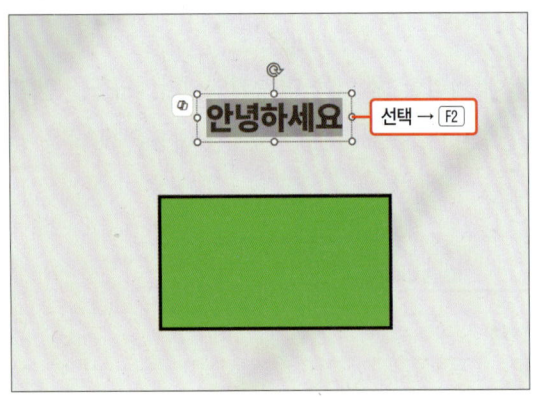 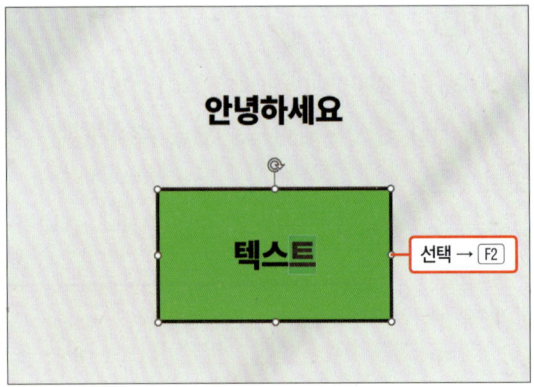

Ctrl + A

전체 선택(Ctrl + A)은 슬라이드 내의 모든 요소 또는 슬라이드 목록 전체를 한 번에 선택할 수 있는 단축키입니다. 정렬, 삭제, 이동 등 여러 작업을 일괄 처리할 때 편리합니다.

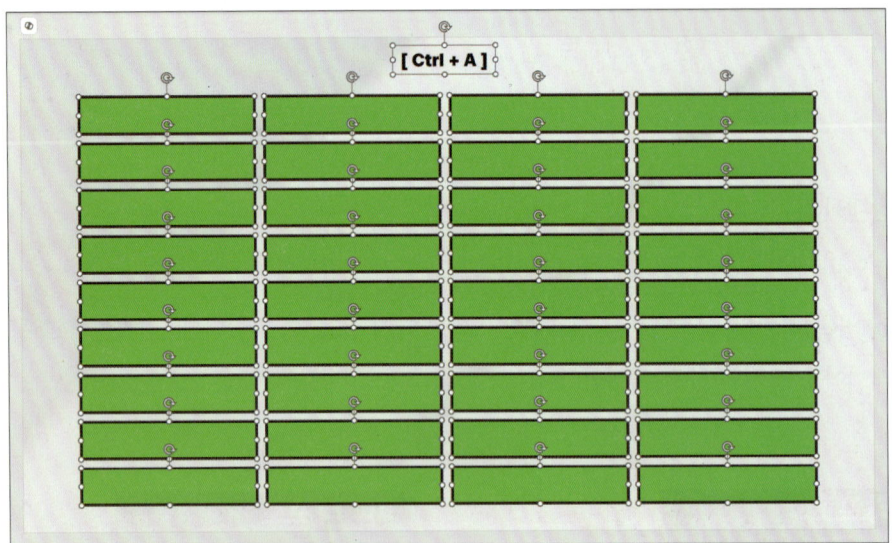

Ctrl + Shift + C / Ctrl + Shift + V

서식 복사(Ctrl + Shift + C)/붙여넣기(Ctrl + Shift + V)는 텍스트나 도형의 글꼴, 색상, 그림자 등 디자인 요소를 복사해 반복 설정 없이 빠르게 적용할 수 있는 단축키입니다. 여러 개의 요소에 동일한 스타일을 적용할 때 유용합니다.

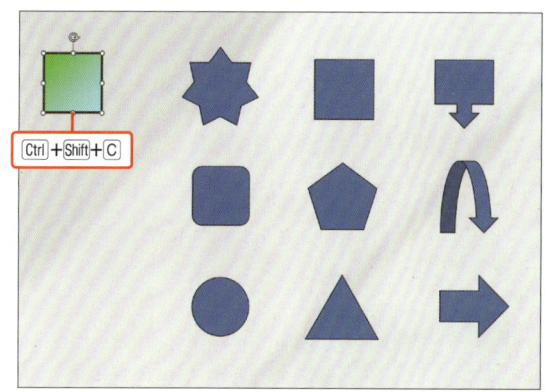 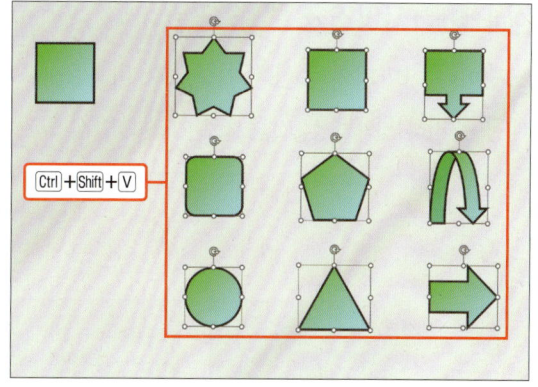

[Shift]

[Shift] 키는 단독으로 사용되기보다는 다른 동작을 보조하는 키로 사용됩니다. 상황에 따라 다음과 같은 기능을 수행합니다:

❶ **복수 선택**: 도형, 텍스트 상자, 슬라이드 등 여러 개의 요소를 동시에 선택할 수 있습니다. 복제, 이동, 삭제 등 일괄 작업 시 유용합니다.

❷ **비율 유지**: 도형, 텍스트 상자, 슬라이드 등을 삽입할 때 정사각형이나 원형처럼 비율을 유지할 수 있습니다. 선을 그릴 때는 45도 각도로 삽입됩니다.

❸ **수평·수직 이동**: 요소를 드래그할 때 수직 또는 수평 방향으로 정확히 정렬하여 이동할 수 있습니다.

❹ **정비례 확대·축소**: 요소의 크기를 조절할 때 비율을 유지한 채 크기를 키우거나 줄일 수 있습니다.

❺ **그리기 보조 기능**: 도형, 선, 이미지 등 다양한 요소를 정확하게 배치하고 조절할 때 활용됩니다.

[Ctrl]+[↑]/[↓]

도형이나 이미지의 중심을 기준으로 확대·축소합니다. 레이아웃 균형을 맞출 때 유용합니다. [Ctrl]을 활용하지 않는 경우는 선택한 점의 반대편을 기준으로 도형 크기가 변화됩니다. [Ctrl]을 누르고 사이즈를 조절하는 경우에는 도형의 중심을 기준으로 사이즈 조절이 가능합니다.

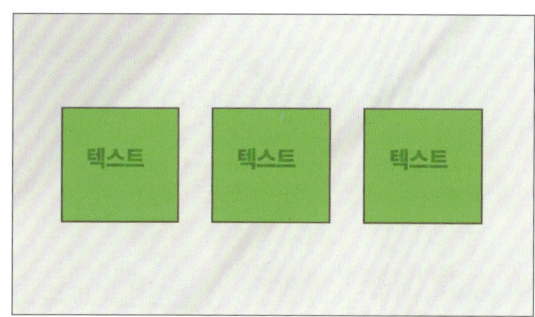 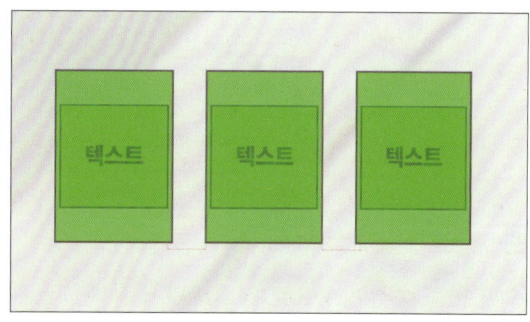

Ctrl + Shift + 사이즈 조절

도형이나 이미지의 중심을 기준으로 비율을 유지한 상태에서 확대·축소합니다. 이미지나 도형의 형태를 유지하면서 중심 기준으로 자연스럽게 크기를 조절할 수 있습니다.

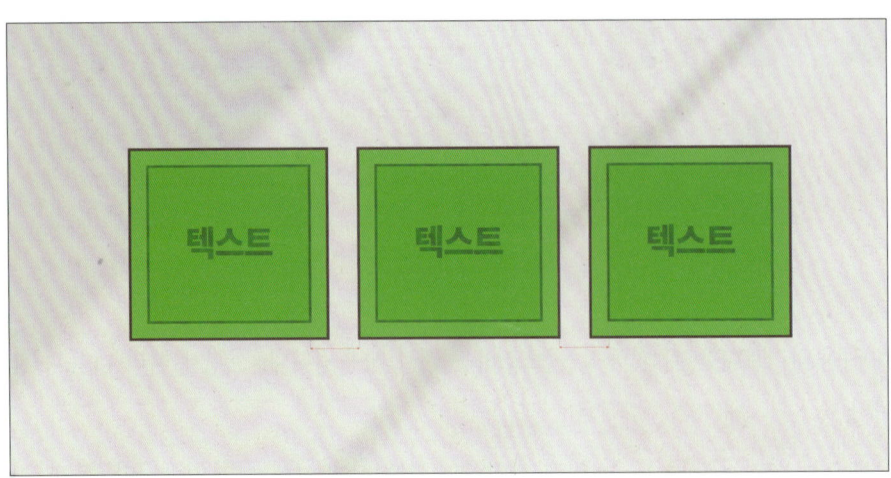

Ctrl + 마우스 드래그

선택한 요소를 복제하면서 드래그합니다. 같은 도형이나 아이콘을 여러 번 빠르게 복사할 때 활용하기 좋습니다.

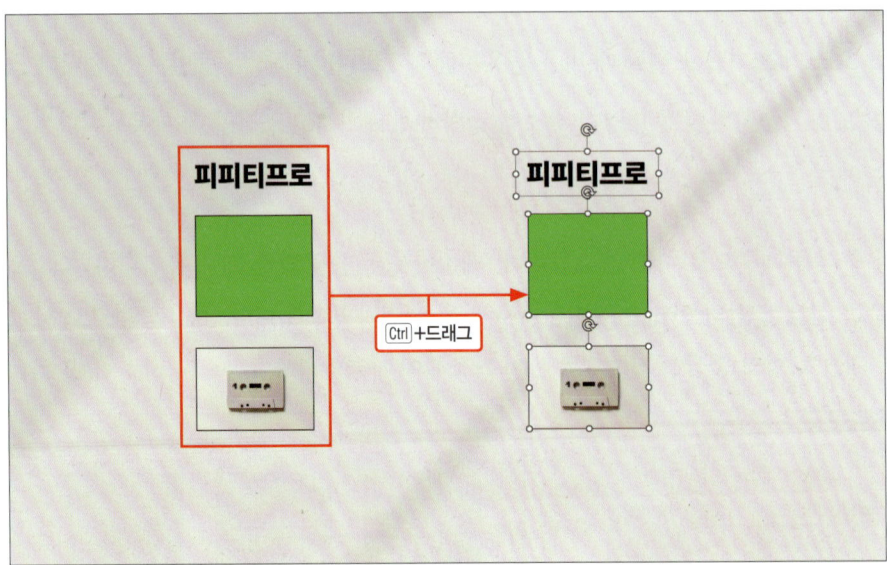

Ctrl + Shift + 마우스 드래그

수평 또는 수직 방향으로 정렬하면서 복제를 동시에 수행할 수 있습니다. 정확한 줄 맞춤으로 반복 배치할 때 가장 효율적인 방법입니다.

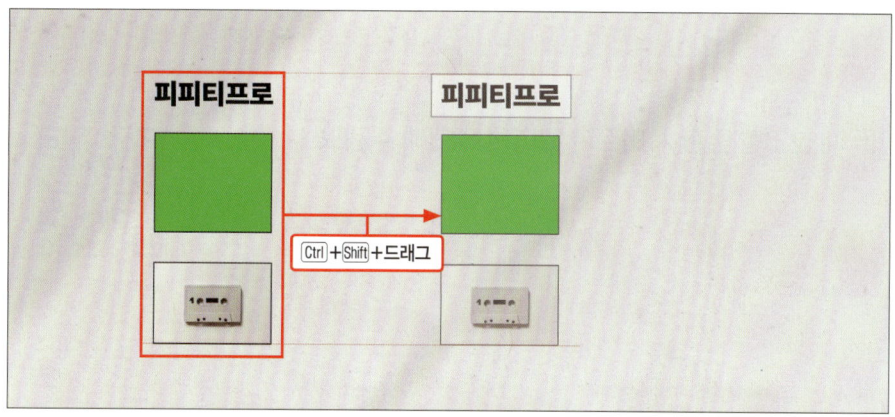

Alt

자유 이동 기능으로 선택한 요소를 배치할 때 스마트 가이드를 무시한 상태에서 자유롭게 배치할 수 있습니다. 슬라이드 안의 요소를 정밀하게 배치하여 레이아웃 조정이 필요할 때 유용합니다.

F4

마지막 작업 반복은 방금 전에 실행한 작업을 그대로 반복해줍니다. 예를 들어 도형 색상 변경, 텍스트 서식 설정, 크기 조절 등 반복해야 할 작업에 사용할 수 있어 작업 속도를 비약적으로 높여줍니다. 특히 같은 작업을 여러 요소에 반복 적용할 때 매우 유용합니다.

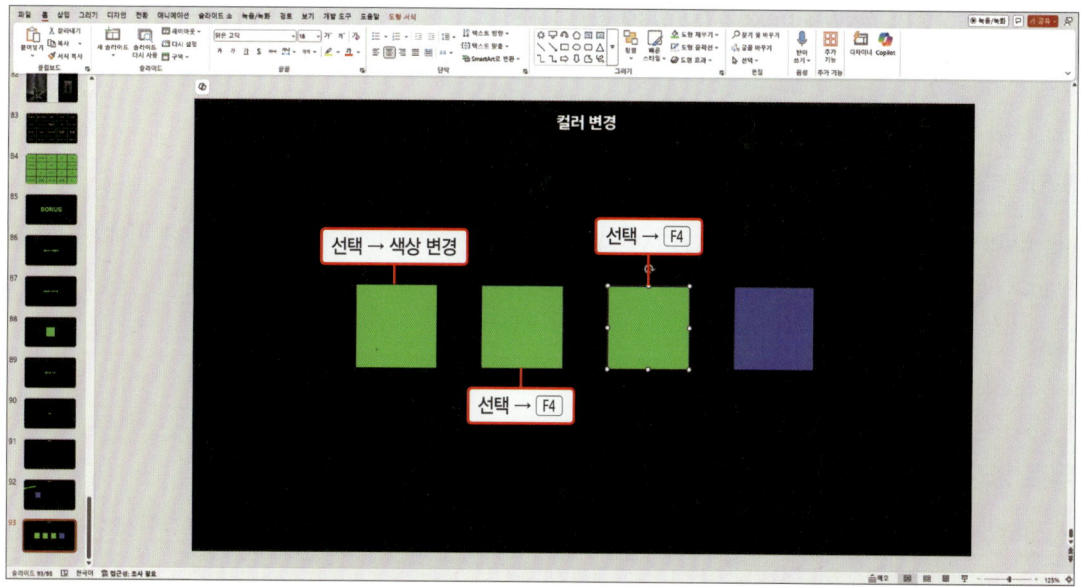

▲ F4 를 활용해 도형의 컬러를 반복적으로 변경할 수 있음

단순히 단축키를 알고 있는 것에서 그치지 말고 실무 중 급박한 상황에 적용할 수 있을 만큼 익숙해져야 온전히 단축키를 사용한다고 말할 수 있습니다. 처음엔 불편하더라도 의도적으로 단축키를 사용하다 보면 어느 순간 빠르게 작업하고 있는 내 모습을 볼 수 있습니다.

피피티 웹사이트, 꼭 필요한 곳만 알고 싶다면?

Q 피피티 만들 때 참고할 만한 사이트가 있다면 추천해 주세요.

A 디자인 참고, 아이콘 다운로드, 색 조합 확인 등 **실무에 바로 활용할 수 있는 사이트들**을 모아두면 매번 검색하지 않아도 효율적으로 작업할 수 있습니다.

▲ 피피티프로 강의

💡 피피티 작업 중에 자료를 찾거나 디자인을 참고하려고 여기저기 검색하느라 시간만 허비한 경험이 있나요? 매번 같은 키워드를 다시 입력하고, 유용한 사이트를 다시 찾아 들어가는 건 시간 낭비입니다. 디자인 참고, 아이콘·이미지 소스, 색상 조합, 목업 활용 등 실무자들이 자주 찾는 유용한 사이트들을 기능별로 나누어 소개합니다.

무료 이미지

♦ **Unsplash(https://unsplash.com/ko)**: 고해상도 무료 사진 제공하며 피피티 배경이나 표지에 활용하기 좋습니다.

♦ **Pixabay(https://pixabay.com/)**: 사진, 일러스트, 벡터까지 무료로 제공하는 사이트입니다.

♦ **Pexels(https://www.pexels.com/ko-kr/)**: 다양한 주제의 감성 이미지들을 무료로 사용할 수 있습니다.

♦ **Life of Pix(https://www.lifeofpix.com/)**: 자연 풍경이나 예술적 이미지 중심의 무료 사진 사이트입니다.

♦ **Everypixel(https://www.everypixel.com/)**: 다양한 이미지 사이트의 검색을 한 번에 할 수 있는 통합 검색 플랫폼입니다.

TIP
무료 이미지에 대한 자세한 내용은 193쪽을 참고하세요.

무료 영상

♦ **Pexels Video(https://www.pexels.com/videos/)**: 짧은 감성 영상부터 다양한 상황에 맞는 영상까지 무료로 활용 가능합니다.

♦ **Videvo(https://www.videvo.net/)**: 영상뿐 아니라 모션그래픽과 사운드 효과도 제공합니다.

♦ **Videezy(https://www.videezy.com/)**: 무료 영상 소스 제공. 자연, 도시, 배경 등 카테고리별로 잘 정리되어 있습니다.

아이콘 & 일러스트

- **Flaticon(https://www.flaticon.com/)**: 수많은 아이콘을 주제별로 찾을 수 있으며, 움직이는 아이콘도 다운받을 수 있습니다.
- **Lordicon(https://lordicon.com/)**: 움직이는 아이콘을 다양한 스타일로 다운받을 수 있습니다.
- **Freepik(https://www.freepik.com/)**: 아이콘, 일러스트, 피피티 템플릿까지 모두 있는 디자인 리소스 사이트입니다.
- **Storyset(https://storyset.com/)**: 인물 중심의 일러스트를 다운로드할 수 있는 사이트입니다.
- **Vectorshelf(https://vectorshelf.com/)**: 깔끔하고 활용도 높은 벡터 리소스를 모아둔 사이트입니다.
- **Shapefest(https://shapefest.com/)**: 3D 느낌의 기본 도형 스타일 오브젝트를 무료로 제공합니다.
- **Loosedrawing(https://loosedrawing.com/)**: 수작업 느낌의 드로잉 스타일 일러스트를 제공합니다.
- **Blush Design(https://blush.design/)**: 디자인 구성 요소를 직접 조합해 다양한 일러스트를 만들 수 있습니다.
- **Undraw(https://undraw.co/illustrations)**: 주제별로 실무에 활용하기 쉬운 벡터 스타일 일러스트를 제공합니다.
- **Nawmin(https://nawmin.stores.jp/)**: 감성적인 손그림 일러스트 리소스를 제공하는 일본 사이트입니다.
- **Enpitsu-Sozai(https://enpitsu-sozai.com/)**: 연필로 그린 듯한 귀여운 스타일의 프리 일러스트를 모아둔 일본 사이트입니다.

> **TIP**
> 무료 아이콘에 대한 자세한 내용은 185쪽을, 피피티에 아이콘을 활용하는 자세한 내용은 184쪽을 참고하세요.

디자인 참고 & 무드보드

- **Pinterest(https://www.pinterest.co.kr/)**: 트렌디한 디자인 아이디어와 무드보드를 찾기 좋습니다.
- **Behance(https://www.behance.net/)**: 전 세계 디자이너의 실무 디자인 포트폴리오를 확인할 수 있습니다.
- **Dribbble(https://dribbble.com/)**: UI/UX, 로고, PPT 등 디자인 전반의 최신 트렌드를 볼 수 있습니다.

- **Savee(https://savee.it/)**: 감각적인 비주얼을 큐레이션한 이미지 저장/공유 사이트입니다.
- **Figma Community(https://www.figma.com/community)**: 디자인 파일, 템플릿, 플러그인 등을 공유하는 실용적인 리소스 모음입니다.

배경 제거 & 변환

- **Remove.bg(https://www.remove.bg/ko)**: 이미지에서 배경을 자동으로 제거해주는 대표적인 도구입니다.

> **TIP**
> 이미지의 배경을 제거하는 자세한 내용은 196쪽을 참고하세요.

- **Adobe Express(https://www.adobe.com/kr/express/)**: 직관적인 UI로 손쉽게 배경을 제거하거나 PNG 형식의 파일을 SVG 파일 형식으로 변환할 수 있습니다. 이 밖에도 간단한 이미지 편집이나 AI 이미지 생성을 지원합니다.
- **Convertio(https://convertio.co/kr/)**: 이미지를 SVG 등 다양한 포맷으로 변환할 수 있는 도구입니다.
- **iLovePDF(https://www.ilovepdf.com/ko)**: PDF 병합, 분할, 압축, 워드 변환 등 다양한 PDF 작업을 지원합니다.

> **TIP**
> 파일 형식을 변환하는 자세한 내용은 35쪽을 참고하세요.

AI

- **SVG.IO(https://svg.io/)**: 아이콘 생성 AI로, 키워드를 입력하면 벡터 기반 아이콘을 생성해줍니다.
- **DALL·E 3(https://www.bing.com/images/create)**: ChatGPT와 연동 가능한 이미지 생성 AI로 실무 스타일 이미지에 적합합니다.
- **Adobe Firefly(https://firefly.adobe.com/)**: 디자인에 최적화된 고퀄리티 이미지 생성 AI입니다.
- **Runway(https://runwayml.com/)**: 이미지를 기반으로 영상, 애니메이션을 만들 수 있는 고성능 생성 AI입니다.
- **Immersity(https://immersity.ai)**: 정적인 이미지를 자동으로 분석해, 몰입감 있는 짧은 영상으로 만들어줍니다.
- **Lilys(https://lilys.ai/)**: 영상 링크를 넣으면 요약, 번역, 키워드 추출까지 한 번에 도와줍니다.

◆ **Khroma(https://www.khroma.co/)**: AI가 사용자의 취향을 학습해 색 조합을 추천해줍니다.

TIP

AI 이미지에 대한 자세한 내용은 340쪽을 참고하세요.

디자인 리소스

◆ **Giphy(https://giphy.com/)**: 움직이는 GIF를 만들거나 검색할 수 있는 플랫폼입니다.

◆ **Sketchfab(https://sketchfab.com/feed)**: 무료 3D 모델을 탐색하고 다운로드할 수 있는 대표적인 사이트입니다.

◆ **Pixel It(https://giventofly.github.io/pixelit)**: 이미지를 픽셀 아트 스타일로 변환할 수 있는 재미있는 도구입니다.

폰트 & 텍스트 관련

◆ **눈누(https://noonnu.cc)**: 상업적으로 무료로 사용할 수 있는 한글 폰트 모음입니다.

◆ **Dafont(https://www.dafont.com/)**: 영문 폰트를 스타일별로 탐색할 수 있는 사이트입니다.

◆ **FontFont(https://fontfont.app/)**: 이미지를 업로드하면 유사한 폰트를 찾아주는 서비스입니다.

2장

피피티 요소 제대로 다루기

피피티를 사용할 때 도형, 텍스트, 아이콘, 이미지 같은 기본 요소는 누구나 한 번쯤 활용해 본 경험이 있습니다. 하지만 상황에 맞게 효과적으로 사용하는 사람은 많지 않죠. [2장]에서는 이러한 기본 요소들을 어떻게 활용하면 좋을지, 그리고 내 의도를 피피티에 보다 명확하게 담아내는 방법에 대해 알아보겠습니다.

POWERPOINT. IN THIS CASE, LIKE THIS!

- ☑ 피피티 색상의 모든 것
- ☑ 피피티 텍스트의 모든 것
- ☑ 피피티 도형의 모든 것
- ☑ 피피티의 한계를 넘는 도형 병합
- ☑ 피피티 아이콘의 모든 것
- ☑ 피피티 이미지의 모든 것
- ☑ 피피티에서 영상을 활용하는 방법
- ☑ 피피티 차트와 표의 모든 것

CHAPTER 5

피피티 색상의 모든 것

피피티에서 가장 먼저 시선을 끄는 요소는 바로 색상입니다. 어떤 색상을 선택하느냐에 따라 슬라이드는 물론 프레젠테이션 전체의 인상과 완성도까지 달라질 수 있습니다. 하지만 언제 어떤 색상을 사용해야 할지, 또 어떻게 조합해야 할지 막막하게 느껴지는 경우가 많습니다. 이 장에서는 누구나 쉽게 따라 할 수 있는 피피티 색상 선택과 활용 방법을 소개합니다. 이제 막연했던 색상 고민을 차근차근 해결해보세요.

피피티 색상을 쉽게 선택하는 방법이 있을까요?

Q 피피티에 사용할 색상을 선택하는 게 너무 어려워요. 쉽게 선택할 수 있는 방법이 있나요?

A 전문 디자이너가 만들어 놓은 포스터를 참고하면 피피티 컬러를 쉽게 선택할 수 있습니다.

▲ 피피티프로 강의

💡 전문 디자이너가 만든 포스터나 광고 디자인에는 이미 조화로운 색상 조합이 적용되어 있기 때문에, 이를 참고하면 피피티에 적용할 색상을 훨씬 쉽게 고를 수 있습니다. 피피티 제작 시 메인 색상이 정해진 경우를 제외하면, 스스로 색상을 선정하고 적용하는 일은 결코 쉽지 않습니다. 특히 본인이 디자인 감각이 부족하다고 느끼는 경우에는 컬러 선택이 더욱 어렵게 느껴지는데, 이를 간단하게 해결해 줄 방법이 있습니다.

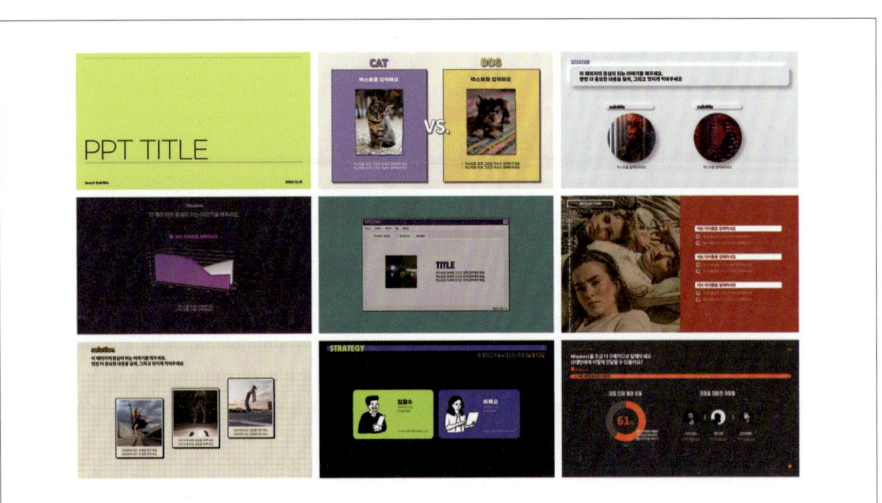
▲ 과감한 색상을 활용한 피피티 슬라이드

핀터레스트(Pinterest)에 접속하여 '포스터(poster)'라고 검색해보세요. 디자이너들이 심미적으로 구성한 다양한 포스터 예시를 쉽게 확인할 수 있습니다. 핀터레스트는 관심 있는 이미지를 저장하고, 유사한 스타일을 연속적으로 탐색할 수 있는 이미지 중심의 플랫폼으로, 디자인 참고용으로 활용하기에 적합합니다. 핀터레스트 사용이 익숙하지 않다면, 구글 이미지 검색을 활용해도 충분합니다. '포스터 디자인', '컬러 조합' 등으로 검색하면 다양한 시각 자료를 쉽게 찾아볼 수 있습니다.

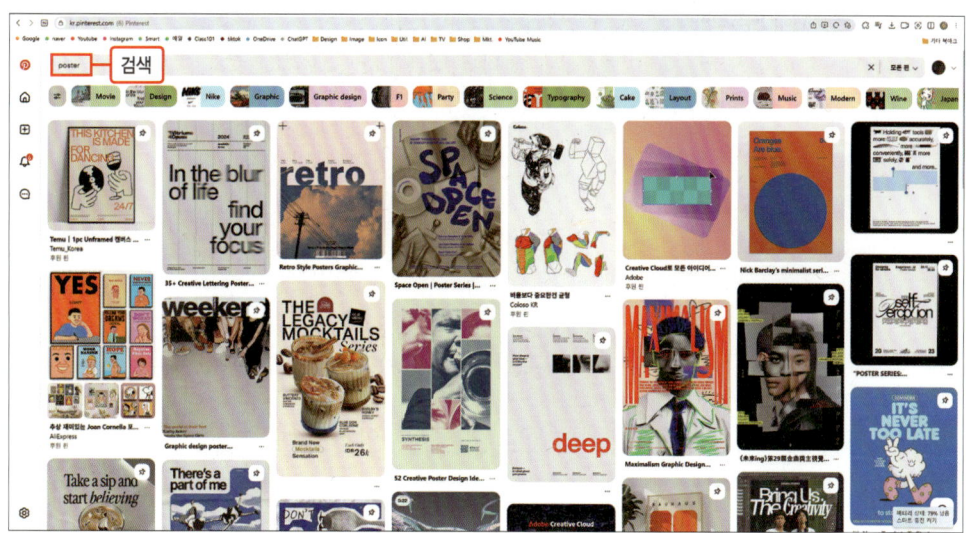

핀터레스트에서 마음에 드는 포스터 이미지를 복사해 피피티에 붙여 넣은 뒤, 아무 도형이나 하나 삽입해보세요. 그런 다음 [채우기]-[스포이트] 기능을 활용하면 포스터에서 원하는 색상을 손쉽게 추출할 수 있습니다.

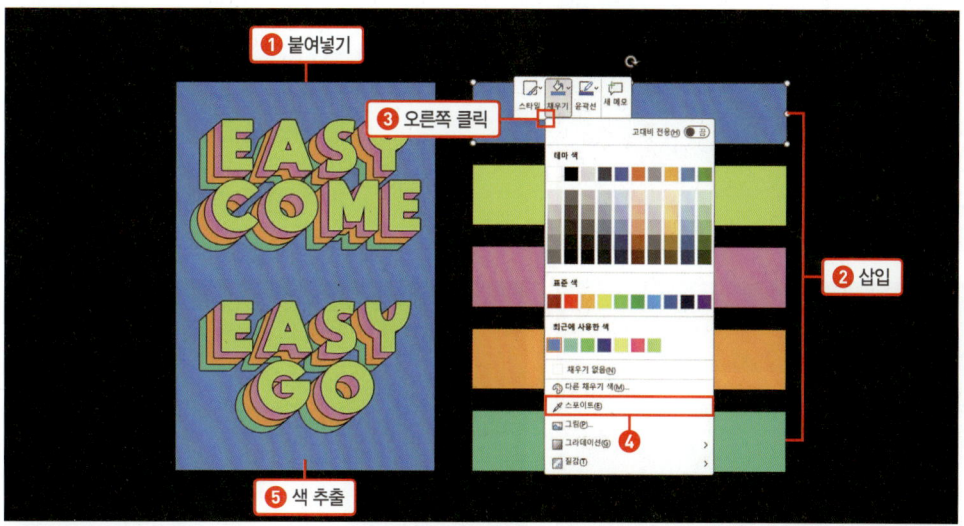

이렇게 조합된 색상은 이미 디자인적으로 완성도가 높은 조합이기 때문에, 어떤 슬라이드에 적용해도 자연스럽고 세련된 인상을 줄 수 있습니다.

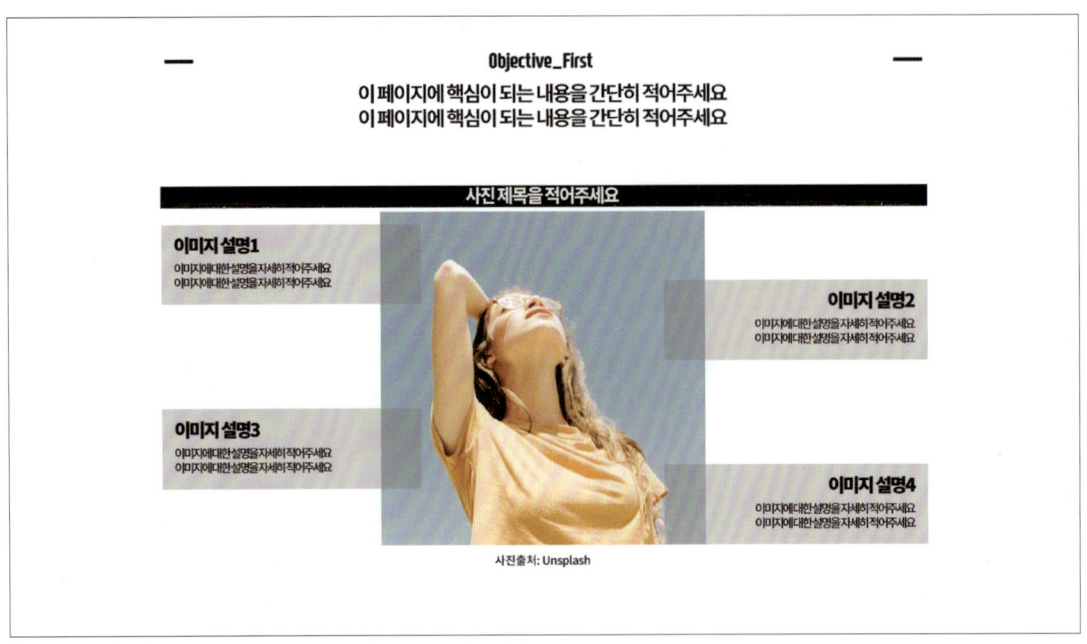

피피티에 어울리는 포스터를 고를 때는, 마음에 드는 색상을 선택하는 것도 중요하지만 채도에 더욱 주목하는 것이 좋습니다. 텍스트나 도형 등의 요소가 명확하게 보이도록 표현되어야 내용 전달이 제대로 이루어지기 때문에, 메인 색상과 강조 색상 간의 대비가 뚜렷해야 합니다. 따라서 포스터를 선택할 때는, 폰트나 도형이 배경과 명확히 구분되는 디자인을 고르면 피피티에 효과적으로 활용할 수 있습니다.

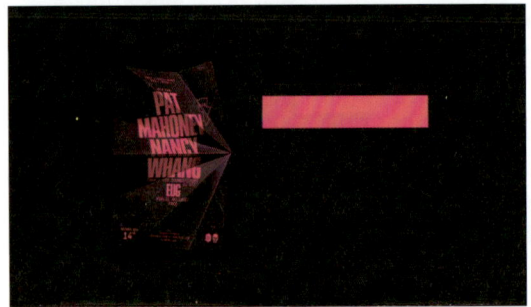
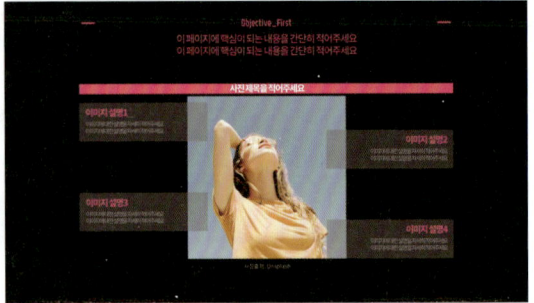

▲ 참고 포스터   ▲ 참고한 색상을 적용한 피피티

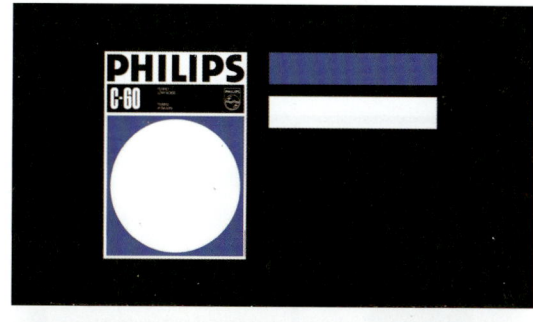
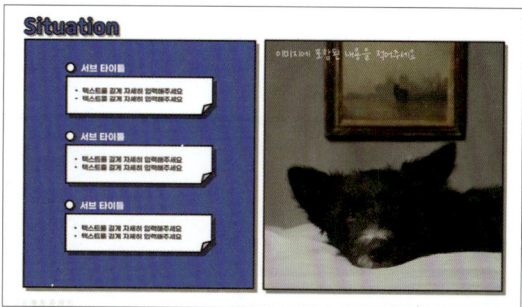

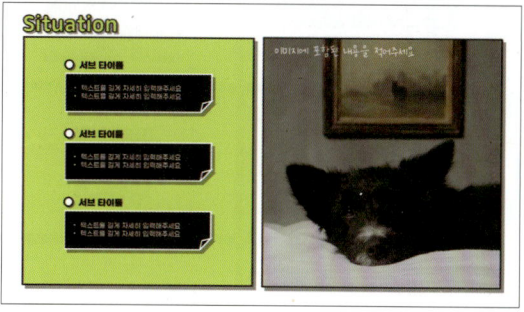

▲ 참고 포스터　　　　　　　　　　　　　　▲ 참고한 색상을 적용한 피피티

피피티에 몇 가지 색상을 사용하는 것이 가장 이상적일까요?

Q 피피티에 색상을 몇 가지 정도 사용하는 게 가장 보기 좋을까요?
A 색상이 너무 많아도, 너무 적어도 **전달력**이 떨어질 수 있습니다.

▲ 피피티프로 강의

💡 피피티에 사용하는 색상은 그 수에 따라 다양한 인상을 줄 수 있습니다. 여러 색상을 조화롭게 활용해 완성도 높은 디자인을 만들 수 있다면 이상적이지만, 색상이 많아질수록 오히려 산만하고 복잡해 보일 위험도 커집니다. 따라서 피피티를 구성할 때는 몇 가지 색상을 사용하는 것이 효과적인지 먼저 고민해볼 필요가 있습니다.

사용하는 색상의 수에 따라 슬라이드의 분위기와 정보 전달 방식이 달라지기 때문에, 각각의 장단점을 이해하고 목적에 맞는 조합을 선택하는 것이 중요합니다. 지금부터 어떤 색상 조합이 내 피피티에 가장 잘 어울리는지 살펴보겠습니다.

무채색

밝기와 명도 차이만으로 내용을 구분하는 방식으로, 가장 대표적인 예는 흑백 구성입니다. 흑백 피피티는 디자인이 단순해 제작이 수월하고, 전체적으로 차분하고 정돈된 인상을 줄 수 있다는 장점이 있습니다. 하지만 자칫 지루하게 느껴질 수 있고, 특정 내용을 강조하기 어렵다는 단점도 있습니다.

색상 1개(메인 색상 중심)

기본 텍스트 대비용 색상을 제외하고, 메인 색상 1가지만 활용하는 방식입니다. 예를 들어 파란색을 메인 색상으로 설정하면, 전체 슬라이드에 일관된 분위기를 연출할 수 있습니다. 이 방식은 회사 로고 색상이나 브랜드 색상을 활용하기에 적합하며, 피피티의 통일성과 주제 전달력을 높이는 데 효과적입니다. 다만 강조가 필요한 요소가 많은 경우, 색상이 부족하게 느껴질 수 있다는 점은 염두에 두어야 합니다.

예시 슬라이드를 살펴보면, 하얀색 배경에 검정색 텍스트를 사용하는 방식이 대비 색상으로 활용되고 있으며, 파란색은 필요한 부분에 강조나 디자인 요소로 쓰이는 메인 색상이라고 볼 수 있습니다. 이렇게 단순한 색상 조합만으로도 세련된 페이지를 구성할 수 있습니다.

색상 2개(메인 + 강조 색상)

기본 텍스트 색상 외에 메인 색상 1개와 강조 색상 1개를 더해, 총 2가지 색상을 사용하는 방식입니다. 메인 색상으로 일관된 인상을 주고, 강조 색상으로 강약을 조절할 수 있어 가장 균형 잡힌 구성이라 할 수 있습니다. 단, 강조 색상 사용에는 어느 정도 감각이 필요하며, 색상의 수가 늘어날수록 디자인 난이도도 함께 높아질 수 있습니다.

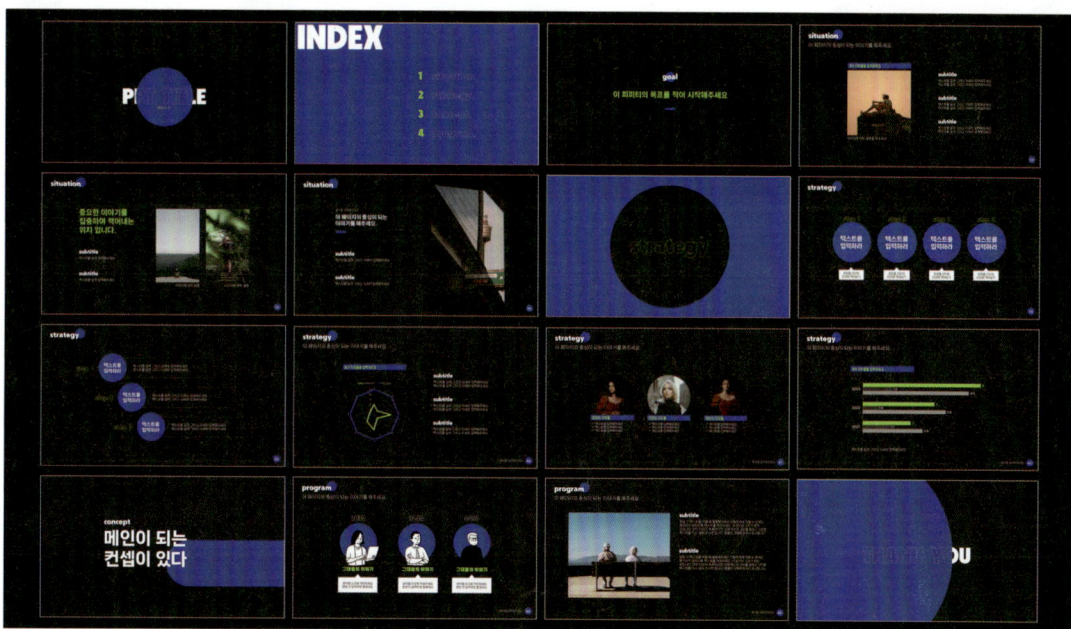

예시 슬라이드를 살펴보면 검정색 배경에 흰색 텍스트를 대비 색상으로 활용하고, 파란색을 메인 색상으로 설정한 뒤, 강조가 필요한 내용은 밝은 초록색으로 표현하는 방식을 사용하고 있습니다. 이처럼 파란색으로 디자인 콘셉트를 명확히 드러내고, 밝은 초록색으로 필요한 부분을 강조하면 디자인의 완성도를 높이는 동시에 내용 전달도 효과적으로 이뤄집니다.

색상 3개 이상(구분용 색상 포함)

다양한 색상을 사용할수록 프레젠테이션 전체가 혼란스러워 보일 수 있습니다. 이러한 이유로 실무에서는 세 가지 이상의 색상을 사용하는 경우가 드물지만, 정보량이 많고 내용 구분이 중요한 상황에서는 오히려 매우 유용하게 활용될 수 있습니다. 예를 들어, 챕터별·브랜드별·상품별 정보를 색상으로 구분하면, 페이지 수가 많더라도 시각적으로 정돈된 인상을 줄 수 있습니다. 단, 색상이 많아질수록 디자인이 복잡해지고 난이도도 높아지므로, 반드시 목적에 맞게 적절히 조절하는 것이 중요합니다.

각 챕터별로 구분된 색상을 활용하는 방식은 내용의 전환을 명확히 인식할 수 있게 해 줄 뿐만 아니라 색상이 주기적으로 바뀌기 때문에 시각적인 지루함을 줄이는 데에도 효과적입니다. 단, 디자인을 깔끔하게 유지하려면 각 색상에 명확한 사용 규칙을 정해 두고, 그에 따라 일관성 있게 구성하는 것이 중요합니다.

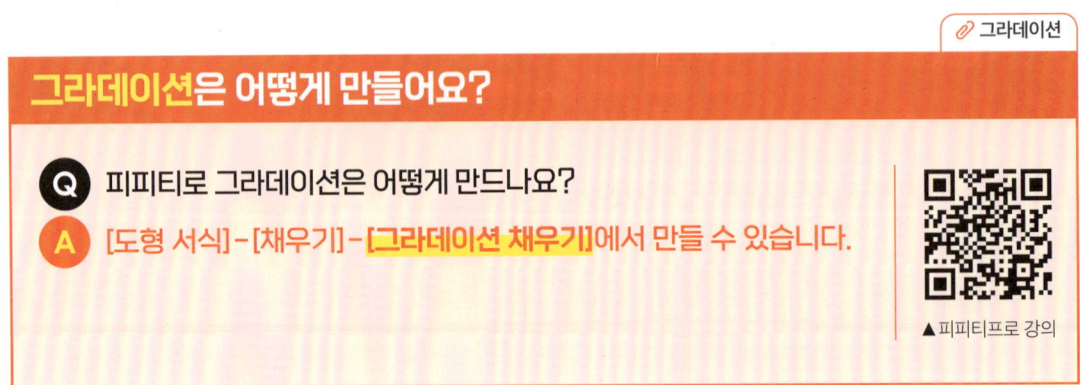

그라데이션(Gradation)은 두 가지 이상의 색상이 부드럽게 이어지며 변화하는 색상 효과를 말합니다. 단색보다 시각적으로 더 깊이감이 생기고, 세련된 분위기를 만들 수 있어 피피티 배경이나 도형 디자인에 자주 활용됩니다.

다양한 색상을 활용하다 보면, 그라데이션 색상을 선택하는 과정이 어렵게 느껴질 수 있습니다. 이럴 때는 Pinterest에서 'Gradation', 'Gradient' 등의 키워드로 검색한 후, 마음에 드는 그라데이션 색상을 복사해 피피티에 적용해 보는 것도 좋은 방법입니다.

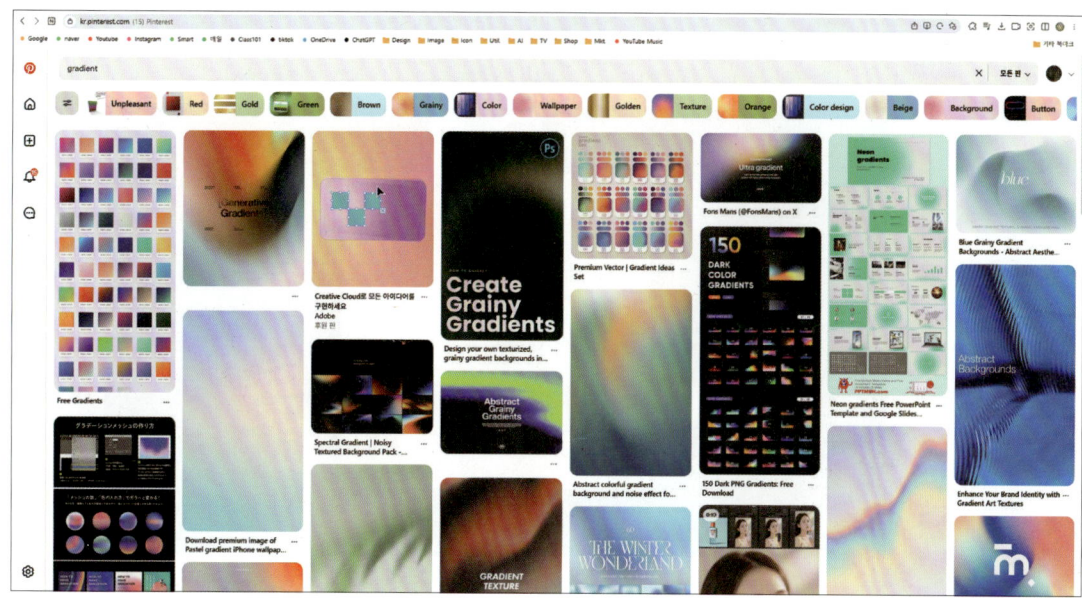

> **TIP**
>
> Pinterest에 대한 자세한 내용은 232쪽을 참고하세요.

참고 자료에서 활용하고 싶은 그라데이션 색상이 있다면, 해당 색상의 RGB 값이나 헥스코드(HEX Code)를 직접 입력하여 사용할 수 있습니다. 또는, [스포이트] 기능을 활용해 원하는 색상을 화면에서 바로 추출하는 방법도 유용합니다.

> **TIP**
>
> 색상 값을 확인하는 방법은 42쪽, [스포이트] 기능에 대한 자세한 내용은 46쪽을 참고하세요.

1 그라데이션을 적용할 요소를 마우스 오른쪽 버튼으로 클릭한 후 [도형 서식]을 선택합니다.

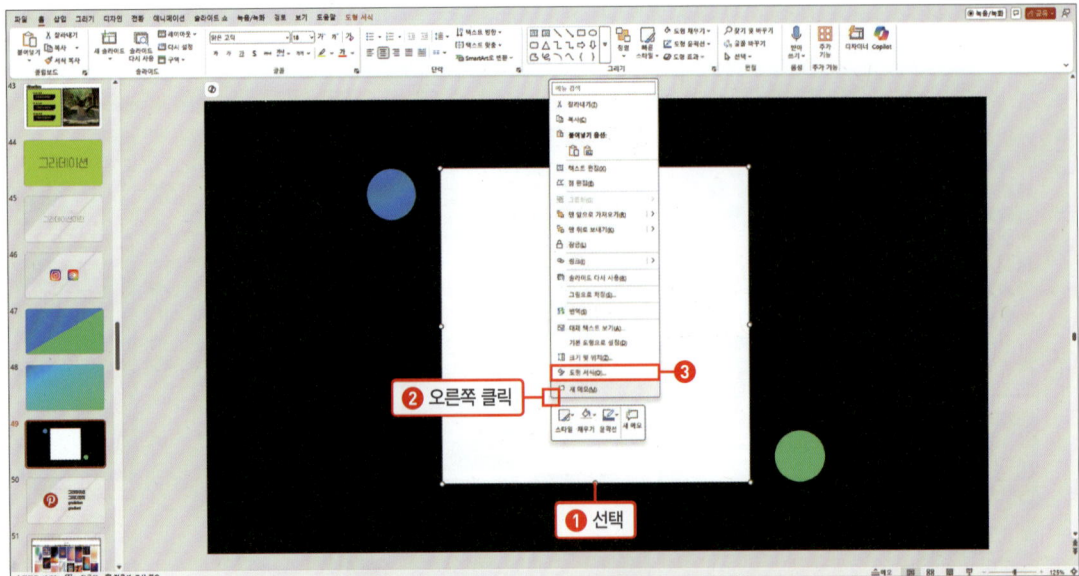

2 [도형 서식] 패널에서 [도형 옵션]의 [채우기]-[그라데이션 채우기]를 선택합니다.

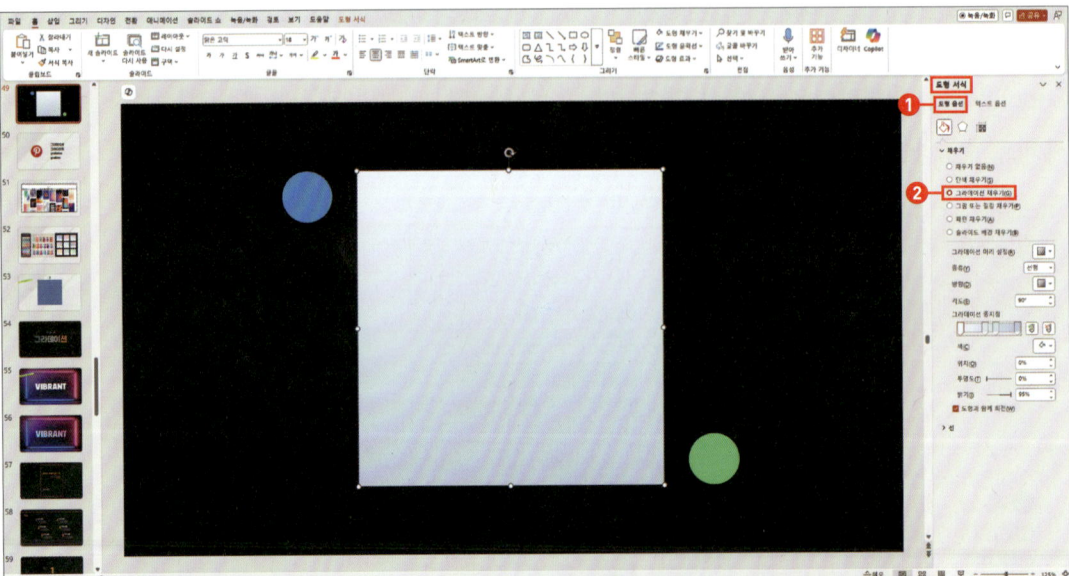

3 기본으로 설정된 중지점 중 사용하지 않을 중지점을 선택한 후 Delete 를 눌러 삭제합니다. 여기에서는 두 가지 색상만 사용할 것이므로 가운데에 있는 두 개의 중지점을 삭제했습니다.

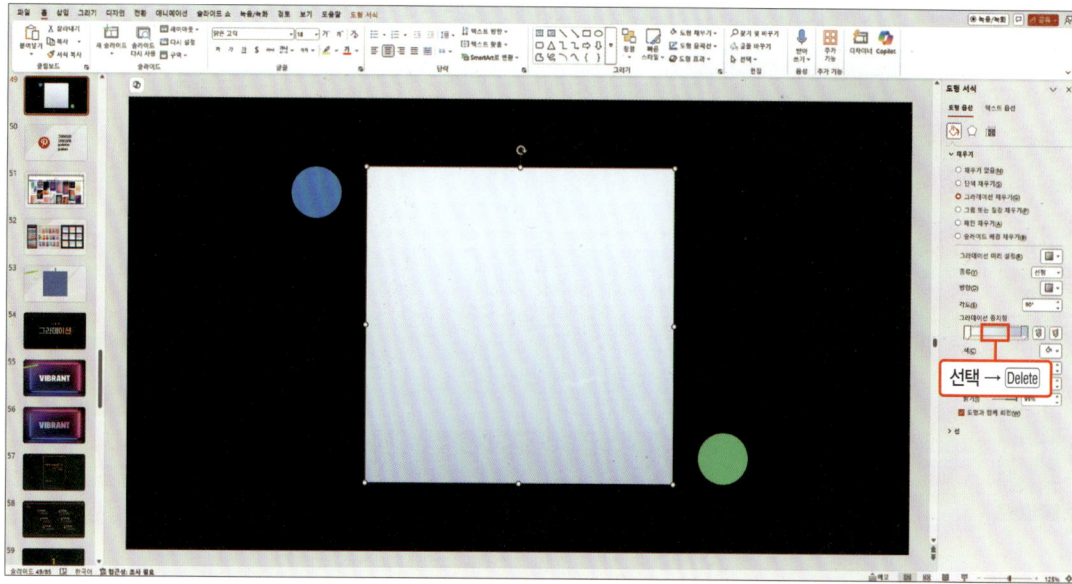

4 첫 번째 중지점을 선택하고 원하는 색상을 지정합니다.

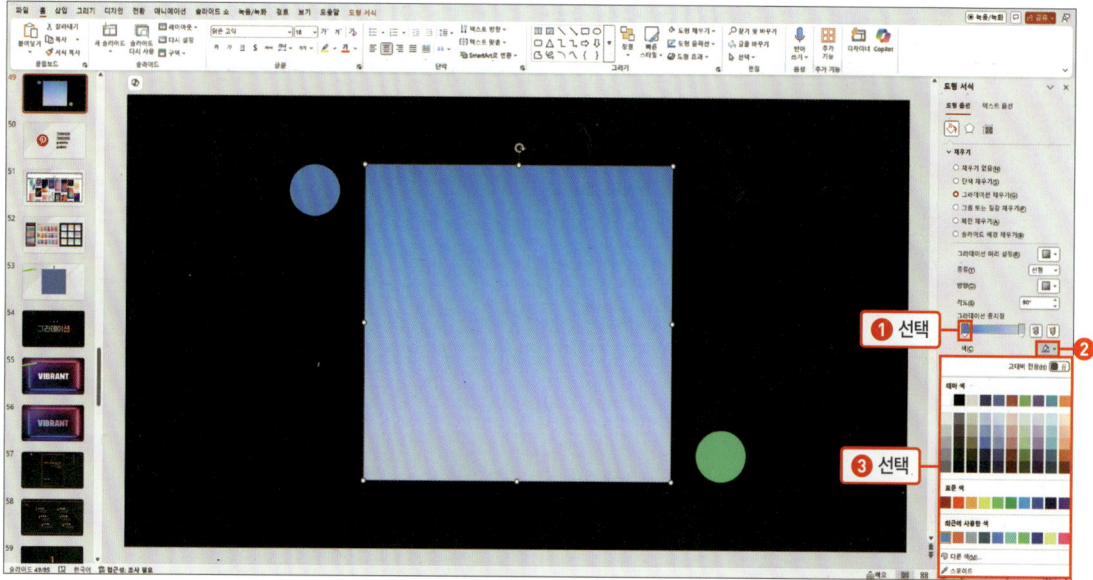

5 두 번째 중지점도 같은 방법으로 색상을 변경합니다.

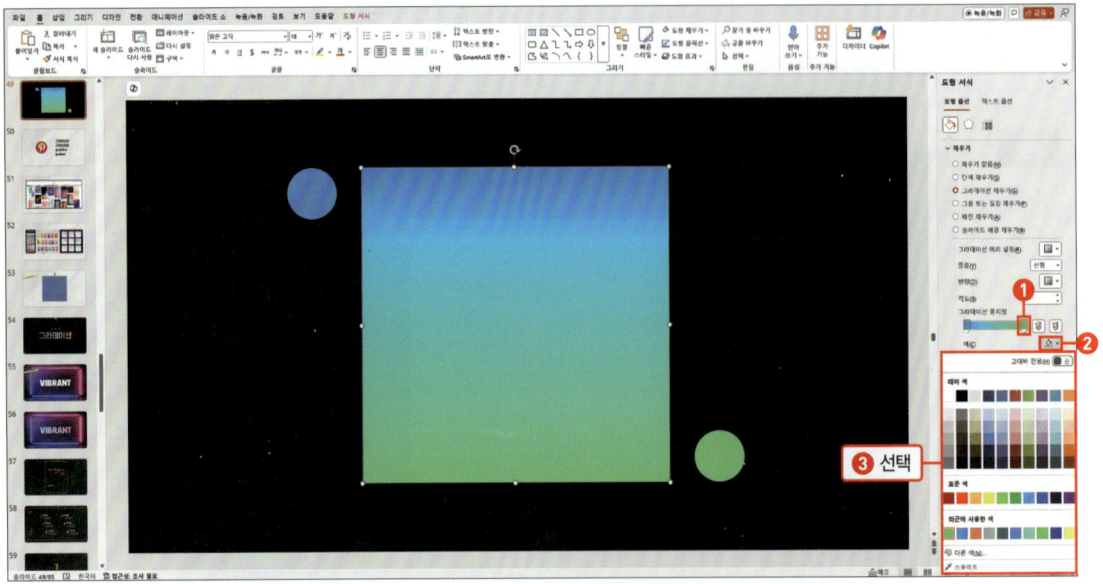

6 [종류]와 [방향]을 조절하면 그라데이션의 방향과 형태를 다양하게 설정할 수 있습니다.

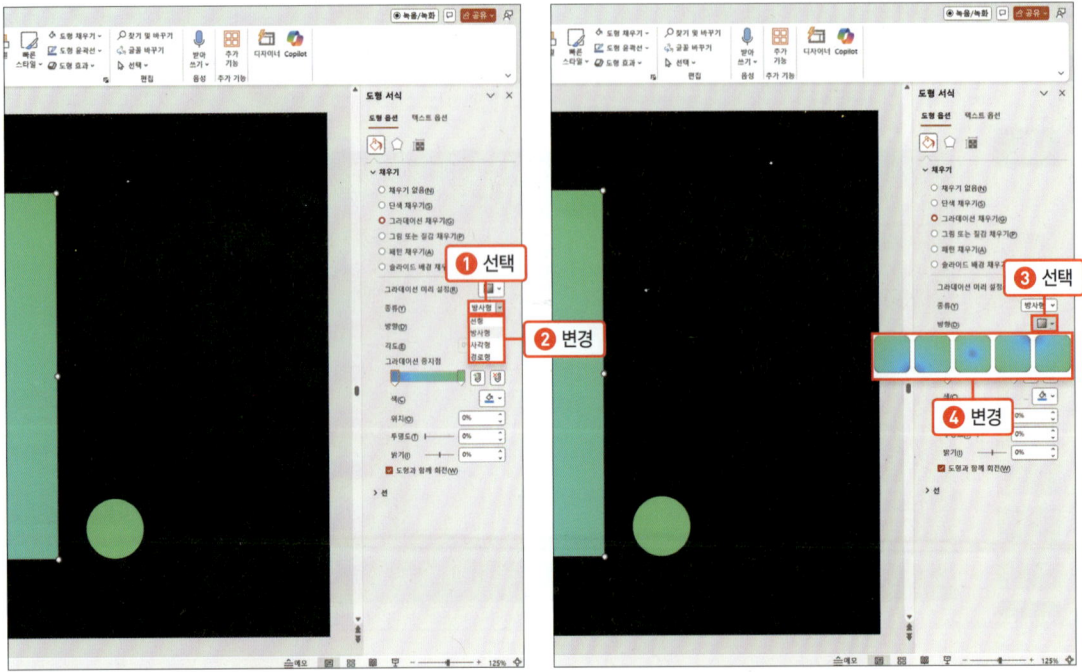

7 그라데이션의 색상을 추가하려면 색상 막대를 클릭하여 새 중지점을 추가하고 원하는 색상을 지정하면 됩니다.

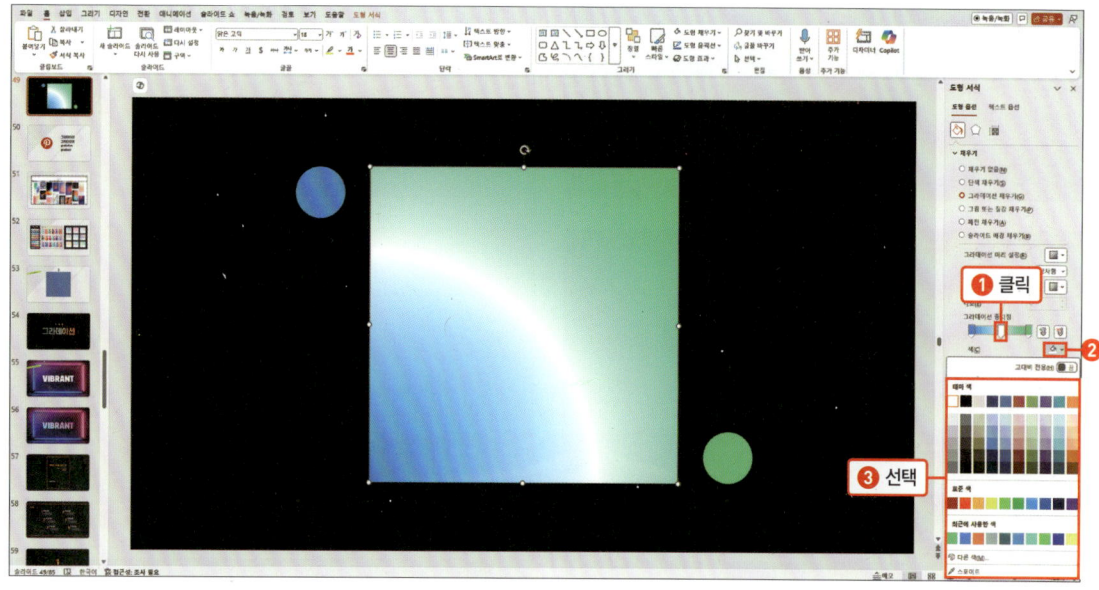

기존 포스터 등에서 그라데이션 색상을 추출하여 활용하는 것도 좋은 방법입니다. 포스터의 색상 중, 그라데이션 중지점으로 사용하고 싶은 색상을 [스포이트] 기능으로 직접 추출해 피피티에 적용해 보세요.

▲ 참고 포스터

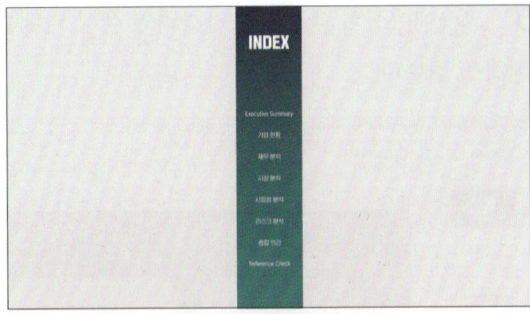
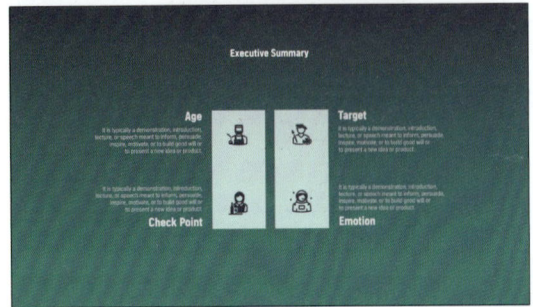
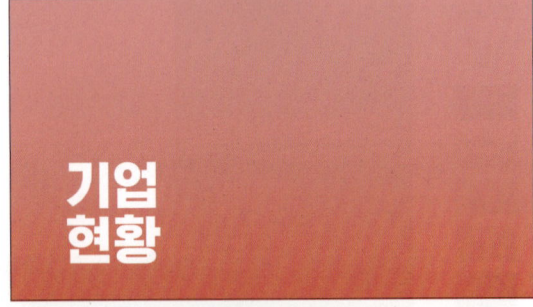
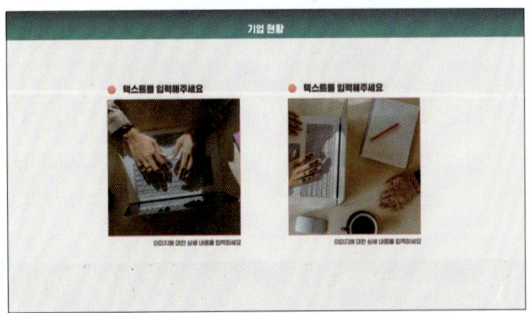

▲ 참고 포스터의 색상으로 그라데이션을 적용한 슬라이드

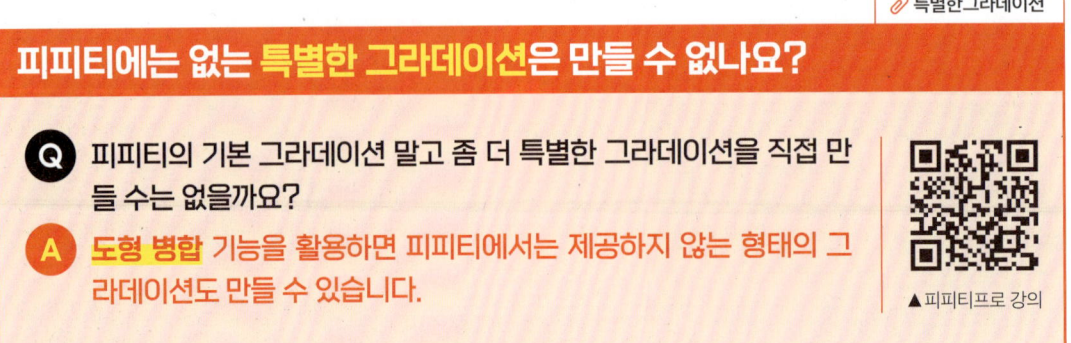

피피티에서 기본적으로 제공하는 그라데이션은 선형, 방사형, 다각형 등 다양한 형태가 있지만, 대부분 일정한 방향으로 색이 변하는 패턴에 한정됩니다. 특히 색이 번져나가듯 자연스럽게 섞이거나 비정형적인 패턴을 적용하고 싶을 때는 아쉬움이 남을 수 있습니다.

이럴 때는 도형 병합 기능을 활용해보세요. 다음 그림처럼 여러 방향으로 색이 역동적으로 변화하는 특별한 그라데이션 효과를 만들 수 있습니다.

1 그라데이션에 포함하고 싶은 색상의 원형 도형을 삽입하고 그림처럼 배치합니다.

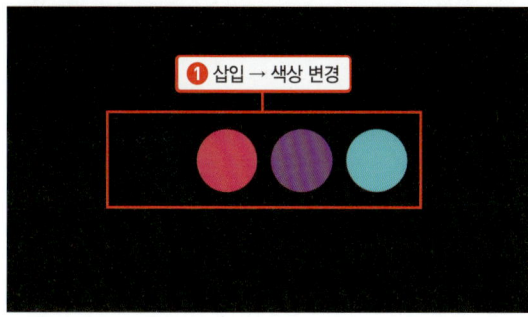
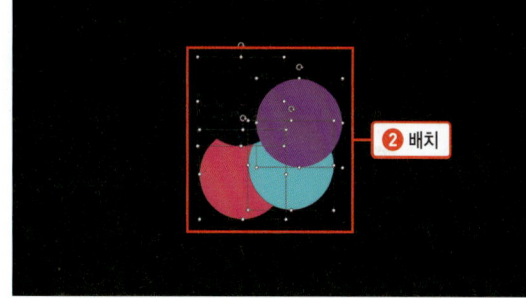

> **TIP**
> 도형 병합 기능을 활용하여 그라데이션을 표현할 것이므로 삽입한 도형의 윤곽선은 제거해 주세요.

2 배치한 도형을 모두 선택한 뒤 Ctrl+X를 눌러 잘라 내기한 다음 Ctrl+V를 눌러 붙여 넣습니다. 붙여넣기 옵션이 표시되면 [그림]을 선택합니다.

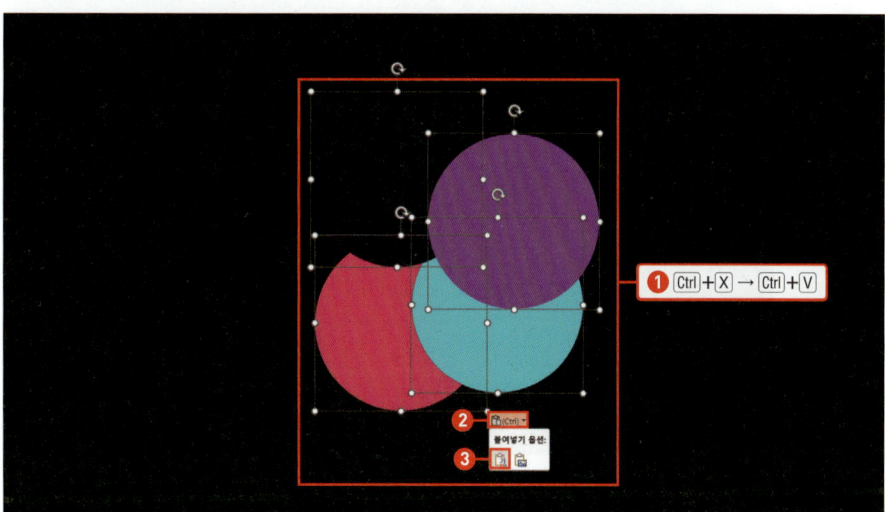

3 붙여 넣은 이미지 위에 직사각형 도형을 삽입하고 직사각형 도형, 이미지를 순서대로 선택합니다.

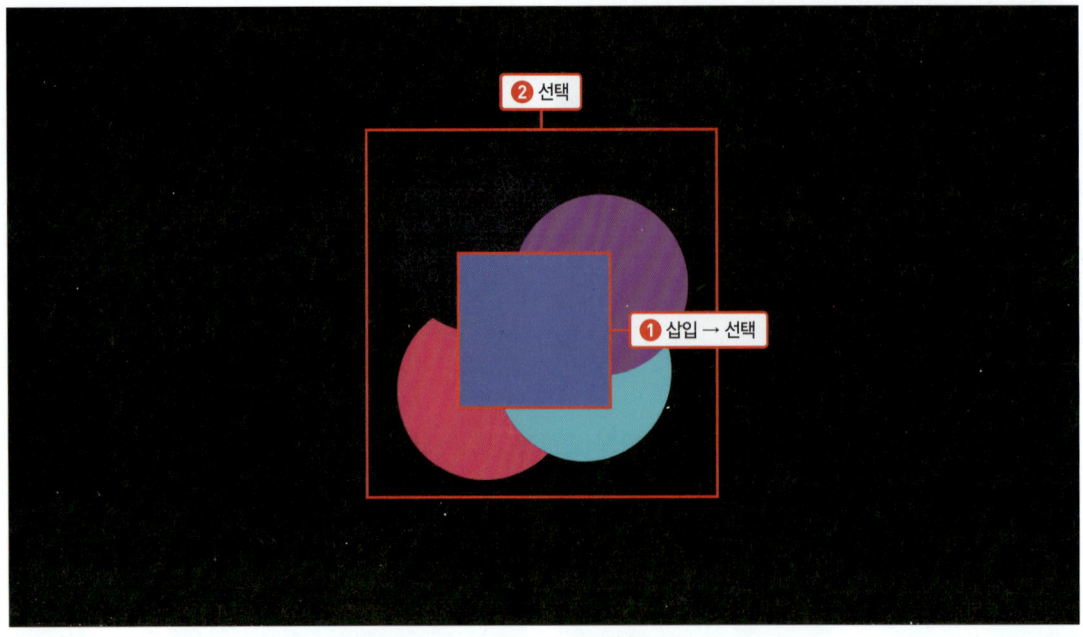

TIP
도형 병합에 대한 자세한 내용은 161쪽을 참고하세요.

4 메뉴에서 [도형 병합]-[교차]를 선택하면 직사각형 도형과 겹쳐진 영역의 이미지만 남겨집니다.

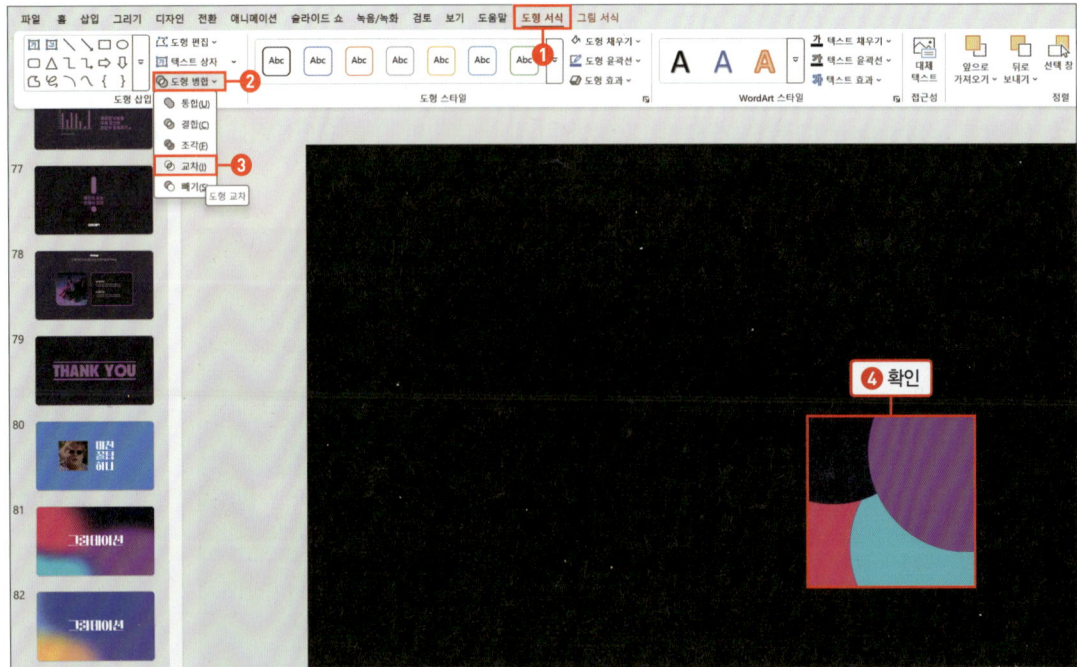

5 남겨진 이미지를 선택하고 메뉴에서 [그림 서식]-[꾸밈 효과]-[흐리게]를 차례대로 선택하면 남겨진 이미지가 흐리게 표현됩니다.

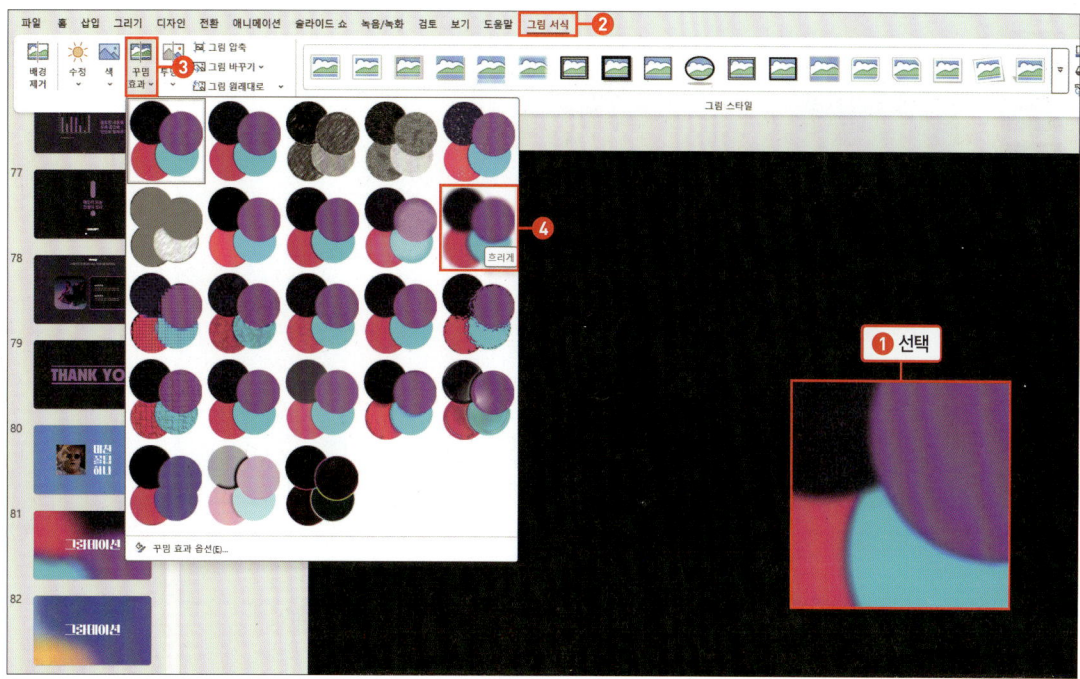

6 남겨진 이미지를 그라데이션 형태로 가공하기 위해 메뉴에서 [그림 서식]-[꾸밈 효과]를 선택하고 [꾸밈 효과 옵션]의 [반경]을 최댓값(100)으로 변경합니다.

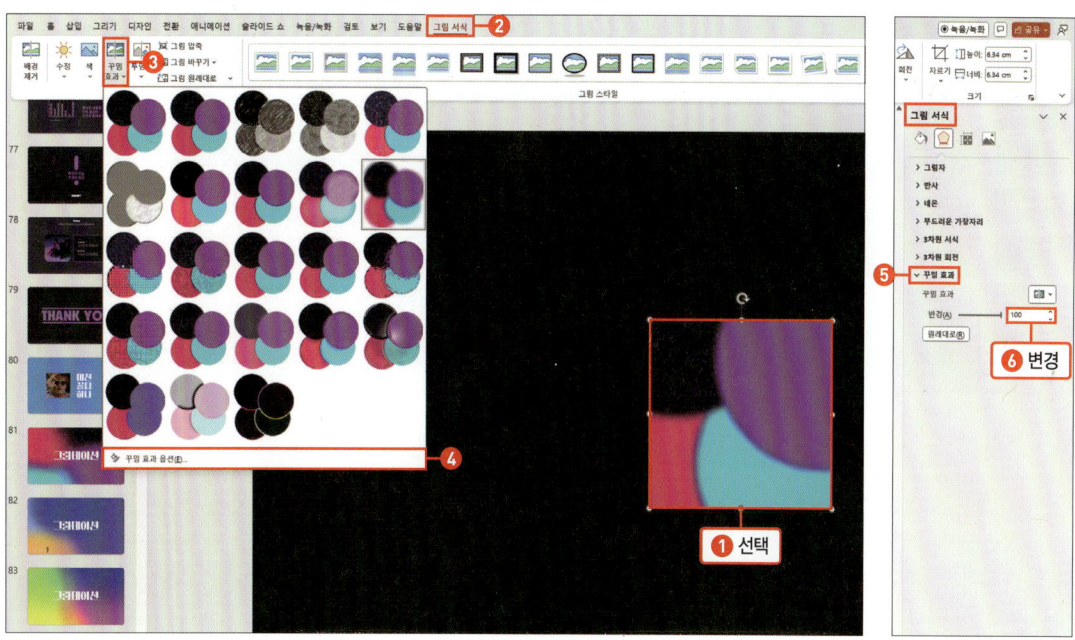

7 완성된 도형의 크기를 조절합니다.

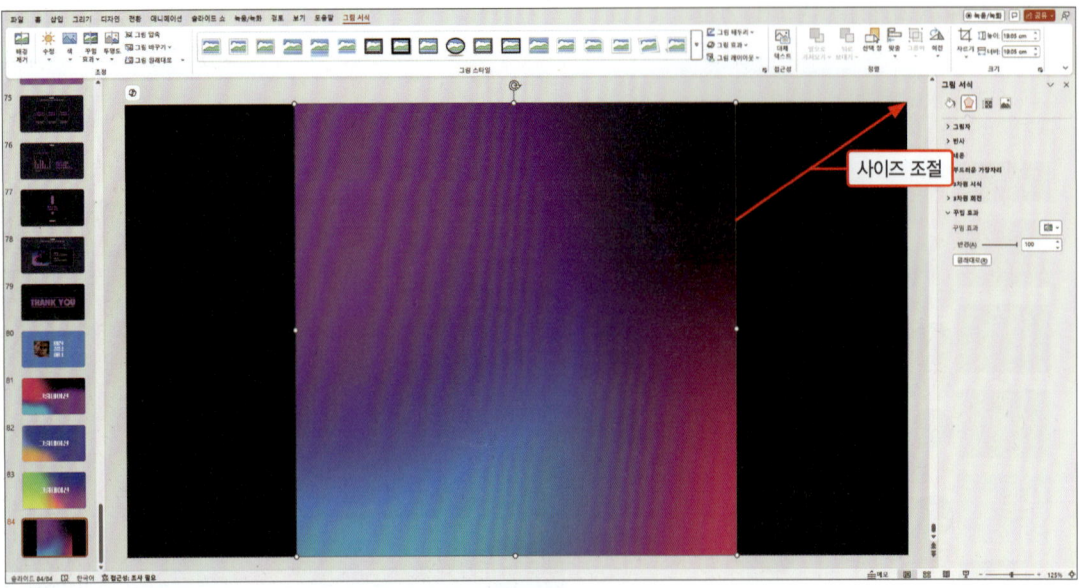

이렇게 하면 자연스럽게 색이 섞이는 형태의 그라데이션을 완성할 수 있습니다.

텍스트 그라데이션

텍스트에도 그라데이션을 넣을 수는 없나요?

텍스트에 그라데이션을 적용하는 방법도 도형과 거의 동일합니다. 텍스트 상자를 마우스 오른쪽 버튼으로 클릭한 후 [도형 서식]-[텍스트 옵션]-[텍스트 채우기]-[그라데이션 채우기]로 이동합니다. 그리고 도형에 그라데이션을 설정하는 것과 같이 중지점을 조절하고 각각 원하는 색상을 지정해주면 됩니다. 다만, 텍스트는 가로로 긴 형태인 경우가 많기 때문에 [방향] 설정을 할 때 왼쪽에서 오른쪽으로 흐르거나, 대각선 방향으로 설정하는 것이 그라데이션 느낌을 더욱 자연스럽게 살릴 수 있습니다.

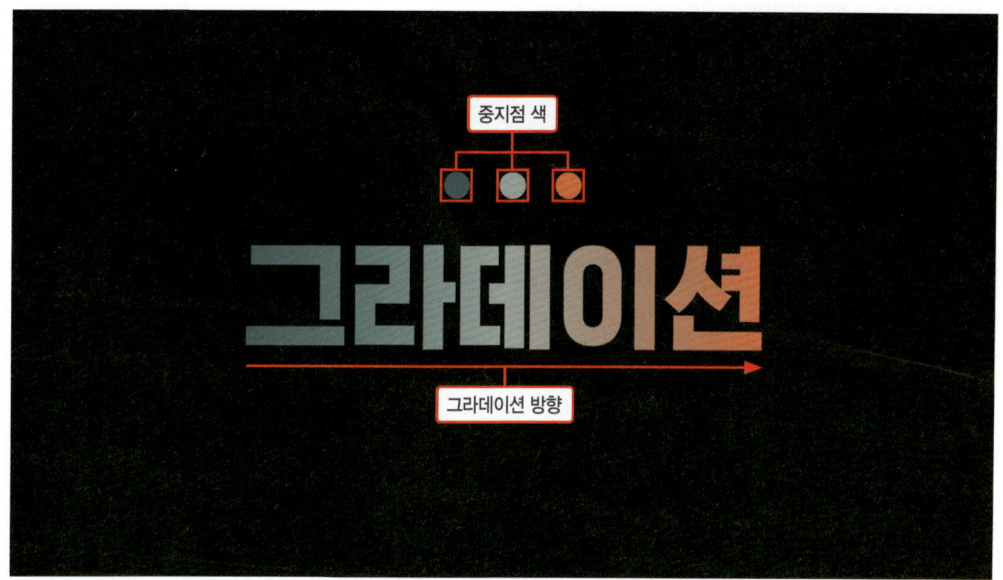

텍스트에 그라데이션을 적용하는 방법에 대한 자세한 내용은 122쪽을 참고하세요.

CHAPTER 6

피피티 텍스트의 모든 것

피피티에서 가장 많이 사용하는 요소는 단연 텍스트입니다. 텍스트는 단순히 내용을 전달하는 역할을 넘어, 프레젠테이션의 분위기를 만들고 시선을 끄는 핵심 디자인 요소이기도 합니다. 하지만 가장 기본적인 요소인 만큼 오히려 깊이 고민하지 않고 사용하는 경우가 많습니다. 이번 장에서는 업무 효율을 높이고 더 매력적인 프레젠테이션을 만들기 위한 텍스트 활용의 기본 원리를 알아보겠습니다.

🔗 텍스트

피피티 텍스트를 빠르게 변경할 수 있나요?

Q 텍스트의 크기나 굵기를 빠르게 설정할 수 있는 방법이 있을까요?

A [글꼴] 메뉴와 단축키를 활용하면 빠르게 텍스트를 강조하고 조절할 수 있습니다.

💡 텍스트는 프레젠테이션에서 가장 기본적인 요소지만, 생각보다 많은 시간이 걸리는 작업 중 하나입니다. 슬라이드마다 글꼴을 바꾸고 크기를 조정하며 강조 효과를 설정하다 보면 작업 흐름이 끊기고 반복 작업에 지치기 쉽습니다. 하지만 자주 사용하는 기능은 메뉴와 단축키로 익혀두면 작업 속도가 훨씬 빨라지고 효율성도 높아집니다. 텍스트를 빠르게 강조하고 조절하는 실전 팁을 알아보겠습니다.

텍스트 상자가 선택된 상태에서 메뉴의 [홈]-[글꼴]을 선택하면 글꼴, 색상, 크기 등을 변경할 수 있습니다. 메뉴에서도 변경할 수 있지만 Ctrl+[,]를 누르면 텍스트의 크기를 조절(크게(]), 작게([))할 수 있습니다.

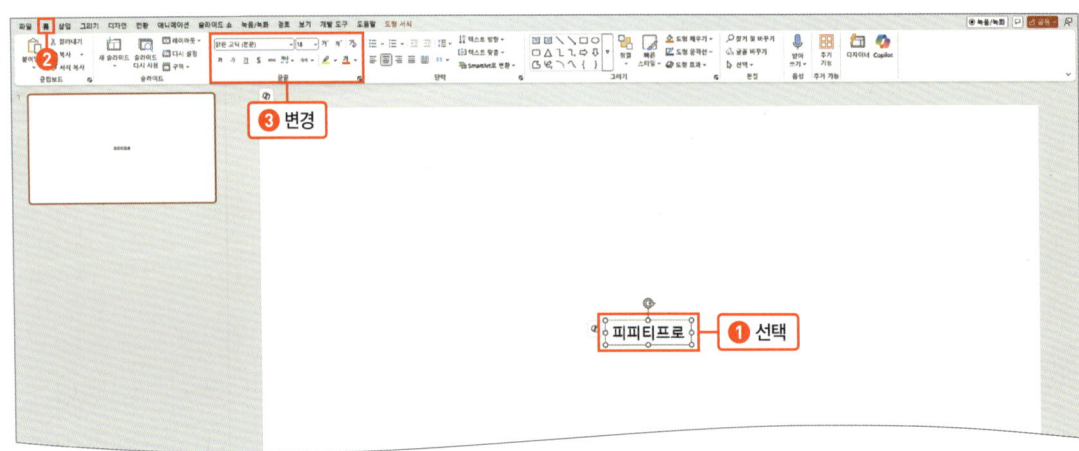

[Ctrl]+[B]를 누르면 선택된 텍스트를 굵게 강조할 수 있습니다. 단축키를 사용해서 굵기를 강조할 수도 있지만 본래 의도를 표현하려면 굵기가 다양한 글꼴을 사용하는 것이 더 효과적입니다.

▲ 굵기가 여러 개인 폰트

사용하는 글꼴에 따라 텍스트 줄 간격이 넓을 경우 메뉴의 [홈]-[줄 간격]-[줄 간격 옵션]을 선택합니다.

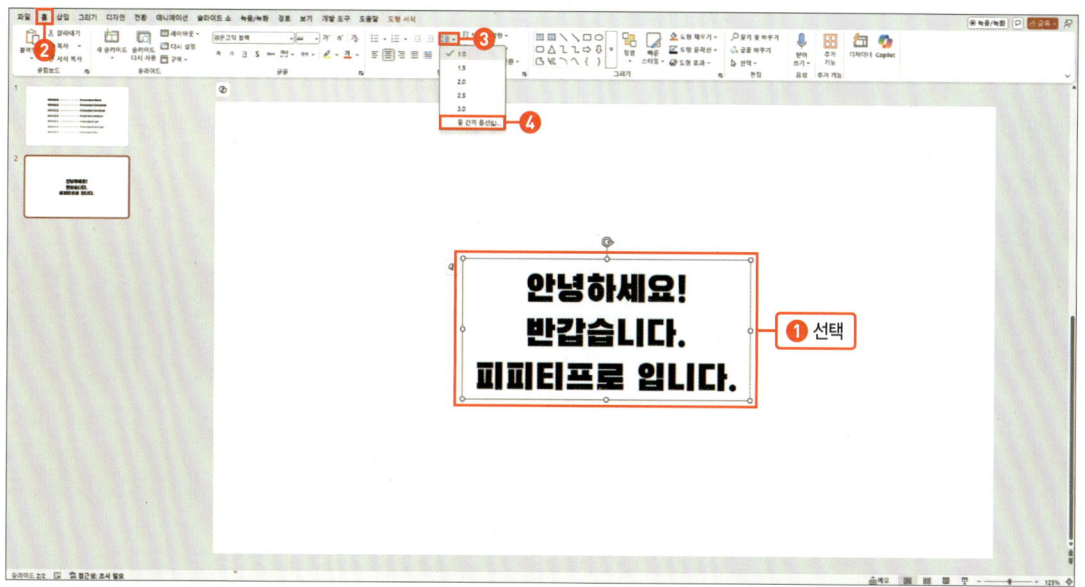

[단락] 창의 [줄 간격]-[배수] 선택 후 [값]을 [0.7~0.9] 사이로 변경하고 [확인]을 클릭합니다.

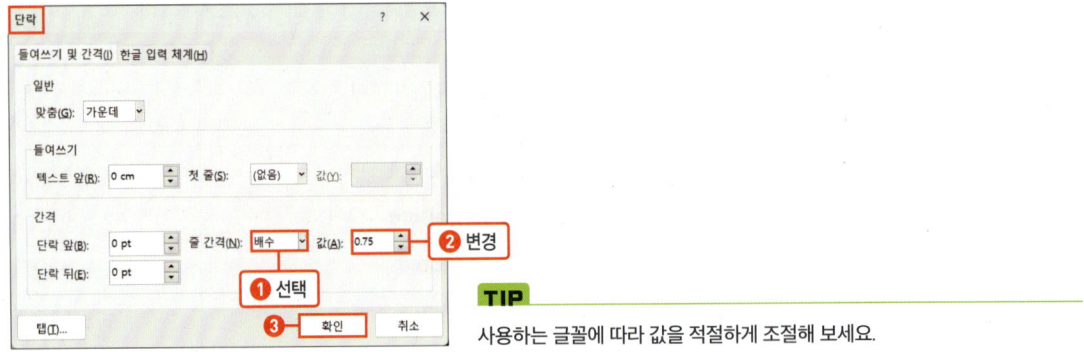

> **TIP**
> 사용하는 글꼴에 따라 값을 적절하게 조절해 보세요.

이렇게 하면 줄 간격을 조절할 수 있습니다.

▲ 줄 간격 변경 전   ▲ 줄 간격 변경 후

텍스트를 빠르게 수정하고 싶다면 F2 단축키를 사용하세요. 수정이 필요한 텍스트 내용을 드래그하거나 두 번 클릭하여 선택할 필요 없이 한 번에 전체 선택이 가능합니다. F2 를 누르고 필요한 내용을 바로 입력하면 됩니다.

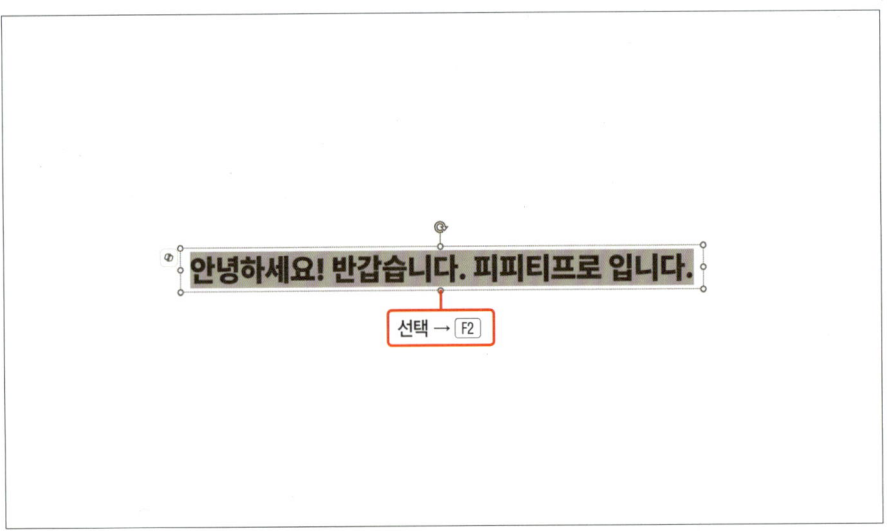

텍스트에서 특정 부분을 강조하고 싶을 때는 해당 부분만 두꺼운 글꼴을 사용하거나 글꼴색을 바꾸는 방법이 있습니다. 강조를 원하는 부분이 많은 경우 Ctrl+Shift+C를 눌러 서식을 복사하고 Ctrl+Shift+V로 강조가 필요한 부분에 서식을 붙여 넣으면 빠르게 원하는 서식만 적용할 수 있습니다.

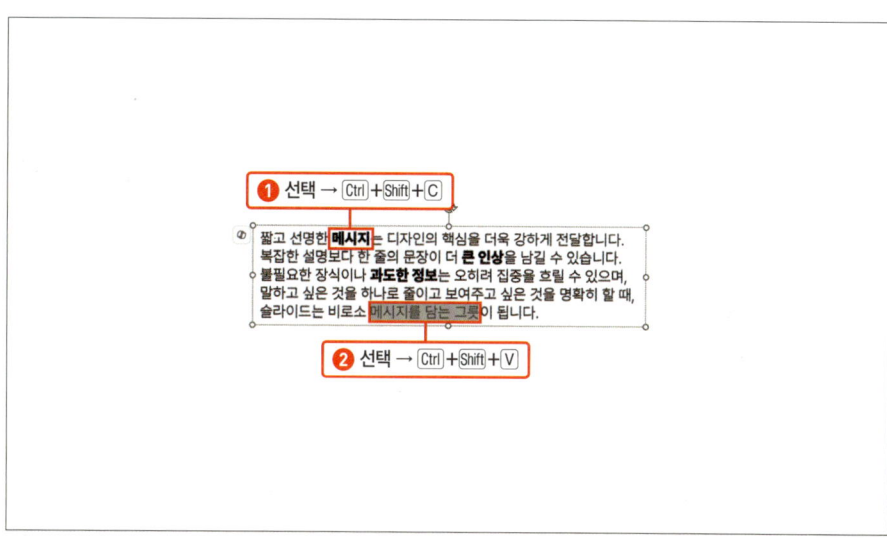

 텍스트위치

텍스트 위치가 자꾸 바뀌어서 불편해요.

텍스트 상자를 슬라이드의 가운데에 배치한 상태에서 크기를 변경하거나 텍스트를 수정할 경우 텍스트 상자의 위치가 달라져 다시 위치를 조정해야 해서 번거롭습니다. 이럴 땐 [텍스트 맞춤] 기능을 활용해 보세요. 텍스트 상자를 원하는 위치에 고정하고 텍스트를 수정할 수 있습니다.

텍스트 상자를 선택한 상태에서 메뉴의 [홈]-[단락]-[텍스트 맞춤]에서 [중간]을 선택하면, 글꼴의 크기를 조절하거나 텍스트를 수정해도 항상 텍스트 상자의 가운데를 중심으로 위치가 유지됩니다.

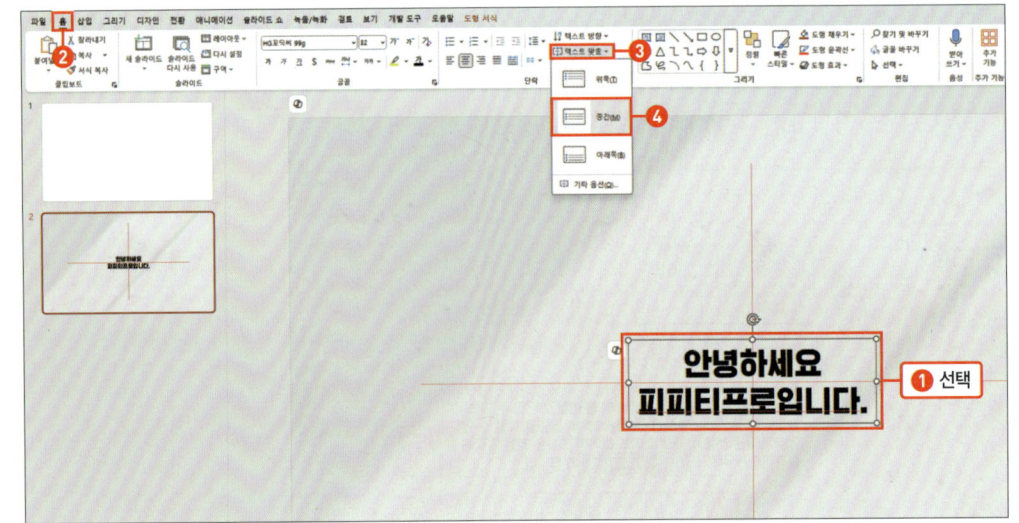

[텍스트 맞춤]을 잘 활용하면 텍스트를 수정하더라도 텍스트 상자의 위치를 원하는 위치에 고정할 수 있습니다. 예를 들어, 텍스트 상자를 슬라이드의 오른쪽 아래에 고정하고 싶다면 [오른쪽 정렬]과 [텍스트 맞춤]-[아래쪽]을 함께 설정하면 텍스트 상자를 항상 오른쪽 아래에 고정할 수 있습니다.

▲ 텍스트 상자 수정 전

▲ 텍스트 상자 수정 후

📎 텍스트 효과

텍스트를 간단하게 꾸밀 수 있을까요?

Q 텍스트 효과를 설정하고 싶은데 어떤 효과를 어떻게 설정하면 좋을까요?

A [텍스트 효과]에서 그림자, 반사, 네온 등 다양한 꾸미기 효과를 간편하게 설정할 수 있습니다.

💡 텍스트에 간단한 효과만 줘도 슬라이드의 인상이 크게 달라집니다. 특히 제목이나 키워드처럼 강조가 필요한 부분에 효과를 주면 훨씬 주목도가 높아집니다. 복잡한 디자인 작업 없이도 [텍스트 효과] 기능을 활용하면 누구나 쉽게 스타일을 바꿀 수 있습니다.

1 텍스트 상자를 마우스 오른쪽으로 클릭한 다음 [도형 서식]을 클릭합니다. [도형 서식]에서 [텍스트 옵션]의 [텍스트 효과]를 선택합니다.

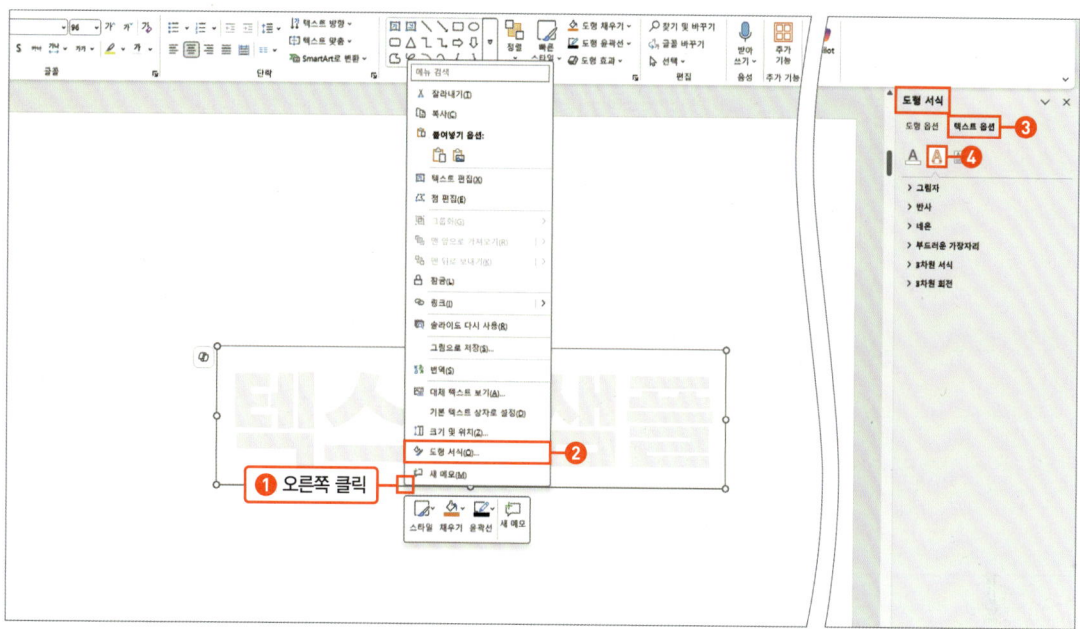

2 효과를 직접 설정하는 것이 어렵다면 각 효과의 [미리 설정]에서 미리 설정된 효과를 빠르게 적용할 수 있습니다.

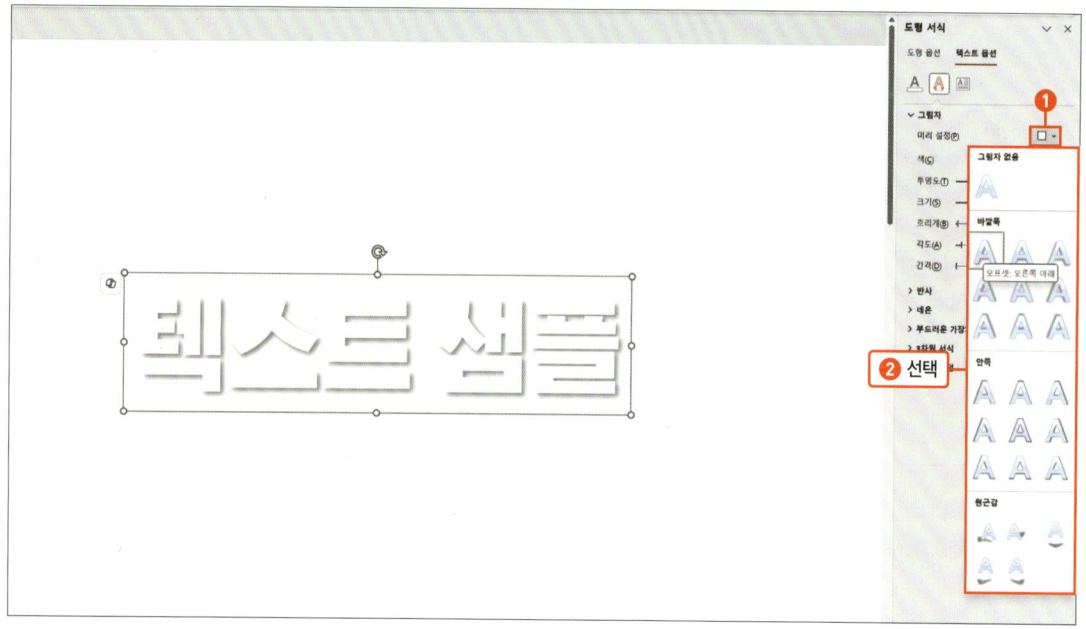

> **TIP**
> 효과를 적용할 텍스트가 선택된 상태에서 [메뉴]-[도형 서식]-[Word Art 스타일]-[텍스트 효과]를 선택해 [미리 설정]을 표시할 수 있습니다.

3 원하는 효과를 설정한 다음 다른 텍스트에도 같은 효과를 적용하려면 [서식 복사] 기능을 활용해 보세요. 효과가 적용된 텍스트 상자를 선택한 다음 Ctrl+Shift+C를 누르면 효과를 복사할 수 있습니다.

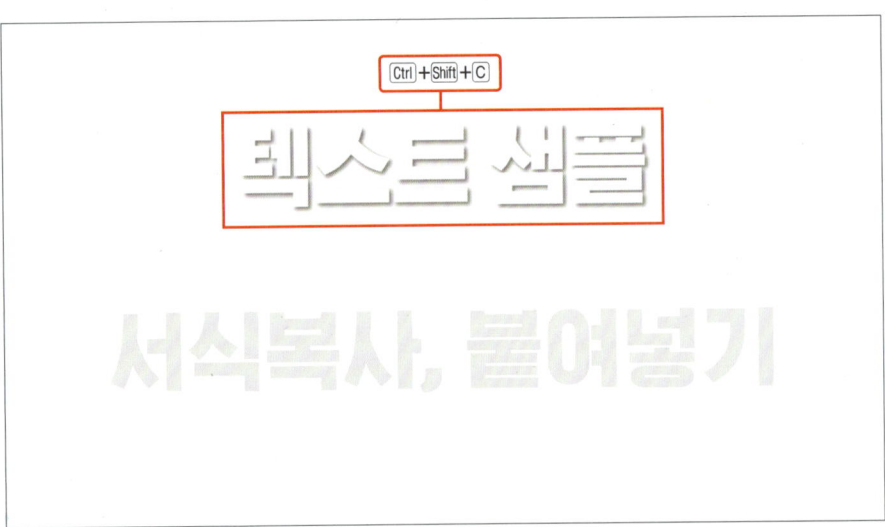

4 효과를 붙여 넣을 텍스트 상자를 선택하고 Ctrl+Shift+V를 누르면 복사한 텍스트 효과가 바로 적용됩니다.

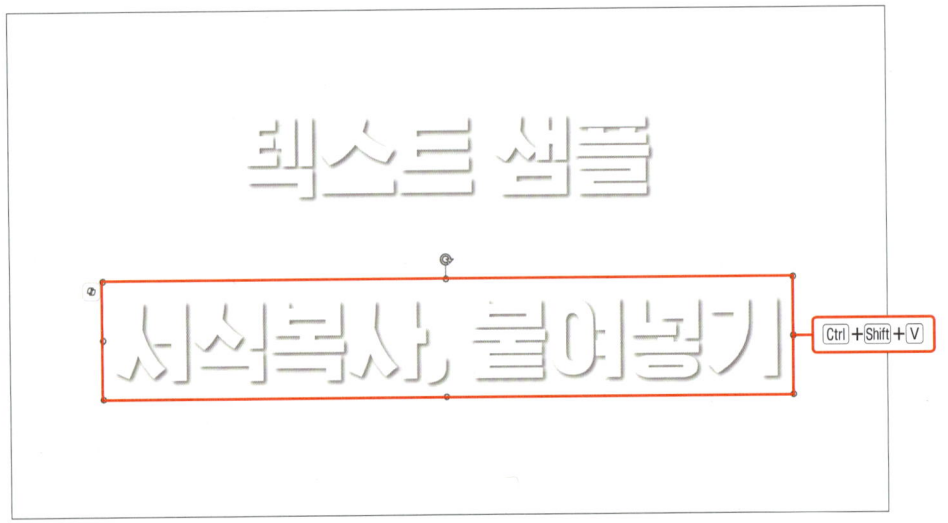

TIP
텍스트에 적용된 효과를 초기화하려면 [글꼴]-[모든 서식 지우기]를 선택하면 됩니다.

5 텍스트를 변형하는 방법도 있습니다. 텍스트를 마우스 오른쪽으로 클릭한 후에 [도형 서식]-[텍스트 효과]-[변환]을 클릭하면 텍스트를 원하는 모양으로 변환할 수 있습니다.

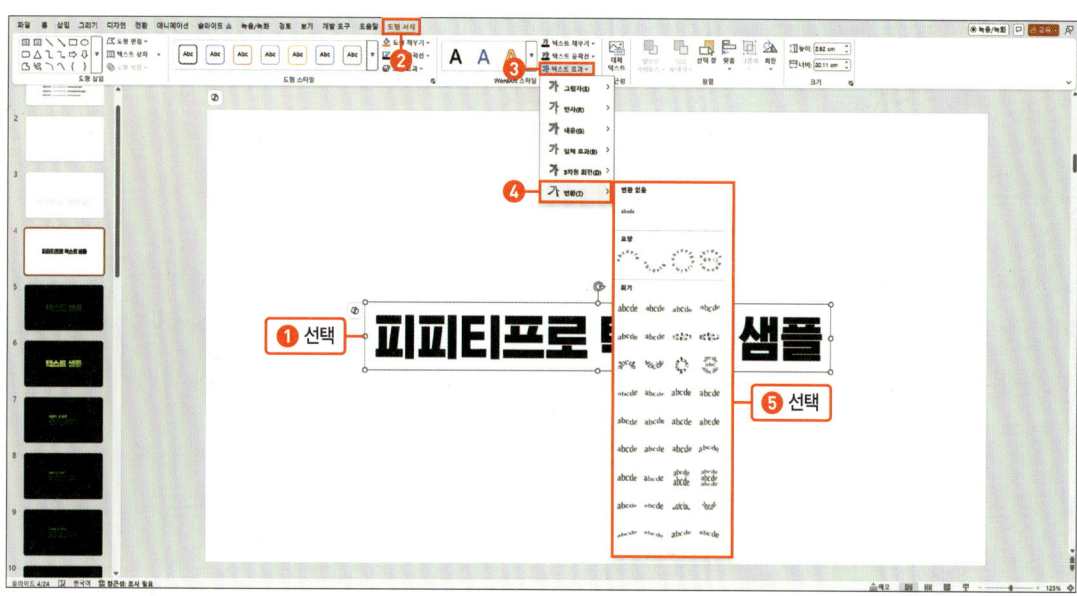

이 밖에 [그림자], [반사], [네온], [부드러운 가장자리], [3차원 서식] 등 다양한 효과를 설정할 수 있습니다. 여러 가지 효과를 사용하는 것이 부담스럽다면 그림자 효과만 사용해도 충분합니다.

 텍스트꾸미기

텍스트 효과보다 좀 더 멋지게 텍스트를 꾸밀 수 있을까요?

Q 텍스트 효과 외에도 좀 더 멋지게 텍스트를 꾸밀 수 있는 방법이 있을까요?

A 그라데이션, 윤곽선, 도형 병합 등 **피피티의 기본 기능**을 활용하면 텍스트를 더욱 멋있게 강조할 수 있습니다.

텍스트에 간단한 그림자나 반사 효과만으로는 뭔가 부족하게 느껴질 때가 있습니다. 이럴 땐 피피티에 기본으로 제공되는 기능들을 조금 더 적극적으로 활용해 보세요. [그라데이션], [윤곽선], [도형 병합]처럼 기본 기능을 적절히 조합하면 별도의 디자인 툴 없이도 텍스트를 훨씬 세련되고 인상적으로 꾸밀 수 있습니다.

1 텍스트에도 그라데이션을 적용할 수 있습니다. 텍스트 상자를 마우스 오른쪽 버튼으로 클릭한 다음 [도형 서식]을 선택합니다.

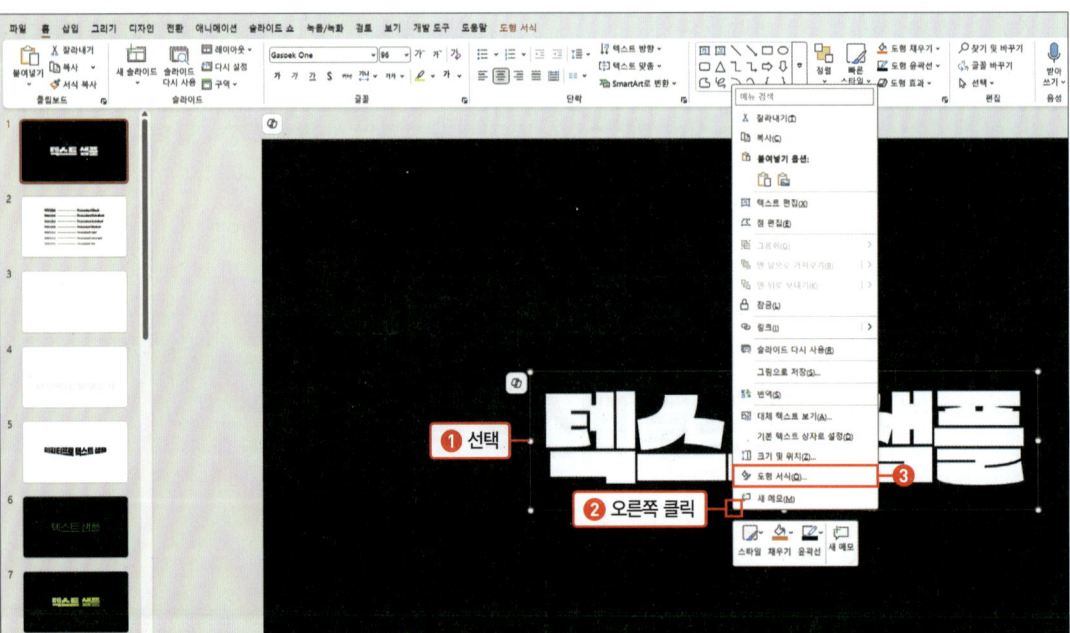

2 [도형 서식]의 [텍스트 옵션]에서 [텍스트 채우기 및 윤곽선]에 있는 [그라데이션 채우기]를 선택합니다.

3 [그라데이션 중지점]에서 중지점과 색상을 지정하면 텍스트 그라데이션이 적용됩니다.

4 텍스트에 그라데이션을 적용할 때는 [방향]을 함께 조절하는 것이 좋습니다. [선형 대각선]이나 [선형 오른쪽]/[왼쪽 방향]을 선택하면 색이 부드럽게 이어지며 가로로 긴 형태인 텍스트에 자연스럽게 어울립니다.

5 텍스트의 [채우기]뿐 아니라 [윤곽선]에도 그라데이션을 적용할 수 있습니다. [텍스트 옵션]의 [텍스트 윤곽선] 메뉴에서 [실선]이나 [그라데이션 선]을 선택한 뒤, [색], [너비], [투명도] 등의 세부 항목을 조정해 보세요. 이렇게 하면 다음 그림처럼 다양한 스타일로 텍스트를 표현할 수 있습니다.

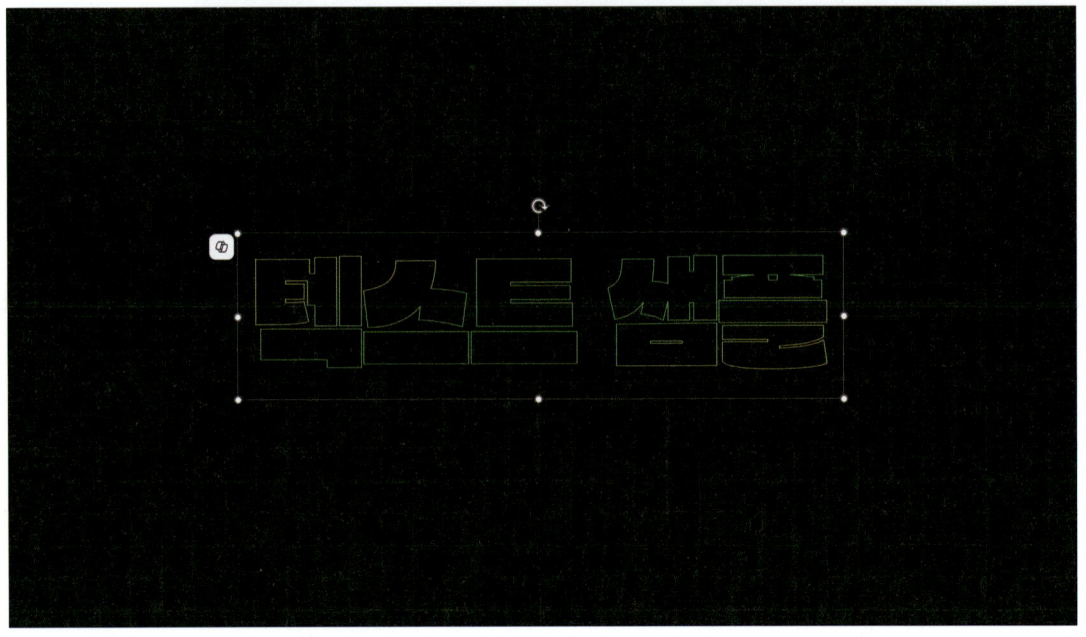

텍스트를 더 눈에 띄게 꾸밀 수 있나요?

Q 텍스트를 새롭게 디자인할 수는 없나요?

A 채우기, 윤곽선, 그림자를 잘 활용하면 다양한 텍스트 디자인 조합을 만들 수 있습니다.

💡 텍스트 효과를 적용했지만, 뭔가 밋밋하고 눈에 잘 들어오지 않는다고 느껴지나요? 텍스트는 단순히 내용을 전달하는 수단을 넘어, 강조와 디자인을 함께 표현할 수 있는 시각적 요소입니다. 피피티의 기본 기능만 사용해도 텍스트가 슬라이드의 중심 요소로 다시 태어날 수 있습니다.

다음은 채우기 없이 윤곽선만 활용한 텍스트 디자인입니다. [텍스트 윤곽선]을 활용하면 기본 텍스트 효과로 표현할 수 없는 전혀 다른 인상을 줄 수 있습니다. [텍스트 채우기]에서 투명도를 조절하면 더욱 감각적으로 연출할 수 있습니다.

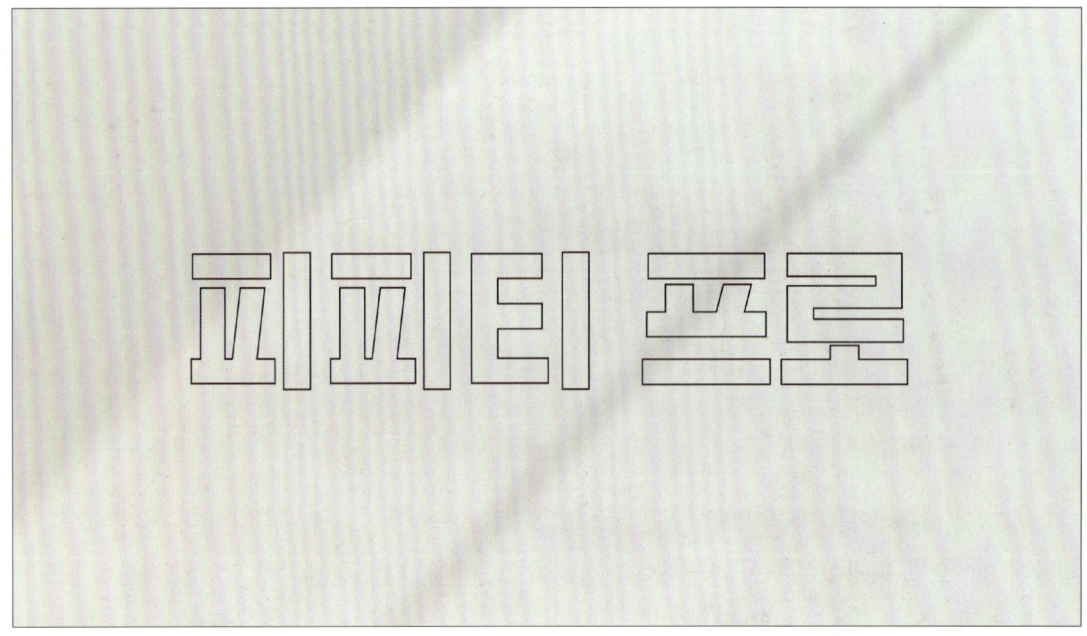

▲ 텍스트에 검정색 윤곽선만 설정

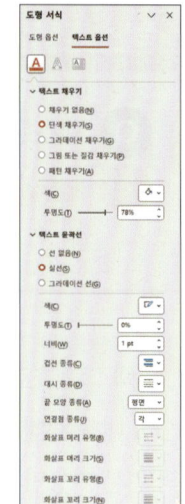

▲ 텍스트와 이미지가 자연스럽게 조화되도록 텍스트 윤곽선 설정 및 채우기 투명도 설정

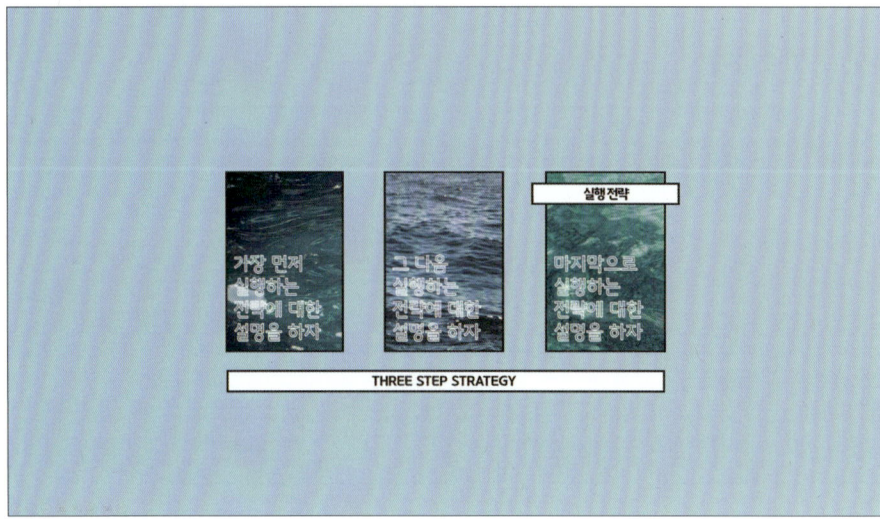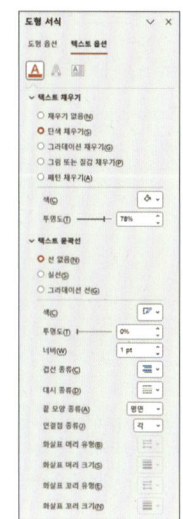

▲ 텍스트와 이미지가 자연스럽게 조화되도록 텍스트 윤곽선 설정 및 채우기 투명도 설정

다음과 같이 채우기와 윤곽선의 색상을 서로 다르게 설정하는 방식도 효과적입니다. 시각적으로 선명하게 들어오고, 다양한 변형이 가능하다는 장점이 있습니다. 다만 존재감이 강하기 때문에 강조가 필요한 부분에 사용하는 것이 좋습니다.

▲ 텍스트 채우기와 윤곽선을 동시에 활용

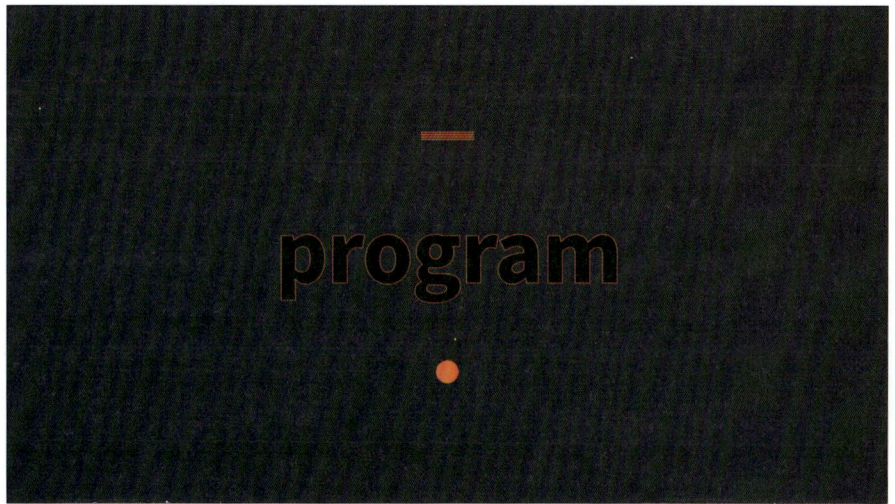

▲ 텍스트 채우기와 윤곽선을 동시에 활용

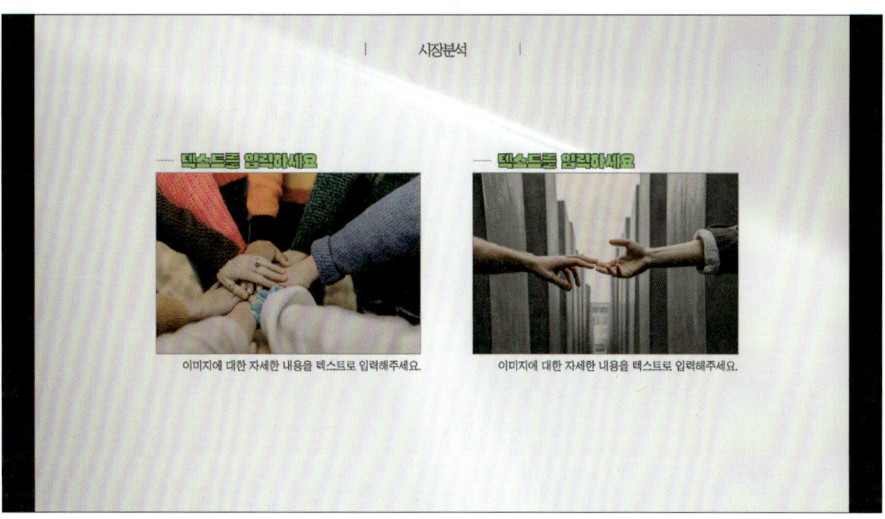

▲ 텍스트에 검정색 윤곽선만 설정

다음은 그림자를 은은하게 활용한 텍스트 디자인입니다. [도형 서식]-[텍스트 옵션]-[텍스트 효과]-[그림자] 메뉴에서 그림자 색을 설정하고, [간격]을 0pt, [흐리게] 값을 적절히 높이면 그림자가 자연스럽게 번지는 효과를 줄 수 있습니다. 텍스트가 감성적으로 보일 수 있으며, 배경과 텍스트의 구분이 가능해 텍스트 색상 선택의 자유도가 높아집니다.

 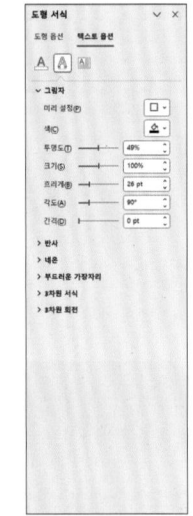

▲ 텍스트 그림자가 은은하게 비쳐 감성적인 디자인 가능

▲ before　　　　　　　　　　　▲ after

그림자를 또 다른 방식으로 활용한 예시입니다. 이번에는 [흐리게]를 0pt로 두고, [각도]를 45도, [간격]을 5pt로 설정하여 그림자를 또렷하게 표현합니다. 가독성을 높이면서도 세련된 인상을 줄 수 있는 디자인 방식입니다.

▲ before

▲ after

▲ before

▲ after

일정한 패턴이나 질감이 느껴지는 이미지를 활용하여 텍스트를 더욱 눈에 띄게 꾸밀 수 있습니다.

이런 효과는 [도형 병합] 기능을 활용하여 간단하게 만들 수 있습니다. 이미지와 텍스트 상자를 배치한 다음 Shift 를 누른 상태에서 이미지, 텍스트 상자를 순서대로 선택합니다.

메뉴에서 [도형 서식]-[도형 병합]-[교차]를 순서대로 선택하면 텍스트 안에 이미지를 남길 수 있습니다.

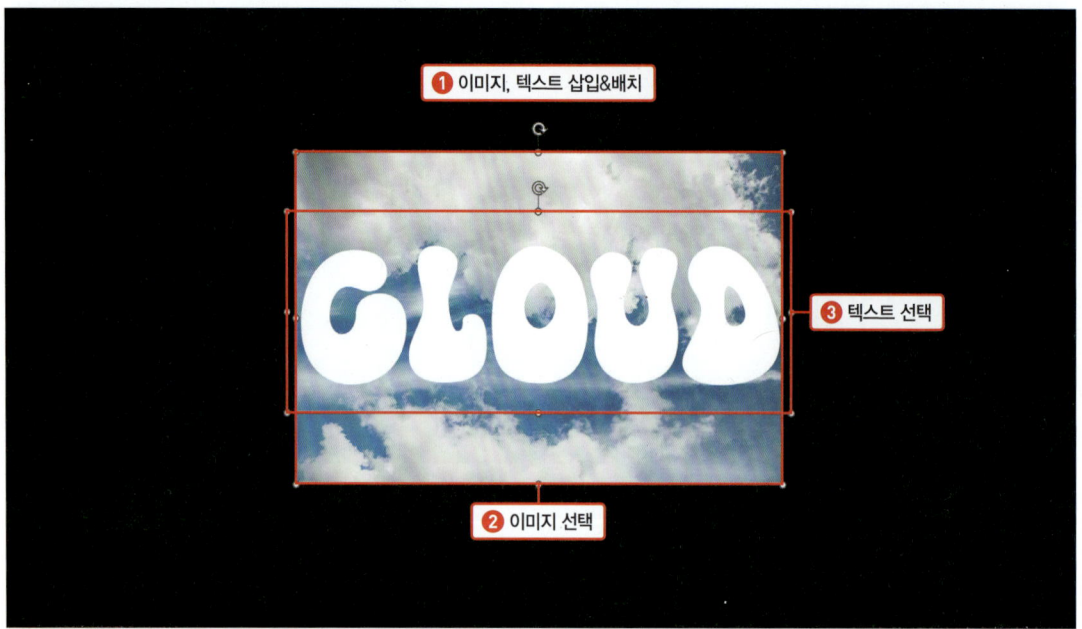

텍스트와 겹쳐진 영역만 남기는 것으로 이미지의 크기나 위치를 적절하게 조절해 보세요.

TIP

도형 병합으로 텍스트를 꾸미는 자세한 내용은 168쪽을 참고하세요.

피피티에 어떤 폰트를 사용하는 게 좋을까요?

Q 폰트는 많은데 막상 어떤 폰트를 사용하는 게 좋을지 모르겠어요. 프레젠테이션에 활용하기 좋은 폰트를 추천해 주세요.

A 전달하려는 메시지의 성격에 따라 **강조용과 본문용 폰트**를 구분해 사용하는 것이 좋습니다.

💡 텍스트는 그 자체로 내용 전달의 목적도 있지만, 적절하게 강조하면 전달하려는 의도를 더 효과적으로 제시할 수 있습니다. 따라서 그 용도에 따라 강조용 폰트와 본문용 폰트로 나누어 사용하는 것이 효과적입니다.

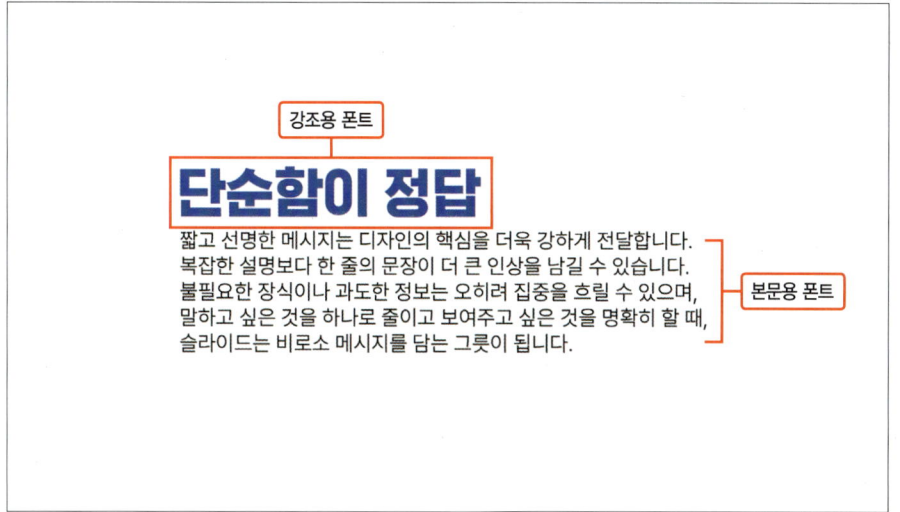

강조용 폰트

강조용 폰트는 핵심 문장을 돋보이게 하거나 키워드에 시선을 집중시키기 위해 사용합니다. 일반적으로 텍스트 두께가 두껍고 안정적인 구조의 고딕체나 존재감이 강한 폰트가 여기에 해당하며, 제목, 숫자, 키워드와 같이 슬라이드 안에서 중심 메시지를 전달하는 요소에 적합합니다.

♦ **가석체**: 선이 굵어 텍스트가 더 또렷하게 잘 보이고 강조 등의 디자인 요소로 활용하기 좋은 서체입니다.

> ### 단순함이 정답
> 짧고 선명한 메시지는 디자인의 핵심을 더욱 강하게 전달합니다.
> 복잡한 설명보다 한 줄의 문장이 더 큰 인상을 남길 수 있습니다.
> 불필요한 장식이나 과도한 정보는 오히려 집중을 흐릴 수 있으며,
> 말하고 싶은 것을 하나로 줄이고 보여주고 싶은 것을 명확히 할 때,
> 슬라이드는 비로소 메시지를 담는 그릇이 됩니다.

♦ **검은고딕체**: 선이 굵어 강조 등의 디자인 요소로 사용하기 좋고 심플해서 어떤 용도로 사용해도 어색하지 않게 활용하기 좋은 서체입니다.

> ### 단순함이 정답
> 짧고 선명한 메시지는 디자인의 핵심을 더욱 강하게 전달합니다.
> 복잡한 설명보다 한 줄의 문장이 더 큰 인상을 남길 수 있습니다.
> 불필요한 장식이나 과도한 정보는 오히려 집중을 흐릴 수 있으며,
> 말하고 싶은 것을 하나로 줄이고 보여주고 싶은 것을 명확히 할 때,
> 슬라이드는 비로소 메시지를 담는 그릇이 됩니다.

♦ **가나초콜릿체**: 본문에는 주로 고딕체가 사용되지만, 이와 다른 스타일의 폰트를 활용하여 세련되게 강조할 수 있습니다.

> ### 단순함이 정답
> 짧고 선명한 메시지는 디자인의 핵심을 더욱 강하게 전달합니다.
> 복잡한 설명보다 한 줄의 문장이 더 큰 인상을 남길 수 있습니다.
> 불필요한 장식이나 과도한 정보는 오히려 집중을 흐릴 수 있으며,
> 말하고 싶은 것을 하나로 줄이고 보여주고 싶은 것을 명확히 할 때,
> 슬라이드는 비로소 메시지를 담는 그릇이 됩니다.

◆ **카페24 클래식타입체**: 클래식한 멋이 있어, 텍스트만으로도 디자인의 완성도가 높아 보입니다.

> ### 단순함이 정답
> 짧고 선명한 메시지는 디자인의 핵심을 더욱 강하게 전달합니다.
> 복잡한 설명보다 한 줄의 문장이 더 큰 인상을 남길 수 있습니다.
> 불필요한 장식이나 과도한 정보는 오히려 집중을 흐릴 수 있으며,
> 말하고 싶은 것을 하나로 줄이고 보여주고 싶은 것을 명확히 할 때,
> 슬라이드는 비로소 메시지를 담는 그릇이 됩니다.

◆ **자이언츠Bold체**: 선이 굵어 강조하기에 좋고, 폰트가 단순하지 않아 디자인적으로 활용도가 높습니다.

> ### 단순함이 정답
> 짧고 선명한 메시지는 디자인의 핵심을 더욱 강하게 전달합니다.
> 복잡한 설명보다 한 줄의 문장이 더 큰 인상을 남길 수 있습니다.
> 불필요한 장식이나 과도한 정보는 오히려 집중을 흐릴 수 있으며,
> 말하고 싶은 것을 하나로 줄이고 보여주고 싶은 것을 명확히 할 때,
> 슬라이드는 비로소 메시지를 담는 그릇이 됩니다.

◆ **스웨거체**: 세로로 길쭉한 모양이라 다른 폰트들과 차별되어 강조용으로 쓰기 좋습니다.

> ### 단순함이 정답
> 짧고 선명한 메시지는 디자인의 핵심을 더욱 강하게 전달합니다.
> 복잡한 설명보다 한 줄의 문장이 더 큰 인상을 남길 수 있습니다.
> 불필요한 장식이나 과도한 정보는 오히려 집중을 흐릴 수 있으며,
> 말하고 싶은 것을 하나로 줄이고 보여주고 싶은 것을 명확히 할 때,
> 슬라이드는 비로소 메시지를 담는 그릇이 됩니다.

◆ **비트로 인스파이어체**: 세로로 긴 형태이면서 동시에 밀도가 높은 스타일이라, 다른 폰트와 구분되어 강조하기에 좋습니다.

단순함이 정답
짧고 선명한 메시지는 디자인의 핵심을 더욱 강하게 전달합니다.
복잡한 설명보다 한 줄의 문장이 더 큰 인상을 남길 수 있습니다.
불필요한 장식이나 과도한 정보는 오히려 집중을 흐릴 수 있으며,
말하고 싶은 것을 하나로 줄이고 보여주고 싶은 것을 명확히 할 때,
슬라이드는 비로소 메시지를 담는 그릇이 됩니다.

본문용 폰트

본문용 폰트는 긴 문장을 안정적으로 읽을 수 있도록 가독성이 높은 서체를 선택하는 것이 좋습니다. '프리텐다드'처럼 '산세리프' 계열의 서체는 글자 간격이 일정하고 정돈된 인상을 주기 때문에 슬라이드 본문용으로 활용도가 높습니다. 또한 두께가 다양한 폰트는 강조용으로도 활용할 수 있어 하나의 폰트로 여러 효과를 줄 수 있는 장점이 있습니다.

> **TIP**
> '프리텐다드'는 국내 디자이너가 개발한 오픈소스 폰트로 한글과 영문 모두 가독성이 높고 균형감이 좋은 것이 특징입니다. '산세리프'는 글자의 획 끝에 장식이 없는 서체 스타일로 깔끔하고 단순한 것이 특징입니다. 또한 현대적이고 세련된 인상을 주므로 프레젠테이션에 자주 사용됩니다.

◆ **프리텐다드체**: 군더더기 없이 기본에 충실한 폰트로, 심플한 매력이 돋보입니다. 굵기도 다양해서 자주 써도 쉽게 질리지 않는 디자인입니다.

단순함이 정답
짧고 선명한 메시지는 디자인의 핵심을 더욱 강하게 전달합니다.
복잡한 설명보다 한 줄의 문장이 더 큰 인상을 남길 수 있습니다.
불필요한 장식이나 과도한 정보는 오히려 집중을 흐릴 수 있으며,
말하고 싶은 것을 하나로 줄이고 보여주고 싶은 것을 명확히 할 때,
슬라이드는 비로소 메시지를 담는 그릇이 됩니다.

◆ **G마켓산스체**: 가로로 약간 넓은 스타일의 폰트라, 글자만으로도 디자인한 느낌을 주고 본문에도 힘을 실어줄 수 있습니다.

> **단순함이 정답**
> 짧고 선명한 메시지는 디자인의 핵심을 더욱 강하게 전달합니다.
> 복잡한 설명보다 한 줄의 문장이 더 큰 인상을 남길 수 있습니다.
> 불필요한 장식이나 과도한 정보는 오히려 집중을 흐릴 수 있으며,
> 말하고 싶은 것을 하나로 줄이고 보여주고 싶은 것을 명확히 할 때,
> 슬라이드는 비로소 메시지를 담는 그릇이 됩니다.

◆ **나눔스퀘어 네오체**: 직선과 곡선이 어우러진 폰트로, 기본은 잘 지키면서도 디자인 면에서 충분한 매력을 지닌 폰트입니다.

> **단순함이 정답**
> 짧고 선명한 메시지는 디자인의 핵심을 더욱 강하게 전달합니다.
> 복잡한 설명보다 한 줄의 문장이 더 큰 인상을 남길 수 있습니다.
> 불필요한 장식이나 과도한 정보는 오히려 집중을 흐릴 수 있으며,
> 말하고 싶은 것을 하나로 줄이고 보여주고 싶은 것을 명확히 할 때,
> 슬라이드는 비로소 메시지를 담는 그릇이 됩니다.

영문 프레젠테이션이거나 영어 텍스트를 사용하는 경우, 앞서 소개한 한글 폰트를 그대로 활용해도 좋습니다. 하지만 영문 폰트는 한글보다 구조가 단순하고 디자인의 폭이 넓기 때문에, 보다 다양한 스타일과 분위기를 표현할 수 있는 서체들이 많습니다. 메시지의 성격이나 슬라이드의 분위기에 맞춰 영문 폰트를 선택하면, 한글과는 또 다른 시각적 인상을 줄 수 있습니다.

영문 폰트

◆ **Orbitron(Black)**: 가득 차 있는 느낌의 폰트로 강조하기에도, 본문에 활용하기에도 좋으며, 어디에 사용해도 과하지 않게 존재감을 보여주는 폰트입니다.

SIMPLE IS BEST
짧고 선명한 메시지는 디자인의 핵심을 더욱 강하게 전달합니다.
복잡한 설명보다 한 줄의 문장이 더 큰 인상을 남길 수 있습니다.
불필요한 장식이나 과도한 정보는 오히려 집중을 흐릴 수 있으며,
말하고 싶은 것을 하나로 줄이고 보여주고 싶은 것을 명확히 할 때,
슬라이드는 비로소 메시지를 담는 그릇이 됩니다.

◆ **Bebas Neue**: 넷플릭스 로고에 활용된 폰트로, 심플하지만 길고 세련된 느낌을 가져 디자인적으로 활용하기 좋은 폰트입니다. 대문자만 사용할 수 있습니다.

SIMPLE IS BEST
짧고 선명한 메시지는 디자인의 핵심을 더욱 강하게 전달합니다.
복잡한 설명보다 한 줄의 문장이 더 큰 인상을 남길 수 있습니다.
불필요한 장식이나 과도한 정보는 오히려 집중을 흐릴 수 있으며,
말하고 싶은 것을 하나로 줄이고 보여주고 싶은 것을 명확히 할 때,
슬라이드는 비로소 메시지를 담는 그릇이 됩니다.

◆ **Hey August**: 거칠게 쓴 듯한 느낌의 폰트로 일반적인 고딕, 명조 폰트와 구분되는 세련된 느낌으로 강조할 때 활용하기 좋습니다.

SIMPLE IS BEST
짧고 선명한 메시지는 디자인의 핵심을 더욱 강하게 전달합니다.
복잡한 설명보다 한 줄의 문장이 더 큰 인상을 남길 수 있습니다.
불필요한 장식이나 과도한 정보는 오히려 집중을 흐릴 수 있으며,
말하고 싶은 것을 하나로 줄이고 보여주고 싶은 것을 명확히 할 때,
슬라이드는 비로소 메시지를 담는 그릇이 됩니다.

◆ **Dalmation**: 디지털 폰트 같은 느낌이 나며, 살짝 기울어져 있고 세로로 긴 형태라 다른 폰트들과 명확히 구분되어 어디에서 사용해도 존재감을 드러냅니다. 대문자만 사용할 수 있습니다.

> **SIMPLE IS BEST**
> 짧고 선명한 메시지는 디자인의 핵심을 더욱 강하게 전달합니다.
> 복잡한 설명보다 한 줄의 문장이 더 큰 인상을 남길 수 있습니다.
> 불필요한 장식이나 과도한 정보는 오히려 집중을 흐릴 수 있으며,
> 말하고 싶은 것을 하나로 줄이고 보여주고 싶은 것을 명확히 할 때,
> 슬라이드는 비로소 메시지를 담는 그릇이 됩니다.

저작권 걱정 없이 사용할 수 있는 무료 폰트는 어디에서 받을 수 있나요?

Q 저작권을 위배하지 않고 프레젠테이션에 사용할 수 있는 폰트는 어디서 다운받을 수 있나요?

A 한글 폰트는 '눈누', 영문 폰트는 'Dafont'을 활용하는 것을 추천합니다.

💡 프레젠테이션을 만들다 보면 서체 하나로 분위기가 완전히 달라지는 걸 경험하게 됩니다. 하지만 아무 폰트나 사용하는 건 위험할 수 있습니다. 저작권 문제가 발생할 수 있기 때문에, 사용 가능한 폰트를 반드시 확인하고 사용하는 것이 중요합니다. 다행히 요즘은 누구나 자유롭게 쓸 수 있는 고퀄리티 폰트들이 많이 제공되고 있어, 조금만 찾아보면 안전하고 다양한 서체를 프레젠테이션에 적용할 수 있습니다.

1 눈누 홈페이지(https://noonnu.cc/)로 이동합니다. [추천 폰트]에서는 특정 주제별로 구분된 폰트를 추천받을 수 있고 [무슨 폰트?]에서는 다른 제작물에 사용된 폰트의 이름을 확인할 수 있습니다. 원하는 폰트를 선택하면 상세 페이지로 이동합니다.

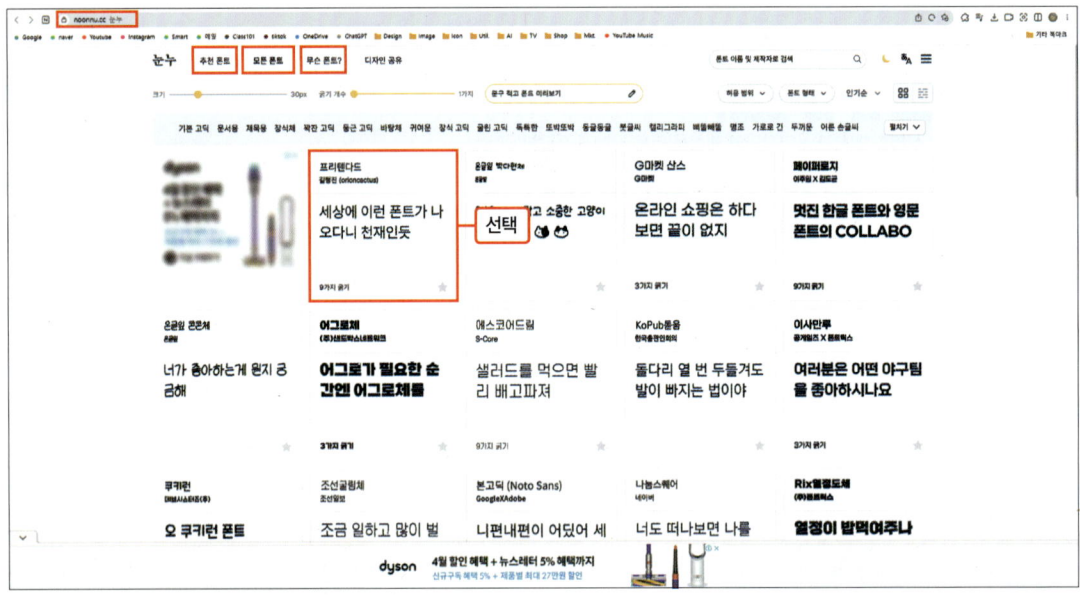

> **TIP**
> 검색창에서 폰트 이름을 검색할 수 있습니다.

2 미리보기 영역에 문장을 입력해 폰트를 테스트할 수 있고 현재 선택한 폰트의 라이선스 정보를 확인할 수 있습니다.

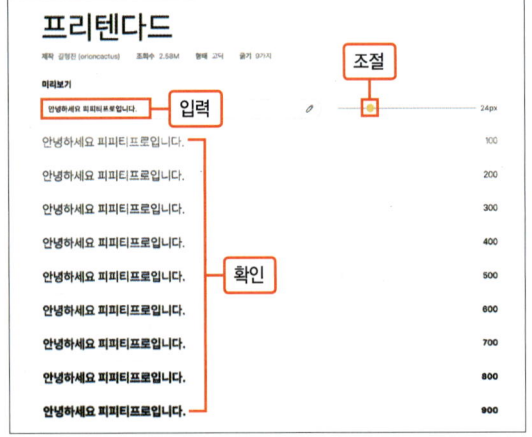

3 [다운로드 페이지로 이동]을 클릭하면 현재 선택한 폰트를 제공하는 웹사이트로 이동할 수 있습니다.

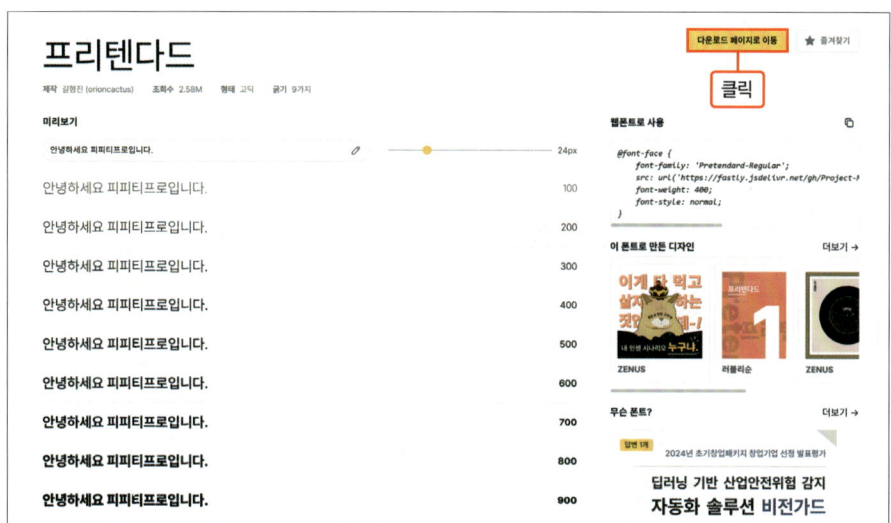

4 폰트 제공 사이트의 [다운로드]를 클릭하면 해당 폰트를 다운로드할 수 있습니다.

> **TIP**
>
> 폰트마다 웹 사이트가 다르고 [다운로드] 버튼의 위치가 다르므로 잘 확인해야 합니다.

💡 영문 폰트의 경우 'Dafont'를 추천합니다. Dafont는 디자인 다양성과 접근성이 뛰어난 영문 무료 폰트 사이트로 각 폰트별 라이선스를 쉽게 확인할 수 있습니다.

1 Dafont 홈페이지(www.dafont.com)에 접속합니다. [Themes]에서 원하는 테마를 선택하면 특정 주제별로 구분된 폰트를 확인할 수 있습니다.

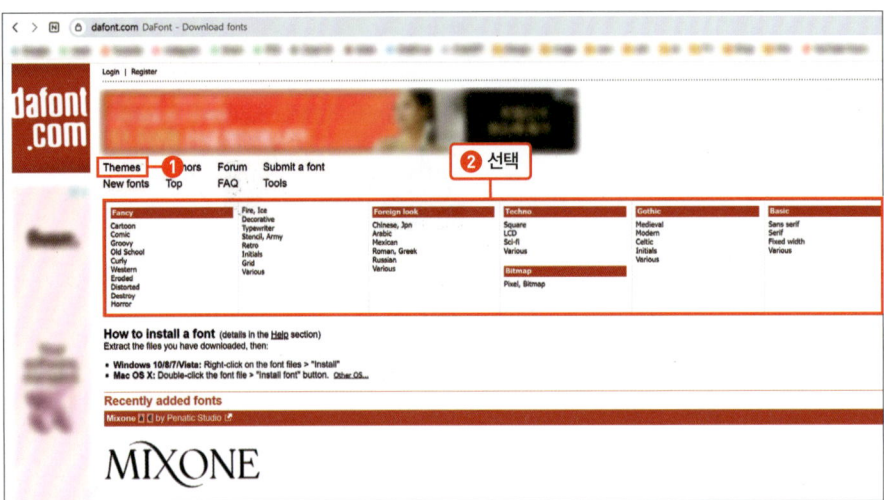

2 저작권 걱정이 없는 무료 폰트만 확인하고 싶다면 [More options]을 클릭한 다음 [100% Free]에 체크한 뒤 [Submit]을 클릭합니다.

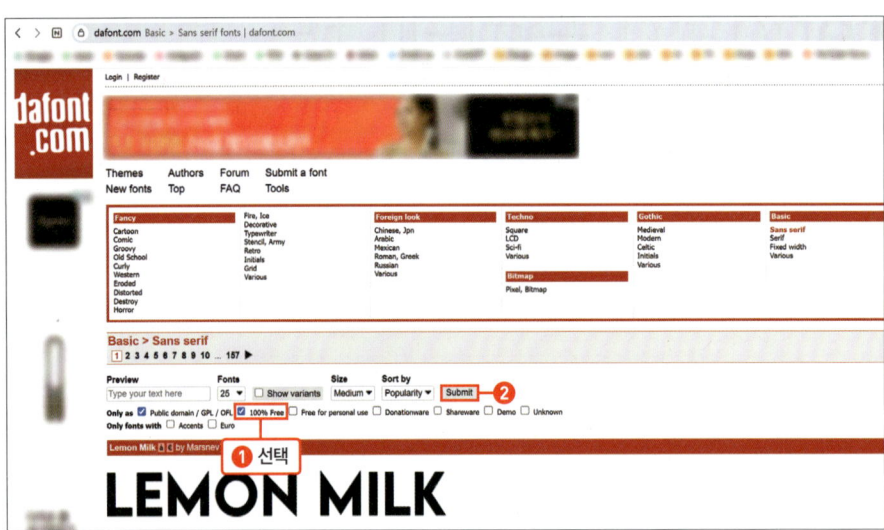

3 원하는 폰트를 찾았다면 [Download]를 클릭하여 해당 폰트를 다운로드할 수 있습니다.

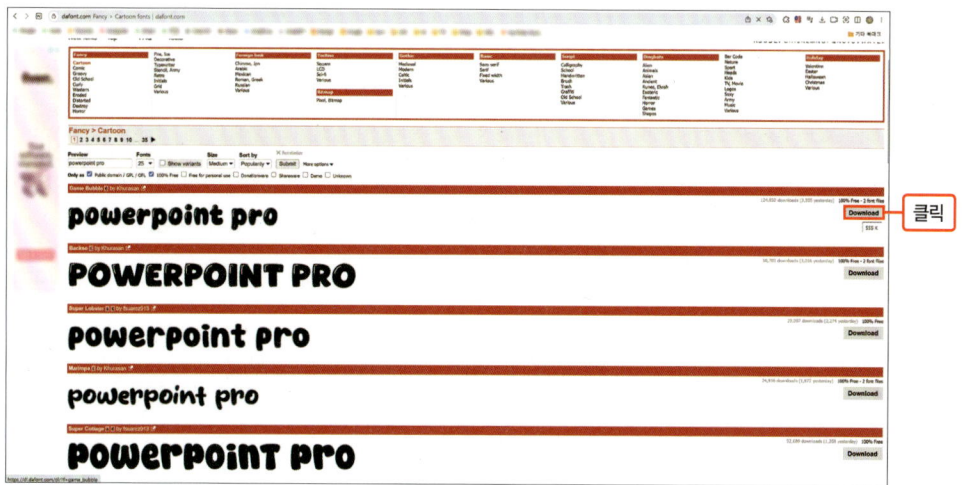

클릭

TTF와 OTF의 차이는 무엇인가요?

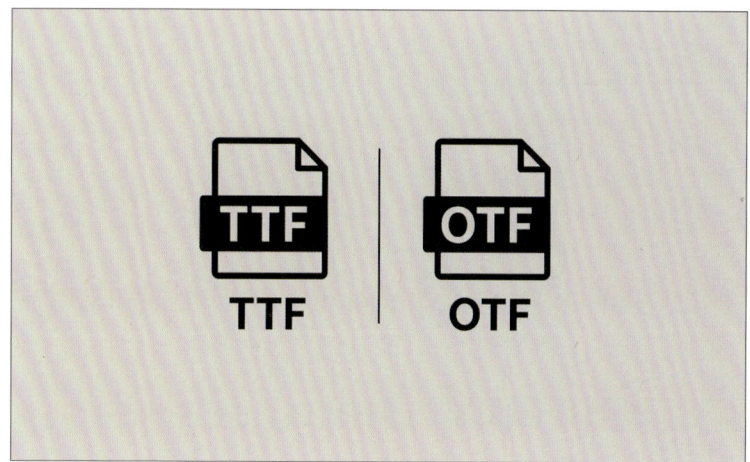

폰트 파일은 주로 TTF(TrueType Font)와 OTF(OpenType Font) 형식으로 제공됩니다. 두 포맷 모두 윈도우와 맥에서 문제없이 사용할 수 있으며, 일반적인 사용 환경에서는 큰 차이가 없습니다.

TTF는 비교적 오래된 형식으로 대부분의 프로그램에서 폭넓게 호환되는 것이 장점입니다. OTF는 더 많은 타이포그래피 기능과 고급 글리프 설정을 지원하지만, 일상적인 피피티 제작에서는 두 형식 모두 동일하게 사용할 수 있습니다. 다만 일부 피피티 버전에서는 OTF 폰트를 사용할 경우 '글꼴 포함 저장'이 제대로 되지 않는 문제가 발생할 수 있기 때문에, 안정적인 사용을 위해서는 TTF 형식의 폰트를 사용하는 것을 권장합니다.

다운받은 폰트는 어떻게 설치할 수 있나요?

Q 무료 폰트를 다운로드했는데 어떻게 설치하나요?

A 다운로드한 폰트 파일을 마우스 오른쪽 버튼으로 클릭한 다음 [설치]를 선택하면 됩니다.

▲ 피피티프로 강의

💡 마음에 드는 폰트를 찾았다고 해서 바로 사용할 수 있는 건 아닙니다. 대부분의 무료 폰트는 압축 파일 형태로 제공되며, 설치 과정을 거쳐야 피피티나 다른 프로그램에서 사용할 수 있습니다. 처음 폰트를 설치해보는 경우에는 다소 낯설 수 있지만, 몇 가지 간단한 단계만 익혀두면 누구나 쉽게 새로운 폰트를 활용할 수 있습니다.

1 다운로드한 폰트를 더블 클릭해보세요.

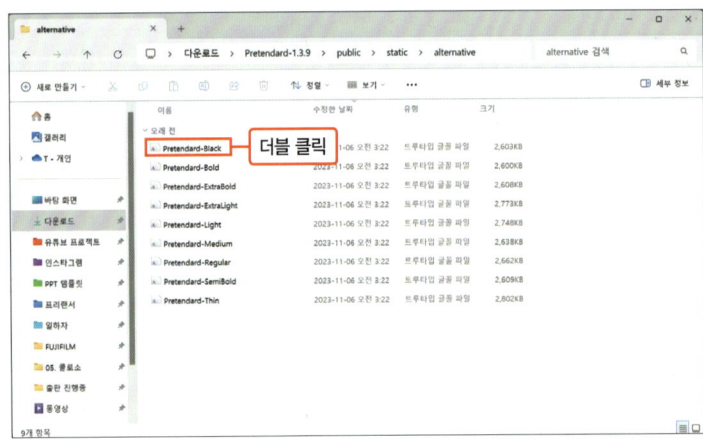

2 해당 폰트의 [미리보기] 창이 표시됩니다. 왼쪽 위에 있는 [설치]를 클릭하면 자동으로 설치가 완료됩니다.

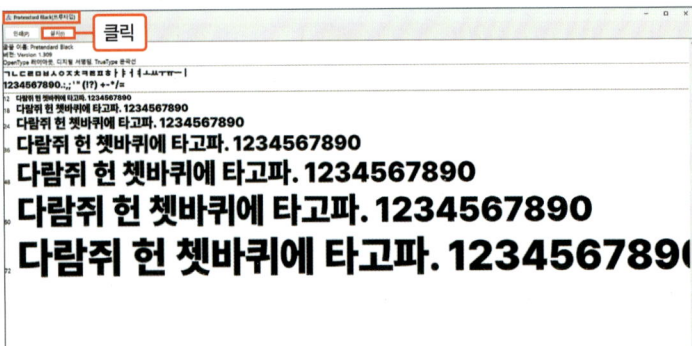

TIP
폰트 설치를 완료해도 피피티를 전부 종료한 뒤 다시 시작해야 새로운 폰트를 사용할 수 있습니다. 폰트 설치 이후 적용이 안 된다면 열려 있는 피피티 창을 전부 껐다가 켜주세요.

6 조절하고 싶은 부분의 점을 선택하여 드래그하면 도형의 모양을 변경할 수 있습니다.

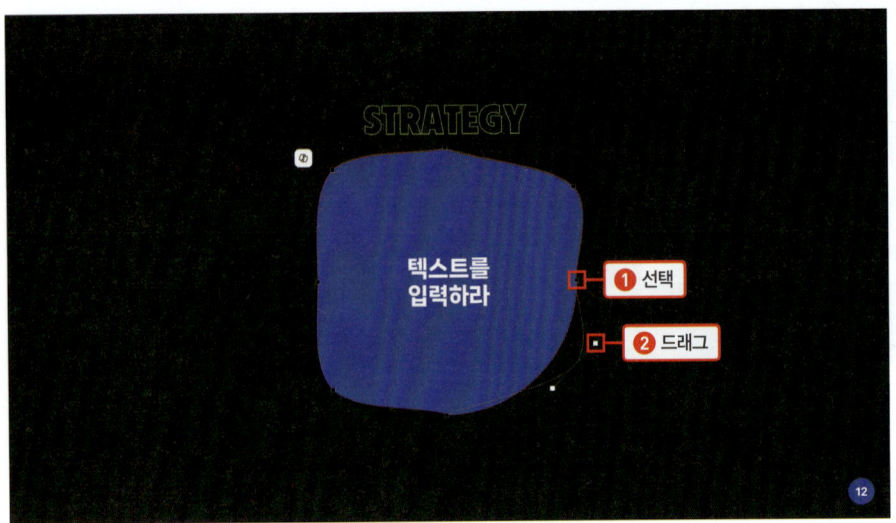

> **잠깐만요**
>
> **도형의 모서리를 둥글게 표현할 수 있나요?**
>
> 슬라이드에 삽입한 도형은 네모반듯하게 각이 져 있어 차갑고 딱딱한 느낌을 줄 수 있습니다. 전문적인 내용을 전달하는 프레젠테이션이라면 큰 문제가 없지만, 감성적인 주제를 다룰 때는 도형의 모서리를 부드럽고 둥글게 조정해 보세요. 간단한 설정만으로도 디자인 분위기를 훨씬 부드럽고 안정감 있게 바꿀 수 있습니다.
>
> 외곽선을 수정하려면 도형을 마우스 오른쪽 버튼으로 클릭한 다음 [도형 서식]을 선택합니다. [도형 서식] 패널의 [도형 옵션]-[선]에서 [연결점 종류]를 선택하면 [원형], [각], [사선] 중 선택할 수 있습니다. [각]은 테두리가 얇을 때도 각을 유지해주기 때문에, 정제된 느낌을 강조하고 싶을 때 적합합니다. 반면 [원형]은 자연스럽고 부드러운 인상을 줄 수 있습니다. [사선]은 곡선의 부드러운 느낌을 가지면서 끝 부분이 각져있기 때문에 깔끔한 디자인이 가능합니다.
>
>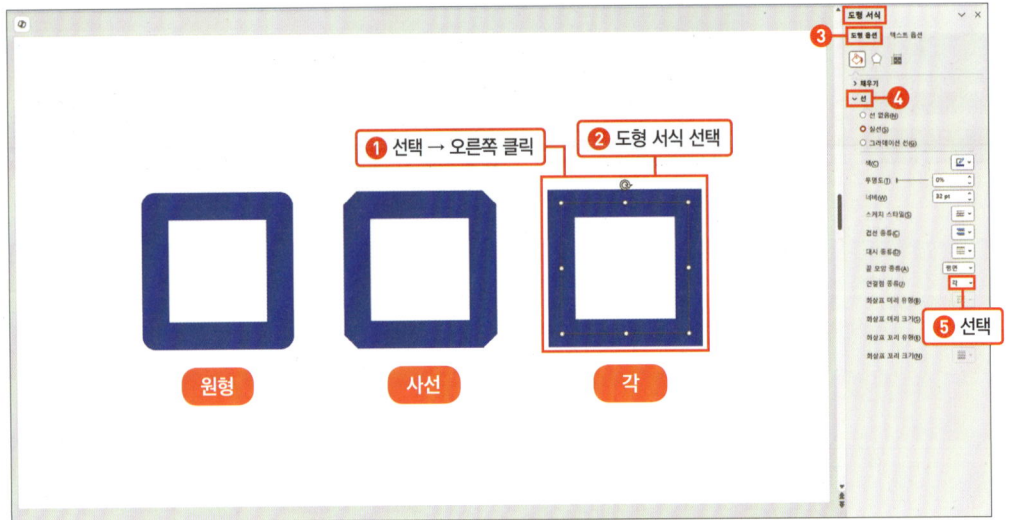

3 다운로드한 폰트 파일을 마우스 오른쪽 버튼으로 클릭한 다음 [설치]를 클릭해서도 폰트를 설치할 수 있습니다.

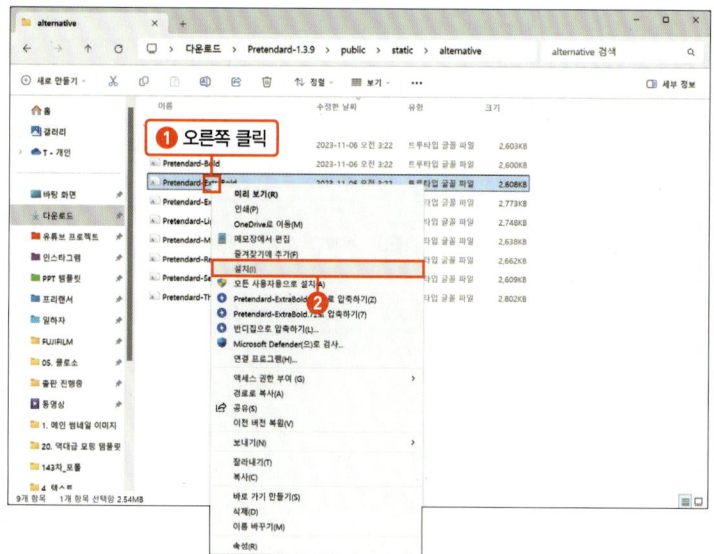

4 여러 개의 폰트를 한 번에 설치하려면, 설치할 폰트 파일들을 모두 선택한 후 마우스 오른쪽으로 클릭한 다음 [설치]를 클릭하면 됩니다.

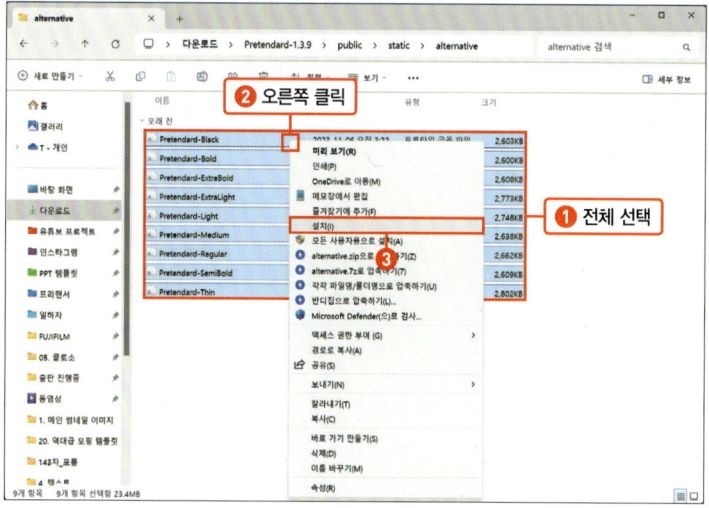

5 만약 [설치]가 표시되지 않는다면 파일 탐색기의 [Windows]-[Fonts] 폴더에 설치할 폰트 파일을 드래그하면 자동으로 설치됩니다.

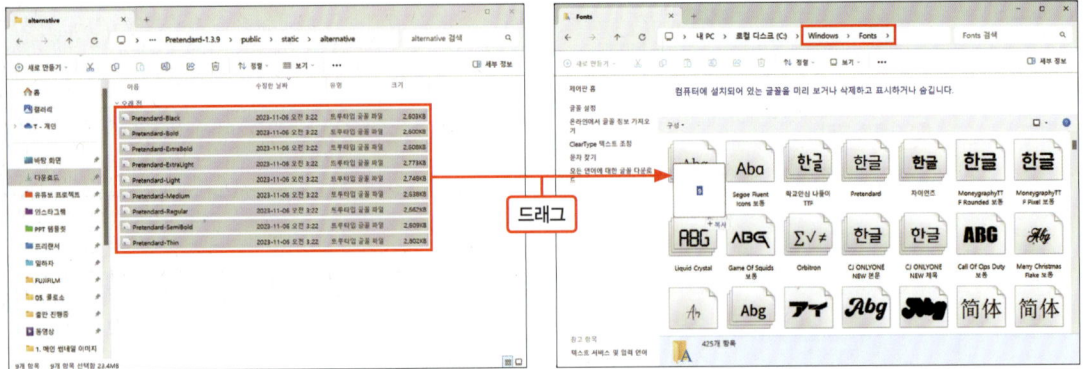

TIP

⊞+S를 누른 다음 [글꼴]을 입력하여 검색하면 바로 [Font] 폴더를 표시할 수 있습니다.

CHAPTER 7

피피티 도형의 모든 것

도형은 그대로 사용하는 폰트나 이미지와 달리, 사용자의 의도에 따라 직접 제작하고 수정할 수 있는 요소입니다. 슬라이드의 구조를 설계하거나 콘텐츠를 시각적으로 정리할 때, 도형은 피피티의 틀 자체를 바꾸는 도구가 됩니다. 피피티 도형의 한계를 넘어 색다른 형태를 활용하고, 디자인의 완성도를 높이는 방법을 익힌다면, 자신만의 스타일을 담은 한 단계 더 발전된 피피티를 만들 수 있습니다.

🔗 새 프레젠테이션

피피티의 기본 도형을 정교하게 편집할 수 있나요?

Q 도형을 삽입한 뒤에 세부 모양까지 조정하고 싶은데, 어떻게 하면 되나요?

A 도형의 조절점이나 [도형]-**[점 편집]**을 활용해 보세요.

💡 피피티의 단순한 도형만으로는 표현이 부족하다고 느낄 때가 있습니다. 이럴 때는 도형을 세밀하게 조정해 원하는 형태를 직접 만들 수 있습니다. 기본 도형을 편집하는 것만으로도 필요한 형태를 직접 만들 수 있어 표현의 폭도 훨씬 넓어집니다.

1 피피티에서 제공하는 기본 도형은 메뉴의 [홈]-[도형]이나 [삽입]-[도형]에서 확인할 수 있습니다.

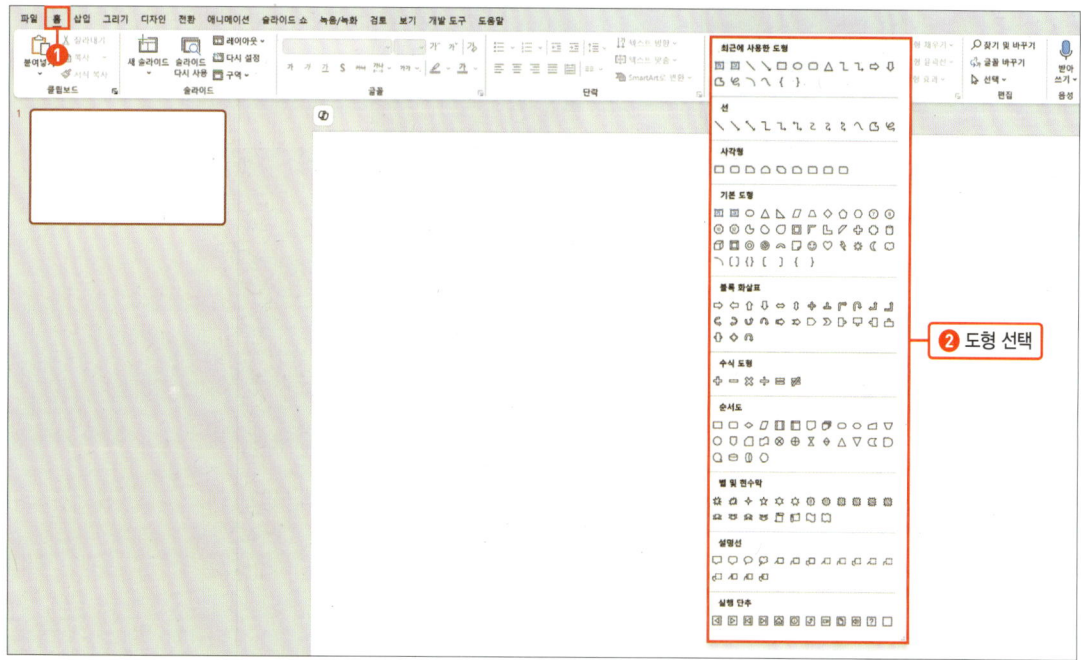

피피티 요소 다루기 · 피피티 도형

2 원하는 도형을 선택한 뒤 슬라이드를 클릭하거나 드래그하면 선택한 도형을 삽입할 수 있습니다.

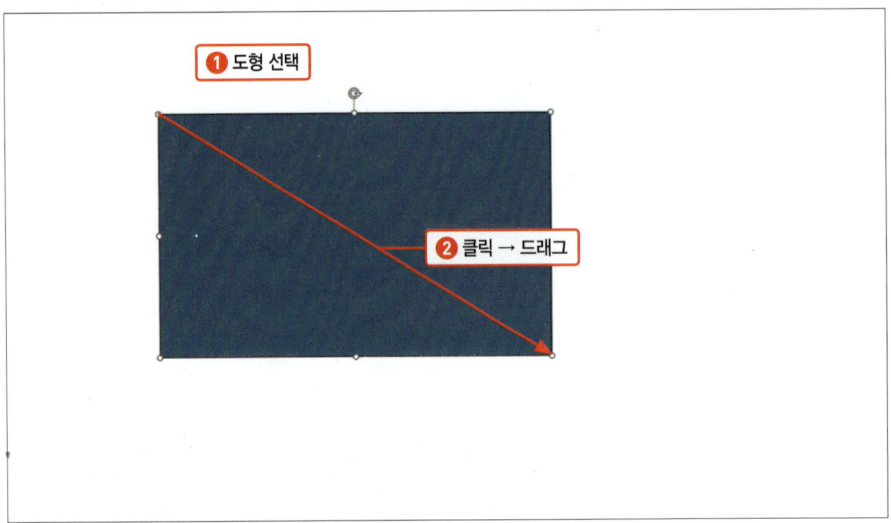

TIP
Shift 를 누른 상태에서 드래그하면 도형을 정비율로 삽입할 수 있습니다.

3 일부 도형은 삽입 시 노란색 조절점이 표시되며 이 점을 드래그하면 도형의 형태를 변경할 수 있습니다.

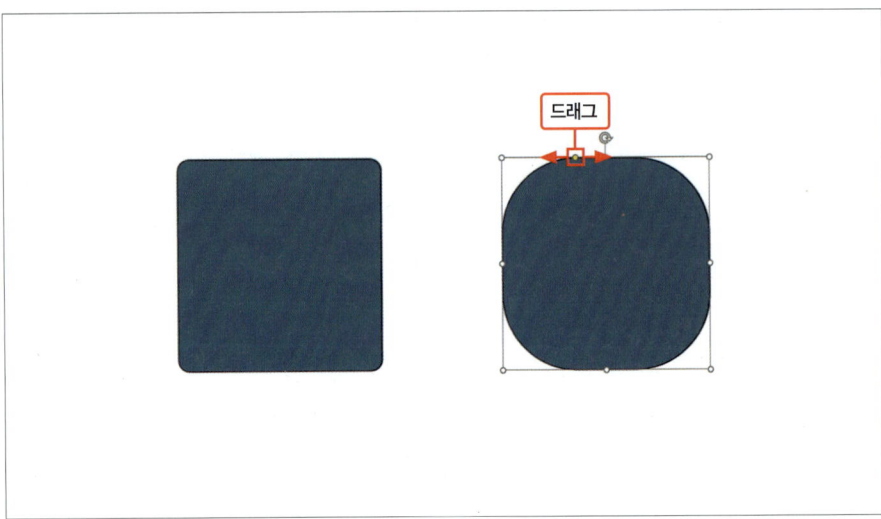

4 다음 그림과 같이 동일한 도형이라도 노란색 조절점을 활용하면 다양하게 변형이 가능하므로 유연하게 변형하여 활용할 수 있습니다.

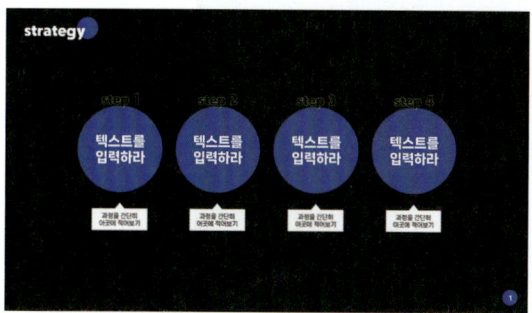
▲ 원형으로 활용한 슬라이드

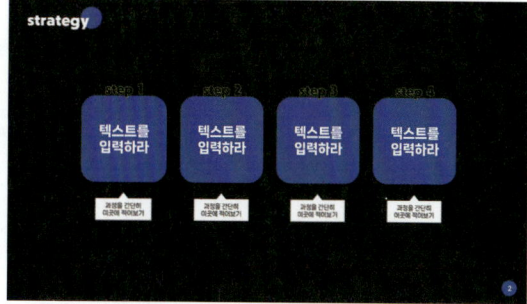
▲ 둥근 사각형으로 활용한 슬라이드

5 도형을 선택한 상태에서 [도형 서식]-[도형 편집]-[점 편집]을 선택하면 도형의 모양을 좀 더 세밀하게 변경할 수 있습니다.

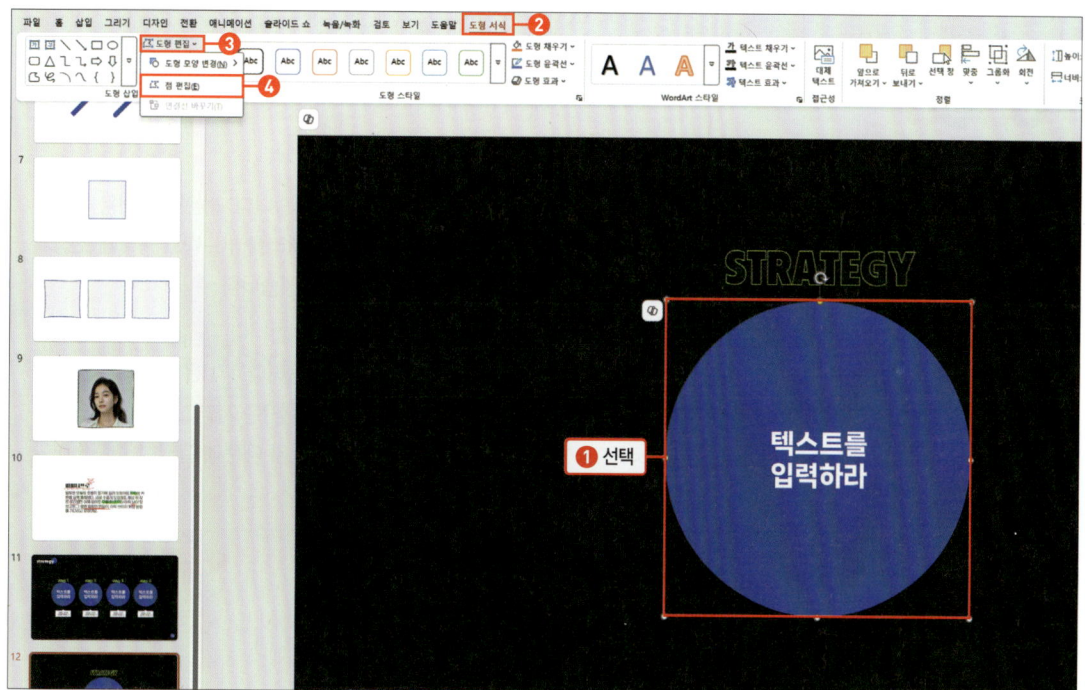

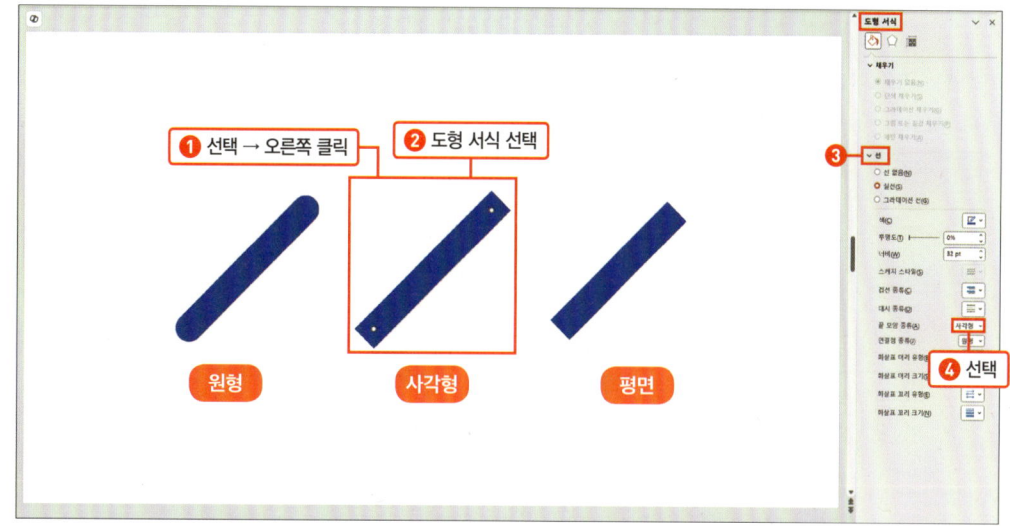

[선]의 끝 모양도 둥글게 표현할 수 있습니다. 슬라이드에 삽입된 [선]을 선택한 상태에서 [도형 서식] 패널의 [도형 옵션]-[선]에서 [끝 모양 종류]를 선택하면 [사각형], [원형], [평면] 중 하나를 선택할 수 있습니다. [사각형]은 끝 부분에 사각형이 생겨 깔끔하게 표현되며 [원형]은 선의 끝을 둥글고 부드럽게 표현합니다. [평면]은 끝 부분을 잘라내어 심플하게 정리됩니다.

윤곽선도 색다르게 꾸밀 수 있나요?

Q 도형의 윤곽선을 좀 더 개성 있게 표현할 수 있는 방법이 있을까요?

A [스케치 윤곽선]을 사용하면 도형에 손으로 그린 듯한 질감을 줄 수 있습니다.

▲ 피피티프로 강의

💡 [스케치 스타일]의 윤곽선을 활용하면 손으로 그린 듯한 도형을 완성할 수도 있습니다. 딱딱한 직선으로만 표현된 도형의 테두리에 질감이 더해져 부드럽고 자유로운 인상을 줍니다. [그리기 도구]를 활용하면 직접 그린 선을 디자인 요소로 사용할 수도 있어 기본 윤곽선보다 자유롭고 색다른 연출이 가능합니다.

▲ 색다르게 연출한 윤곽선

도형을 마우스 오른쪽으로 클릭한 다음 [윤곽선]-[스케치]를 선택하면 스케치 선의 형태를 선택할 수 있습니다.

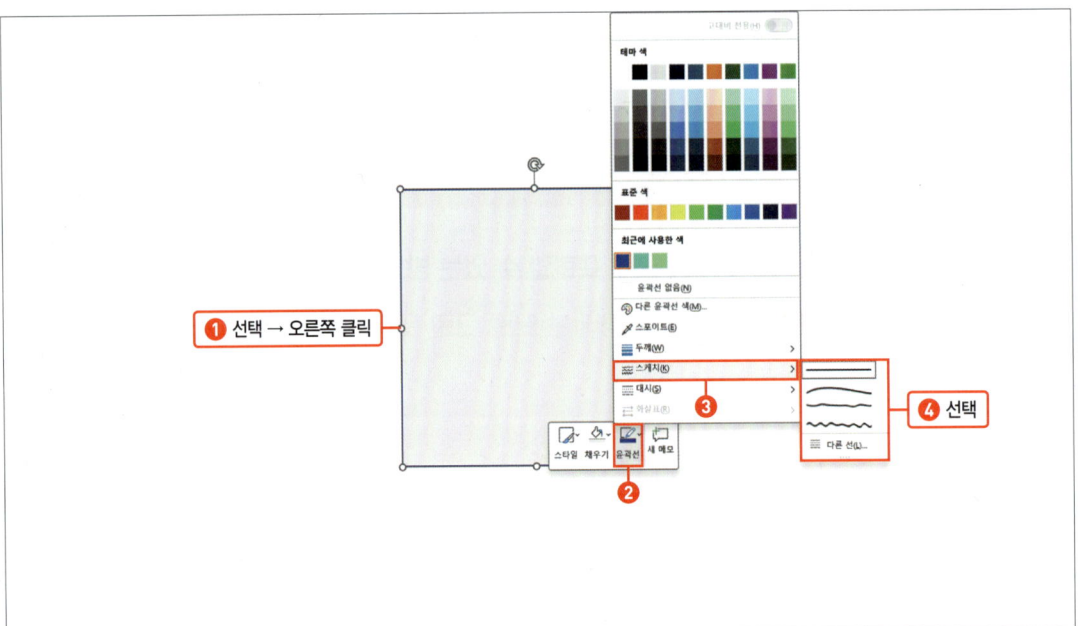

선의 형태나 굵기는 [도형 서식] 패널의 [도형 옵션]-[채우기 및 선]-[선]에서 자유롭게 설정할 수 있습니다.

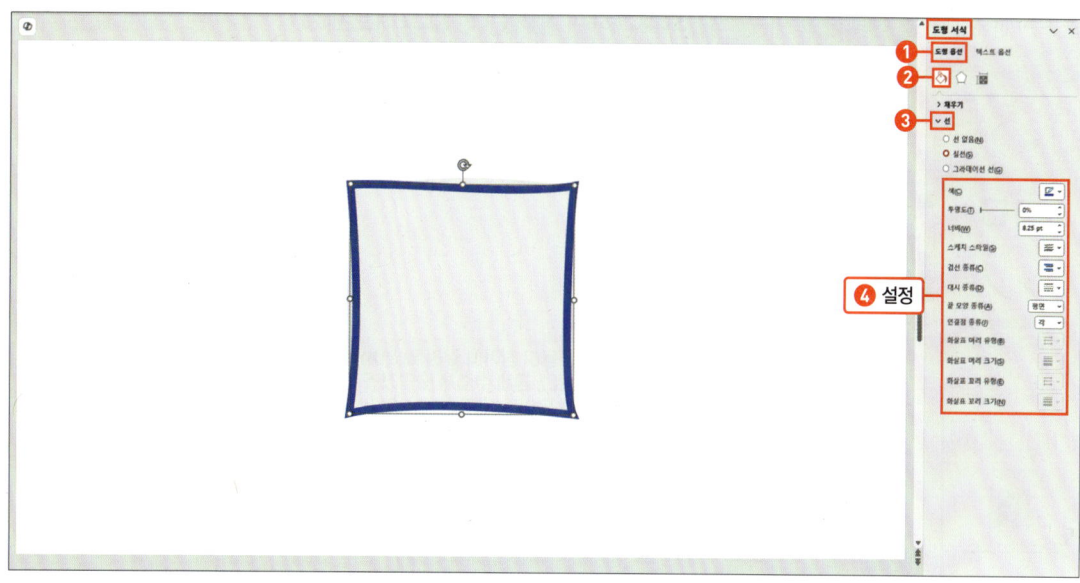

[스케치 스타일]은 도형뿐만 아니라 이미지에도 적용할 수 있습니다. 슬라이드에 삽입한 이미지를 선택한 후 메뉴의 [그림 서식]을 선택하고 [그림 서식] 패널의 [채우기 및 선]-[선]에서 [스케치 스타일]을 선택하면 이미지의 테두리도 손그림처럼 표현되어 보다 부드럽고 감성적인 스타일을 연출할 수 있습니다.

[스케치 스타일] 외에도 [그리기] 기능을 통해 곡선을 표현하고 활용할 수 있습니다. 메뉴에서 [그리기]-[그리기 도구]에 있는 아이콘을 선택하여 원하는 색과 형태의 선을 직접 그릴 수 있습니다. 원하는 [두께]와 [색]을 선택하고 마우스를 드래그하여 원하는 선을 그려보세요.

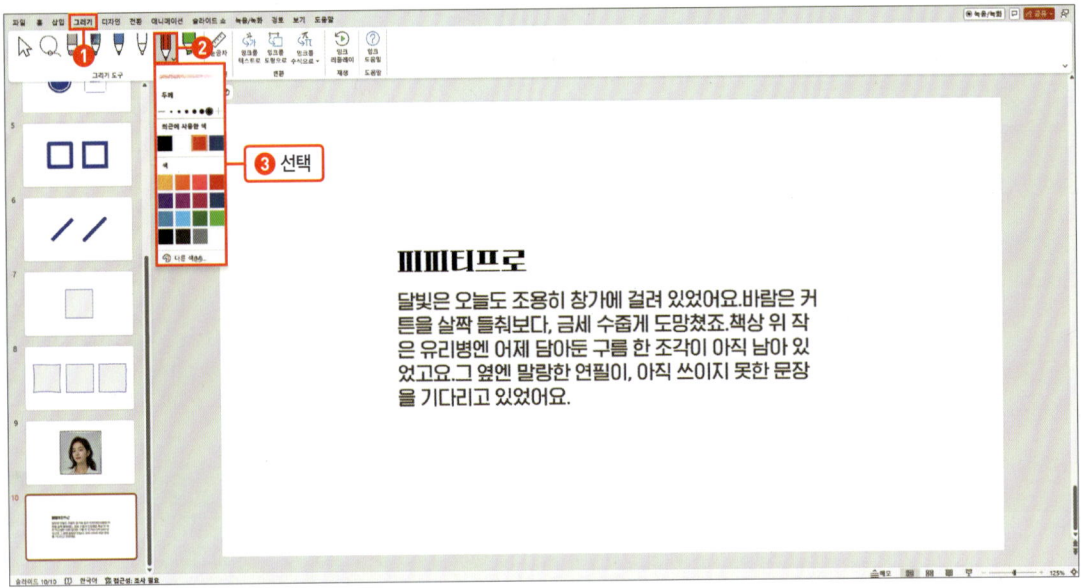

[그리기] 기능은 다음과 같이 [형광펜]이나 [연필]을 활용해 텍스트의 특정 키워드를 강조할 때 유용합니다.

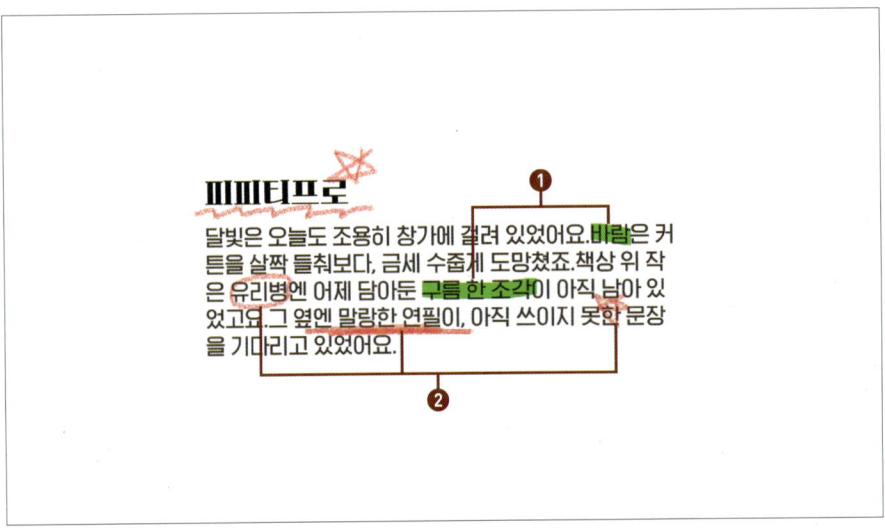

❶ 텍스트의 특정 부분을 강조할 때 활용하기 좋은 [형광펜]
❷ 슬라이드의 특정 부분을 강조하거나, 글씨를 쓸 때 활용하기 좋은 [연필]

피피티에서 제공하지 않는 도형을 사용할 수 있나요?

Q 외부에서 다운로드한 도형을 피피티에서 사용할 수 있나요?

A <mark>PNG, SVG 형식</mark>을 피피티에 삽입해 도형처럼 사용할 수 있습니다.

▲ 피피티프로 강의

💡 기본 도형만으로 원하는 형태를 완성하기 어려운 경우, 외부에서 다운로드한 도형을 활용하는 것도 좋은 방법입니다. 디자인 사이트 등에서 제공하는 SVG나 PNG 파일 형식의 도형은 피피티에 쉽게 삽입할 수 있으며, 특히 SVG 파일은 색상이나 형태 편집이 가능해 다양한 방식으로 응용할 수 있습니다. 외부 디자인 소스를 적절히 활용하면 작업 시간을 줄이면서도 완성도 높은 결과물을 만들 수 있습니다.

여기서는 'Freepik(https://www.freepik.com/)'에서 원하는 디자인 소스를 다운로드하고 피피티에서 사용하는 방법에 대해 알아보겠습니다. Freepik는 전 세계 디자이너와 콘텐츠 제작자들이 많이 사용하는 디자인 리소스 플랫폼으로 다양한 형식의 디자인 소스를 제공하며 대부분의 콘텐츠를 무료로 이용할 수 있습니다.

1 Freepik 홈페이지로 이동한 다음 로그인합니다.

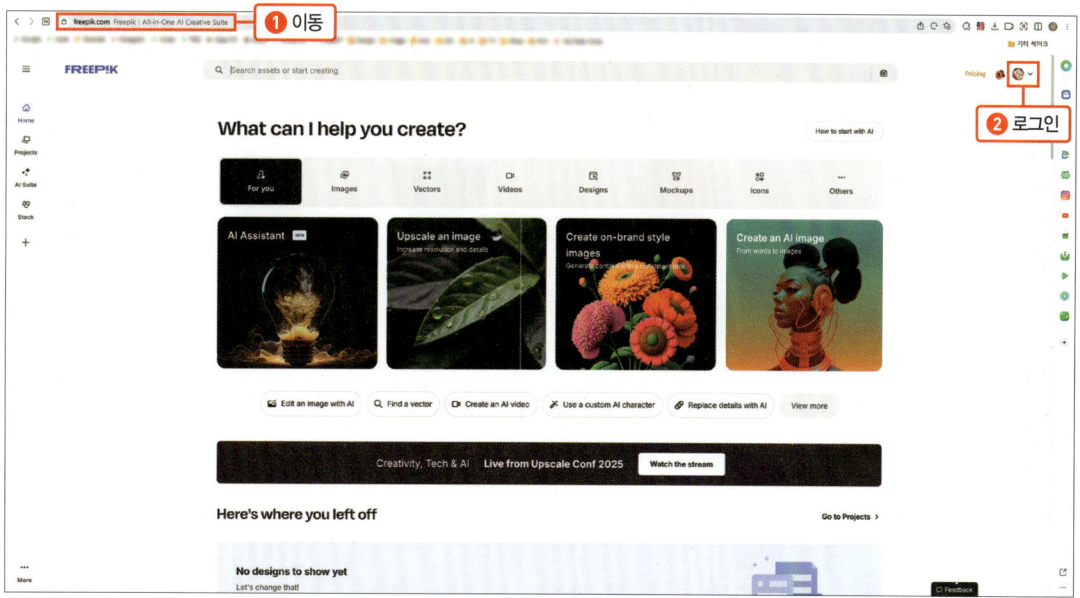

> **TIP**
> 홈페이지 오른쪽 위에 있는 [Sign in]를 클릭하면 무료로 회원 가입할 수 있습니다.

2 검색창에 '도형'을 검색하면 다양한 스타일의 도형을 확인할 수 있습니다. 저작권이 자유로운 도형만 검색하려면 검색창 아래에서 [License]는 [Free], [File type]는 [SVG]를 선택합니다.

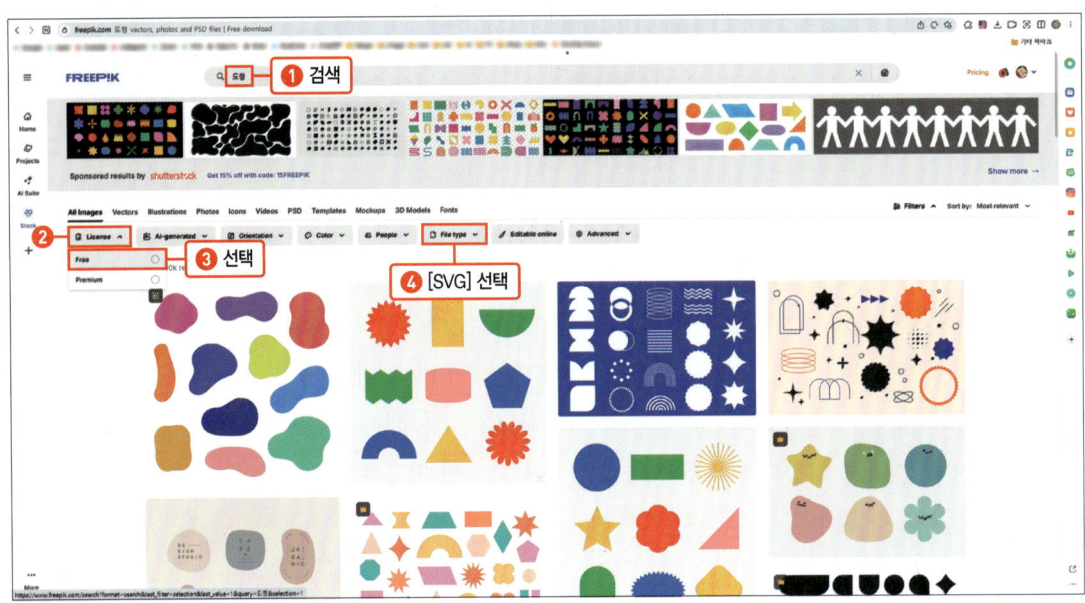

TIP
'사각형', '원', '삼각형' 등 구체적인 도형명을 입력하면 더 다양한 결과를 얻을 수 있습니다.

3 마음에 드는 도형을 선택한 다음 Download 를 클릭하여 [SVG] 형식으로 파일을 다운로드합니다.

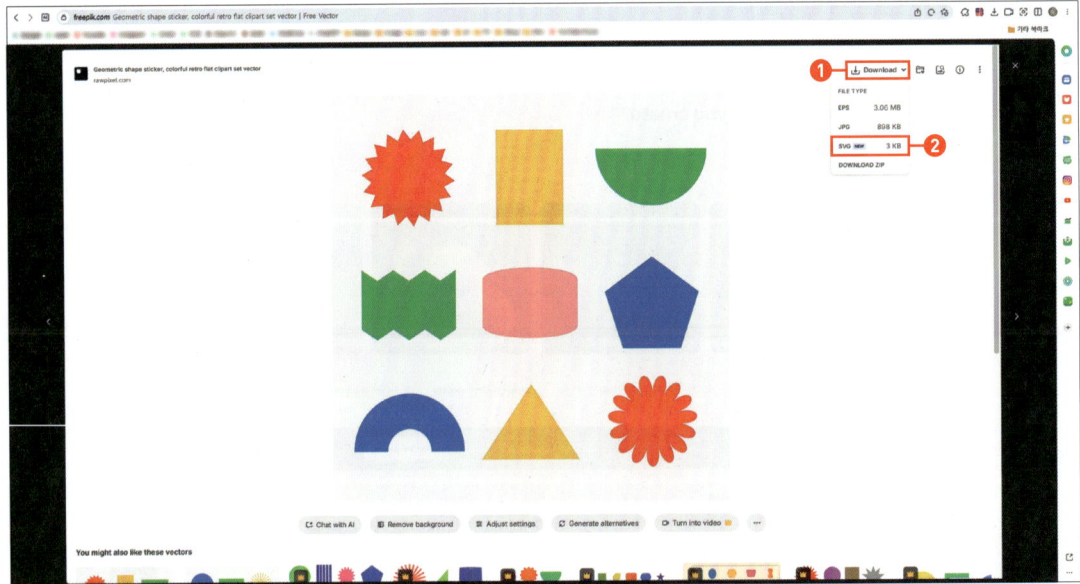

4 다운로드한 SVG 파일을 피피티 창으로 드래그하거나 복사(Ctrl+C)한 뒤, 슬라이드에 붙여넣기 (Ctrl+V)합니다.

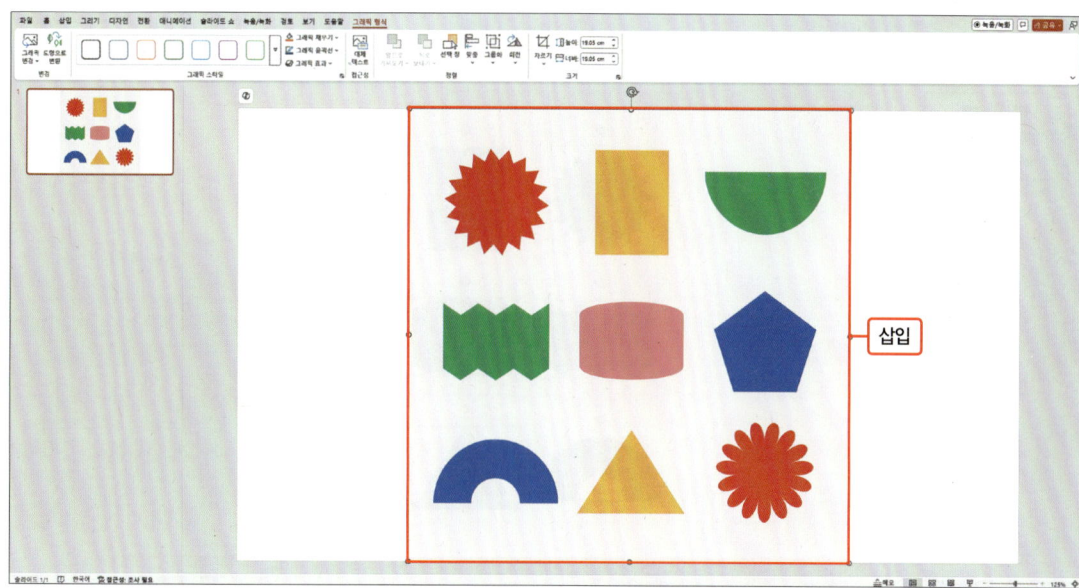

5 붙여넣기한 이미지를 선택한 상태에서 Ctrl+Shift+G를 눌러 그룹을 해제합니다. 그룹을 해제한 후 배경 등 필요하지 않은 요소를 삭제하면 다운로드한 SVG 파일을 도형처럼 사용할 수 있습니다.

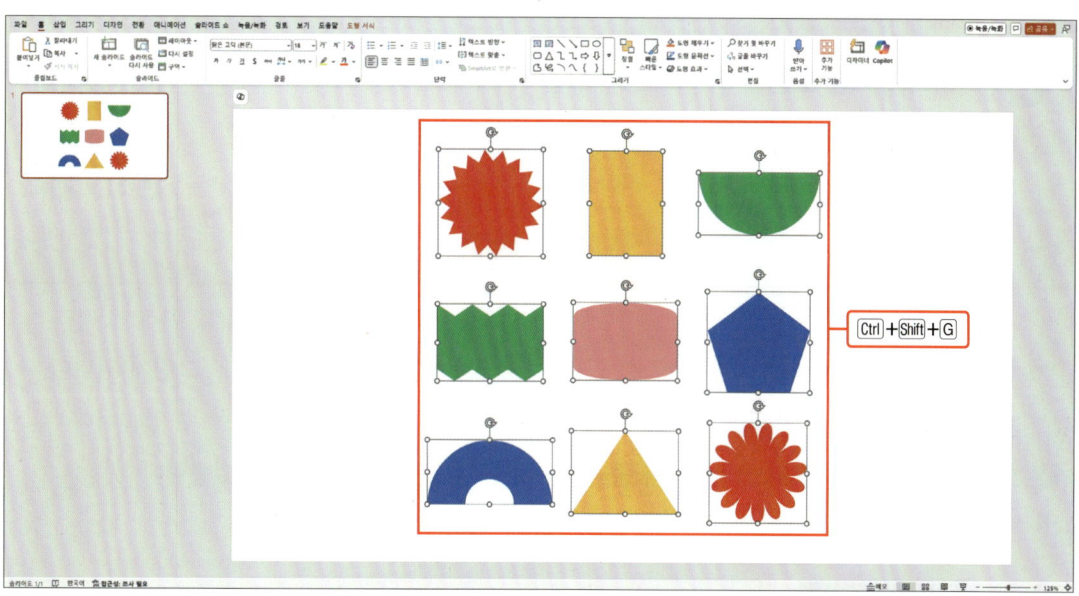

TIP
다운로드한 SVG 파일에 따라 그룹 해제를 여러 번 반복해야 할 수도 있습니다.

6 이렇게 변환된 도형은 색상, 크기 등 개별적으로 편집할 수 있으며 크기를 아무리 확대해도 해상도가 낮아지지 않습니다.

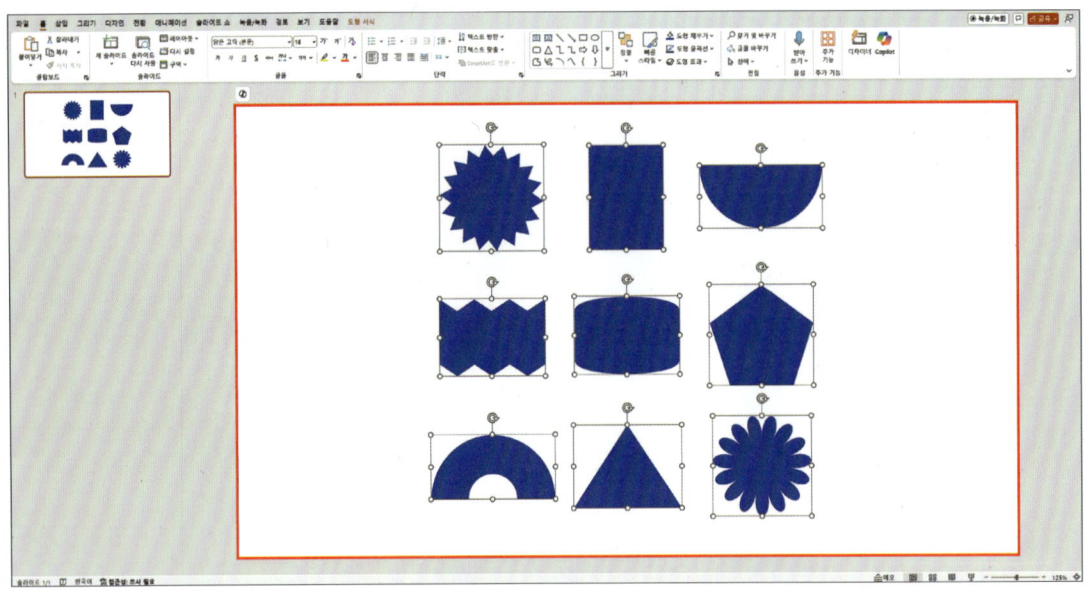

도형을 더 눈에 띄게 만들 수 있나요?

Q 피피티의 기본 도형을 더 색다르게 꾸밀 수 있나요?

A 기본 도형도 **디자인 방식**에 따라 충분히 색다르게 활용할 수 있습니다.

▲ 피피티프로 강의

💡 기본 도형을 더 눈에 띄게 디자인할 수 있는 주요 요소는 [채우기], [윤곽선], [그림자]입니다. 이 세 가지 기본 기능만 잘 활용해도, 다양한 스타일의 색다른 도형 디자인을 완성할 수 있습니다. 같은 기본 도형이라도 어떻게 꾸미느냐에 따라 슬라이드의 완성도는 크게 달라질 수 있습니다.

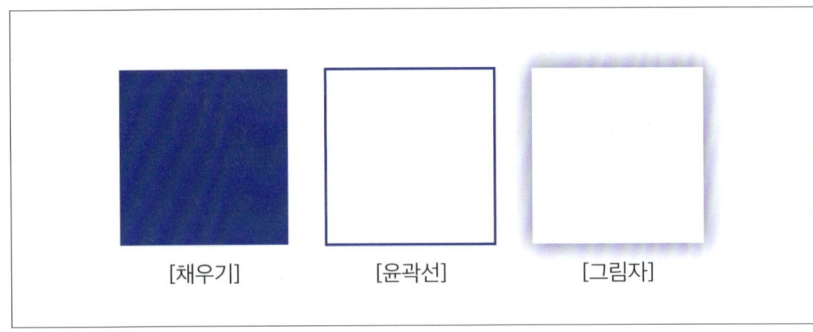

[윤곽선] 없이 [채우기]만 적용하거나, 반대로 [채우기] 없이 [윤곽선]만 적용할 수도 있으며, 두 속성을 함께 사용하는 것도 가능합니다.

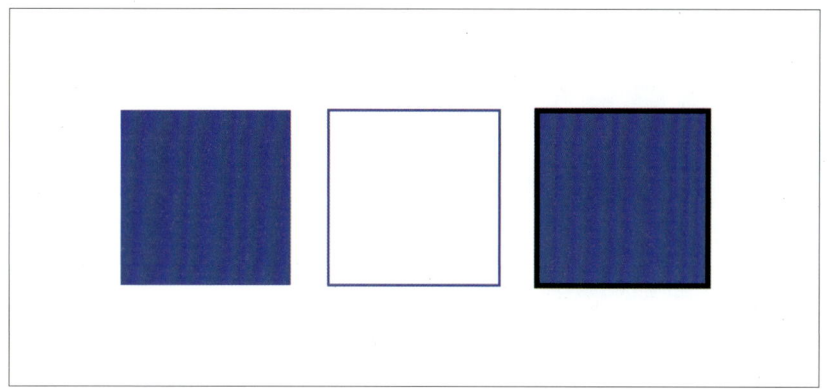

각 요소의 색상, 투명도, 선 굵기 등을 세부적으로 조절하면 수십 가지 조합의 디자인을 만들 수 있으며, 그림자를 활용하면 도형에 입체감을 더할 수도 있습니다.

▲ 기본 채우기만 활용한 도형

▲ 채우기 없이 윤곽선만 활용한 도형

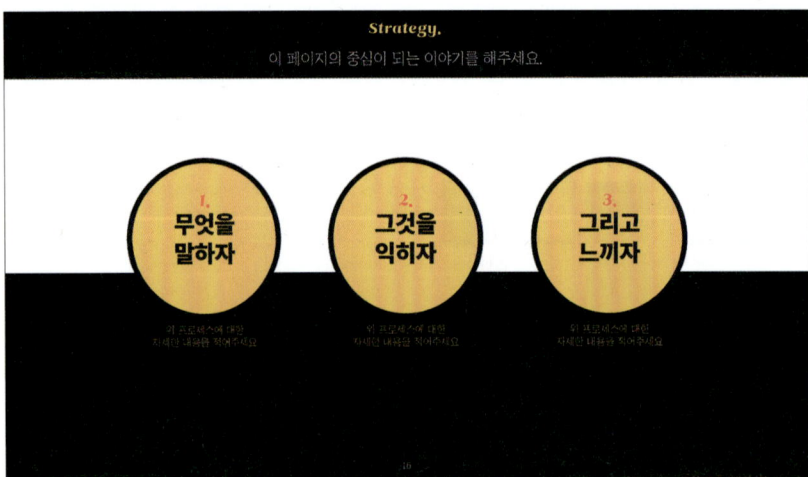

▲ 채우기와 윤곽선을 모두 활용한 도형

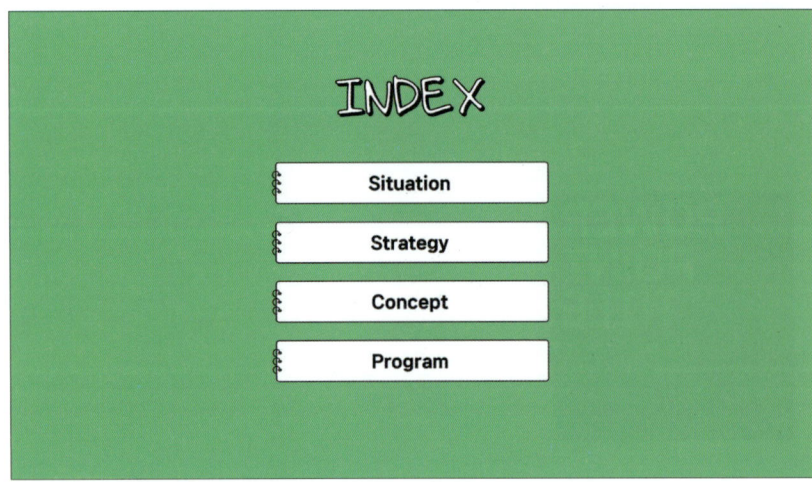

▲ 채우기와 윤곽선을 활용한 슬라이드

그림자 효과는 [흐리게], [각도], [간격]만 조절해도 충분히 다양한 스타일을 만들 수 있습니다. 그림자 설정 중 [흐리게] 값을 낮추면 도형과 동일한 형태의 그림자가, 높이면 퍼지는 듯한 그림자를 연출할 수 있습니다.

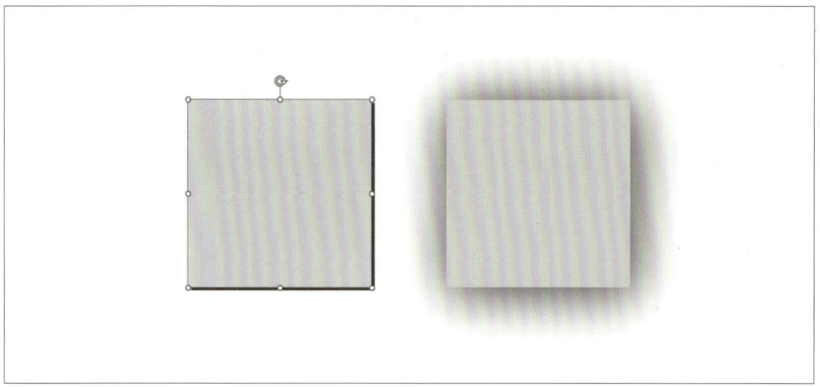

TIP

[그림자]는 [도형 서식] 채널의 [도형 옵션]-[효과]-[그림자]에서 설정할 수 있습니다.

▲ 도형에 그림자 효과를 주어 입체감을 살린 슬라이드

▲ 그림자를 활용한 슬라이드

피피티에 없는 도형을 직접 만들고 싶다면 여러 개의 기본 도형을 원하는 형태로 배치한 다음 [도형 서식]-[도형 병합]에서 [통합]이나 [빼기] 등을 선택하여 새로운 도형으로 만들 수 있습니다.

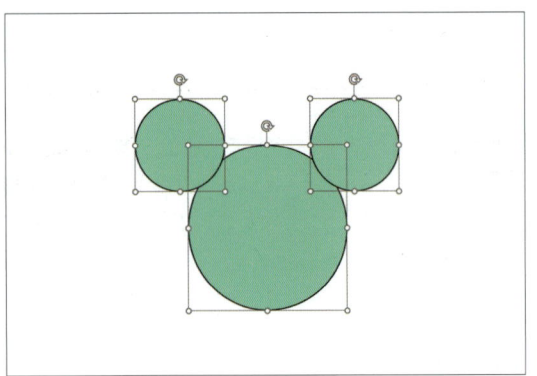

TIP
[도형 병합]에 대한 좀 더 자세한 내용은 161쪽을 참고하세요.

[도형 병합] 기능이 아니더라도, 도형과 선을 조합해 새로운 형태를 만드는 것도 가능합니다.

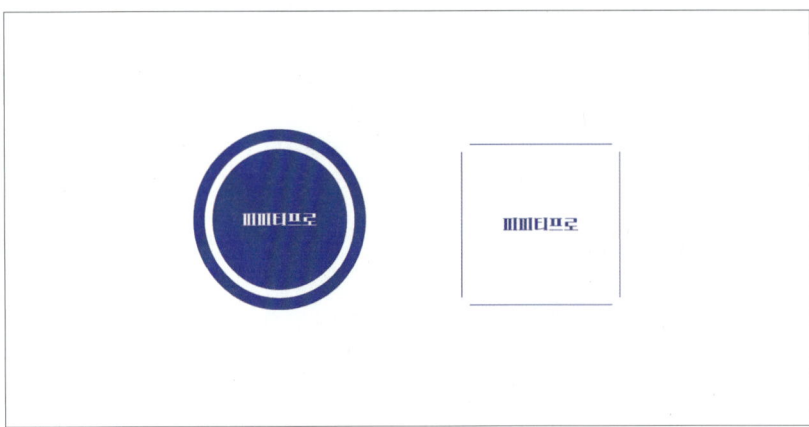

▲ 도넛형 원 도형+원 도형 /선 도형x4

▲ 선을 조합한 방식으로 만든 슬라이드

피피티의 한계를 넘는 도형 병합

CHAPTER 8

피피티로는 만들 수 없을 것처럼 보이는 디자인을 본 적 있나요? 마치 포토샵이나 일러스트레이터로 작업한 것처럼 정교하고 완성도 높은 도형 요소 말입니다. 대부분의 경우, 그 중심에는 [도형 병합] 기능이 있습니다. 도형 병합은 단순히 도형을 겹치는 기능이 아니라, 피피티의 표현 범위를 확장해 주는 핵심 기능입니다. 이 기능을 잘 활용하면 기존에는 어렵게 느껴졌던 도형 디자인도 훨씬 수월하게 구현할 수 있으며, 작업 효율도 함께 높일 수 있습니다.

피피티에 없는 도형을 직접 만들 수 있나요?

Q 피피티에서 제공하는 도형만으로는 부족한데 직접 만들어 사용할 수는 없을까요?

A [도형 병합] 기능을 활용하면 기본 도형이나 텍스트, 이미지 등을 조합해 새로운 형태를 만들 수 있습니다.

▲ 피피티프로 강의

💡 피피티의 기본 도형만으로 원하는 구성을 만들기 어려울 때는 [도형 병합] 기능을 활용해 보세요. 단순히 도형을 겹치는 수준을 넘어서, 원하는 형태를 직접 만들 수 있습니다. 여러 개의 도형을 하나로 합치거나, 겹치는 부분만 남기거나, 특정 부분을 잘라내는 등 다양한 방식으로 도형을 재구성할 수 있습니다. 이렇게 만들어진 도형은 피피티에 기본으로 제공되지 않는 형태라도 자유롭게 구현할 수 있습니다.

또한 텍스트나 이미지와 도형을 함께 병합할 수도 있어, 기본 도형만으로는 표현하기 어려운 디자인도 손쉽게 완성할 수 있습니다. 피피티에 없는 도형을 직접 만들고 싶을 때 특히 유용한 기능입니다.

▲ 원형 도형과 이미지를 교차하여 만든 슬라이드

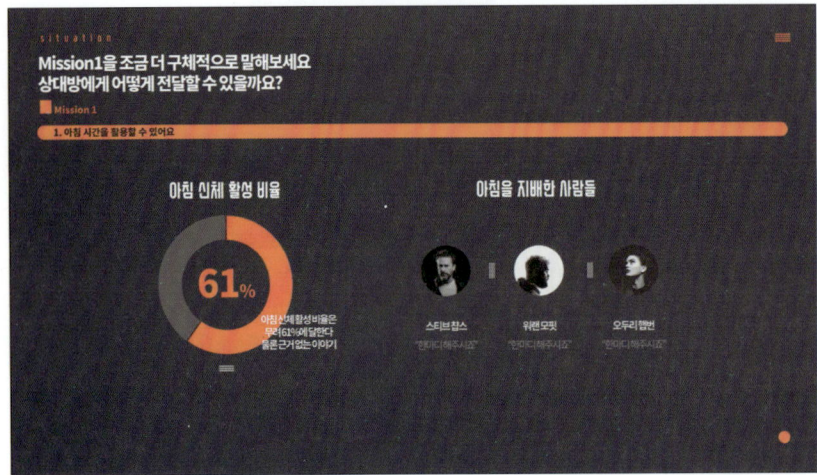

▲ 원형 도형과 이미지를 교차하여 만든 슬라이드

▲ 텍스트의 일부를 조각하여 알파벳 A부분을 제외하고 만든 슬라이드

▲ 이미지와 텍스트를 교차하여 만든 슬라이드

[도형 병합] 기능을 사용하려면 도형, 이미지, 텍스트 등 두 개 이상의 요소를 선택한 상태에서 메뉴의

[도형 서식]-[도형 병합]을 클릭하면 됩니다. 이 기능은 실무에서 자주 활용되므로, [빠른 실행 도구 모음]에 추가해 두면 더욱 편리하게 사용할 수 있습니다.

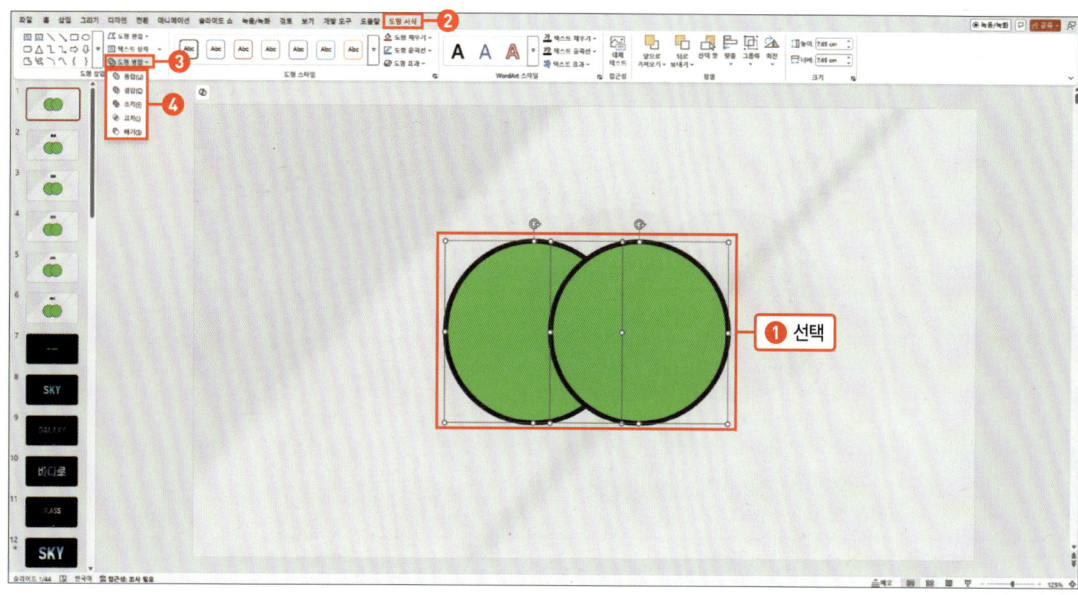

> **TIP**
> [도형 병합]은 두 개 이상의 요소를 조합하는 기능이므로, 조합할 대상이 하나뿐이면 메뉴가 활성화되지 않습니다.

여기에서는 [도형 병합]의 다섯 가지 방식을 활용해 기본 도형을 재구성하는 방법을 알아보겠습니다. 각 조합 방식을 이해해두면 더 다양한 도형을 직접 만들 수 있고, 보다 색다른 결과물로 디자인할 수 있습니다.

통합

선택한 도형을 하나로 합쳐 하나의 도형으로 만듭니다. 새로운 형태의 도형을 만들 때 자주 활용됩니다.

결합

겹치지 않는 부분만 남기고, 겹치는 영역은 삭제됩니다. 자주 사용하는 방식은 아니므로 기본 개념만 이해해도 충분합니다.

조각

선택한 도형 중 겹쳐지는 부분을 분할해 각각 개별 도형으로 나눕니다. 분할된 도형은 따로 선택하거나 일부를 삭제해 원하는 형태로 활용할 수 있어, 세밀한 작업이나 복잡한 도형을 직접 만들 때 효과적입니다.

교차

선택한 도형 중 겹치는 부분만 남기고, 나머지는 모두 삭제합니다. 주로 텍스트나 이미지와 도형을 조합할 때 유용하게 활용됩니다.

빼기

여러 도형을 선택할 때, 가장 먼저 선택한 도형을 기준으로 이후 선택한 도형과 겹치는 부분을 제거합니다. 원하는 형태를 도려내는 방식으로, 도형을 다듬거나 특정 모양의 구멍을 뚫을 때 자주 사용됩니다.

지금까지 살펴본 다섯 가지 방식의 특징을 이해해두면, 다양하게 조합하여 원하는 형태의 도형을 만드는 일이 한층 수월해집니다. 설명만 읽고 넘어가지 말고, 각 방식을 직접 따라 해 보면서 조합 결과를 확인해 보세요. 이어지는 내용에서는 도형 병합 기능을 실제 디자인에 어떻게 활용할 수 있는지 구체적으로 알아보겠습니다.

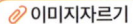 이미지자르기

이미지를 도형 모양에 맞춰 자를 수 있나요?

Q 이미지를 원하는 모양 안에 넣고 싶어요. 어떻게 해야 하나요?

A [도형 병합]의 [교차] 기능을 활용하면 이미지를 원하는 도형 모양으로 손쉽게 바꿀 수 있습니다.

💡 사각형 틀 안에 이미지만 넣어서 답답한 적 있지 않나요? 별 모양, 말풍선, 화살표처럼 독특한 모양의 도형 안에 이미지를 넣고 싶었다면 [도형 병합] 기능을 활용해 보세요. 이렇게 하면 이미지에 시각적인 포인트를 줄 수 있고, 슬라이드의 분위기나 메시지에 맞는 형태로 이미지를 강조할 수 있습니다.

1 슬라이드에 이미지와 이미지를 넣을 도형을 삽입합니다.

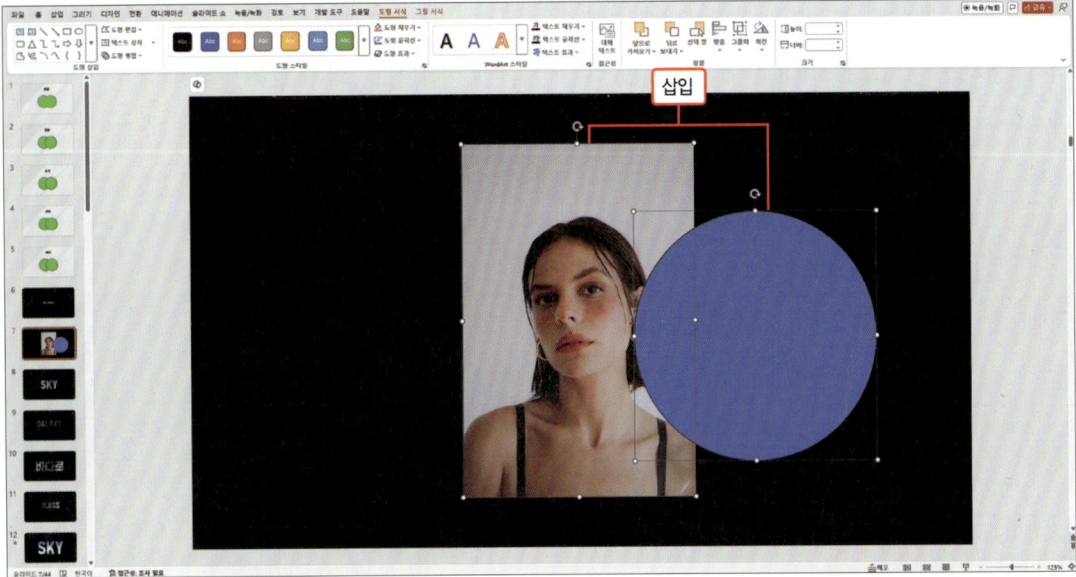

2 이미지 중 남기고 싶은 영역 위에 도형이 겹쳐지도록 배치합니다. [도형 병합]은 여러 요소 중 먼저 선택한 요소가 기준이 되므로 Ctrl 을 누른 상태에서 이미지를 먼저 클릭한 뒤 도형을 클릭하고 메뉴에서 [도형 병합]-[교차]를 선택합니다.

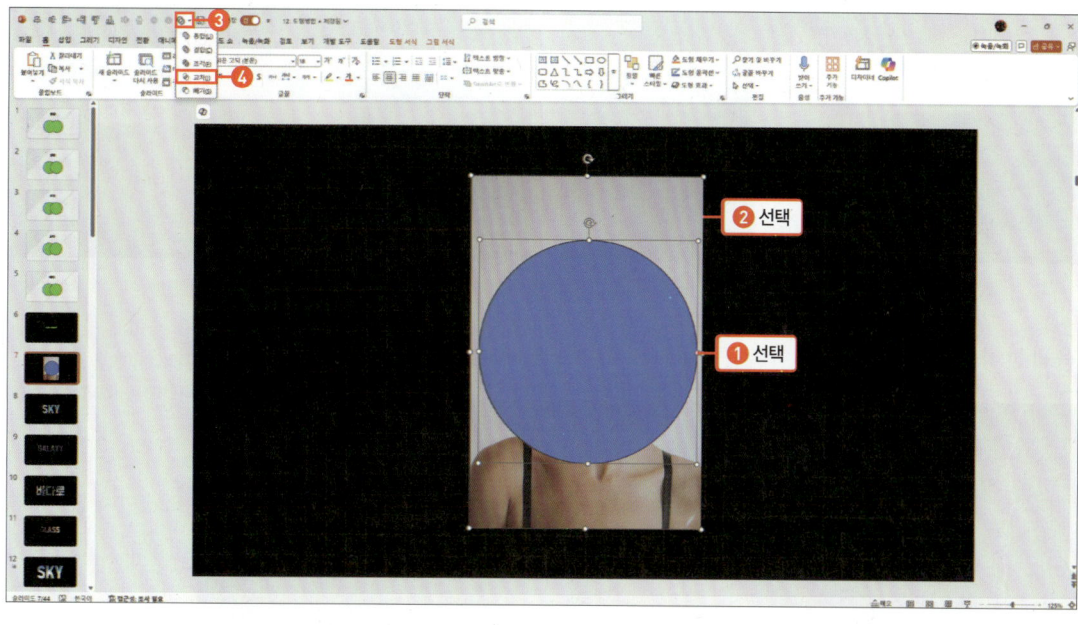

TIP
[빠른 실행 도구 모음]에 [도형 병합]을 추가하는 방법은 47쪽을 참고하세요.

3 이미지와 도형 중 겹쳐진 영역만 남겨집니다.

5 완성된 요소를 마우스 오른쪽 버튼으로 클릭한 다음 [자르기]를 선택하면 삭제된 이미지 영역이 표시되므로 이미지의 위치나 크기를 조절할 수 있습니다.

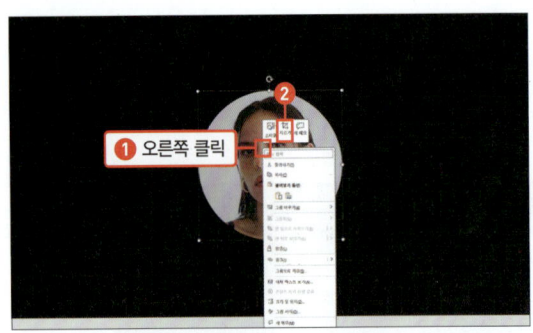 

윤곽선이나 그림자 같은 서식을 추가하면, 이미지를 더 돋보이게 연출할 수 있습니다.

🔗 텍스트이미지

텍스트에 이미지를 넣을 수 있나요?

Q 텍스트 안에 텍스트와 어울리는 이미지를 넣을 수 있나요?

A [도형 병합]-[교차] 기능을 활용하면 텍스트 안에 이미지를 넣어 하나의 디자인 요소처럼 활용할 수 있습니다.

💡 텍스트는 그 자체만으로도 내용을 전달하기에 충분하지만, 슬라이드 전체가 밋밋해 보일 때도 있습니다. 이럴 땐 텍스트 안에 이미지를 넣어 시선을 끄는 디자인 포인트로 활용해 보세요.

3 설정한 도형의 투명도를 조절하여 도형 뒤에 배치된 이미지가 살짝 비치는 정도로 조정합니다.

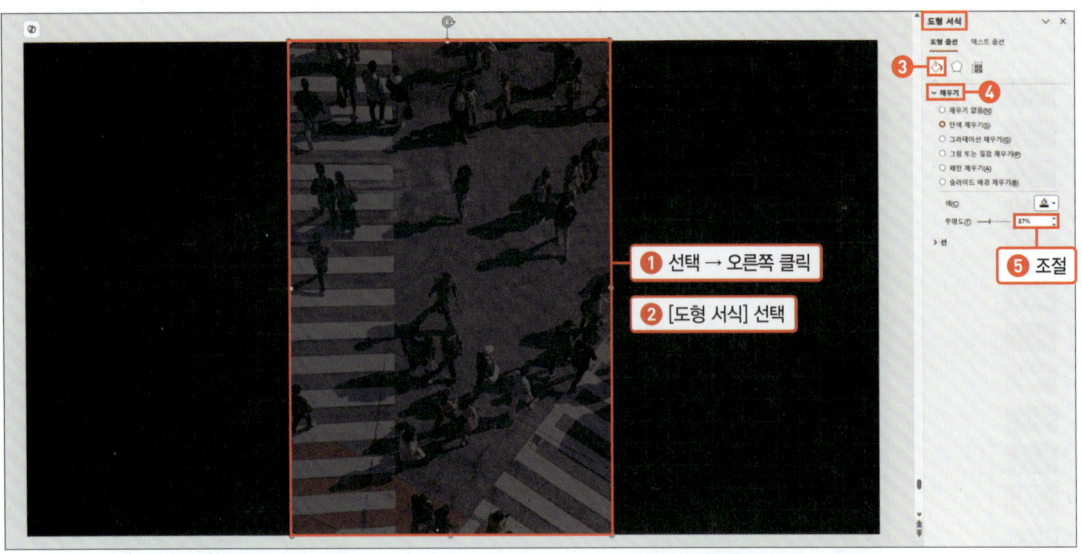

4 이미지 중 강조하고 싶은 영역에 원형 도형을 삽입합니다. [도형 병합]은 여러 요소 중 먼저 선택한 항목이 기준이 되므로, Ctrl 키를 누른 상태에서 원형 도형을 먼저 클릭한 뒤 네모 도형을 클릭합니다. 그런 다음 [도형 병합]-[교차]를 선택합니다.

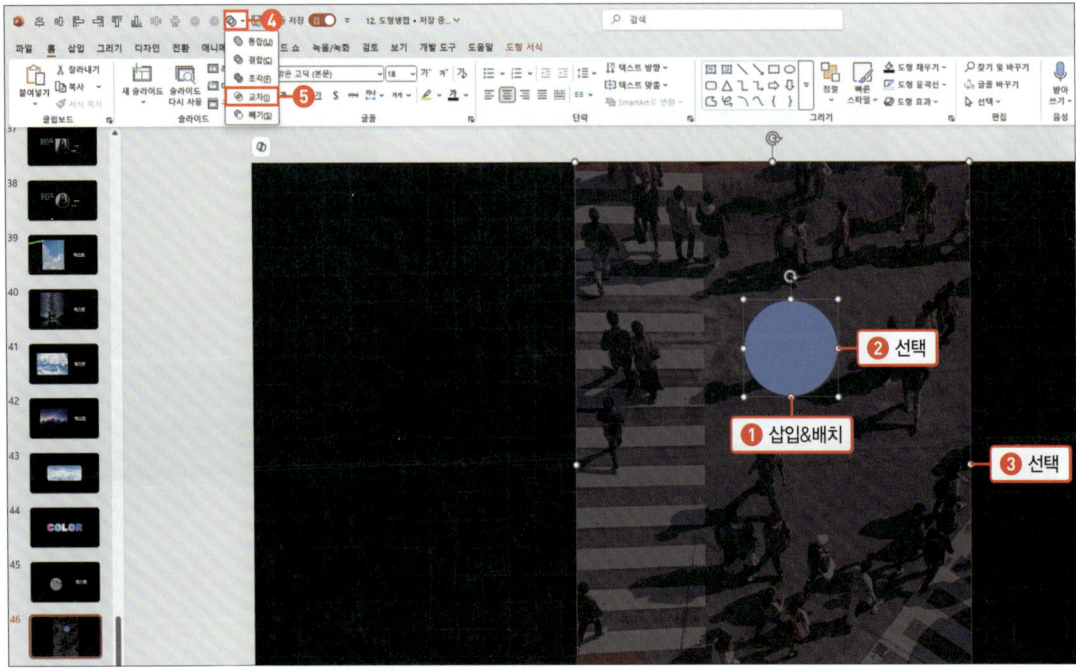

1 슬라이드에 텍스트와 잘 어울리는 이미지를 삽입한 후, 텍스트와 이미지가 겹치도록 배치합니다. 이미지를 텍스트 안에서도 잘 보이게 하려면, 두께감 있는 폰트를 사용하는 것이 좋습니다.

2 [도형 병합]은 여러 요소 중 먼저 선택한 요소가 기준이 되므로 Ctrl 을 누른 상태에서 텍스트를 먼저 클릭한 뒤 이미지를 클릭하고 메뉴에서 [도형 병합]-[교차]를 선택합니다.

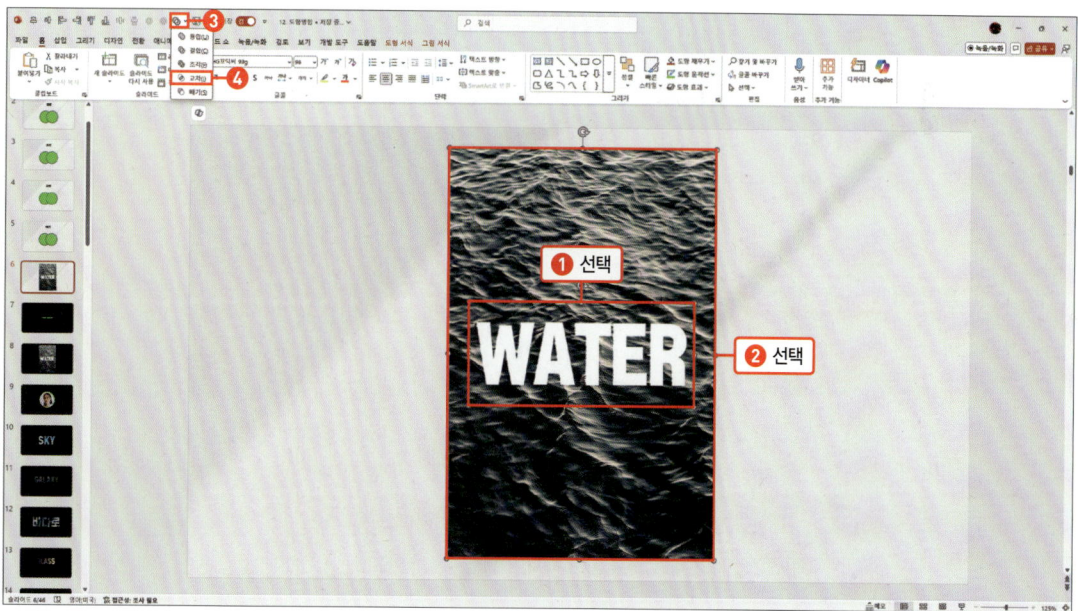

3 텍스트와 이미지 중 겹쳐진 영역만 남겨집니다.

4 완성된 요소를 마우스 오른쪽 버튼으로 클릭한 다음 [자르기]를 선택하면, 숨겨졌던 이미지 영역이 표시되어 텍스트에 겹쳐 보이는 이미지의 위치나 크기를 조절할 수 있습니다. 단, 이 과정에서 텍스트는 이미지로 변환되기 때문에 텍스트 내용 자체를 수정할 수는 없습니다.

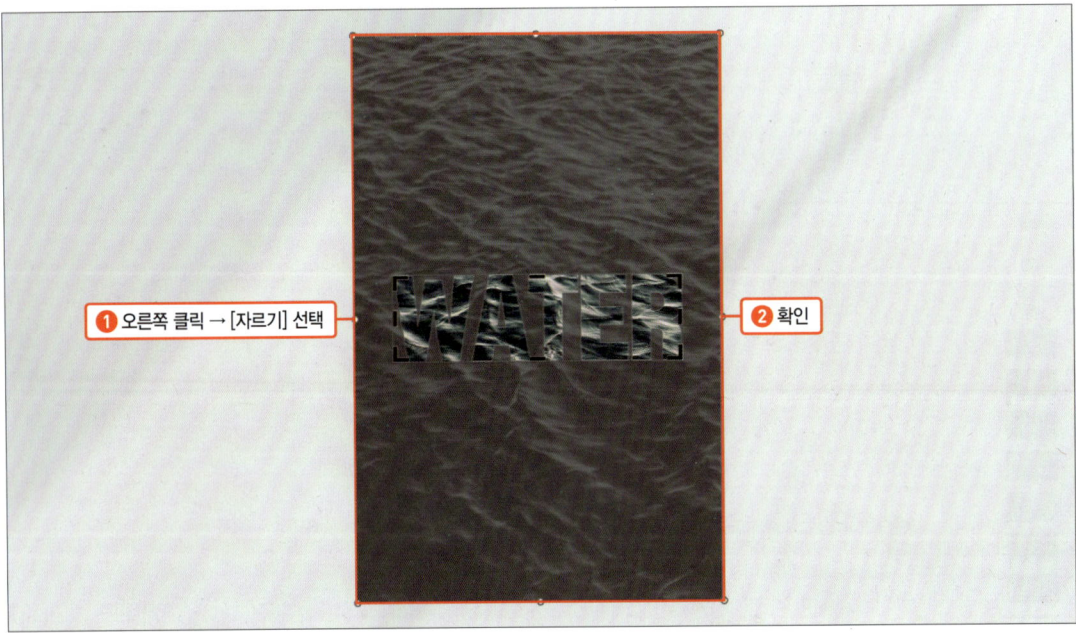

동영상도 텍스트나 도형 안에 넣을 수 있나요?

지금까지 도형이나 텍스트 안에 이미지를 넣는 방법을 알아봤습니다. 비슷한 방식으로 동영상이나 GIF 형식의 이미지도 활용할 수 있다는 점을 기억해두세요. 슬라이드에 동영상과 텍스트를 삽입한 다음, 원하는 형태로 배치하고 [도형 병합]-[교차]를 선택하면 선택한 도형이나 텍스트 안에서 영상이 재생되는 디자인 요소를 만들 수 있습니다. 이렇게 하면 동영상의 형태를 자유롭게 바꿀 수 있을 뿐 아니라, 슬라이드의 분위기나 메시지에 따라 보다 감각적인 연출도 가능해집니다.

▲ 동영상과 도형을 교차하여 만든 슬라이드

특히 텍스트 안에 영상을 넣을 경우, 일반적인 영상보다는 컬러나 패턴이 강한 영상일수록 시각적 효과가 극대화됩니다.

▲ GIF와 텍스트를 교차하여 만든 슬라이드

TIP
슬라이드의 요소 안에 동영상을 삽입하는 자세한 방법은 위의 QR코드를 스캔하여 확인할 수 있습니다.

🔗 이미지 강조

어떻게 하면 이미지를 색다르게 강조할 수 있을까요?

Q 슬라이드에 삽입한 이미지 중 특정 영역을 색다르게 강조하고 싶은데 어떻게 하면 좋을까요?

A 직관적으로 강조할 수도 있지만 조금 더 집중도를 높이고 싶다면 ==도형 병합== 기능을 활용해 보세요. 보다 직관적이고 색다르게 이미지를 강조할 수 있습니다.

💡 이미지 안에서 특정 부분을 강조할 때, 가장 흔히 사용하는 방법 중 하나는 '윤곽선만 있는 원형 도형'을 활용하는 것입니다. 직관적이고 빠르게 강조할 수 있지만, 보다 시선을 집중시키고 싶다면 다른 방식도 함께 고려해볼 수 있습니다.

예를 들어 [도형 병합] 기능을 활용하면, 이미지 중 강조하고 싶은 부분만을 도형 형태로 잘라내는 등 더 색다르고 효과적인 방식으로 시선을 유도할 수 있습니다. 단순한 테두리보다 더 명확한 구분을 줄 수 있어 강조 효과가 더욱 분명해집니다.

▲ 동그라미에 빨간색 윤곽선만 남겨서 강조

1 이미지 위에 네모 도형을 삽입한 뒤, 이미지와 같은 크기로 조절해 정확히 겹치도록 배치합니다.

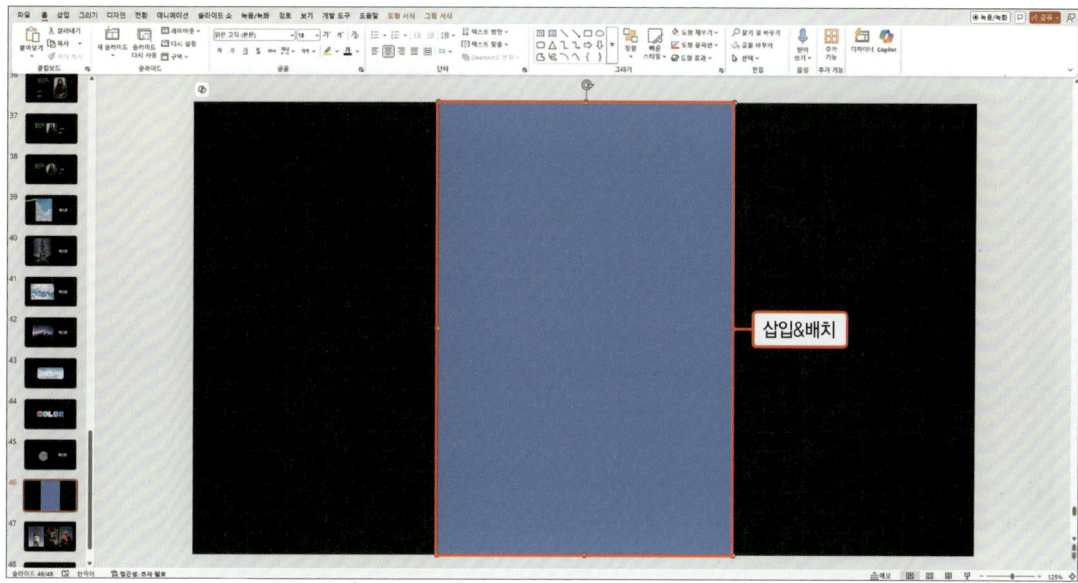

2 **1**에서 배치한 도형을 선택한 뒤, [채우기]는 검정색으로, [윤곽선]은 [윤곽선 없음]으로 설정합니다.

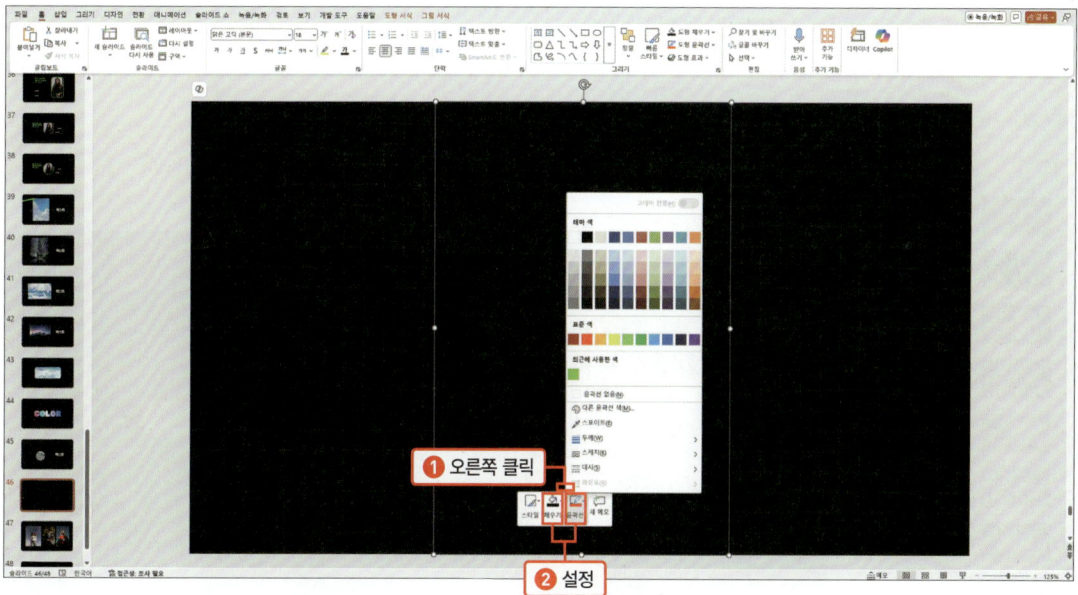

5 이미지 중 강조할 영역만 밝게 남고, 나머지 영역은 어두운 반투명 상태로 처리되어 자연스럽게 강조 효과를 줄 수 있습니다. **4**와 같은 방식으로 반복 작업을 하면 여러 영역을 동시에 강조할 수도 있습니다.

> **TIP**
>
> 도형 서식의 색상이나 투명도에는 정해진 수치가 있는 것은 아닙니다. 직접 눈으로 확인하면서 가장 자연스럽다고 느껴지는 수준으로 조정해 보세요.

CHAPTER 9

피피티 아이콘의 모든 것

아이콘은 피피티에서 도형, 텍스트, 이미지만큼 자주 사용하는 디자인 요소입니다. 아이콘은 정보를 더 쉽게 전달하고, 디자인의 완성도를 높이는 데 효과적인 시각 요소입니다. 하지만 많은 경우, 아이콘을 단순하게 배치하거나 반복적인 방식으로만 사용해 기대만큼의 효과를 내지 못하는 경우도 많습니다. 이번 장에서는 아이콘을 단순히 삽입하는 수준을 넘어, 실전에서 유용하게 변형하고 조합하는 방법까지 함께 알아보겠습니다.

📎 새 프레젠테이션

피피티 아이콘, 어디서 구할 수 있을까요?

Q 슬라이드에 아이콘을 넣고 싶은데, 어디서 찾아야 할지 모르겠어요.

A 피피티에서 제공하는 **기본 아이콘**을 활용하거나, **외부 사이트**에서 아이콘을 다운로드할 수 있습니다.

▲ 피피티프로 강의

💡 프레젠테이션을 만들다 보면, 텍스트만으로는 내용을 전달하기 부족하여 아이콘을 삽입하고 싶을 때가 있습니다. 하지만 막상 아이콘을 사용하려고 하면 어디서 구해야 할지 막막하죠. 피피티 안에서 바로 사용할 수 있는 아이콘도 있고, 조금만 찾아보면 무료로 활용할 수 있는 아이콘도 많습니다.

기본 아이콘

피피티에서는 기본적으로 사용할 수 있는 아이콘을 제공합니다. 메뉴에서 [삽입]-[아이콘]을 선택하면 기본 아이콘 목록이 나타나고, 원하는 아이콘을 선택한 뒤 [삽입]을 클릭하면 슬라이드에 바로 추가됩니다.

176

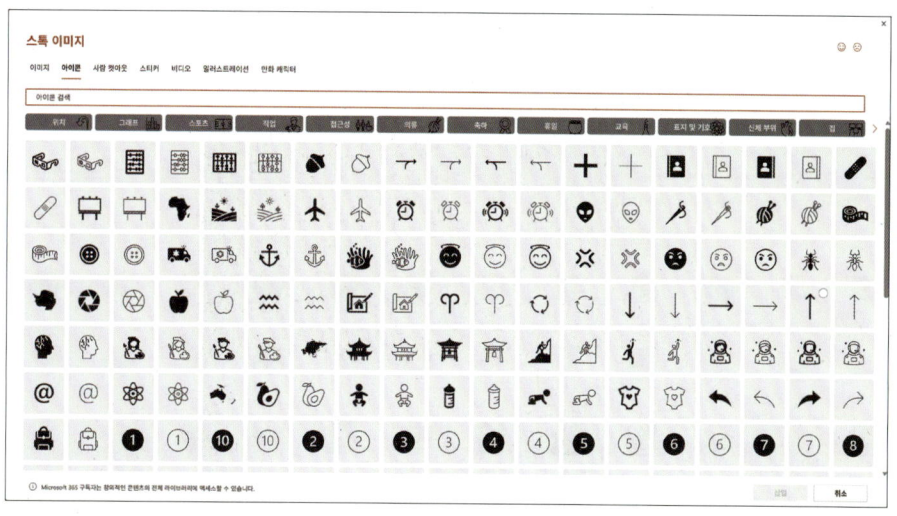

▲ 피피티 기본 아이콘

기본 아이콘의 가장 큰 장점은 색상을 자유롭게 변경할 수 있다는 점입니다. 다만 디자인의 종류와 개수가 제한적이어서, 다양한 스타일을 적용하기에는 아쉬움이 있습니다.

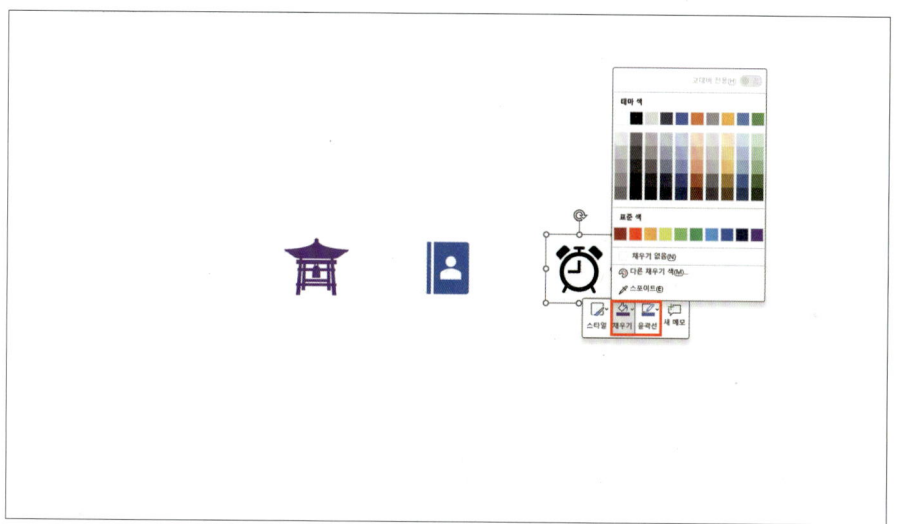

▲ 색상을 변경할 수 있는 기본 아이콘

프리픽과 플래티콘

이럴 땐 웹에서 아이콘을 다운로드해 활용하는 것이 좋은 대안이 될 수 있습니다. '프리픽(https://www.freepik.com/)', '플래티콘(https://www.flaticon.com/kr/)'과 같은 사이트에서는 아이콘의 디자인 종류가 훨씬 다양하고, 슬라이드 분위기에 맞는 스타일을 쉽게 찾을 수 있어 실무에서도 자주 활용됩니다.

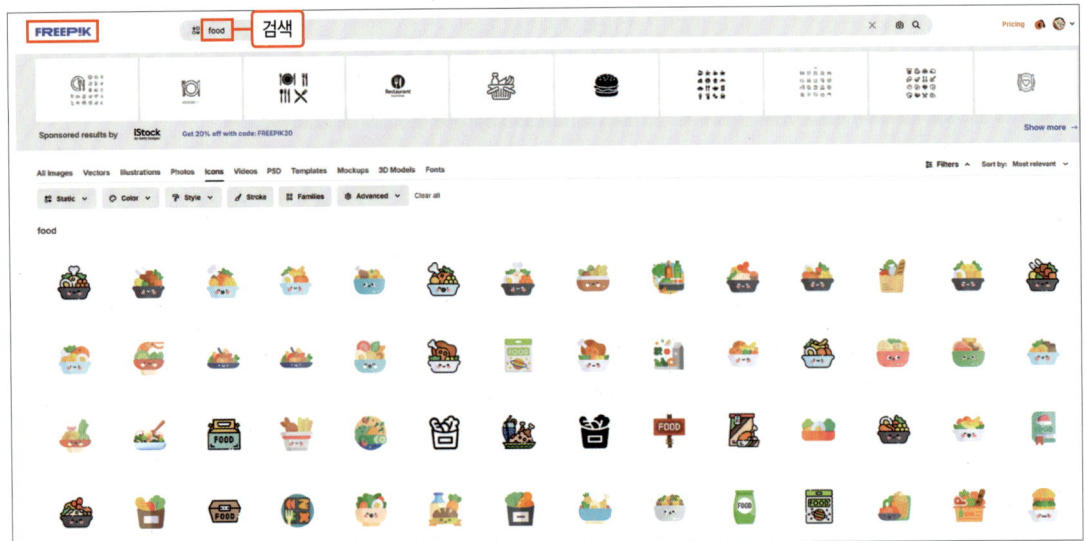

▲ 프리픽에서 'food'를 키워드로 검색한 화면

TIP

프리픽에 대한 자세한 내용은 186쪽, 플래티콘에 대한 자세한 내용은 182쪽을 참고하세요.

아이콘을 PNG 파일 형식으로 다운로드하면 배경이 투명해 슬라이드에 자연스럽게 어울리지만, 색상 변경이 어렵다는 단점도 있습니다.

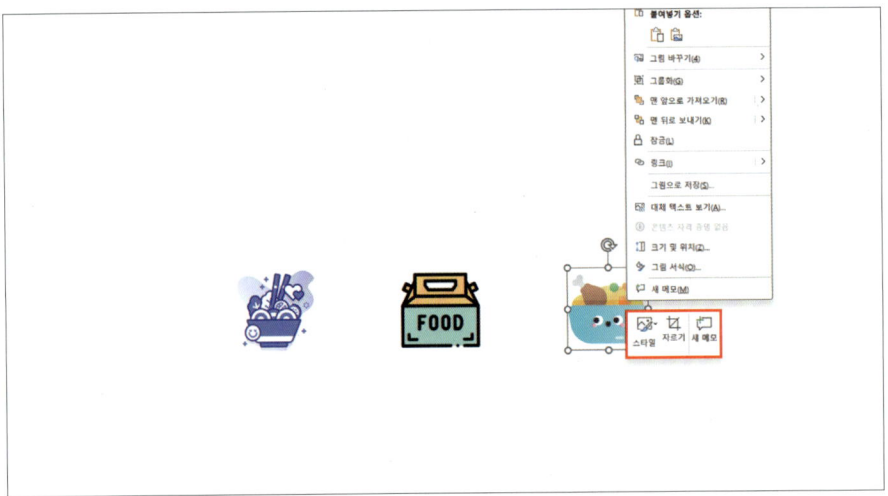

▲ 색상을 변경할 수 없는 PNG 파일 형식의 아이콘

픽셀과 벡터의 차이

그렇다면 피피티의 기본 아이콘과, 웹에서 다운로드한 PNG 아이콘은 무엇이 다를까요? 핵심은 이미지의 형식에 있습니다. PNG는 픽셀형 이미지이고, 피피티 기본 아이콘은 벡터형 이미지입니다. 픽셀형은 작은 점(픽셀)이 모여 이미지를 구성하는 방식이라, 확대하면 화질이 깨지기 쉽습니다. 반면 벡터형은 선과 면으로 이루어진 구조이기 때문에, 도형처럼 자유롭게 크기를 조절하거나 색상을 변경해도 품질이 유지됩니다. 이런 특성 덕분에 벡터 아이콘은 디자인 작업에서 훨씬 유연하게 활용할 수 있습니다.

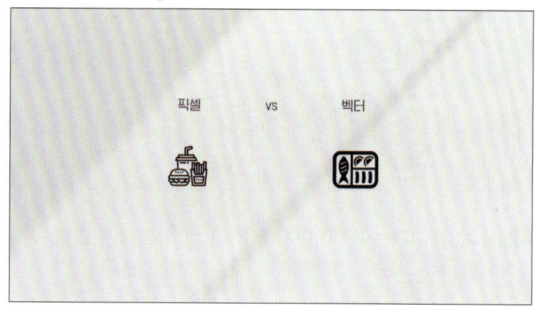

두 형태의 차이점은 아래와 같습니다.

구분	픽셀형 아이콘 (Raster)	벡터형 아이콘 (Vector)
구성 방식	픽셀(점)	수학적 선과 면
주요 형식	JPG, PNG	SVG, EMF, AI
확대 시 품질	깨짐, 흐려짐	품질 유지
편집 가능성	제한적(색상 변경 어려움)	자유로움(색상, 선, 크기 조절)
디자인 특징	디테일 표현에 유리	단순하고 선명한 디자인에 적합

TIP

피피티에서는 벡터 아이콘이 편집의 유연성과 화면 해상도 유지 측면에서 훨씬 유리합니다.

잠깐만요  SVG형식

SVG 형식이 아닌 아이콘은 편집할 수 없나요?

원하는 디자인의 아이콘이 SVG 형식으로 제공되지 않는 경우, 픽셀 형식의 아이콘을 사용할 수밖에 없습니다. 하지만 이런 아이콘은 색상 변경이나 세부 편집이 어렵다는 한계가 있습니다. 이럴 때는 가지고 있는 아이콘이나 이미지를 SVG 형식으로 변환해 보세요. 특히 로고처럼 자주 활용하는 이미지는 SVG로 바꿔두면 크기나 색상, 구성 요소를 자유롭게 조정할 수 있어 실무에 더 유용하게 쓸 수 있습니다. Adobe에서 제공하는 Adobe Express를 활용하면 이미지를 SVG 파일로 변환할 수 있습니다. 웹사이트에서 바로 변환할 수 있어 편리하죠.

이미지를 SVG 파일로 변환하려면 'Adobe Express' 웹사이트에 접속한 다음 [빠른 작업 알아보기]를 선택합니다.

TIP

Adobe Express에 대한 자세한 내용은 199쪽을 참고하세요.

[시작하기]에서 [SVG로 변환]을 선택한 다음 변환할 이미지를 업로드합니다.

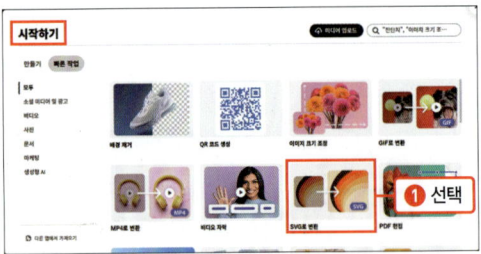

변환이 완료된 SVG 파일을 다운받으면 바로 피피티에 적용할 수 있습니다. 원본 이미지에 따라 변환 결과가 다를 수 있으므로 다양한 이미지를 활용하며 변환해 보세요.

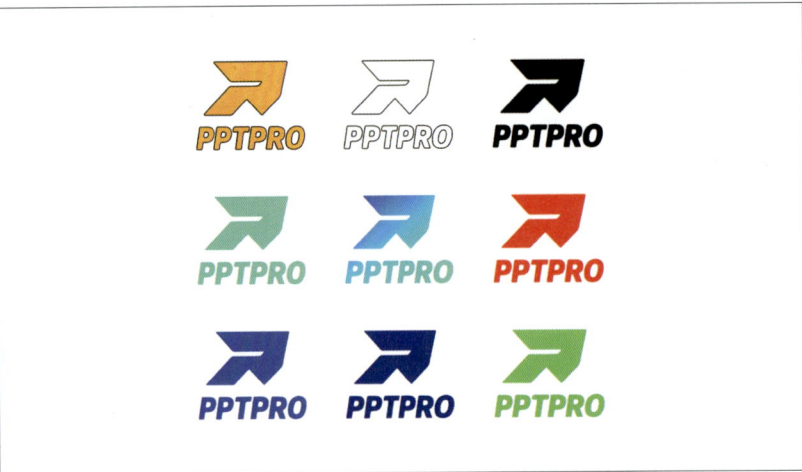

움직이는 아이콘도 사용할 수 있나요?

Q GIF 형식의 움직이는 아이콘도 사용할 수 있나요?

A 일반 아이콘이 평범해 보인다면, **움직이는 아이콘**을 사용해보세요.

💡 색다른 아이콘을 활용해 프레젠테이션의 완성도를 높이고 싶다면, 움직이는 아이콘을 활용해보는 것도 좋은 방법입니다. 슬라이드에 움직임이 더해지면 발표를 듣는 이의 시선을 끌고, 집중도를 높이는 데 효과적입니다. 움직이는 아이콘을 다운로드할 수 있는 '플래티콘'과 '로디콘'을 추천합니다.

특히 로디콘은 애니메이션 아이콘을 제공하는 고품질 라이브러리로, 다른 곳에서는 찾기 어려운 독창적인 디자인을 제공합니다. 단, GIF는 색상 변경이 불가능하고 배경이 흰색으로 고정되어 있기 때문에 제한적인 용도로만 사용하는 것이 좋습니다.

로디콘

◆ 로디콘(https://lordicon.com/) 웹사이트에 접속한 다음 검색창에서 원하는 키워드를 검색합니다.

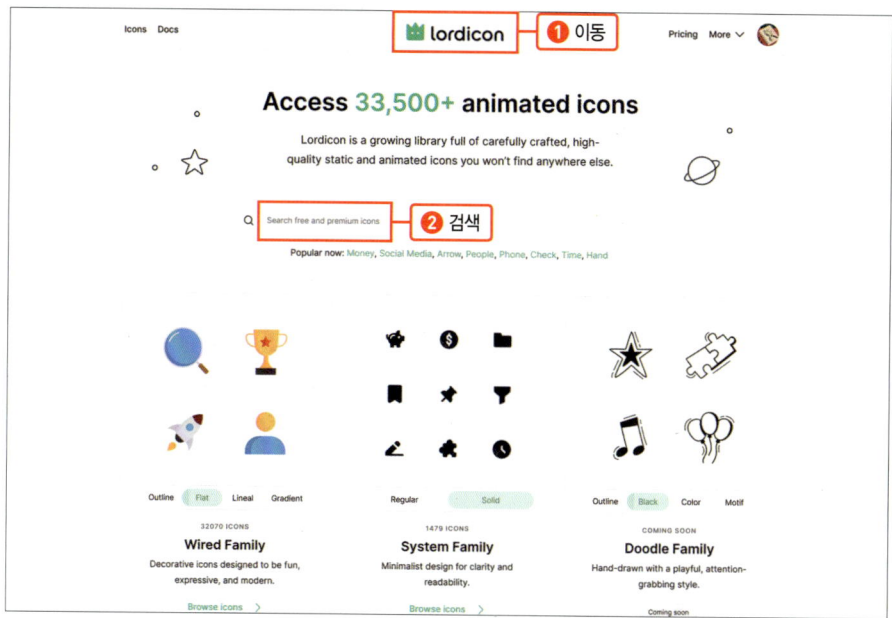

◆ 검색 결과에서 원하는 아이콘을 선택하면 해당 아이콘의 색상, 윤곽선 두께, 애니메이션 형태 등을 조절할 수 있습니다. 설정을 마친 후 [Export GIF]를 클릭합니다.

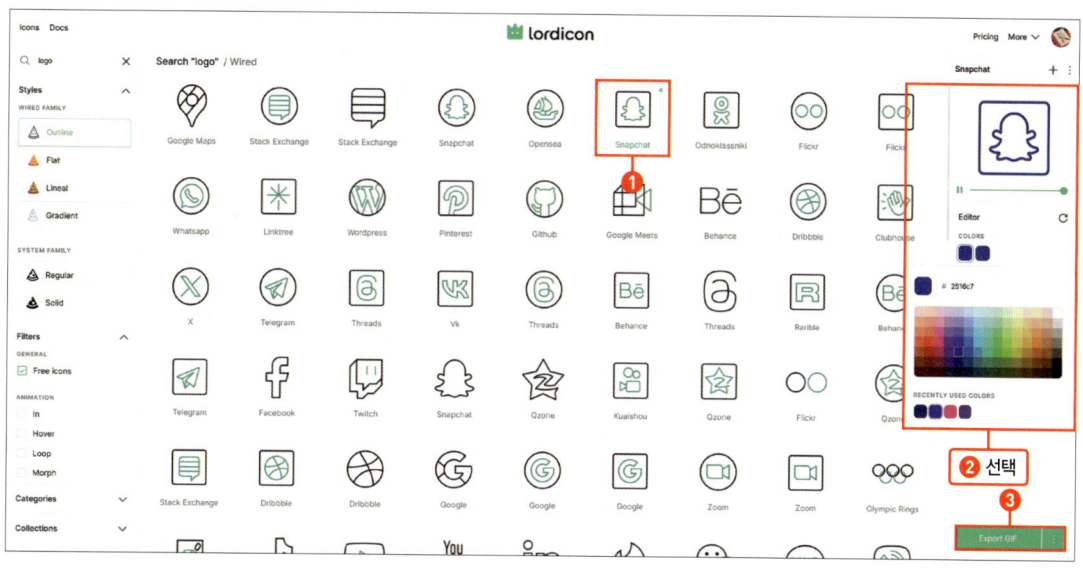

> **TIP**
>
> 검색 결과에서 [Filters]-[Free icons] 항목에 체크하면 무료 아이콘만 선택할 수 있습니다.

[Background color]를 [Transparent]로 설정하면 배경이 투명한 GIF 파일로 다운로드됩니다.

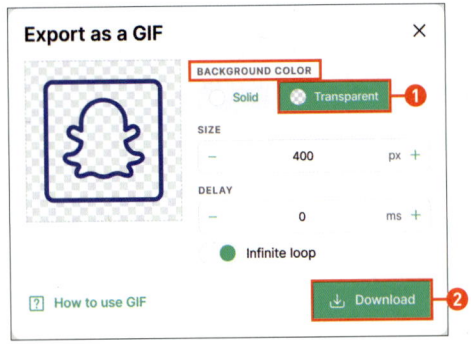

로디콘의 가장 큰 장점은 아이콘의 색상과 애니메이션 형태를 자유롭게 조정할 수 있다는 것입니다. 좀 더 다양한 아이콘을 사용하려면 유료 결제 상품을 사용해 보세요.

플래티콘

'플래티콘(https://www.flaticon.com/kr/)' 웹사이트에 접속한 다음 화면에서 [Animated icons]를 선택합니다.

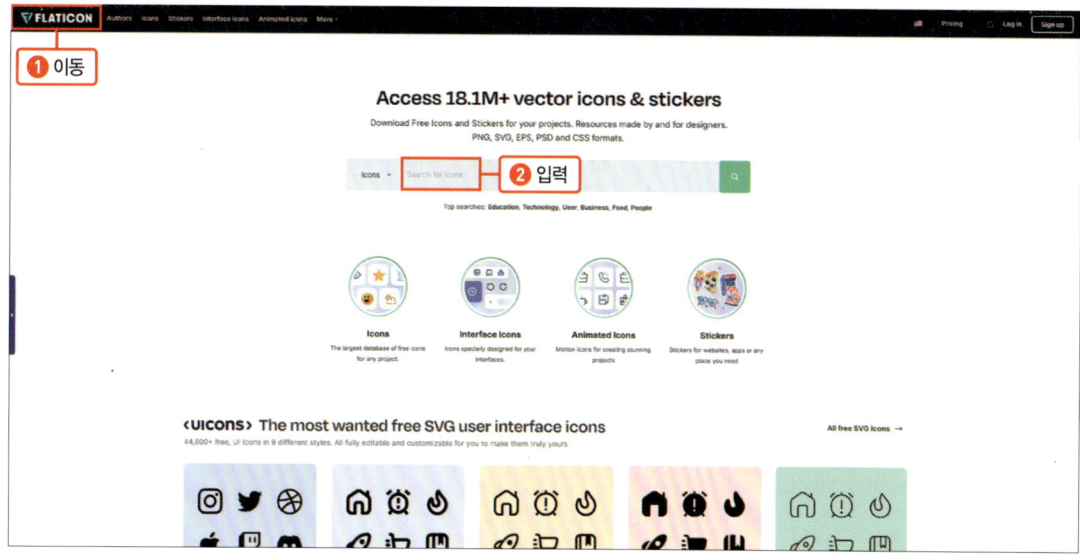

원하는 아이콘을 선택하거나 마우스 커서를 올리면 해당 아이콘의 애니메이션 효과를 확인할 수 있습니다.

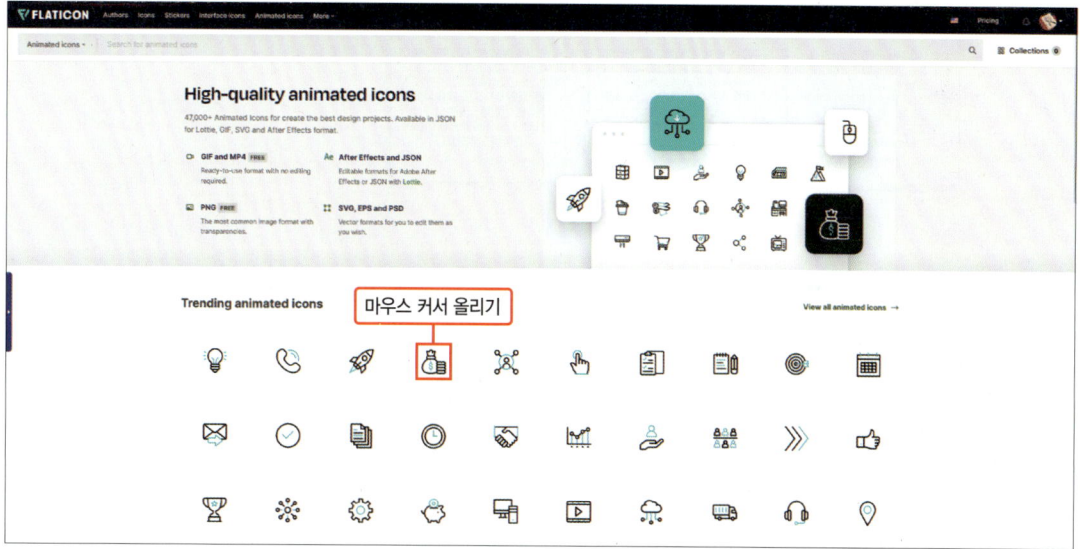

선택한 아이콘을 다운로드하려면 상세보기 화면에서 [Download]를 선택한 다음 [GIF] 형식을 선택하면 됩니다.

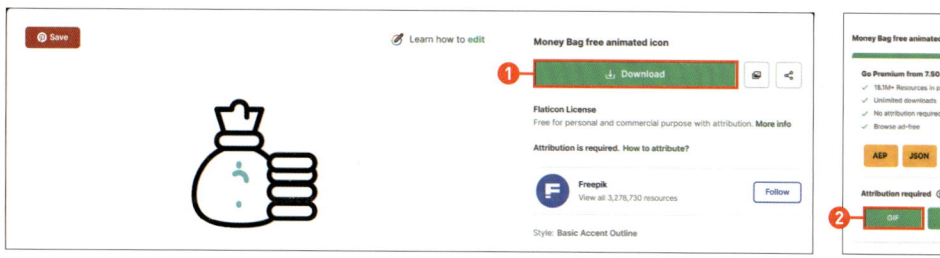
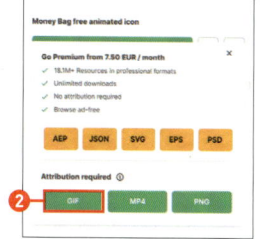

어떻게 하면 아이콘을 제대로 사용할 수 있을까요?

Q 슬라이드에 텍스트만 가득한 것 같아 아이콘을 넣어보려고 하는데, 어떻게 활용하는 게 좋을까요?

A 텍스트의 핵심만 간결하게 정리하고, 부족한 설명은 **아이콘으로 보완**해 보세요.

💡 피피티는 워드나 엑셀처럼 텍스트 중심의 문서 도구와 달리, 이미지 삽입이나 색상 조정 등 시각적 표현에 강점이 있는 도구입니다. 하지만 이런 피피티를 텍스트로만 채운 워드 문서처럼 구성한다면, 오히려 표현력은 떨어지고 전달력도 약해질 수 있습니다.

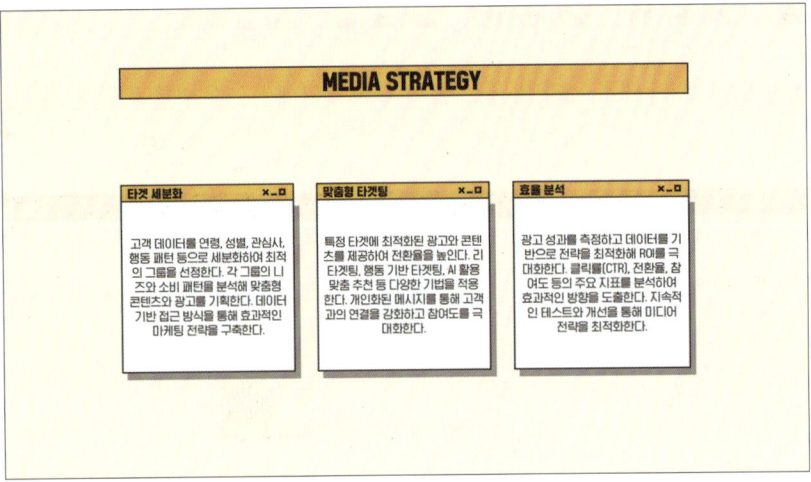

▲ 아이콘 없이 워드 문서처럼 구성한 슬라이드

전달할 내용이 많을수록 핵심 메시지를 중심으로 내용을 압축하고, 생략된 설명은 아이콘을 활용해 시각적으로 보완해 보세요. 이렇게 하면 정보량은 줄이면서도 이해도는 높일 수 있습니다.

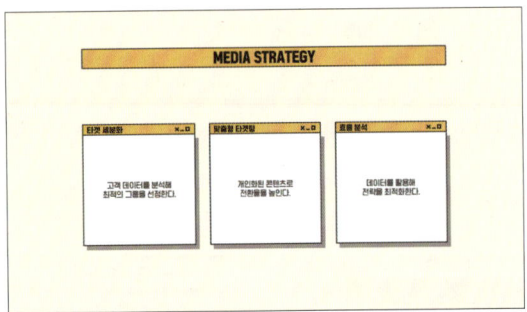

▲ 내용을 압축하여 가독성을 높인 슬라이드

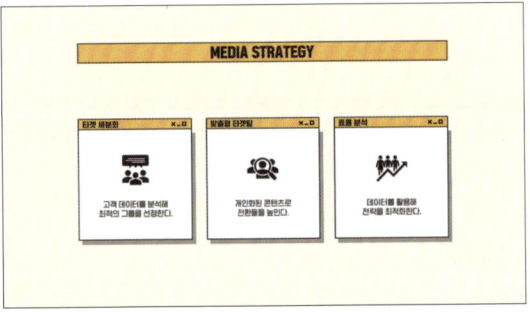

▲ 부족한 내용을 아이콘으로 보충한 슬라이드

단순한 원칙이지만, 거의 모든 피피티 슬라이드에 적용할 수 있으며 이러한 방식으로 구성하면 시각적 완성도는 물론 가독성까지 함께 높일 수 있습니다.

실제로 아이콘은 다양한 디자인 환경에서 널리 활용되고 있습니다. 예를 들어, 왼쪽에 보이는 Apple 제품의 상세페이지는 텍스트의 강약 조절만으로도 메시지를 효과적으로 전달하고 있습니다. 반면 오른쪽 예시는 아이콘을 함께 사용해 정보 전달이 훨씬 직관적이며, 디자인적으로도 더 안정감 있는 인상을 줍니다. 오른쪽 화면은 실제 Apple 웹사이트의 상세페이지를 캡처한 이미지입니다.

▲ 아이콘을 삭제한 페이지

▲ 아이콘을 활용해 가독성을 높인 사례, 출처: https://www.apple.com

아이콘은 축약된 내용을 보완하고 슬라이드의 완성도를 높일 수 있는지를 기준으로 신중하게 선택해야 합니다. 아이콘을 선택할 때는 내용의 이해를 도울 수 있는 형태인지 고려하고, 피피티 전체의 디자인 콘셉트와 어울리는지 판단하는 것이 중요합니다.

예를 들어, 그라데이션을 활용한 피피티라면 아이콘에도 그라데이션 효과를 적용하면 디자인의 통일성을 유지하면서도 내용을 명확하게 전달할 수 있습니다.

다만, 아이콘이 만능은 아닙니다. Apple의 상세 페이지처럼, 텍스트 내에서 중요한 부분을 강조하거나 타이틀을 명확히 제시해 이해를 돕는 작업이 병행되어야 합니다. 아이콘에 과도하게 의존할 경우, 오히려 정보 전달을 방해할 수 있습니다.

아이콘도 편집해서 사용할 수 있나요?

Q 아이콘을 자유롭게 편집해서 사용할 수 있나요?

A SVG 형식의 아이콘이나 일러스트는 크기나 색상, 구성 요소까지 자유롭게 편집할 수 있습니다.

💡 SVG는 벡터 기반 이미지 형식으로, 크기를 키워도 깨지지 않고 피피티 안에서 색상이나 모양을 자유롭게 수정할 수 있습니다. 피피티에서 제공하는 기본 아이콘도 색상 변경이 가능하고 실용적이지만, 디자인 종류는 제한적입니다. 반면 외부에서 다운로드한 PNG 아이콘은 디자인은 다양하지만 색상 변경이 어렵고 확장성도 떨어지죠.

좀 더 다양한 스타일의 아이콘을 자유롭게 편집하고 슬라이드 분위기에 맞게 활용하고 싶다면, SVG 형식을 적극 활용해 보세요.

1 프리픽(Freepik) 웹사이트에 접속한 후, 회원가입을 하고 원하는 아이콘을 검색합니다.

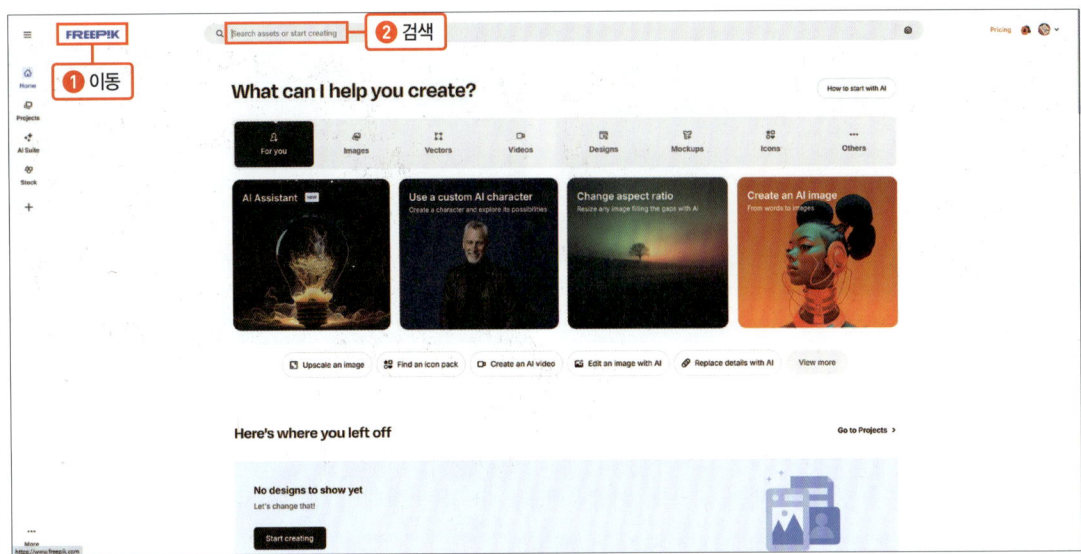

2 검색 결과에서 [License - Free], [File type - SVG] 필터를 선택하면 무료로 사용할 수 있는 SVG 형식의 아이콘만 추려서 볼 수 있습니다.

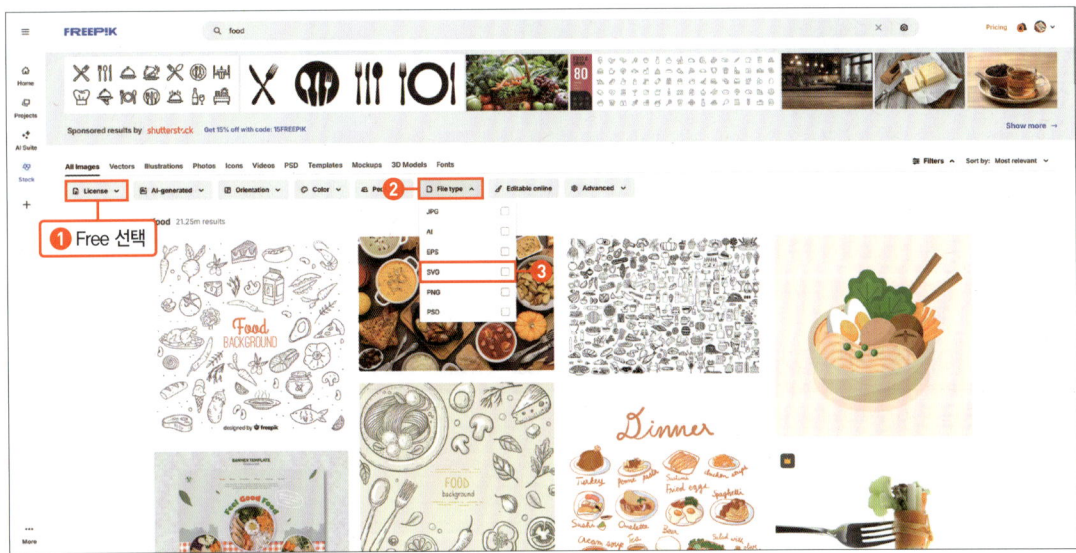

3 원하는 아이콘을 선택하고, 다운로드 버튼 오른쪽 화살표를 눌러 [SVG 형식]으로 다운로드합니다.

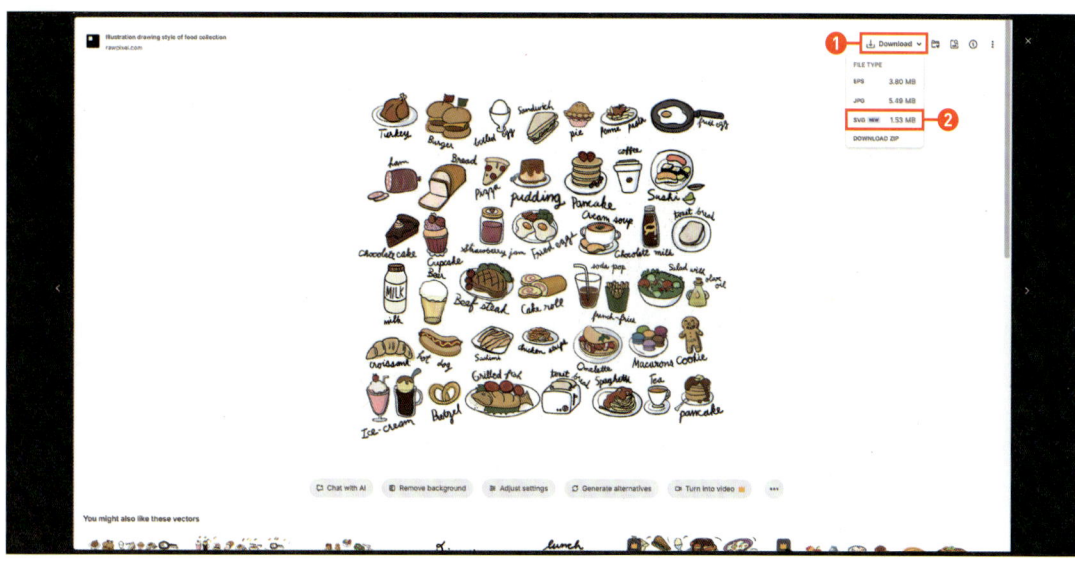

4 다운로드된 SVG 파일을 슬라이드에 붙여 넣은 뒤 메뉴에서 [그래픽 형식]-[도형으로 변환]을 선택합니다.

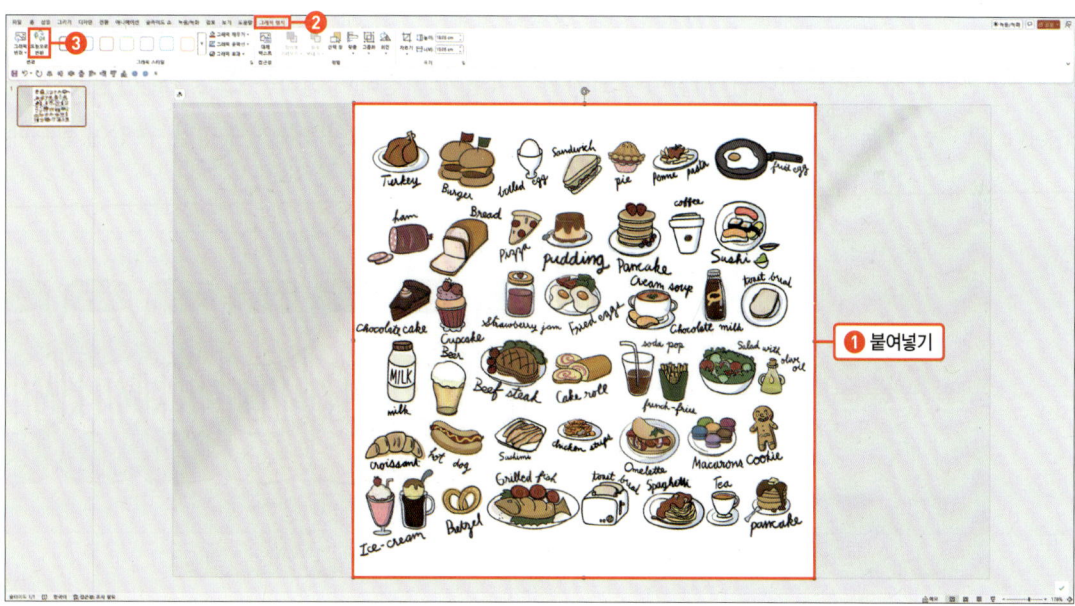

5 도형으로 변환된 아이콘은 아이콘의 구성에 따라 여러 요소가 그룹화되어 있는 경우가 많습니다. 필요한 부분만 선택하거나 수정하려면, 여러 번 그룹을 해제해가며 조정할 수 있습니다.

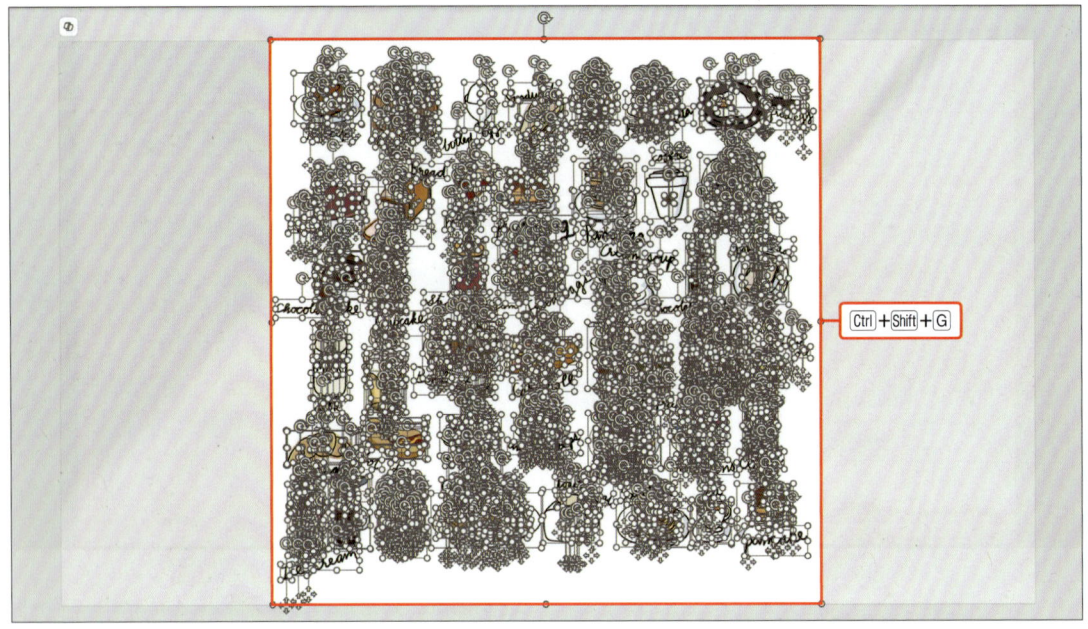

TIP

[그룹 해제]를 클릭하면 경고창이 나타나는데, 여기서 [예]를 선택하면 아이콘이 자동으로 도형으로 변환됩니다.

6 아이콘이 모두 분리되었다면, 색상이나 크기를 자유롭게 변경하며 원하는 스타일로 변형할 수 있습니다. SVG는 벡터 형식이기 때문에 확대해도 깨지지 않고, 색상도 자유롭게 수정할 수 있어 실무에서 매우 유용합니다.

아이콘뿐만 아니라 다양한 일러스트 리소스도 SVG 형식으로 활용하면, 피피티만으로는 구현하기 어려운 고급스러운 슬라이드를 손쉽게 제작할 수 있습니다.

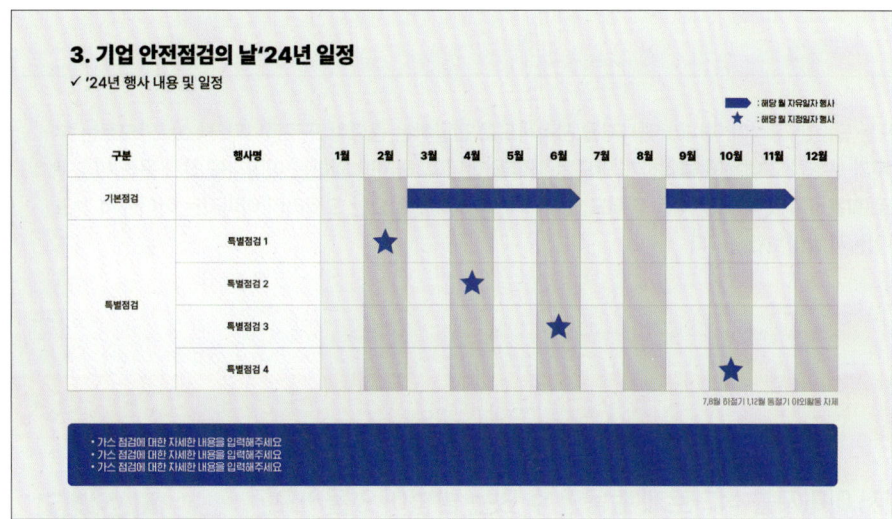

▲ 일러스트를 활용하지 않은 슬라이드

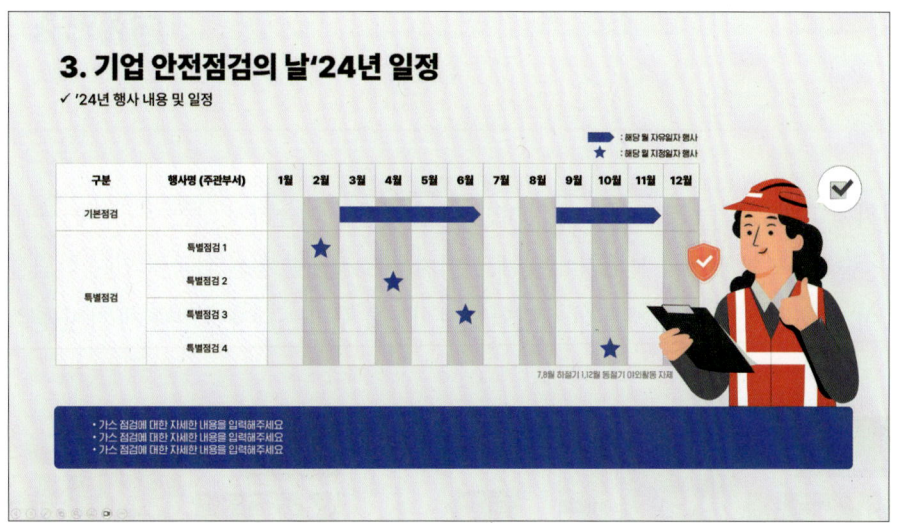

▲ 일러스트를 활용한 슬라이드

CHAPTER 10

피피티 이미지의 모든 것

피피티에서 이미지는 단순한 장식이 아니라 메시지를 시각적으로 전달하는 중요한 도구입니다. 텍스트만으로는 부족한 부분을 이미지가 보완하고 내용에 몰입하게 만드는 역할을 합니다. 하지만 원하는 이미지를 찾지 못하거나 구한 이미지를 제대로 활용하지 못해 애를 먹는 경우도 많습니다. 피피티에 필요한 고퀄리티 이미지는 어디에서 찾고 어떻게 활용할 수 있는지 알아보겠습니다.

이미지를 더 세련되게 활용하려면 어떻게 해야 하나요?

Q 피피티에서 이미지를 색다르게 활용할 수 있는 방법이 있을까요?

A 몇 가지 디자인 요소를 더하면 같은 이미지를 전혀 다른 스타일로 표현할 수 있습니다.

▲ 피피티프로 강의

💡 피피티에 이미지를 그대로 넣는 것도 나쁘지 않지만, 발표 내용과 어울리지 않는 경우에는 종종 아쉬움이 남습니다. 슬라이드의 컨셉과 분위기에 맞게 이미지를 조정하면 훨씬 설득력 있는 화면을 만들 수 있습니다. 여기에서는 같은 이미지를 더 세련되게 보이도록 꾸미는 디자인 방법 세 가지를 소개합니다.

▲ 기본 이미지

▲ 이미지에 적용된 다양한 효과들

윤곽선 활용

[윤곽선]을 사용하면 서로 다른 이미지에도 통일감을 줄 수 있습니다. 특히 피피티 전체에 사용된 주요 색상을 이미지 윤곽선에 적용하면 디자인의 일관성이 높아지고 이미지가 더 인상적으로 보입니다.

▲ 배경색과 비슷한 윤곽선을 활용한 이미지

▲ 이미지가 명확히 구분되는 윤곽선을 활용한 이미지

▲ 배경색과 비슷한 윤곽선을 활용한 이미지

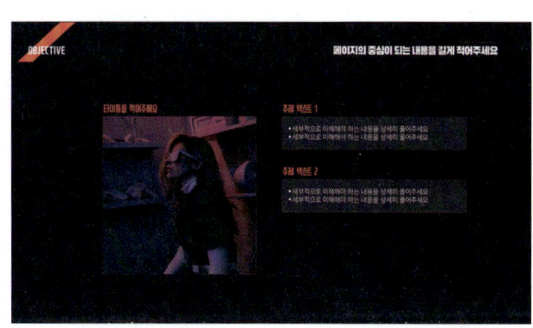

▲ 메인 컬러의 윤곽선을 활용한 이미지

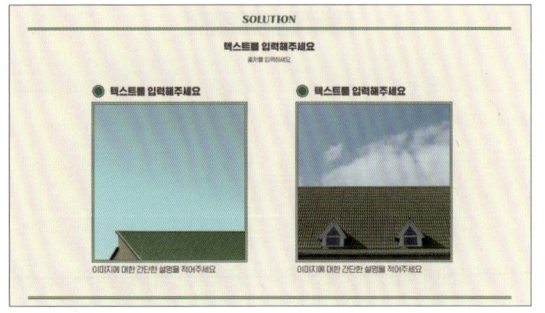

▲ 겹선(이중 윤곽선)

▲ 윤곽선 컬러를 그라데이션으로 활용한 이미지

그림자 활용

[그림자] 효과는 이미지에 입체감을 더해 시선을 집중시키는 데 효과적입니다. 배경과 이미지를 분리하거나 원하는 컨셉의 디자인을 이미지에 적용하고 싶을 때 활용하면 좋습니다. 그림자의 [색상], [흐리게], [투명도] 등 다양한 설정값을 조절하면 윤곽선보다 다채롭게 표현할 수 있습니다.

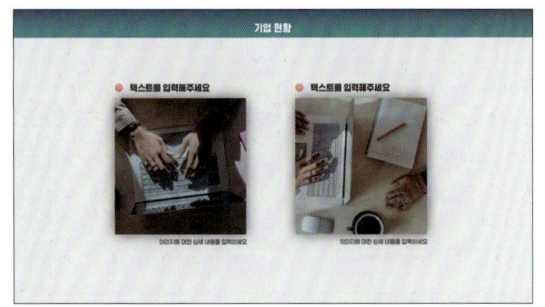
▲ 그림자를 흐리게 설정한 이미지

▲ 그림자를 흐리게 설정한 이미지

[흐리게] 값을 0pt로 설정하고 이미지와 적절한 간격을 두면, 동일한 모양의 도형이 이미지 뒤에 있는 것처럼 표현할 수 있습니다. [투명도], [간격], [각도] 등을 조절하면 다양한 그림자 스타일로 활용할 수 있습니다.

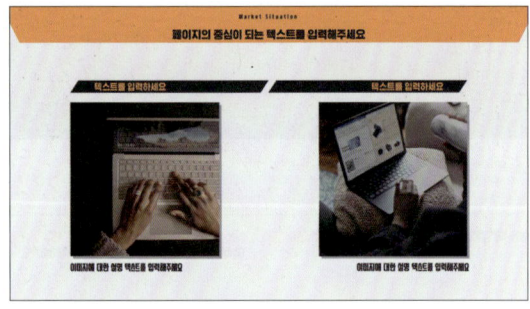
▲ 그림자를 투명하게 설정한 이미지

▲ 그림자의 색상을 변경한 이미지

윤곽선+그림자 조합

[윤곽선]과 [그림자]를 함께 활용하면 더욱 다양한 시각적 조합이 가능합니다. 윤곽선의 두께와 색상, 그림자의 방향과 투명도 등을 자유롭게 설정하면 수백 가지 조합을 만들 수 있으며, 이미지를 강조하거나 전체 디자인에 통일성을 줄 수 있습니다.

윤곽선과 같은 색상의 그림자를 넣고 [흐리게]-[0pt], [각도]-[45도], [간격]-[6pt] 정도로 조절하면 이미지 뒤에 도형이 들어가 있는 것처럼 표현되어 색다른 형태로 디자인할 수 있습니다. 그림자의 [투명도]를 적절히 조절하면 다양한 느낌을 연출할 수 있습니다.

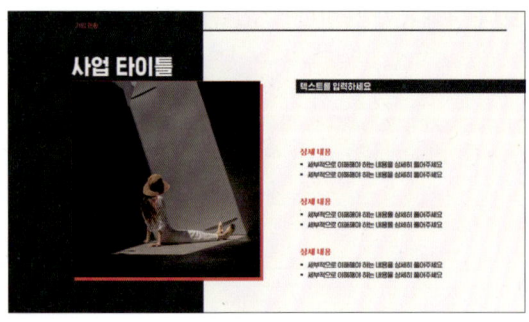
▲ 메인 컬러로 그림자와 윤곽선을 활용한 이미지

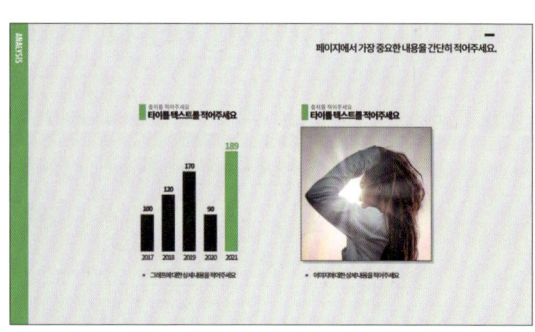
▲ 그림자의 투명도를 조절한 이미지

 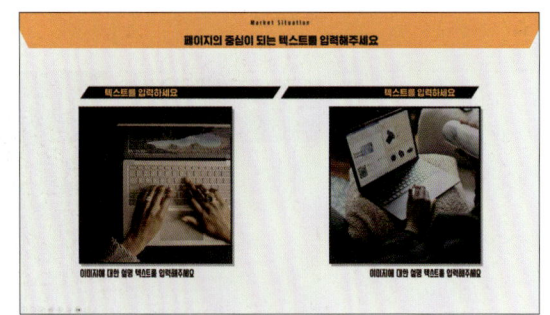

TIP

동일한 스타일을 여러 이미지에 적용하려면 Ctrl+Shift+C로 서식을 복사하고 Ctrl+Shift+V로 붙여 넣어 보세요. 지정한 서식을 빠르게 적용할 수 있습니다.

저작권 걱정 없이 사용할 수 있는 무료 이미지는 어디에서 받을 수 있나요?

Q 저작권을 위배하지 않고 프레젠테이션에 사용할 수 있는 이미지는 어디서 다운받을 수 있나요?

A 피피티에 바로 사용할 수 있는 고해상도 이미지는 무료 이미지 사이트에서 손쉽게 구할 수 있습니다.

▲ 피피티프로 강의

프레젠테이션을 만들다 보면 적절한 이미지를 찾는 데 가장 많은 시간을 쓰게 됩니다. 인터넷에서 찾은 이미지를 그냥 사용해도 괜찮을지 고민될 때가 많지 않나요? 저작권 걱정 없이 안심하고 사용할 수 있는 무료 이미지 사이트들을 알아두면 훨씬 효율적으로 작업할 수 있습니다.

여기에서 소개하는 대부분의 사이트는 상업적 사용도 허용되지만, 일부 콘텐츠는 출처 표기를 요구하거나 사용 조건이 따로 지정된 경우도 있습니다. 다운로드 전에 각 이미지의 라이선스 유형을 꼭 확인해두면 불필요한 저작권 문제를 피할 수 있습니다.

Unsplash

'Unsplash(https://unsplash.com)'는 감성적인 분위기의 고해상도 이미지를 찾기에 적합한 사이트입니다. 사진 작가들이 직접 업로드한 이미지들이 많아 인위적이지 않은 자연스러운 분위기의 이미지를 사용할 수 있습니다.

Pixabay

'pixabay(https://pixabay.com)'는 사진은 물론, 일러스트, 벡터, 영상 등 다양한 포맷을 제공하는 다목적 이미지 플랫폼입니다. 실제 프레젠테이션에 쓰기 좋은 상징적인 이미지부터 간단한 아이콘까지 검색만 잘하면 거의 모든 콘텐츠를 구할 수 있습니다.

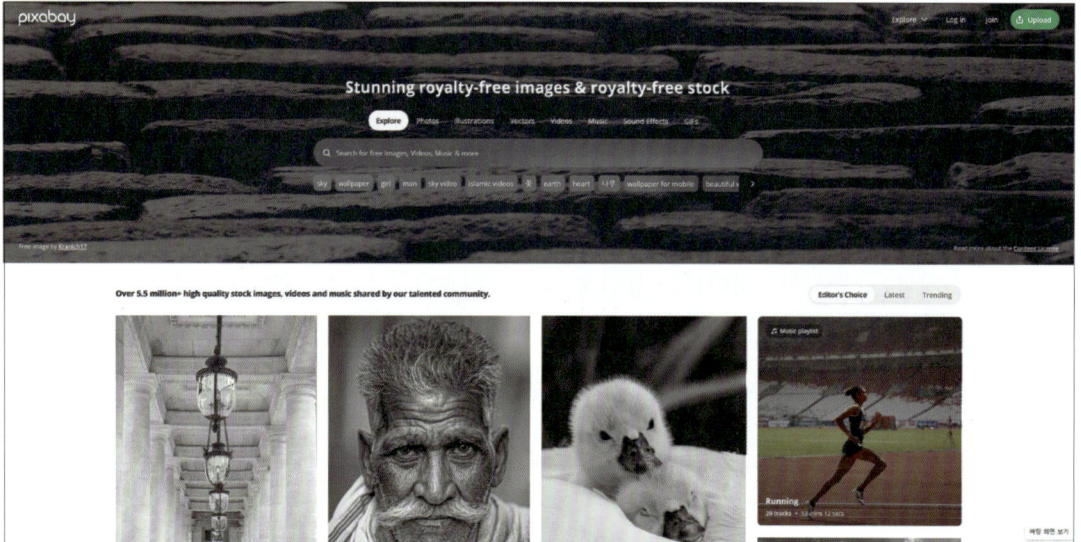

Pexels

'Pexels(https://www.pexels.com)'는 인물, 일상, 감성적인 풍경 사진 등 라이프스타일 중심의 고화질 이미지를 제공하는 플랫폼입니다. 자연스러운 인물 사진이나 분위기 있는 사진이 많아 슬라이드에 생동감을 더할 수 있습니다. 검색어 제안 기능이 잘 되어 있어 키워드만 입력하면 유사 이미지도 쉽게 찾을 수 있다는 장점이 있습니다.

Life of Pix

'Life of Pix(https://www.lifeofpix.com)'는 전문 사진작가들이 직접 제공하는 감각적인 스타일의 사진을 무료로 사용할 수 있는 사이트입니다. 상업적 사용도 허용되며, 흔히 볼 수 없는 독특한 분위기의 컷이 많아 개성 있는 프레젠테이션을 만들고 싶을 때 활용하기 좋습니다.

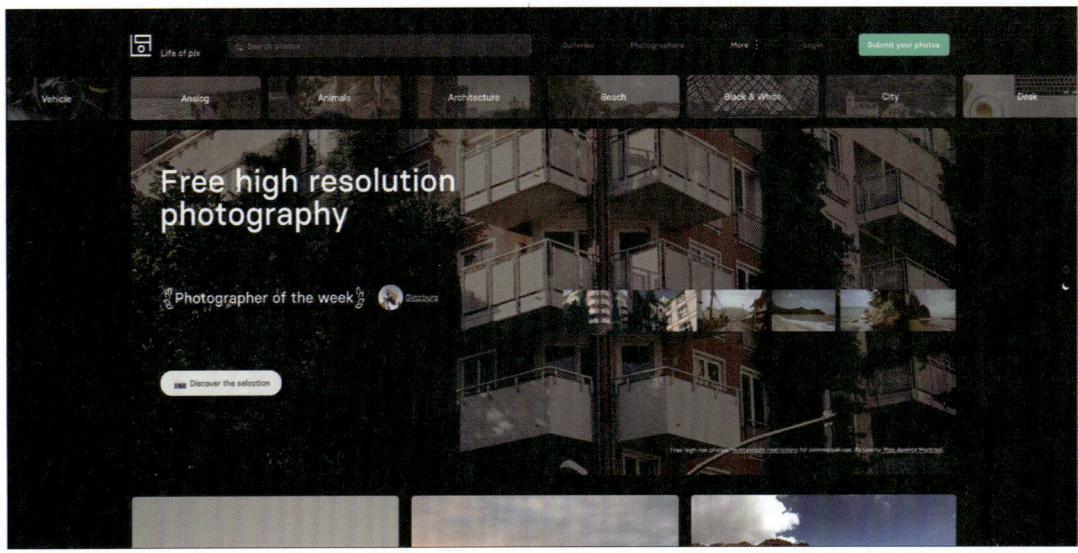

Pexels Video

'Pexels Video(https://www.pexels.com/videos/)'는 고퀄리티 무료 영상을 찾을 수 있는 사이트로, 발표 슬라이드나 홍보 콘텐츠에 동적인 요소를 더하고 싶을 때 유용합니다. 배경 영상, 짧은 클립,

슬로모션 등 다양한 영상 포맷을 무료로 다운로드할 수 있으며, 모든 영상은 상업적 사용이 가능하고, 영상 제작자가 별도로 지정하지 않는 한 출처 표기도 필요 없습니다.

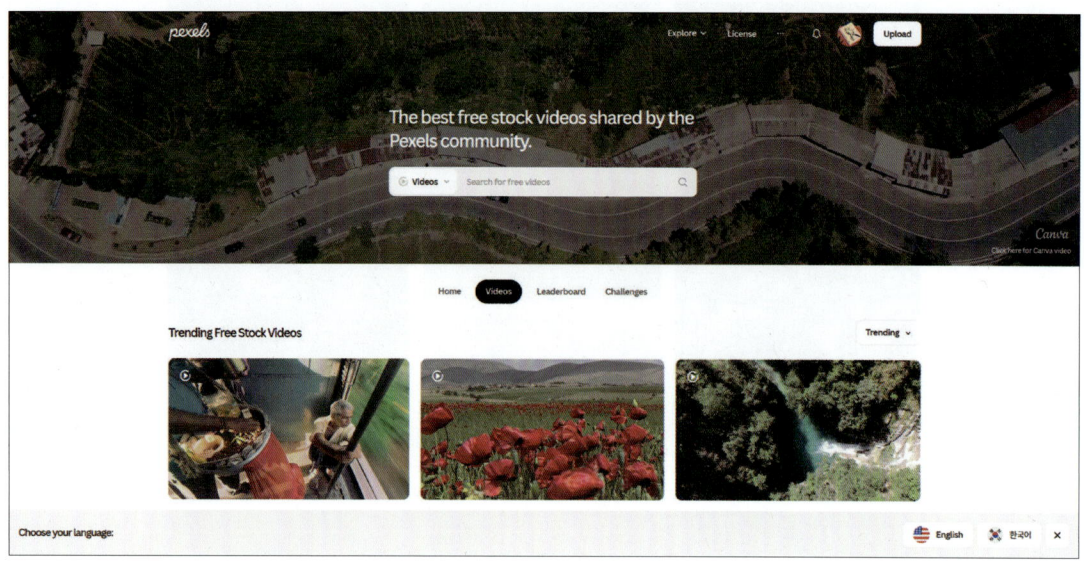

🔗 배경제거, 배경제거이미지

피피티에 사용할 이미지의 배경을 제거할 수 있나요?

Q 슬라이드에 넣은 이미지 배경을 깔끔하게 없애려면 어떻게 해야 하나요?

A 피피티의 ==기본 기능==과 ==웹 앱==을 활용하면 간단하게 이미지의 배경을 제거할 수 있습니다.

 슬라이드에 이미지를 삽입했는데 배경이 복잡해서 내용이 잘 보이지 않거나 지정한 배경색과 어울리지 않아 여러 번 수정한 적 있지 않나요? 이럴 때는 이미지의 배경을 깔끔하게 제거하면 시선이 분산되지 않고 메시지가 더 잘 전달될 수 있습니다. 여기서는 피피티의 기본 기능과 웹 앱을 활용하여 이미지의 배경을 제거하는 방법에 대해 알아보겠습니다.

배경 제거 기능 활용하기

1 슬라이드에 이미지를 삽입한 뒤 메뉴에서 [그림 서식]-[배경 제거]를 선택합니다.

2 삽입한 이미지 중 제거될 영역이 보라색으로 표시됩니다. 만약 자동 선택된 영역 중 남기고 싶은 부분이 포함되어 있다면 [보관할 영역 표시], [제거할 영역 표시]를 클릭하여 이미지 중 제거할 영역을 직접 선택할 수 있습니다.

3 제거될 영역을 모두 선택한 다음 [Esc]를 누르면 **2**에서 선택된 영역이 삭제됩니다.

> **TIP**
> 메뉴에서 [변경 내용 유지]를 선택해도 됩니다.

💡 이 방법은 삽입한 이미지의 화질 손상 없이 피피티 내에서 작업할 수 있다는 장점이 있지만, 복잡한 배경이나 경계선이 애매한 이미지의 경우 깔끔하게 제거하기 어렵고 시간이 오래 걸린다는 단점이 있습니다.

투명한 색 설정하기

단순한 로고나 배경이 단색인 이미지라면 더 간단하게 배경을 제거할 수 있습니다.

1 슬라이드에 이미지를 삽입한 뒤 메뉴에서 [그림 서식]-[색]-[투명한 색 설정]을 클릭합니다.

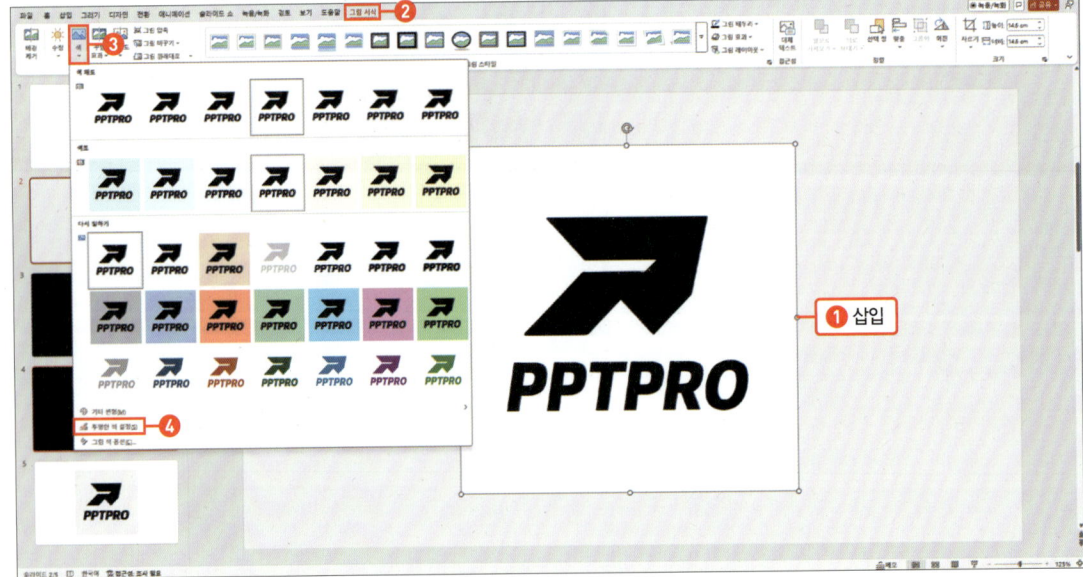

2 마우스 커서의 모양이 로 변경된 상태에서 삽입된 이미지 중 투명하게 변경한 영역을 클릭하면 해당 색상이 투명하게 처리됩니다.

3 이 방법으로 비교적 빠르고 간단하게 배경을 제거할 수 있지만, 다음 그림처럼 배경색이 다를 경우 경계가 두드러지거나 일부 색상이 제대로 제거되지 않는 경우도 있습니다.

웹 앱 활용하기 ① Adobe Express

피피티의 배경 제거와 투명한 색 설정 기능을 사용하면 슬라이드에 삽입한 이미지의 배경을 제거할 수는 있지만 삭제할 영역을 선택하는 것이 어렵거나 깔끔하게 제거되지 않을 수 있습니다. 이럴 땐 무료로 사용할 수 있는 웹 앱을 활용해 보세요.

'Adobe Express'는 'Adobe'가 제공하는 무료 웹 앱으로 로그인만 하면 무료로 사용할 수 있으며 피피티보다 깔끔하게 배경을 제거할 수 있습니다. 이미지를 업로드하면 AI가 자동으로 배경을 인식하고 제거해주므로 사용 방법도 간단하고 결과물이 고해상도로 제공됩니다.

1 포털 사이트에서 'Adobe Express 배경 제거'를 검색하거나 주소 입력창에 'https://express.adobe.com/tools/remove-background'를 입력하여 Adobe Express에 접속한 뒤 [로그인]을 클릭하여 로그인합니다.

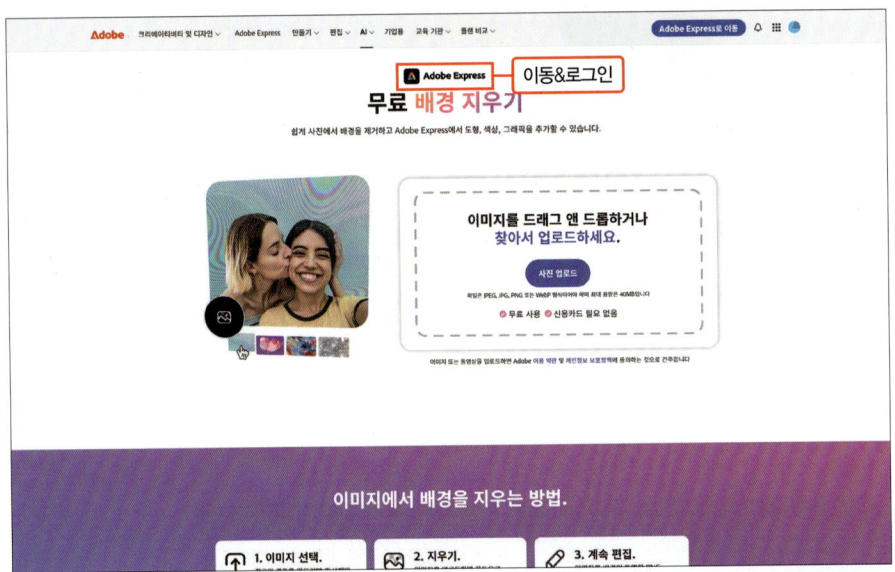

TIP

로그인 창의 [계정 만들기]를 클릭하면 Adobe 계정을 생성할 수 있습니다.

2 [사진 업로드]를 클릭한 후 배경을 제거할 이미지를 업로드합니다.

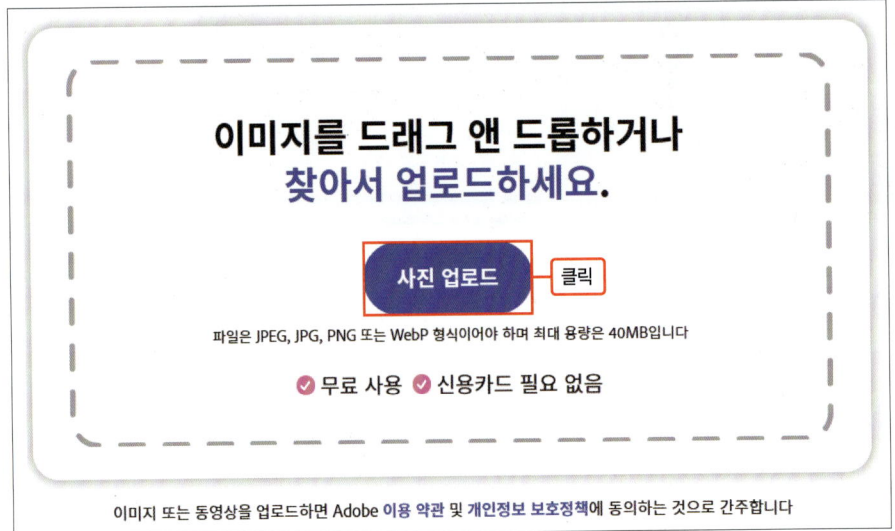

200

3 이미지가 업로드되면 AI가 배경을 인식하여 자동으로 제거됩니다. [다운로드]를 클릭하면 배경이 제거된 이미지를 다운로드할 수 있습니다.

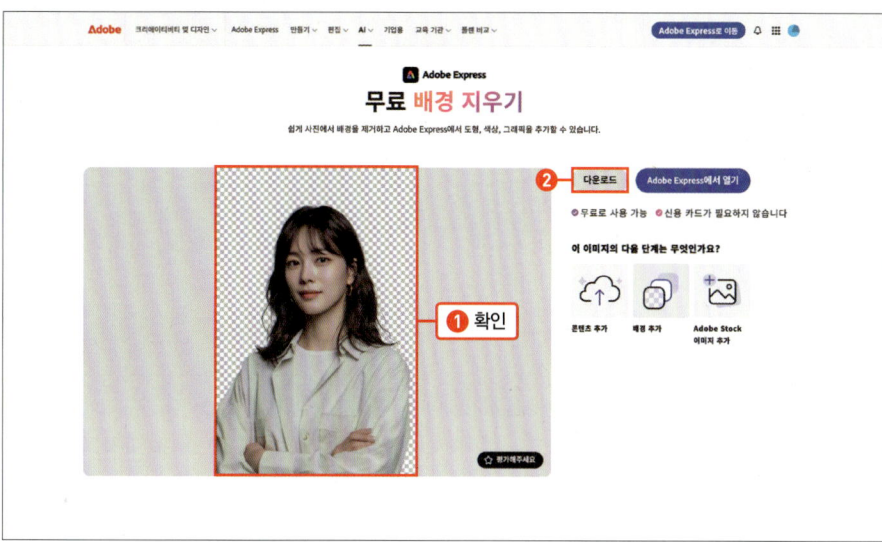

웹 앱 활용하기 ② Remove.bg

회원가입이 번거롭다면 'Remove.bg'를 활용해 보세요. Remove.bg에서는 회원가입 없이도 무료로 이미지의 배경을 제거할 수 있습니다. 배경이 복잡한 이미지에서도 꽤 정확하게 인물이나 물체만 남겨주는 기능이 강력하며, 피피티에 바로 사용할 수 있도록 PNG 파일로 저장됩니다.

1 포털사이트에 'Remove.bg'를 검색하거나 주소 입력창에 'https://www.remove.bg/ko'를 입력하여 Remove.bg에 접속합니다.

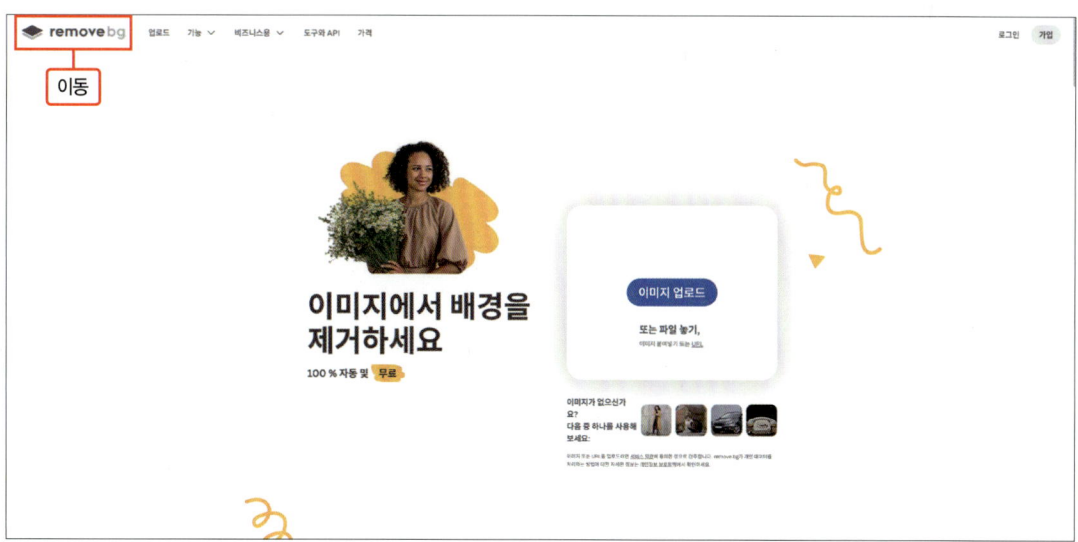

TIP
일반적인 배경 제거와 다운로드는 무료이지만 고화질 이미지를 다운로드할 경우 유료 결제가 필요합니다.

2 [이미지 업로드]를 클릭하거나 배경을 제거할 이미지를 붙여 넣거나 업로드합니다.

TIP
웹 사이트에 게시된 이미지의 배경을 제거하려면 [URL]을 클릭하여 배경을 제거할 이미지의 URL을 입력할 수 있습니다.

3 이미지가 업로드되면 AI가 배경을 인식하여 자동으로 제거합니다. [다운로드]를 클릭하여 배경이 제거된 이미지를 다운로드하거나 [효과], [디자인 만들기]를 클릭하여 배경이 제거된 이미지를 꾸밀 수 있습니다.

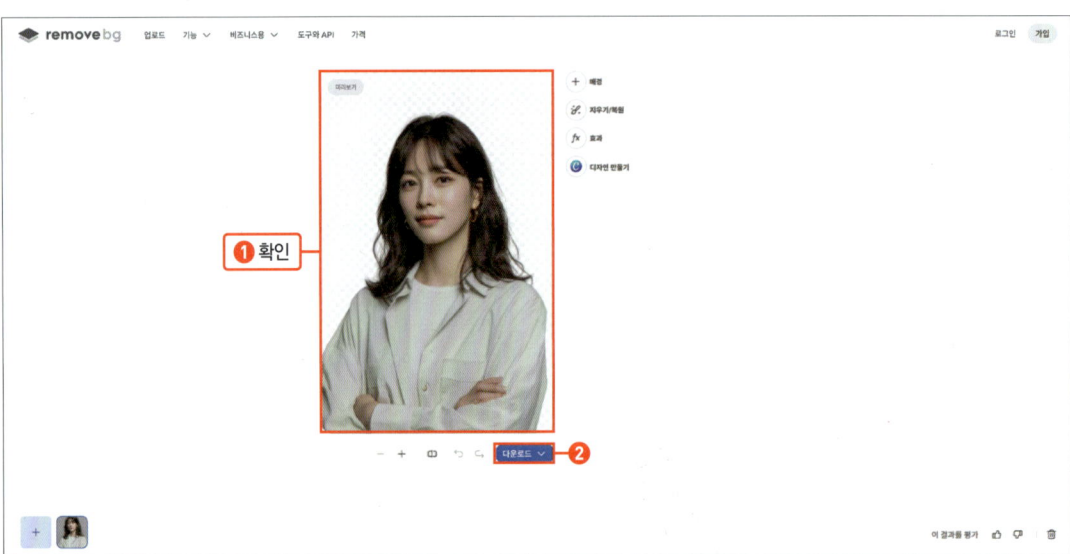

배경이 없는 투명한 이미지를 사용할 수는 없나요?

배경을 직접 제거하지 않고 처음부터 배경이 없는 이미지를 사용하고 싶다면 이미지 검색 도구를 활용해 보세요. '로고 png 투명' 같은 키워드로 검색하면 배경을 제거할 필요 없는 png 파일을 다운로드할 수 있습니다. 여기서는 구글에서 배경이 없는 로고를 검색하는 방법을 알아보겠습니다.

구글에 원하는 이미지의 키워드로 검색한 다음 검색 창 아래의 [이미지]를 클릭한 후 [도구]-[색상]-[투명]을 선택하면, 배경이 투명한 이미지만 필터링됩니다.

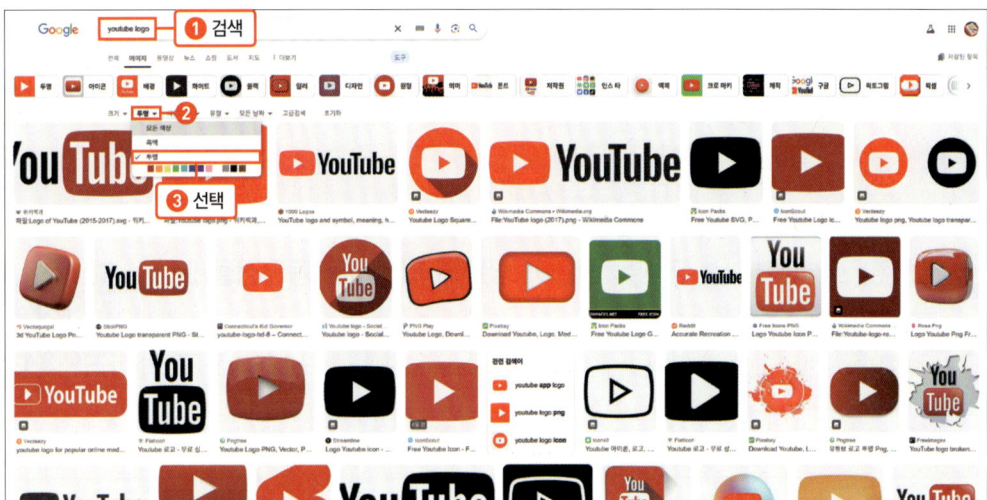

필터링된 이미지 중 원하는 이미지를 마우스 오른쪽으로 클릭하여 [이미지 복사] 또는 [다른 이름으로 저장]을 선택하면 됩니다.

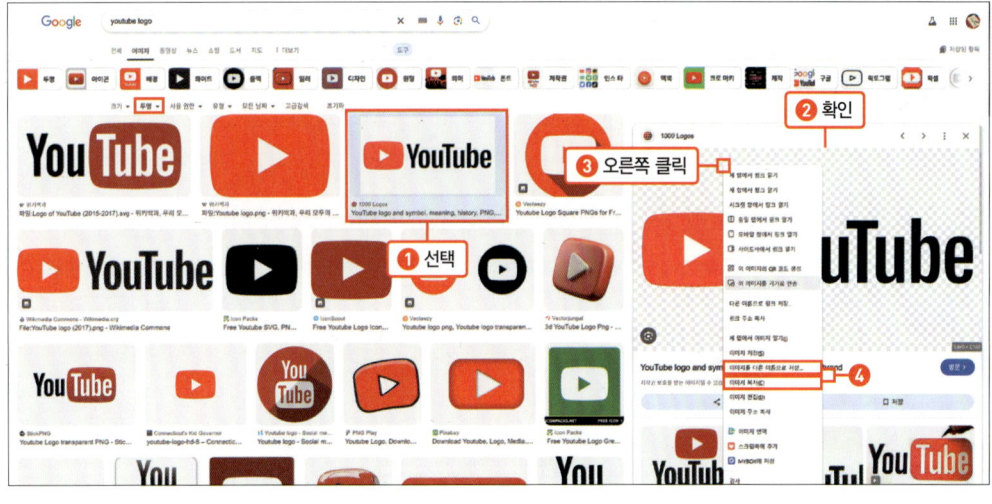

CHAPTER 11

피피티에서 영상을 활용하는 방법

정보를 전달하고 이해를 돕는 수단으로 영상의 활용도가 점점 높아지고 있습니다. 피피티도 예외는 아닙니다. 프레젠테이션 자료에 영상을 삽입하거나, 아예 피피티로 영상을 제작해 활용하는 사례도 늘고 있습니다. 이번 장에서는 피피티에서 영상을 어떻게 활용할 수 있는지, 그리고 이를 통해 어떤 작업이 가능한지 살펴보겠습니다.

피피티로 간단한 동영상을 만들 수 있나요?

Q 간단한 프레젠테이션 영상을 만들고 싶은데 피피티로 동영상을 만들 수 있나요?

A 슬라이드 쇼를 녹화한 뒤 동영상 포맷으로 저장하면, 별도 편집 도구 없이도 간단한 영상을 만들 수 있습니다.

▲ 피피티프로 강의

영상을 만들기 위한 도구로 '프리미어 프로'나 '파이널컷' 같은 전문 동영상 편집 프로그램을 떠올리기 쉽습니다. 하지만 이러한 프로그램은 익히는 데 시간이 걸리고 대부분 유료이기 때문에, 일반 사용자에게는 진입 장벽이 높습니다. 간단한 영상을 만들고 싶지만 영상 편집 도구가 익숙하지 않다면, 피피티가 훌륭한 대안이 될 수 있습니다. 이번에는 피피티로 영상을 제작하는 기본적인 과정을 살펴보겠습니다.

1 영상으로 만들 슬라이드를 완성한 다음 메뉴에서 [녹음/녹화]-[처음부터]를 클릭합니다.

2 녹음/녹화 모드가 시작됩니다. 마이크 아이콘이 활성화되어 있다면 음성을 녹음할 수 있고 카메라 아이콘이 활성화되어 있다면 화면 속의 사용자 모습을 함께 녹화할 수 있습니다. 이 기능은 마이크와 카메라가 연결되어 있어야 사용 가능합니다.

3 [녹화]를 클릭하면 3초 후 녹화가 시작됩니다. 슬라이드를 넘기며 설명하거나 펜 도구로 직접 표시하면서 녹화할 수 있습니다.

TIP

녹화 중에는 [일시정지]를 클릭해 녹화를 잠시 멈출 수 있으며, 다시 [녹화]를 클릭하면 이어서 녹화할 수 있습니다. 발표를 마친 뒤에는 녹화된 내용을 재생해 확인할 수 있습니다.

4   녹화한 내용이 마음에 들지 않는다면 [휴지통]-[녹음 지우기]-[현재 슬라이드에서]를 선택해 해당 슬라이드의 녹음만 삭제할 수 있습니다. 슬라이드 단위로 녹음이 저장되기 때문에, 일부 슬라이드만 선택해 다시 녹음할 수 있으므로 특정 슬라이드를 선택하여 자유롭게 반복 녹화할 수 있어 편리합니다.

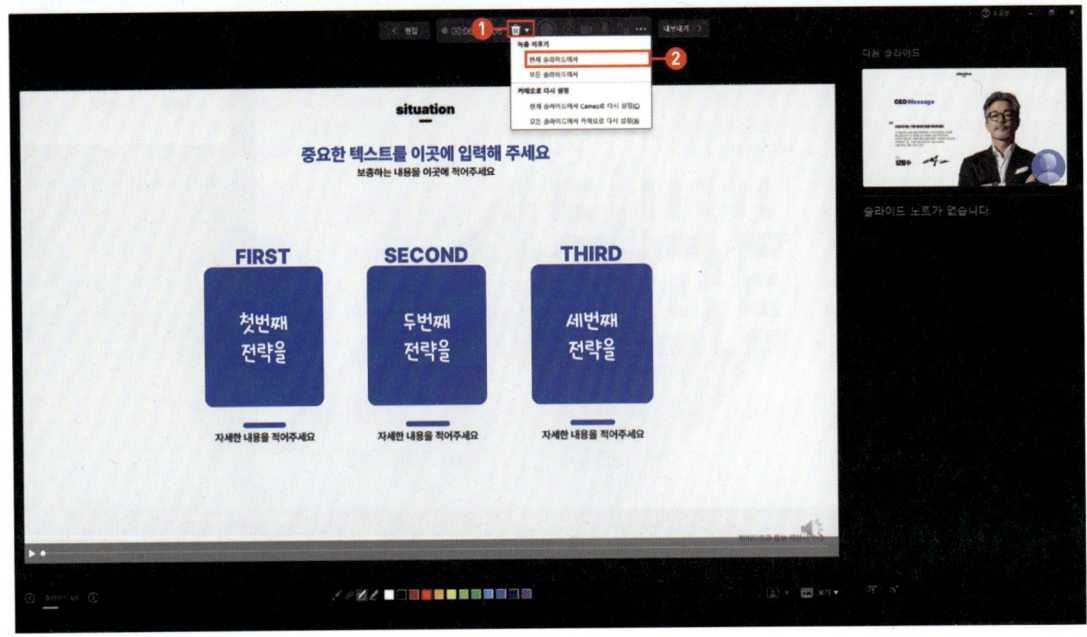

5   모든 녹음/녹화가 완료되었다면 [내보내기]-[비디오 내보내기]를 클릭하고, 저장 위치와 파일 이름을 설정한 뒤 [내보내기]를 선택하면 발표 영상이 완성됩니다. 영상의 저장 설정을 변경하려면 [내보내기 사용자 정의]를 선택하세요..

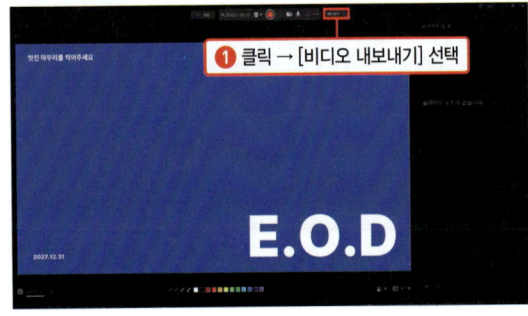 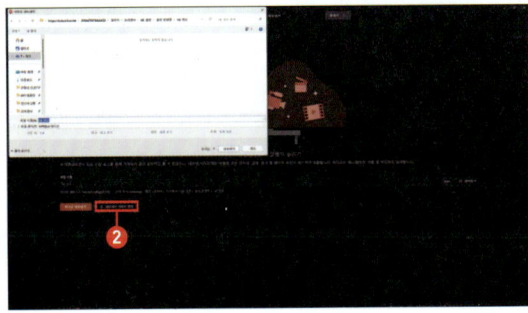

6 [내보내기 사용자 정의]를 클릭하면 영상의 해상도, 슬라이드 전환 시간 등을 직접 조절할 수 있습니다. [기록된 시간 및 설명 사용 안 함]을 선택하면 녹음 없이 자동 타이밍으로 영상을 만들 수 있으며, 각 슬라이드의 재생 시간을 개별적으로 설정할 수 있습니다.

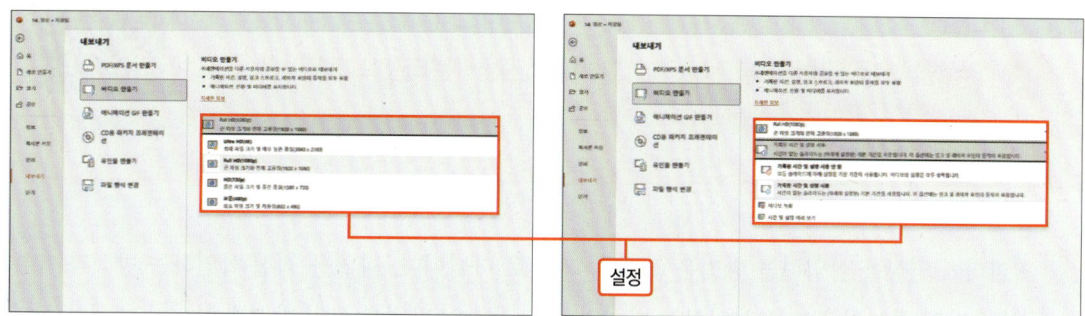

7 설정을 완료하고 [비디오 만들기]를 클릭하면 발표 내용이 영상 파일로 저장됩니다.

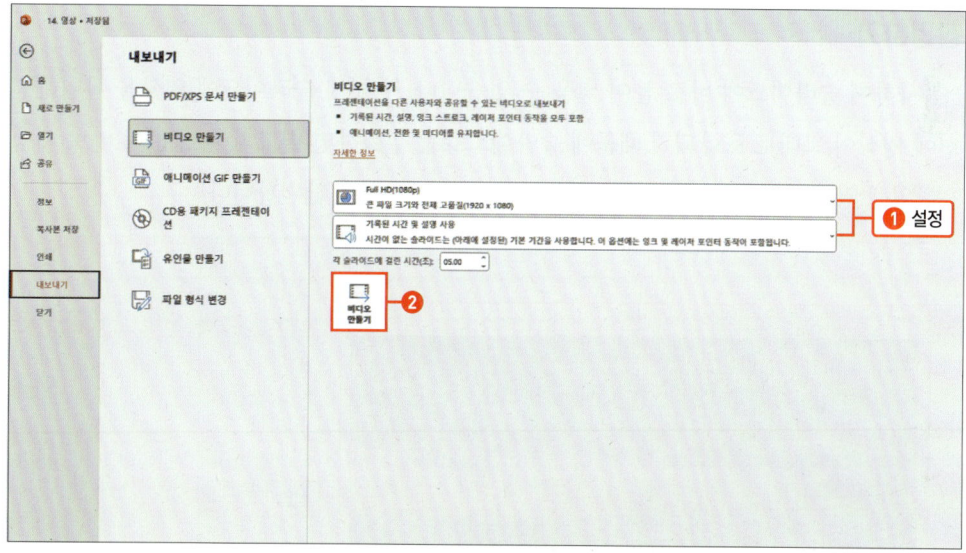

슬라이드에 영상이 포함되어 있을 경우, 재생이 끝나기 전에 다음 슬라이드로 넘기더라도 저장된 영상에서는 끝까지 재생된 상태로 저장됩니다. 단, 슬라이드 전환 효과가 설정되어 있다면 그 효과가 재생되는 구간은 영상에 포함되지 않으므로, 발표 영상을 제작할 때에는 전환 효과가 설정된 프레젠테이션은 사용하지 않는 것이 좋습니다.

슬라이드에 영상을 삽입할 수 있나요?

Q 이해를 돕기 위해 슬라이드에 영상을 삽입하려면 어떻게 해야 하나요?

A 영상을 복사해 **붙여 넣거나**, [삽입]-[비디오]-[온라인 비디오]를 통해 유튜브 영상을 **직접 삽입**할 수 있습니다.

▲ 피피티프로 강의

피피티에 영상을 삽입하는 방법은 크게 두 가지로 나뉩니다. 파일을 직접 삽입하는 방식과 유튜브 등의 온라인 영상의 링크를 삽입하는 방식입니다. 각각의 방법은 삽입 방식뿐 아니라 재생 방식과 저장 용량 등에서도 차이가 나므로, 어떤 상황에 어떤 방식이 적합한지 함께 살펴보겠습니다.

영상 직접 삽입하기

영상 파일을 복사하여 슬라이드에 바로 붙여 넣을 수 있습니다. 이렇게 슬라이드에 영상을 삽입하면 프레젠테이션에 영상이 그대로 포함되기 때문에 슬라이드쇼를 실행하면 별도의 로딩 없이 바로 재생됩니다. 발표를 위해 영상 파일을 따로 준비하지 않아도 되므로 관리도 간편합니다.

하지만 영상 파일이 직접 삽입되어 피피티 파일의 용량이 커질 수 있으며 이렇게 삽입한 영상이 많거나 고화질일수록 용량이 커져 공유에 어려움이 있을 수 있습니다.

유튜브 링크로 삽입

메뉴에서 [삽입]-[비디오]-[온라인 비디오]를 차례대로 선택한 뒤 삽입할 영상 주소를 입력하고 [삽입]을 클릭하면 해당 영상이 슬라이드에 연결됩니다.

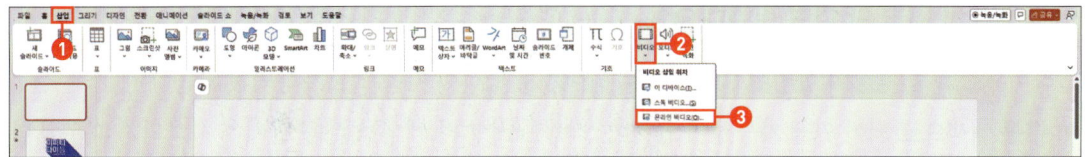

> **TIP**
> 피피티에서 지원하는 온라인 비디오 플랫폼은 'YouTube', 'Vimeo', 'SlideShare'입니다. 이외의 플랫폼은 영상 주소를 입력해도 삽입할 수 없습니다.

이렇게 영상을 삽입하면 영상 파일이 프레젠테이션에 직접 포함되지 않기 때문에 피피티 파일의 용량에는 영향을 주지 않습니다.

하지만 슬라이드쇼를 실행할 때 인터넷이 연결되어 있어야 영상이 재생되며 광고까지 재생될 수 있습니다. 이렇게 삽입한 영상은 로그인이 되어 있지 않은 상태에서 재생되어 프리미엄 계정을 사용하는 경우에도 광고를 피할 수 없습니다.

영상 재생이 바로 안 되면 어떡해요?

슬라이드쇼 도중 영상이 삽입된 슬라이드로 넘어가도 영상이 자동으로 재생되지 않는다면, 기본 설정이 수동 재생으로 되어 있을 가능성이 큽니다. 직접 Enter 키나 재생 버튼을 눌러야 시작되기 때문에 발표 흐름이 끊기기 쉽습니다. 이럴 땐 슬라이드 전환과 동시에 영상이 자동 재생되도록 설정해보세요.

슬라이드에 삽입된 영상을 클릭한 뒤 메뉴의 [재생]-[시작]에서 [자동 실행]을 선택하면 슬라이드 진입과 동시에 영상이 재생됩니다. 영상이 짧을 경우 [반복 재생]에 체크해두면 영상이 끊기지 않고 반복되어 재생되므로 청중의 집중을 유지하기에도 좋습니다.

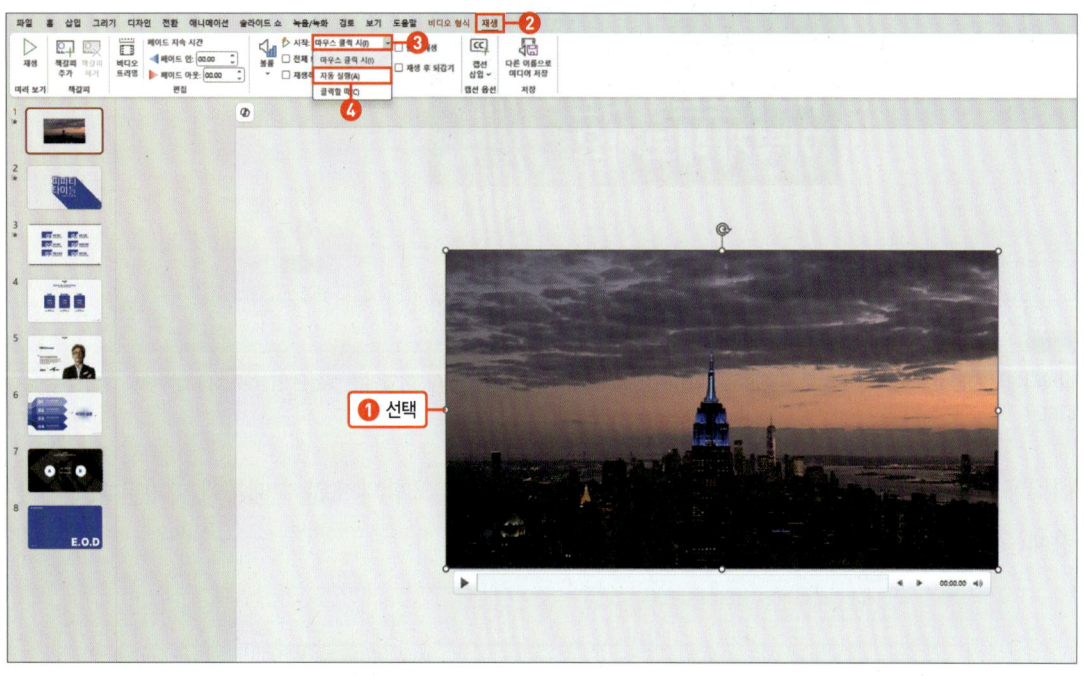

이렇게 설정해두면 발표 도중 영상을 따로 조작할 필요 없이 자연스럽게 흐름을 이어갈 수 있습니다.

피피티 차트와 표의 모든 것

CHAPTER 12

차트와 표는 숫자나 데이터를 시각적으로 전달하는 데 가장 직관적인 도구입니다. 복잡한 정보를 구조화해 보여주고, 핵심을 빠르게 전달할 수 있어 발표 자료나 보고서에서 자주 활용됩니다. 하지만 막상 만들다 보면 생각보다 어렵게 느껴지거나, 단순한 형태에 그치는 경우가 많습니다. 실무에서는 차트보다 표를 더 자주 사용하는 경우도 많은데, 일정이나 비교 항목 등을 정리할 때 간편하고 명확하게 표현할 수 있기 때문입니다.
이 장에서는 차트와 표의 기본 개념부터 실무에 바로 적용할 수 있는 실전 활용 팁까지, 데이터 시각화를 더 효과적으로 다루는 방법을 차근차근 살펴보겠습니다.

📎 새 프레젠테이션

차트를 쉽게 만들 수 있는 방법이 있나요?

Q 피피티에서 차트를 다루는 게 너무 어려워요. 어떻게 하면 깔끔한 차트를 만들 수 있을까요?

A 차트 삽입부터 데이터 입력, 서식 수정까지 **순서대로** 따라 하면 누구나 깔끔한 차트를 완성할 수 있습니다.

▲ 피피티프로 강의

💡 피피티에서 기본 차트를 만들다 보면 원하는 형태로 조정하기 어려운 경우가 많습니다. 하지만 차트 작성의 기본 순서만 알아두면, 처음 사용하는 사람도 어렵지 않게 완성도 높은 차트를 만들 수 있습니다. 여기에서는 기본 차트를 삽입하고 보기 좋게 가공하는 방법을 순서대로 살펴보며, 차트 활용의 기본기를 다져보겠습니다.

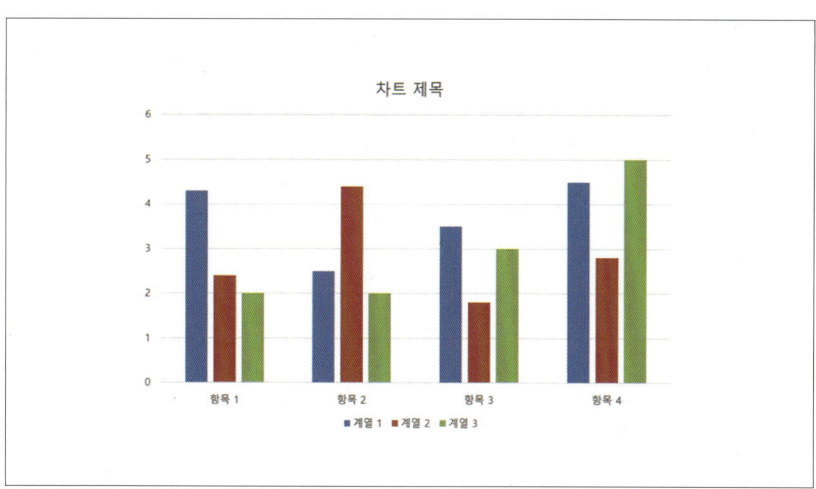
▲ 피피티의 일반적인 기본 차트

1. 차트 종류 선택/삽입

먼저 데이터를 입력한 다음 차트를 삽입할 수도 있고, 차트를 삽입한 뒤 데이터를 입력할 수도 있습니다. 여기서는 차트를 삽입한 다음 데이터를 수정하겠습니다. 메뉴에서 [삽입]-[차트]를 선택한 뒤 [차트 삽입] 창에서 원하는 차트 종류를 고르고 [확인]을 클릭하면 차트가 삽입됩니다.

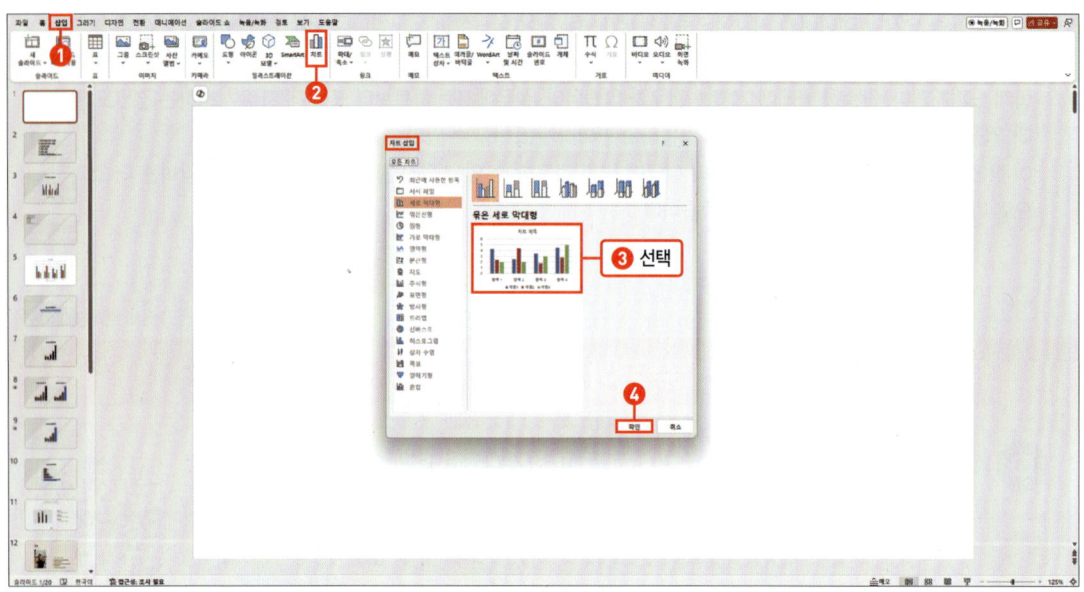

2. 불필요한 요소 삭제

차트가 삽입되면 우선 불필요한 요소를 삭제해 보세요. 차트 제목은 별도로 추가하는 것이 더 깔끔하므로 [차트 제목]을 선택한 다음 Delete 을 눌러 삭제하고 눈금선이 가독성을 낮춘다면 삭제할 수 있습니다.

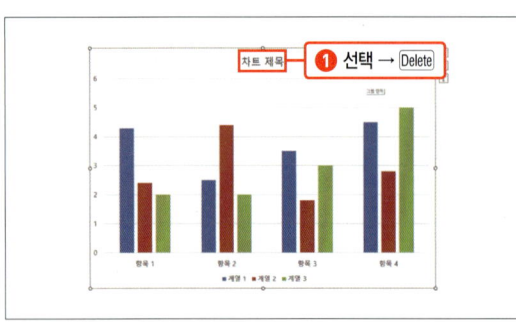 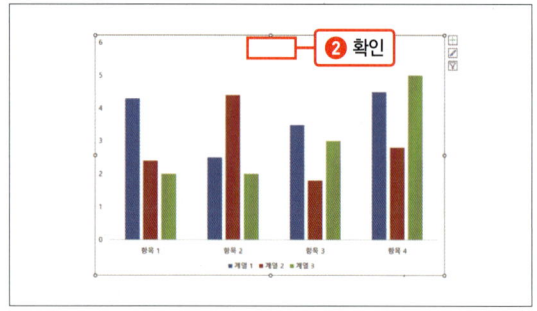

3. 데이터 입력

차트를 마우스 오른쪽 버튼으로 클릭한 다음 [데이터 편집]을 선택하면, 차트에 입력할 데이터를 수정할 수 있습니다.

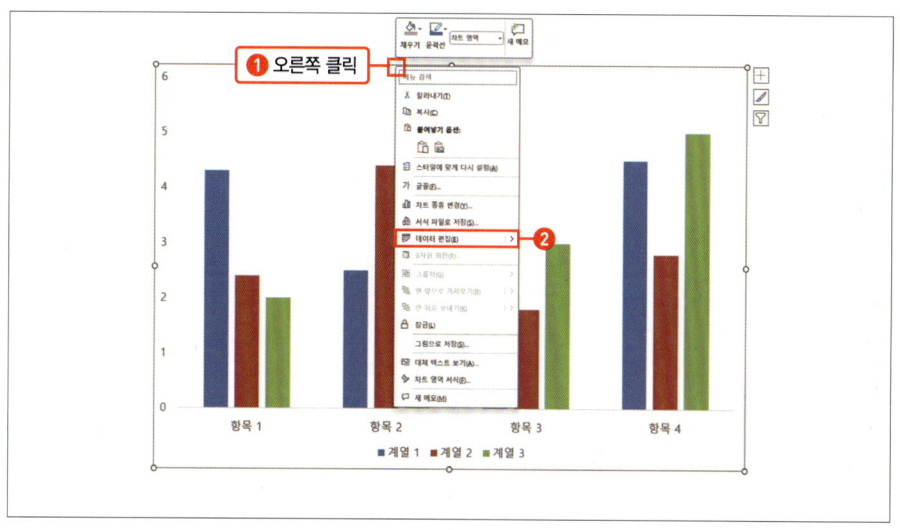

데이터 입력 창이 표시되어 차트에 추가할 데이터를 입력할 수 있습니다. 시트의 채우기 핸들을 드래그하면 차트에 추가할 데이터를 선택할 수 있습니다.

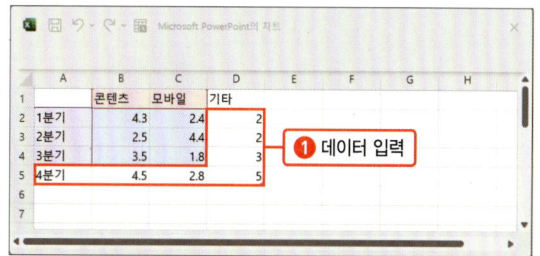
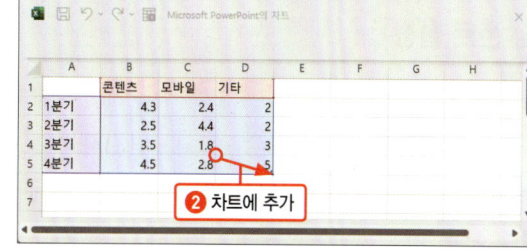

4. 색상 설정

차트의 각 항목을 선택하고 마우스 오른쪽 버튼으로 클릭하여 [채우기]와 [윤곽선]을 변경할 수 있습니다.

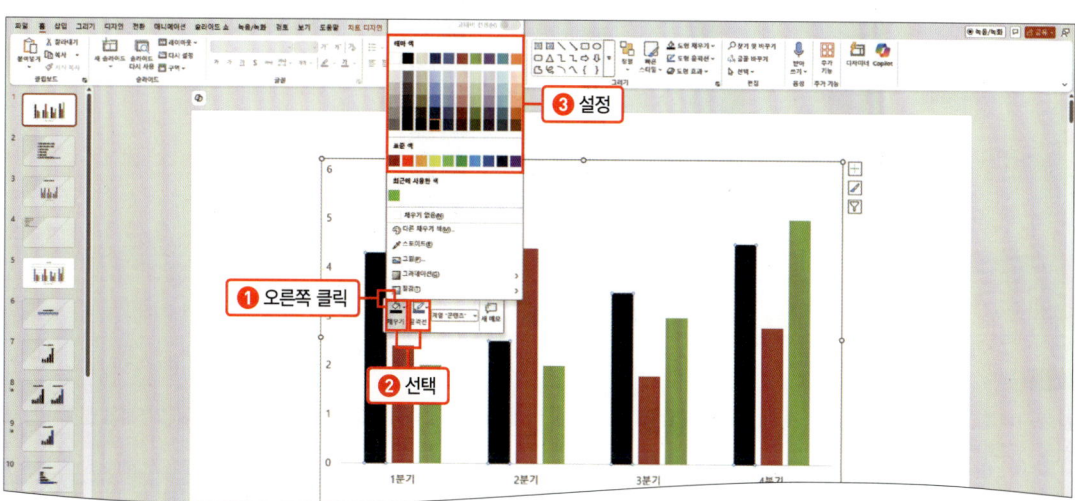

차트의 특정 항목을 더블 클릭하면 해당 항목의 서식을 개별적으로 조정할 수 있습니다. 강조할 항목의 색상을 변경하면 시선이 잘 집중되는 가독성 높은 차트를 만들 수 있습니다.

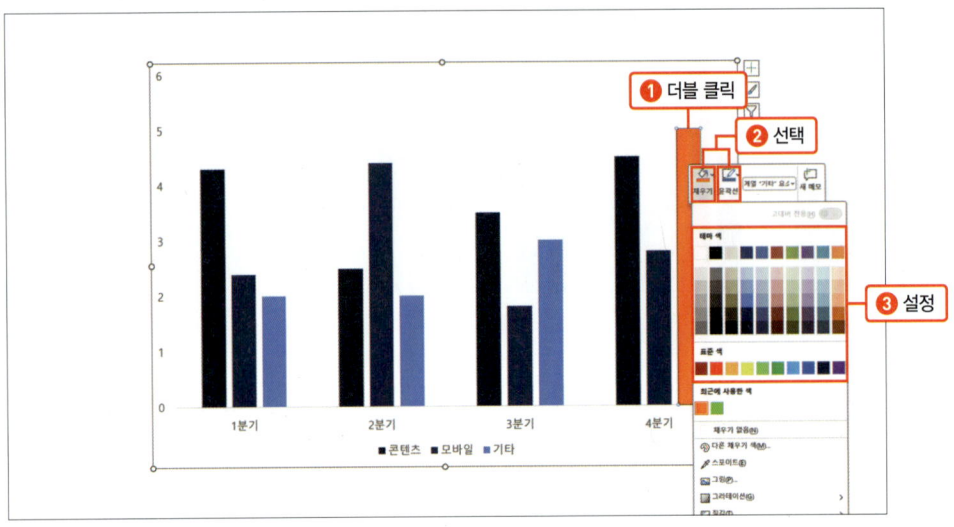

5. 폰트 설정

차트의 기본 폰트는 '맑은 고딕'으로 설정되어 있습니다. 하지만 피피티에서 사용하는 다른 폰트가 있다면, 차트의 텍스트도 해당 폰트로 변경하는 것이 통일감 있는 디자인에 도움이 됩니다. 이때 '서식 복사(Ctrl+Shift+C)'와 '서식 붙여넣기(Ctrl+Shift+V)' 단축키를 사용하면 폰트를 빠르게 적용할 수 있습니다.

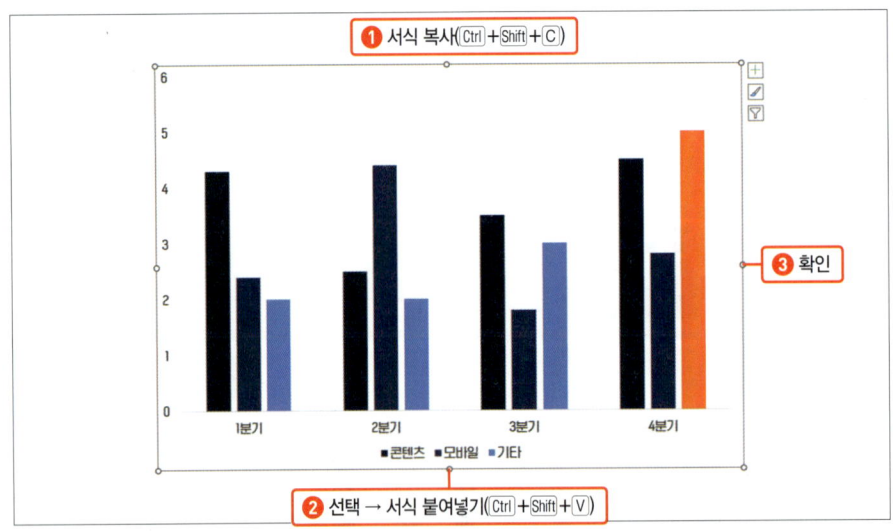

> **TIP**
> 차트 전체를 선택한 후 [서식 붙여넣기]를 사용하면 전체 텍스트가 한 번에 바뀝니다. 특정 부분만 변경하고 싶다면 해당 부분을 선택하여 서식을 변경하세요.

6. 데이터 레이블 설정

차트를 선택한 다음 오른쪽의 ➕를 클릭합니다. [데이터 레이블]의 ▶를 클릭하면 차트의 데이터 정보를 표시할 수 있습니다. [안쪽 끝에]나 [바깥쪽 끝에] 위치로 설정하면 시선을 따라 값이 잘 보이도록 배치할 수 있습니다.

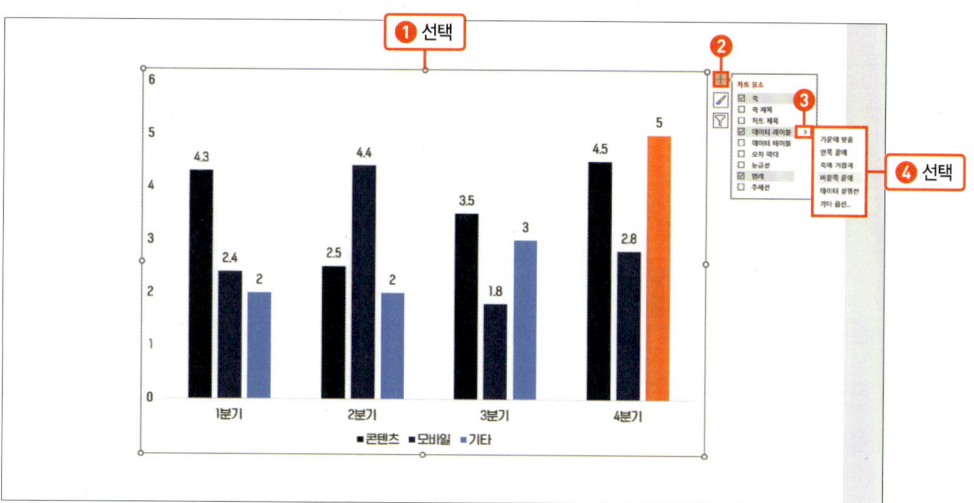

텍스트 서식을 변경하고 강조할 데이터 항목이 있다면 폰트나 글꼴 크기를 조정하면 깔끔하고 가독성 높은 차트를 완성할 수 있습니다.

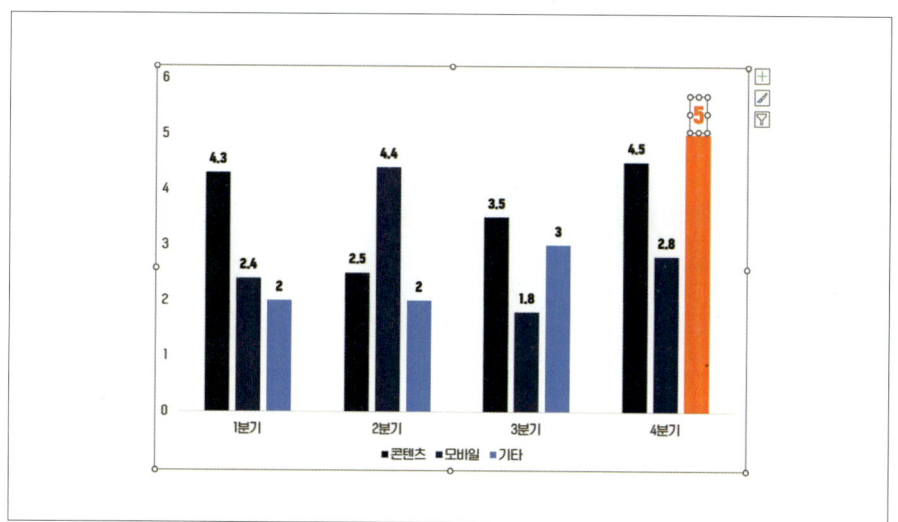

차트는 단순히 데이터를 보여주는 도구를 넘어, 메시지를 효과적으로 전달하는 시각 자료입니다. 기본적인 작성 순서와 구성 요소를 잘 이해하고 나면, 어떤 데이터든 깔끔하고 전달력 있게 표현할 수 있습니다. 실무에서 자주 사용하는 차트일수록, 작은 요소 하나까지도 세심하게 다듬어 보는 연습이 중요합니다. 지금 배운 내용을 바탕으로 직접 차트를 만들어 보며, 자신만의 표현 방식을 찾아보세요.

x, y축을 바꾸고 싶어요.

차트를 만들고 나면, 가로축(x축)과 세로축(y축)의 방향을 바꾸고 싶을 때가 있습니다. 이럴 때는 차트를 선택한 뒤 [차트 디자인]-[데이터 선택]을 선택하면 표시되는 [데이터 선택] 창의 [행/열 전환]을 클릭하면 x, y축을 간단하게 바꿀 수 있습니다.

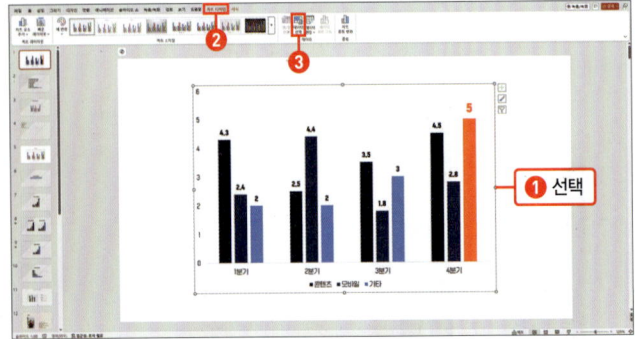 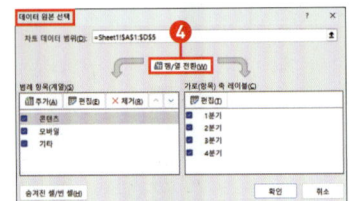

x, y축을 변경하면 설정한 서식 일부가 초기화될 수 있으므로 서식을 변경하기 전 축을 바꾸거나 서식을 다시 적용해야 합니다.

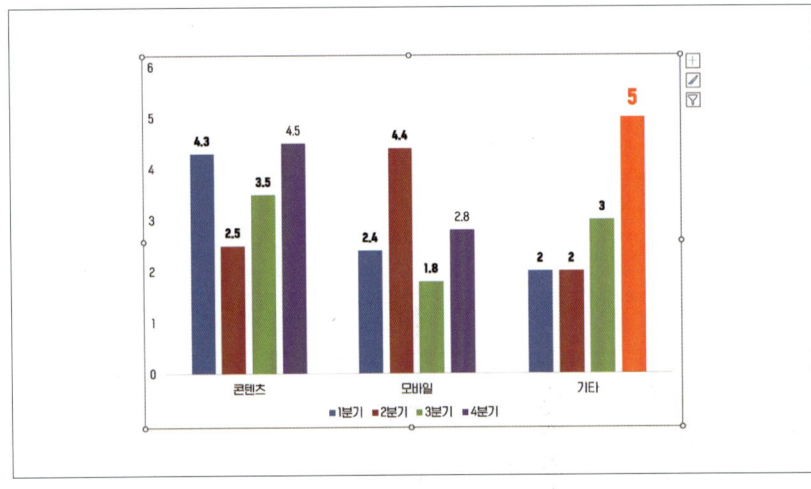

꼭 차트 기능을 사용해야 할까요?

Q 매번 차트 만들기도 번거롭고 디자인도 자유롭지 않아요. 어떻게 하면 데이터 정보를 효율적으로 전달할 수 있을까요?

A 꼭 차트 기능에 의존하지 않아도, **도형**이나 **텍스트**만으로도 충분히 전달력 있는 차트를 만들 수 있습니다.

💡 차트를 사용하는 목적은 하나입니다. 바로, 전달하고자 하는 정보를 효과적으로 표현하는 것입니다. 하지만 피피티의 기본 차트를 사용하다 보면, 복잡한 설정과 제한 때문에 그 목적에 도달하기도 전에 지치는 경우가 많습니다.

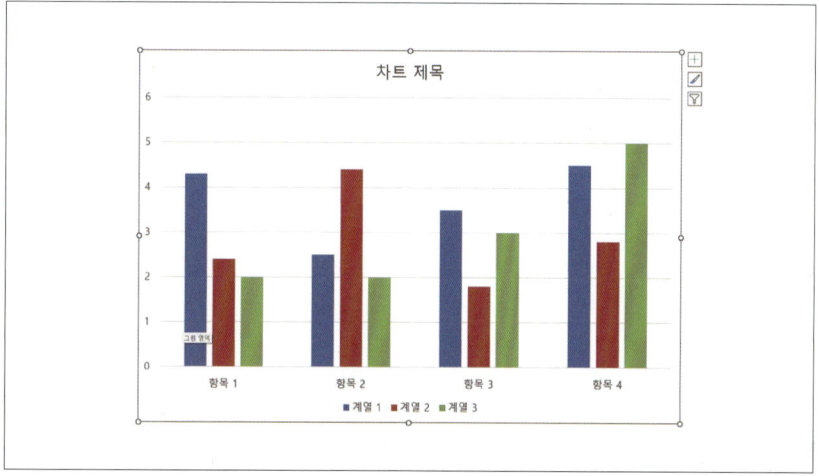

▲ 피피티의 기본 차트

다음 차트는 A 브랜드의 영업 이익이 2017년부터 2021년까지 어떻게 변화했는지를 보여주며, 핵심 정보를 명확하게 전달하고 있습니다. 하지만 이 차트는 피피티의 기본 차트가 아니라, 기본 도형과 텍스트를 조합해 만든 것입니다.

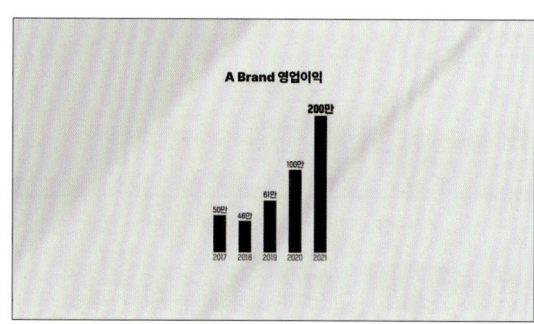
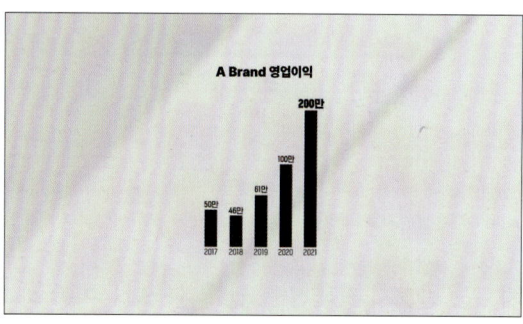

이처럼 기본 도형을 활용하면, 기본 차트보다 더 간단하게 원하는 형태로 구성할 수 있습니다. 크기나

색상 조정도 자유롭고, 표현하고자 하는 의도에 맞게 유연한 디자인이 가능합니다. 도형의 방향만 바꿔도 가로형 차트로 쉽게 전환할 수 있으며, 다양한 형태로 응용할 수 있습니다.

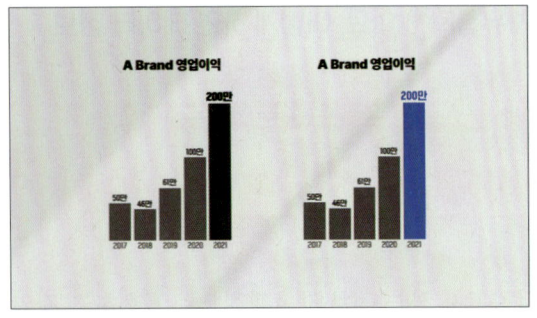
▲ 도형으로 만든 세로 막대형 차트

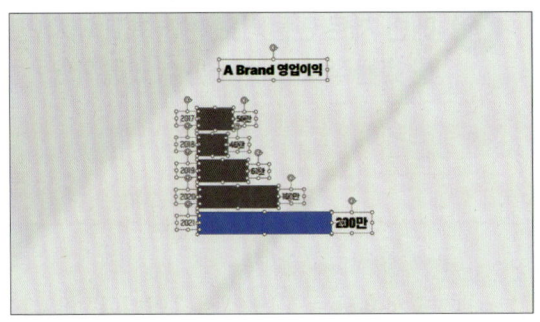
▲ 도형을 방향만 전환하면 가로 막대형 차트로 활용 가능

피피티에서 데이터를 효율적으로 전달하기 위해 반드시 차트 기능을 사용해야 하는 것은 아닙니다. 정보 전달이라는 본래의 목적에 충실하면서, 빠르고 간단하게 만들 수 있는 방식이 있다면 오히려 도형을 활용한 차트가 더 효과적인 선택이 될 수 있습니다.

꼭 도형만 사용할 필요도 없습니다. 텍스트 크기를 키우거나 아이콘을 활용하는 방식만으로도 충분히 전달력 있는 차트를 만들 수 있습니다.

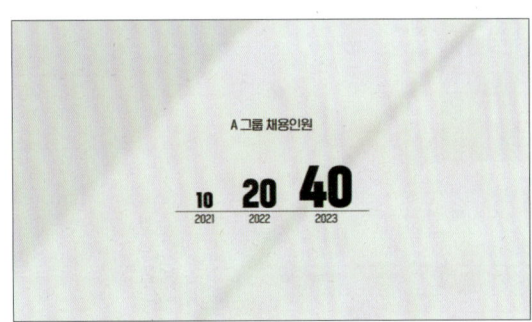
▲ 텍스트 크기로 메시지를 전달하는 방식

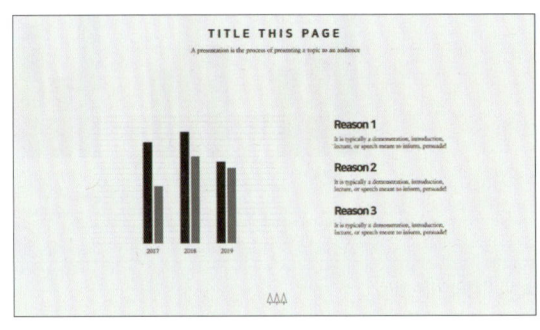
▲ 노트 위에 그려 넣은 듯한 차트 디자인

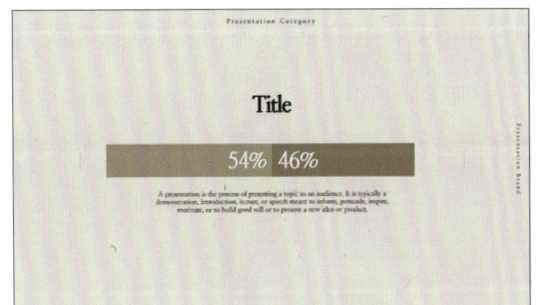
▲ 피피티에 없는 차트 디자인

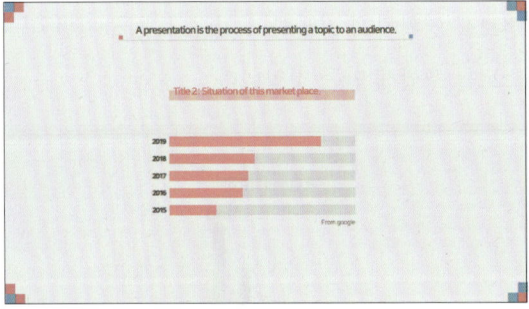
▲ 도형을 겹쳐 전체에서의 비율을 표현한 차트

차트는 반드시 정해진 틀 안에서만 만들어야 하는 도구가 아닙니다. 전달하고자 하는 정보의 성격과 목적에 맞춰 자유롭게 구성하는 것이 더 중요합니다. 기본 차트가 복잡하게 느껴진다면, 도형이나 텍

스트, 아이콘을 활용해 나만의 방식으로 표현해 보세요. 때로는 그 편안한 구성 방식이 더 명확하고 설득력 있는 메시지를 전달할 수 있습니다.

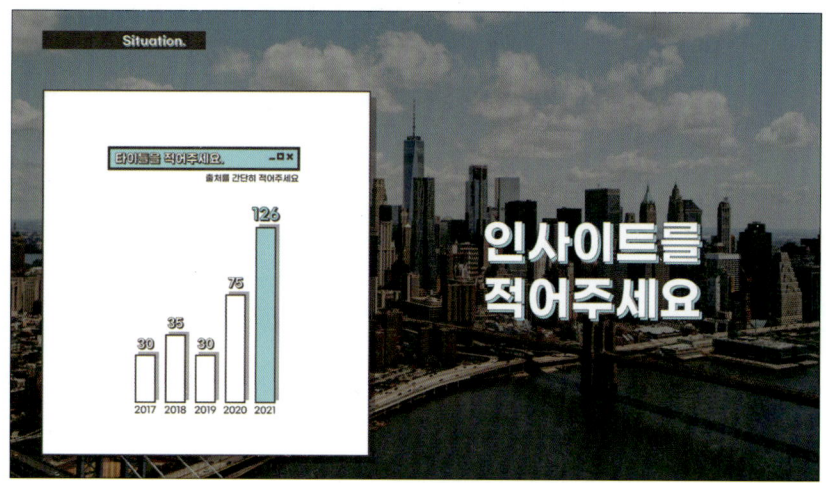

다만 업계나 보고서의 성격에 따라 정확한 수치 기반의 차트를 요구하는 경우에는 기본 차트를 활용하는 편이 더 안전합니다. 상황에 따라 목적에 맞는 방식을 선택하는 것이 중요합니다.

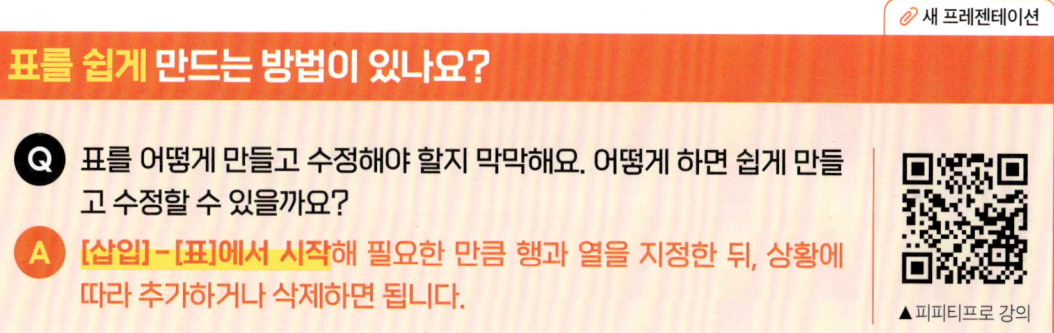

💡 표는 숫자나 일정, 항목별 비교 등 다양한 정보를 정리할 때 가장 자주 사용되는 구성 요소입니다. 복잡한 데이터를 한눈에 보여줄 수 있어 실무에서도 활용도가 높습니다. 하지만 막상 만들려면 행과 열 구성부터 병합, 정렬까지 헷갈리는 부분이 많고, 어떻게 수정해야 할지 막막할 때도 있습니다.
여기에서는 표를 삽입하는 기본적인 방법부터 행·열 추가, 셀 병합, 텍스트 정렬까지 실무에 꼭 필요한 기능을 정리해보겠습니다.

1. 표 삽입하기

메뉴에서 [삽입]-[표]를 선택한 다음, 원하는 열과 행의 개수를 지정하거나 [표 삽입]을 클릭합니다.

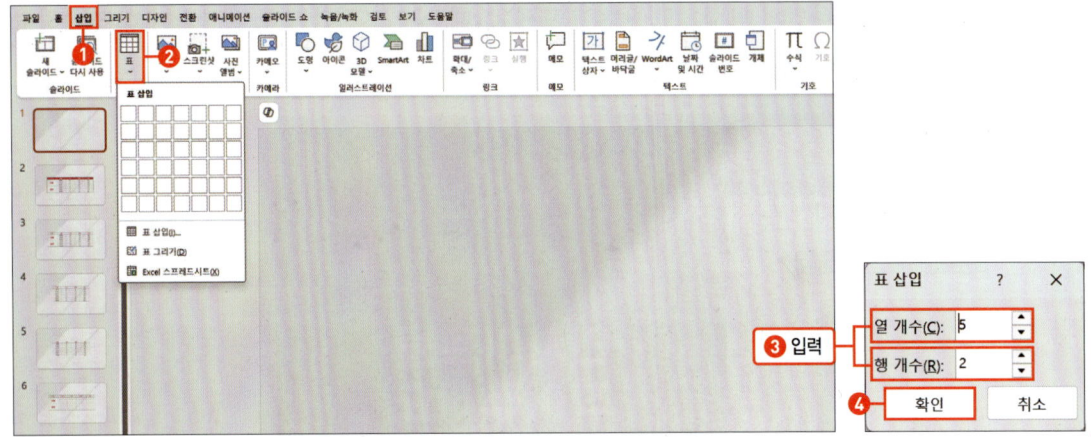

2. 열과 행 추가하기

슬라이드에 삽입된 표에 열이나 행을 추가하려면, 추가할 위치의 셀을 마우스 오른쪽 버튼으로 클릭한 다음 [삽입]을 선택합니다. 예를 들어 표 왼쪽에 열을 추가하려면 [왼쪽에 열 삽입]을 클릭하면 됩니다.

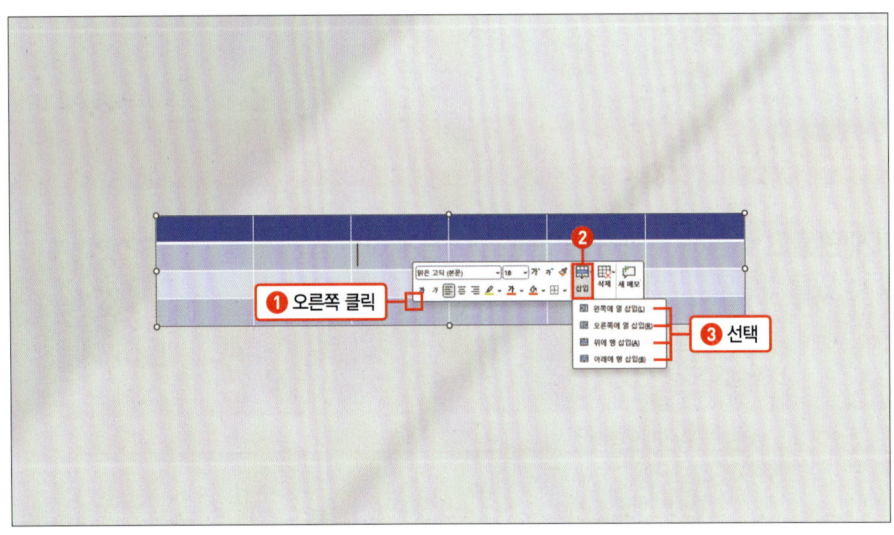

TIP

'열'과 '행'이 헷갈릴 때는 아이콘을 보고 선택하면 실수를 줄일 수 있습니다.

3. 열과 행 삭제하기

열이나 행을 삭제하려면, 삭제할 위치의 셀을 마우스 오른쪽 버튼으로 클릭한 뒤 [삭제]를 선택하고 [열 삭제] 또는 [행 삭제]를 클릭합니다. 이때 선택한 셀이 포함된 전체 열 또는 행이 삭제되므로 처음 선택에 주의해야 합니다.

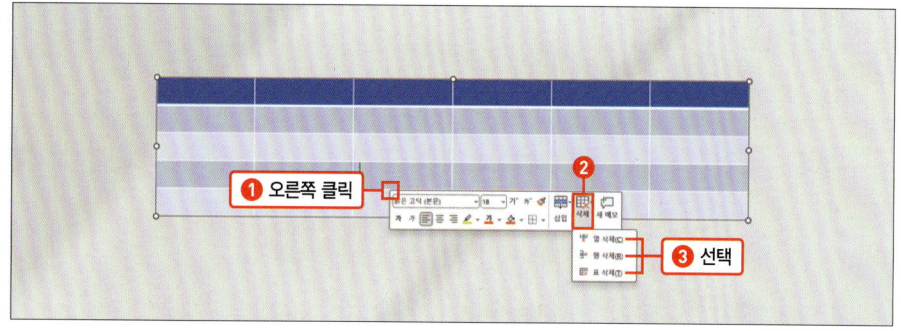

4. 셀 병합 및 분할하기

두 개 이상의 셀을 하나로 합치려면, 합칠 셀을 드래그해 선택한 상태에서 마우스 오른쪽 버튼을 클릭하고 [셀 병합]을 선택합니다.

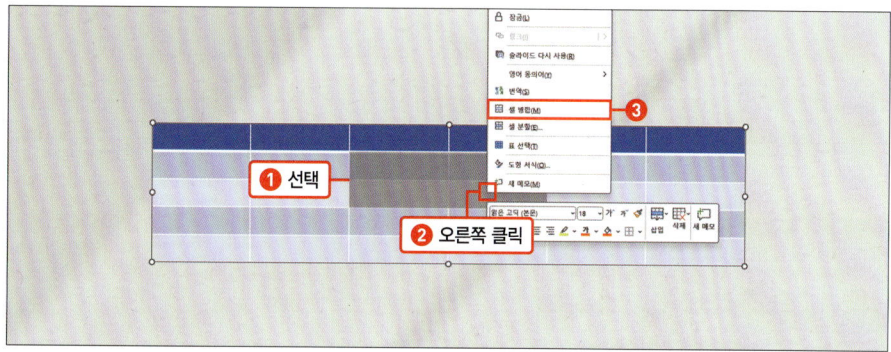

한 개의 셀을 나누고 싶다면, 해당 셀을 마우스 오른쪽 버튼으로 클릭한 뒤 [셀 분할]을 선택하고 나눌 열 또는 행의 개수를 입력합니다. 열로 나누면 세로 방향으로, 행으로 나누면 가로 방향으로 셀이 분할됩니다.

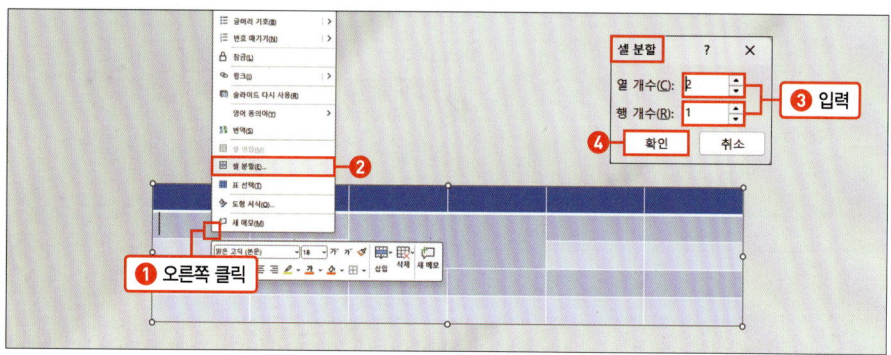

5. 텍스트 정렬하기

기본적인 글꼴이나 크기 변경 외에도 [텍스트 정렬]과 [텍스트 맞춤] 기능을 활용하면 각 셀 안의 텍스트는 정밀하게 정렬할 수 있습니다. 예를 들어 표의 텍스트를 선택하고 메뉴에서 [홈]-[텍스트 맞춤]

의 [왼쪽 정렬], [위쪽 맞춤]을 선택하면 셀의 왼쪽 위부터 텍스트가 입력되고, [오른쪽 정렬], [아래쪽 맞춤]을 선택하면 오른쪽 아래를 기준으로 정렬됩니다.

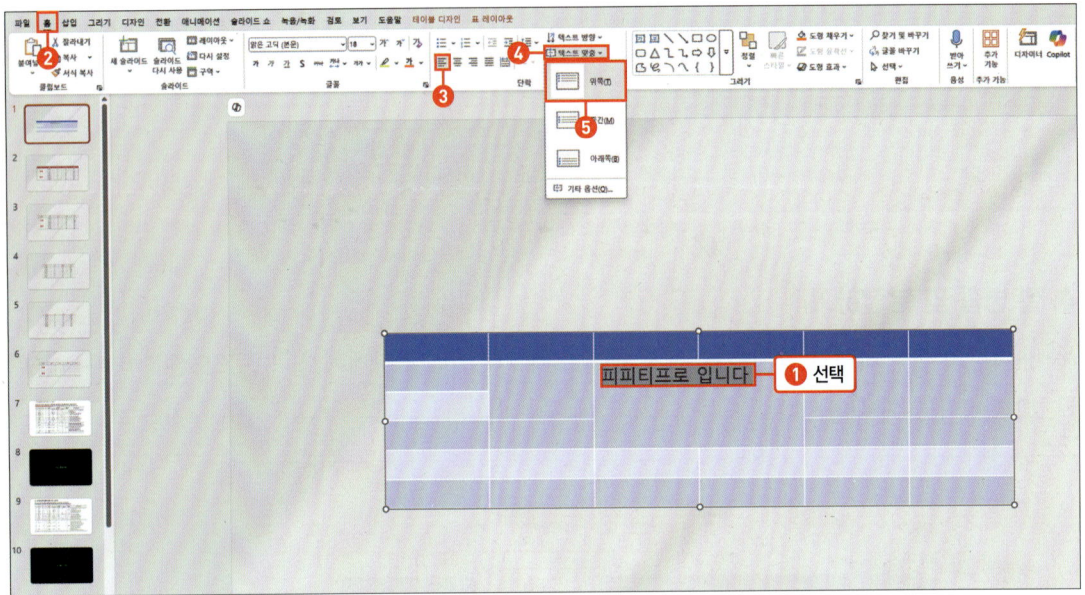

▲ 텍스트 왼쪽 위 맞춤

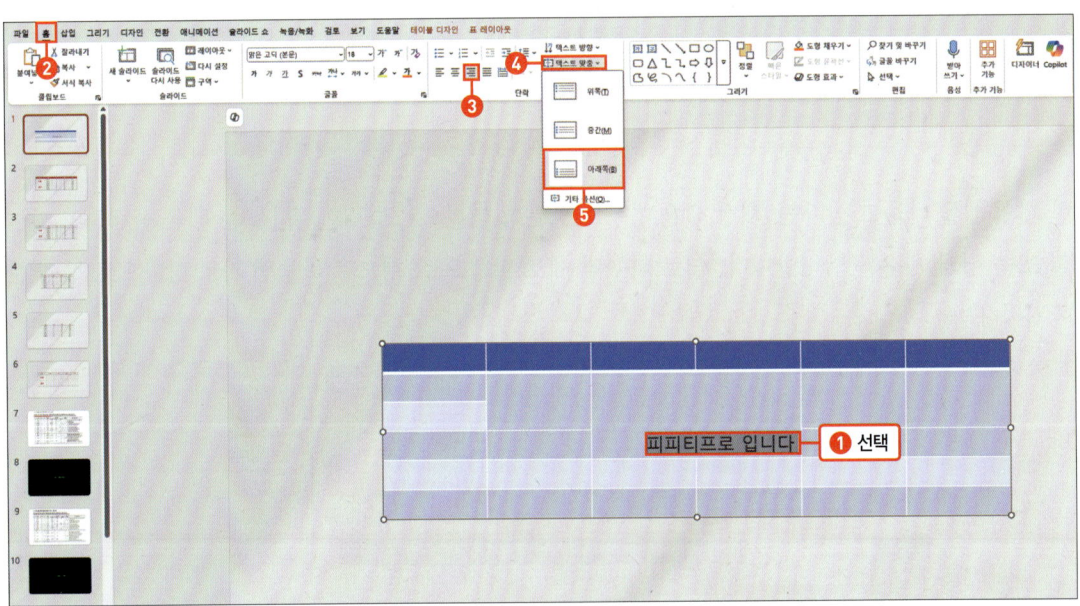

▲ 텍스트 오른쪽 아래 맞춤

표는 복잡한 데이터를 한눈에 정리할 수 있는 실용적인 도구입니다. 기본 기능만 잘 익혀두어도 원하는 형태로 빠르게 구성할 수 있고, 발표 자료의 완성도도 높일 수 있습니다. 표를 단순히 삽입하는 데 그치지 않고, 구조와 정렬을 조금만 조정해 보는 것만으로도 훨씬 보기 좋은 슬라이드를 만들 수 있습니다.

표를 좀 더 보기 좋게 만들 수 있을까요?

Q 기본 표는 너무 밋밋해서 사용하기가 애매해요. 어떻게 하면 더 깔끔하게 꾸밀 수 있을까요?

A 테두리 두께나 구획선 조정 등 <u>간단한 디자인</u>만으로도 표를 훨씬 정돈되고 세련되게 만들 수 있습니다.

💡 표는 단순히 데이터를 나열하는 데 그치지 않고, 디자인을 조금만 다듬어도 훨씬 더 명확하고 세련된 인상을 줄 수 있습니다. 특히 실무에서는 정보 전달의 속도와 명확성이 중요한 만큼, 구조와 테두리 정리만 잘해도 슬라이드의 완성도가 달라집니다.

여기에서는 기본 표에 몇 가지 디자인 요소만 더해도 어떻게 전달력이 높아지는지를 함께 살펴보겠습니다.

테두리 두께 조절

강조하고 싶은 영역이나 표의 바깥쪽 테두리를 두껍게 설정하면, 정보 구획이 더 명확해지고 표 전체가 정돈된 인상을 줍니다.

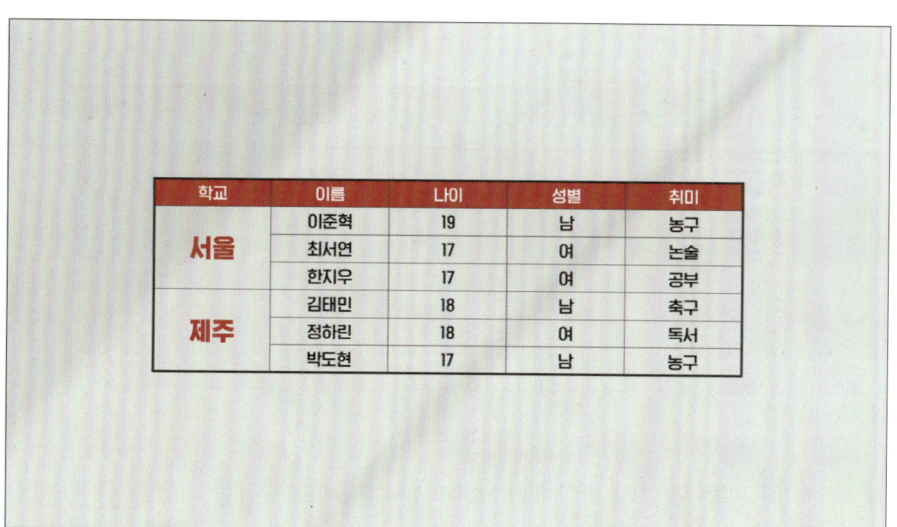

테두리 두께를 변경하려면, 적용할 영역을 드래그하여 셀을 선택한 뒤 메뉴의 [테이블 디자인]-[테두리 그리기]에서 [선 두께]를 적절하게 조정합니다. 그런 다음 [테두리]에서 [바깥쪽 테두리]를 선택하면 깔끔한 테두리를 적용할 수 있습니다.

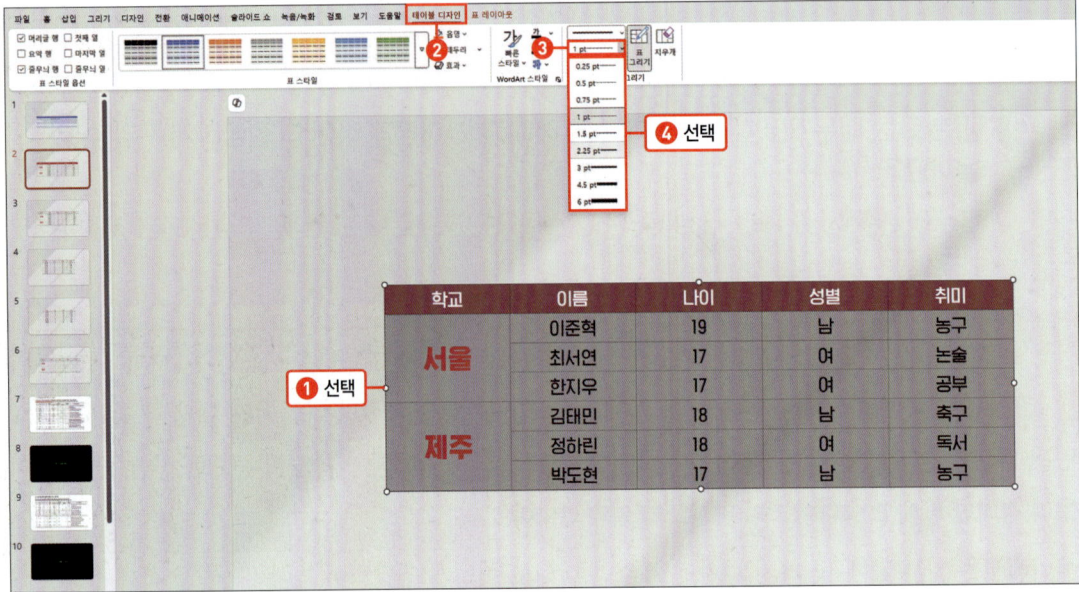

▲ 테두리 두께 설정

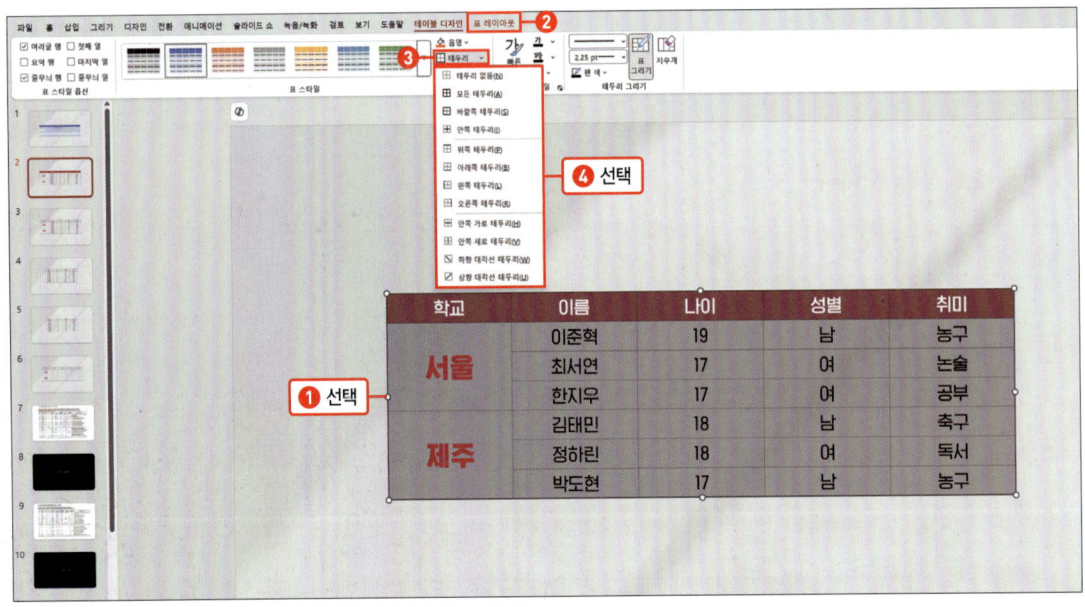

▲ 바깥쪽 테두리 설정

정보의 구획에 따라 위쪽이나 왼쪽 등 특정 방향에만 테두리를 설정해도 깔끔한 인상을 줄 수 있습니다.

학교	이름	나이	성별	취미
서울	이준혁	19	남	농구
	최서연	17	여	논술
	한지우	17	여	공부
제주	김태민	18	남	축구
	정하린	18	여	독서
	박도현	17	남	농구

바깥 테두리 제거

표의 바깥쪽 테두리를 제거하면 시각적인 부담을 줄이고 훨씬 더 가볍고 세련된 느낌을 줄 수 있습니다.

학교	이름	나이	성별	취미
서울	이준혁	19	남	농구
	최서연	17	여	논술
	한지우	17	여	공부
제주	김태민	18	남	축구
	정하린	18	여	독서
	박도현	17	남	농구

구획 선 삭제

표가 지나치게 촘촘해 보인다면 각 항목을 구분하는 구획선을 제거해보세요. 불필요한 선을 줄이면 표가 더 간결하고 깔끔하게 정리되어 시각적인 집중도가 높아집니다.

이름	나이	성별	취미
이준혁	19	남	농구
최서연	17	여	논술
한지우	17	여	공부
김태민	18	남	축구
정하린	18	여	독서
박도현	17	남	농구

구획선을 삭제하려면 각 열을 드래그하여 선택한 다음 메뉴에서 [테이블 디자인]-[테두리]를 선택한 다음 [오른쪽 테두리]나 [왼쪽 테두리]를 클릭하면 됩니다.

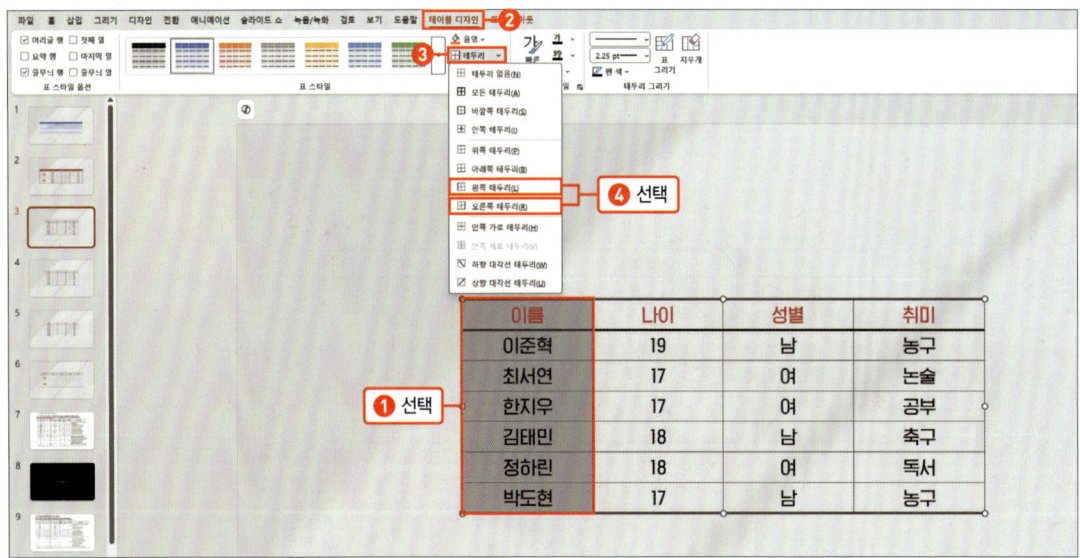

선택된 열의 왼쪽과 오른쪽 구획선이 삭제되므로 홀수 열이나 짝수 열의 구획선을 선택하여 삭제하거나 구획선을 선택한 상태에서 F4 를 누르면 반복 작업을 줄일 수 있습니다.

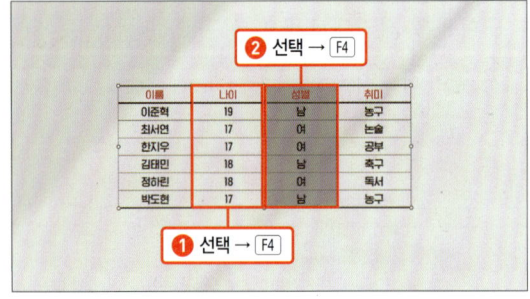

표는 작은 디자인 요소 하나만 더해도 정보 전달력과 가독성이 크게 달라집니다. 꼭 복잡한 서식이나 스타일을 적용하지 않아도, 테두리 정리나 구획선 조정만으로도 슬라이드를 훨씬 깔끔하게 만들 수 있습니다. 지금 소개한 간단한 방법들만 잘 활용해도, 실무에서 더 설득력 있는 자료를 만들 수 있을 것입니다.

> 📎 엑셀표, 피피티표
>
> ## 엑셀 표 데이터를 피피티로 쉽게 가져올 수 없나요?
>
> **Q** 엑셀의 데이터를 피피티로 가져오면 서식이 사라지는데 쉽게 가져올 수 없을까요?
>
> **A** **내용 복사**와 **서식 복사**를 동시에 하면 서식을 유지한 채로 빠르게 내용을 가져올 수 있습니다.

💡 실무에서 피피티로 표 작업을 할 때, 대부분의 데이터는 엑셀에서 복사해오는 경우가 많습니다. 하지만 이 과정에서 가장 큰 문제는 바로 '서식'입니다. 엑셀 데이터를 그대로 붙여 넣으면 엑셀 스타일의 서식이 적용되기 때문에, 다시 피피티에 맞게 수정해야 하는 번거로움이 생깁니다.

이럴 땐 [서식 복사] 기능을 함께 사용하면, 내용은 엑셀에서 가져오고 서식은 피피티 스타일로 유지할 수 있어 훨씬 편리합니다.

1 엑셀에서 피피티로 옮길 데이터 영역을 선택한 다음 복사(Ctrl+C)합니다.

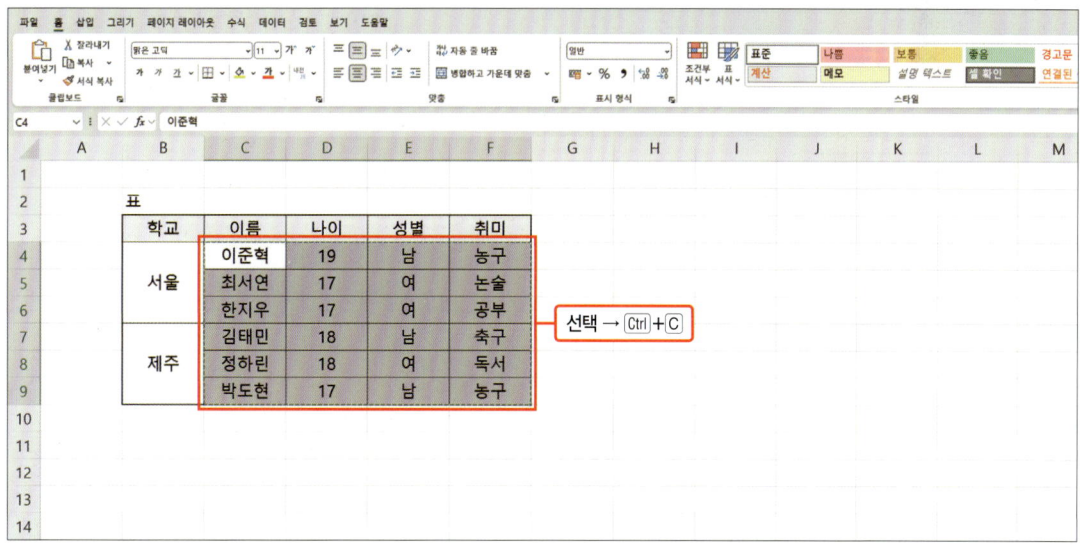

2 서식이 적용된 표를 선택한 다음 Ctrl+Shift+C를 눌러 서식을 복사합니다. 이렇게 하면 **1**에서 복사한 엑셀의 데이터와 피피티에서 복사한 서식이 동시에 복사된 것입니다.

3 피피티 표에서 데이터를 붙여넣기할 영역을 선택하고 Ctrl+V를 눌러 **1**에서 복사한 엑셀의 데이터를 붙여 넣습니다.

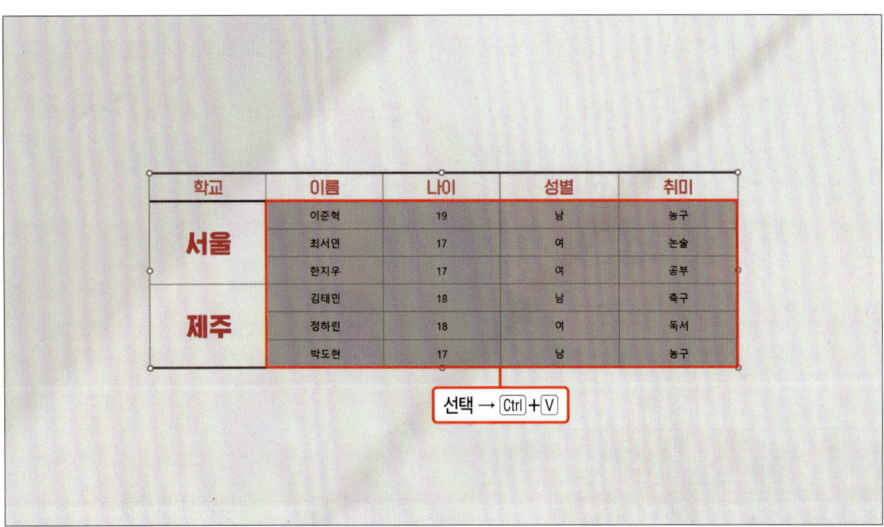

4 데이터가 붙여넣기된 상태에서 Ctrl+Shift+V를 누르면 서식이 붙여넣기됩니다. 이렇게 하면 엑셀 표의 내용이 피피티 서식에 맞춰 깔끔하게 정리됩니다.

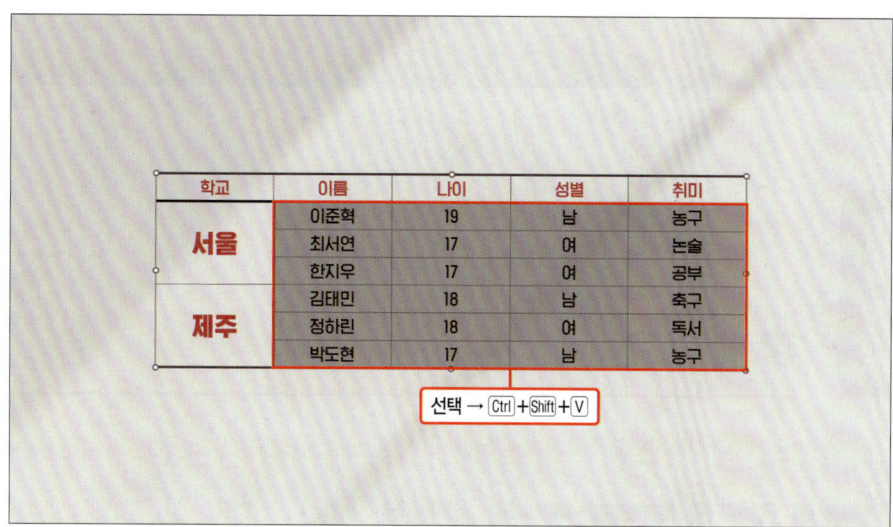

이 방법은 엑셀 데이터를 피피티 표로 옮길 때 특히 유용합니다. 보고서, 발표 자료, 회의 정리 등에서 엑셀 데이터를 활용하는 일이 많은 만큼, 매번 서식을 다시 설정하는 번거로움을 줄이는 것이 실무 속도와 완성도 모두에 도움이 됩니다.

서식 복사 기능을 함께 사용하면, 원하는 디자인을 유지하면서도 빠르게 데이터를 반영할 수 있어 자료 작업이 훨씬 수월해집니다. 엑셀과 피피티를 자주 오가는 작업 환경이라면 꼭 익혀두는 것을 추천합니다.

3장

피피티프로의 디자인 수업

같은 내용이라도 디자인에 따라 피피티의 인상은 완전히 달라질 수 있습니다. 하지만 대부분의 사용자는 디자인에 대한 전문 지식이 부족해 어떻게 꾸며야 할지 막막함을 느끼곤 하죠. 사실 피피티 디자인은 복잡한 기술보다 몇 가지 간단한 원칙만 알고 있어도 충분히 달라질 수 있습니다. [3장]에서는 누구나 손쉽게 따라 할 수 있는 실용적인 피피티 디자인 방법을 알아보겠습니다.

POWERPOINT. IN THIS CASE, LIKE THIS!

- ☑ 피피티 고수가 되는 마인드셋
- ☑ 피피티가 정돈되어 보이는 레이아웃
- ☑ 올바른 피피티 구성법
- ☑ 피피티에 생동감을 더하는 방법
- ☑ 피피티 디자인 필살기
- ☑ 피피티의 무한한 확장, 3D 모델 활용법

CHAPTER 13

피피티 고수가 되는 마인드셋

피피티의 기능을 많이 알고 있다고 해서 좋은 프레젠테이션을 만들 수 있는 것은 아닙니다. 기능은 작업을 더 쉽고 빠르게 해 주는 도구일 뿐, 진짜 중요한 건 내용을 어떻게 구성하고 전달하느냐입니다. 좋은 프레젠테이션을 위해서는 다양한 기능보다도 프레젠테이션의 기본기를 갖추고 있어야 합니다. 여기서는 좋은 프레젠테이션을 위한 기본기에 대해 알아보겠습니다.

좋은 피피티 디자인, 어디서부터 시작해야 할까요?

 디자인을 잘하고 싶은데 먼저 무엇부터 생각해야 할까요?

 좋은 예시를 따라 만들다 보면 생각보다 많은 것들을 얻을 수 있습니다.

▲ 피피티프로 강의

피피티는 흰색 배경의 빈 슬라이드부터 시작됩니다. 아무리 오랜 경력을 가진 사용자라 하더라도, 이 단계에서 곧바로 완성도 높은 결과물을 만들어내는 일은 결코 쉽지 않습니다. 좋은 디자인은 하루아침에 완성되지 않습니다. 처음에는 막연하게 느껴질 수 있지만, 잘 만든 디자인의 슬라이드를 따라 만들어 보는 것만으로도 많은 것을 배울 수 있습니다. 어디에 시선을 두고, 어떤 흐름으로 정보를 배치하는지 관찰하고 따라 하다 보면 디자인의 감각과 구성력은 자연스럽게 길러지기 마련입니다.

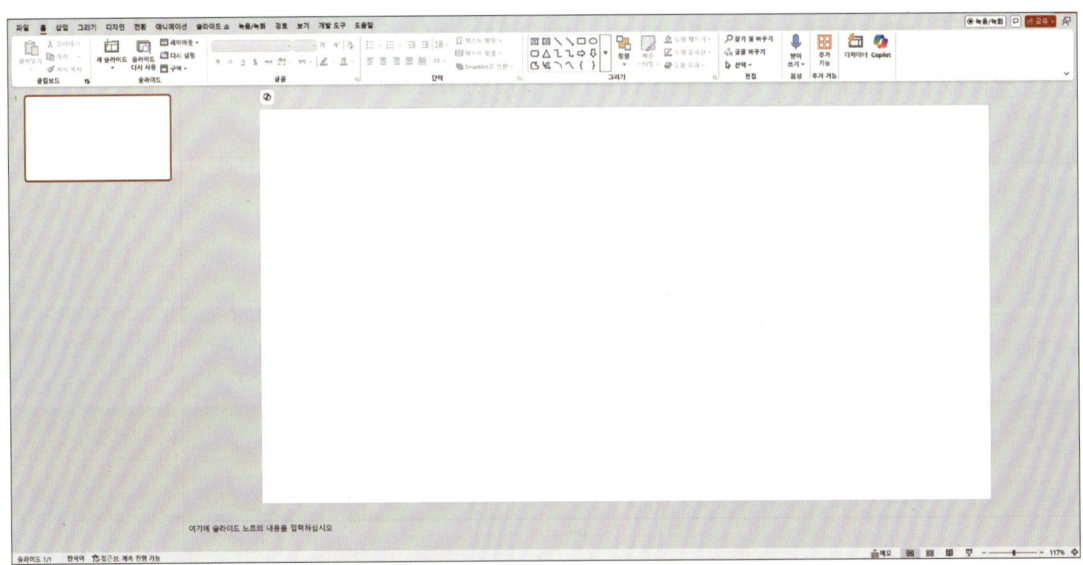

피피티를 시작하기 전에는 네이버나 구글 같은 검색 사이트 또는 핀터레스트(Pinterest) 같은 레퍼런스 사이트를 먼저 살펴보세요. 'ppt design', 'powerpoint design', '피피티 디자인', '파워포인트 디자인' 등의 키워드로 검색하면 다양한 슬라이드 디자인 예시를 참고할 수 있어 아이디어를 얻는 데 도움이 됩니다.

마음에 드는 디자인을 발견했다면, 해당 디자인을 참고하여 피피티에서 직접 따라 만들어 보세요. 이 과정을 통해 구현에 필요한 기능과 좋은 디자인의 구조를 체득할 수 있습니다.

▲ 검색한 참고 자료

▲ 피피티에서 구현한 슬라이드

TIP
참고한 디자인을 완벽하게 재현할 필요는 없습니다. 가능한 수준까지 최대한 따라 해 본 뒤, 부족한 부분은 스스로 방법을 찾아 적용해 보세요. 이렇게 직접 해결한 경험은 기억에 오래 남고, 실전에서 더 큰 힘을 발휘합니다.

단순한 모방 작업만으로도 도형을 어떻게 사용하는지, 텍스트 색상은 어떻게 조합하는지, 개체의 배치는 어떤 방식으로 이루어지는지를 자연스럽게 익힐 수 있습니다.

▲ 검색한 참고 자료

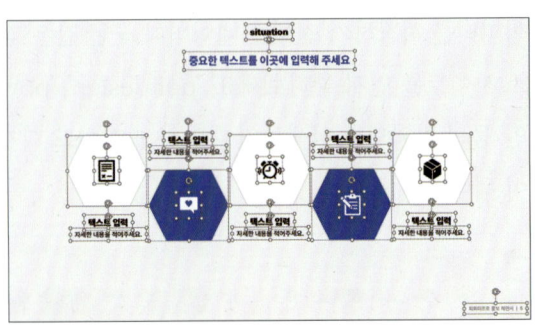
▲ 피피티에서 구현한 슬라이드

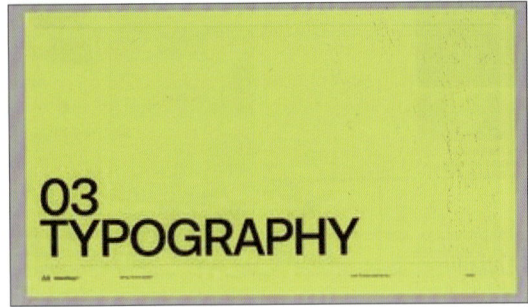
▲ 검색한 참고 자료

▲ 피피티에서 구현한 슬라이드

'모방은 창조의 어머니다'라는 말이 있죠? 잘 만든 슬라이드를 따라 하다 보면 빠르게 완성도 있는 슬라이드를 만드는 실력이 길러질 뿐 아니라, 좋은 디자인을 판단할 수 있는 시각적 기준도 함께 생깁니다. 이런 방식은 단기간에 피피티 실력을 향상시키는 데 매우 효과적인 학습법이 됩니다.

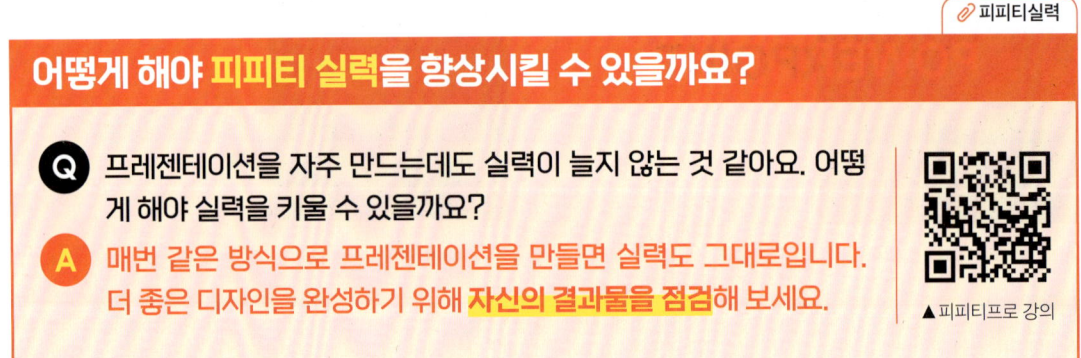

💡 매번 익숙한 방식으로만 슬라이드를 만들면 실력도 제자리걸음일 수밖에 없습니다. 더 나은 결과물을 만들기 위해선 다양한 예시를 참고하고, 자신의 작업과 끊임없이 비교해 보는 태도가 필요합니다. 비교와 점검이 반복되면 자연스럽게 눈이 트이고 실력도 함께 자라납니다.

프레젠테이션을 만들다 보면, 정성을 들여 구성했음에도 불구하고 어딘가 아쉬움이 남는 경우가 있습니다. 이럴 때 대부분의 사용자는 해당 슬라이드의 일부 요소를 직접 수정하는 방식으로 개선을 시도합니다. 도형의 색상을 바꾸거나 텍스트의 폰트와 배치를 조정하며, 더 나은 화면 구성을 찾기 위해 다양한 시도를 반복합니다.

 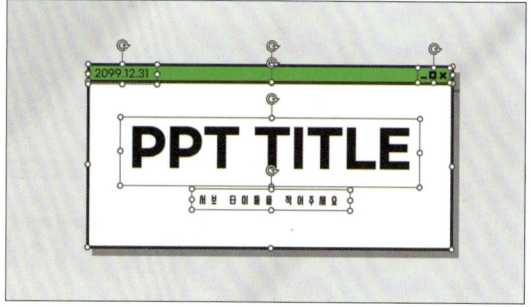

▲ 1차로 만든 디자인 위에 그대로 수정

이 방식은 빠르게 진행된다는 장점이 있으나, 그 결과물이 과연 최선인지 판단하기 어려운 경우가 많습니다. 디자인 감각에 크게 의존하게 되고, 오히려 작업 시간이 길어지는 상황도 발생합니다. 보다 객관적인 판단을 돕기 위해, 다음과 같은 방법을 권장합니다.

1 슬라이드 목록에서 복제할 슬라이드를 선택한 후 Ctrl+D를 눌러 슬라이드를 하나 복제합니다.

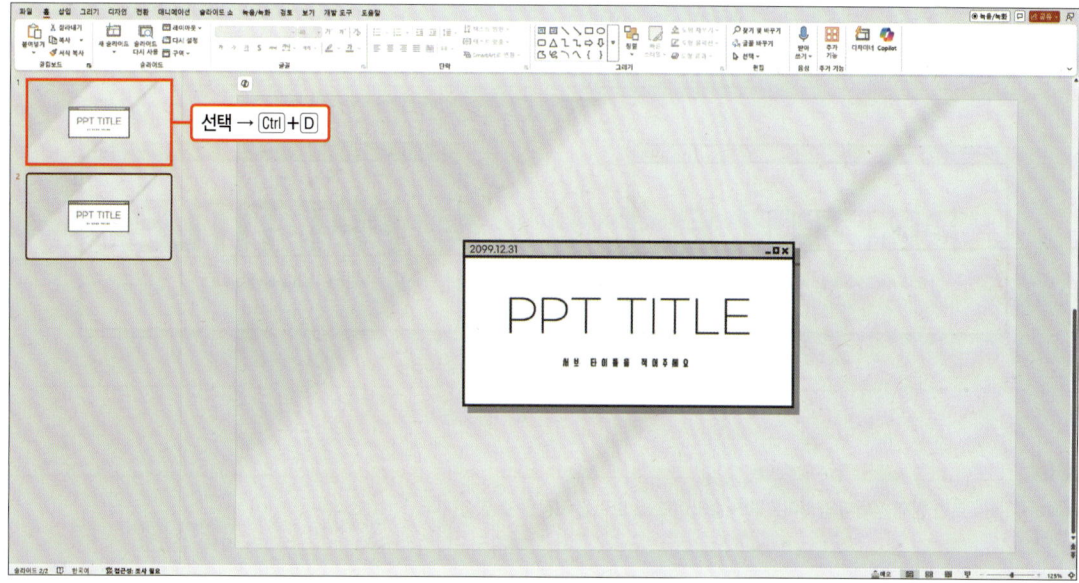

2 복제된 슬라이드를 기존과 동일한 방식으로 수정합니다. 도형의 색상이나 텍스트의 구성 등을 새롭게 조정해 또 하나의 버전을 완성합니다.

3 수정을 완료한 다음 슬라이드 쇼를 실행하여 처음 만든 슬라이드와 수정한 슬라이드를 비교하며 더 완성도 높은 좋은 구성의 슬라이드를 선택해 보세요. 디자인에 대한 감각이 부족하더라도 두 버전 중 어느 쪽이 더 완성도가 높고 설득력이 있는지를 판단하는 것은 어렵지 않습니다.

▲ 1차 완성 슬라이드

▲ 수정 슬라이드

> **TIP**
> Shift + F5 를 누르면 현재 선택된 슬라이드부터 슬라이드 쇼 보기를 시작할 수 있습니다.

4 선택한 슬라이드를 기준으로 다른 슬라이드는 삭제하고 다시 복제하여 **2**와 같은 방법으로 디자인을 보완하는 과정을 반복합니다.

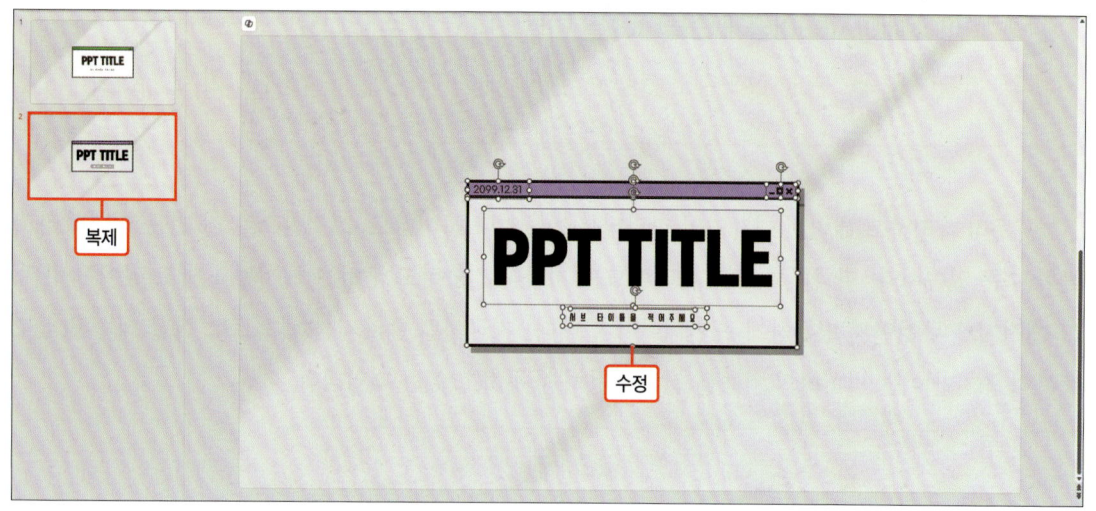

이 과정을 여러 차례 반복하다 보면 처음 만들었던 슬라이드와 최종 결과물은 전혀 다른 모습이 됩니다. 슬라이드를 비교하고 선택하는 이 작은 루틴은 작업 결과를 발전시키고 실력을 높이는 데 효과적인 방법입니다.

▲ 처음 완성한 슬라이드

▲ 최종 완성된 슬라이드

잘 만든 피피티는 뭘까요?

 피피티 페이지를 어떻게 만들어야 잘 만들었다고 할 수 있나요?

 의도를 명확하고 **효과적으로 전달하는** 피피티가 가장 잘 만들어진 피피티입니다.

💡 아무리 화려하고 세련된 디자인의 피피티를 만들었다 하더라도, 그것만으로 '잘 만든 피피티'라고 말할 수는 없습니다. 피피티의 모든 슬라이드는 저마다 전달하고자 하는 메시지를 담고 있어야 하며, 그 메시지가 무엇인지 명확하게 표현되어야 합니다. 지금처럼 메시지를 텍스트로 직접 적는 방식도 충분히 좋지만 이는 피피티의 기능을 전혀 사용하지 못하고 있는 것입니다.

한 페이지가 좋은 피피티가 되기 위해서는, 메시지를 보다 효과적으로 전달할 수 있는 방식에 대해 고민하는 과정이 필요합니다. 예를 들어, 한 페이지에 간단한 화살표로 표현돼 있던 메시지를 두 페이지로 나누고, 흑백에서 컬러로 전환하며 '컬러 마케팅'이라는 핵심 단어를 강조할 수 있습니다.

> **TIP**
>
> 메시지를 텍스트로만 전달한다면, 워드나 엑셀과 다를 바 없습니다. 피피티는 시각적으로 보여주는 도구인 만큼, 구성과 표현 방식에 대한 고민이 꼭 필요합니다.

이 페이지도 마찬가지로 A라는 아웃도어 브랜드가 B, C, D 브랜드에 비해 전문성 측면에서 낮게 인식되고 있다는 메시지를 전달하고자 했습니다. 이는 '초기 효과'와 '선점 효과' 때문이라는 분석에서 비롯된 내용입니다.

이를 표현할 때, 아웃도어 브랜드의 특성을 고려해 '산을 오르는 형태'로 디자인하고, A 브랜드가 다른 브랜드들의 수준에 오르지 못한다는 형태로 슬라이드를 구성했습니다. 같은 메시지라도, 더 효과적인 표현 방식이 있는지 고민하는 과정이 필요합니다.

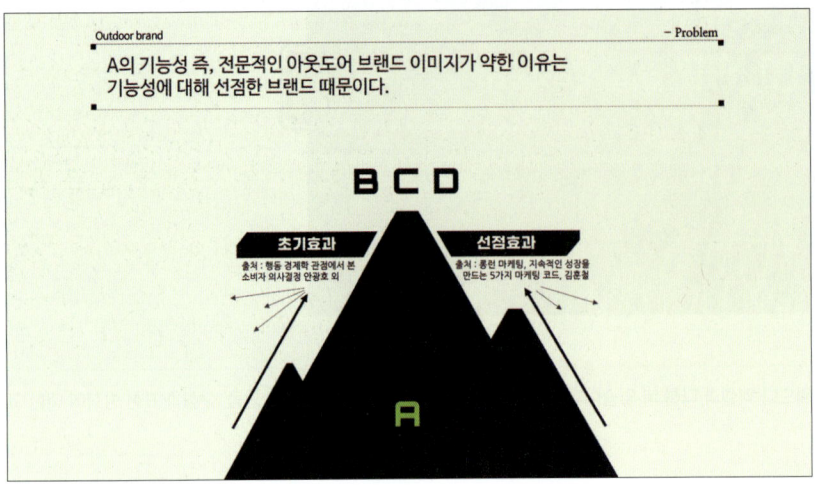

피피티를 만들 때 이처럼 각 페이지마다 메시지 전달 방식에 대해 고민하는 과정을 반복하다 보면, 단지 좋은 결과물을 만드는 데 그치지 않고, 피피티 실력 자체가 빠르게 향상됩니다.

강한 인상을 주는 피피티는 어떻게 만드나요?

Q 임팩트 있는 프레젠테이션을 만들고 싶은데, 좋은 방법 없나요?
A 때로는 익숙한 틀을 깨는 **과감함**이 필요합니다. 도전적인 프레젠테이션을 만들어보세요.

💡 프레젠테이션을 만들다 보면 결과물이 다소 평범하거나 밋밋하게 느껴질 때가 있습니다. 도형, 텍스트, 전체적인 구성도 깔끔하게 정리되어 있지만, 오히려 너무 무난하게 보이기도 하죠. 이럴 때 필요한 건 익숙한 틀을 깨는 과감함입니다. 어떻게 보일지 걱정하기보다는, 강조할 부분은 더 크고 대담하게 표현하는 편이 훨씬 효과적일 수 있습니다.

▲ 일반적인 피피티 슬라이드

▲ 과감하게 디자인한 피피티 슬라이드

예를 들어, 도형이 슬라이드 밖으로 빠져나가도 괜찮습니다. 모든 요소를 얌전히 화면 안에 맞추는 데 집중하기보다 크기와 위치에 변화를 주는 방식이 메시지를 더 강하게 전달할 수 있습니다.

▲ 도형이 슬라이드 영역을 크게 벗어나지만, 오히려 좋은 디자인

텍스트도 마찬가지입니다. 중요한 메시지라면 기존보다 훨씬 크게 확대해 보는 것이 좋습니다. 슬라이드의 균형이 다소 무너지더라도 시선이 먼저 닿는 자리에 강한 메시지가 있는 구성이 더 강하게 전달될 수 있습니다.

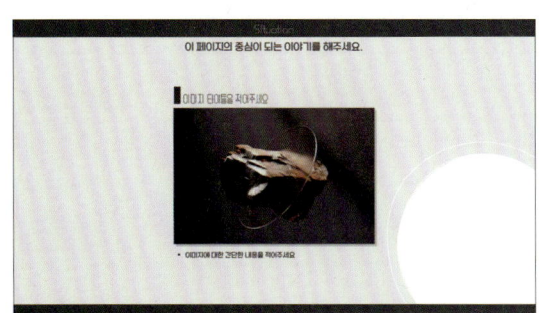
▲ Before

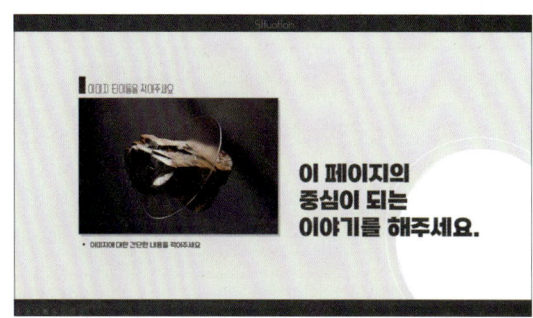
▲ After

이미지도 항상 정사각형 틀 안에 배치하거나 여백을 남기는 방식만 고집할 필요는 없습니다. 슬라이드 전체를 이미지로 채우거나, 이미지의 일부분만 확대해 배치하는 방식도 좋은 선택이 될 수 있습니다.

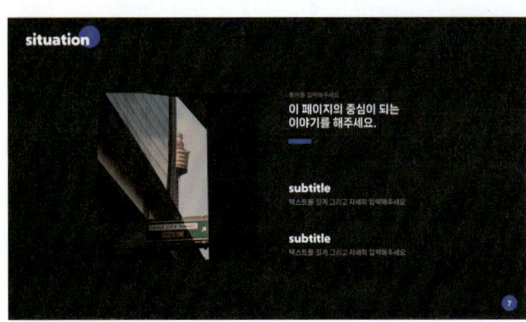

▲ Before

▲ After

> **TIP**
>
> 이미지를 크기 조절할 때는 반드시 비율을 유지해야 합니다. 비율이 깨지면 이미지 품질이 낮아 보이고, 전체 슬라이드의 완성도도 떨어질 수 있습니다.

평범한 슬라이드를 벗어나고 싶다면 일반적인 수준의 수정보다는 슬라이드 전체의 형태를 과감하게 바꿔보는 것이 더 효과적일 수 있습니다.

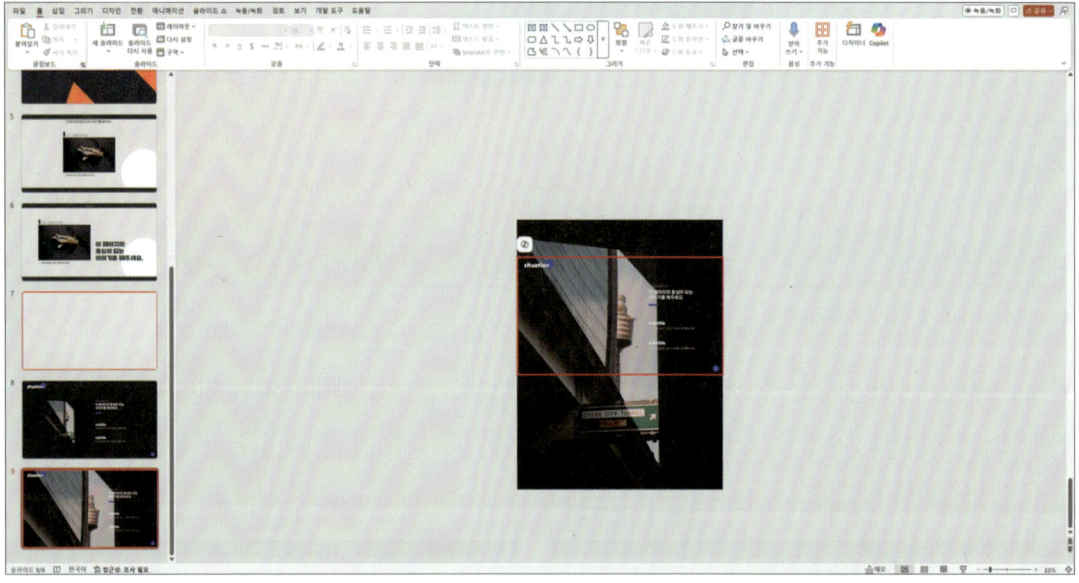

피피티가 정돈되어 보이는 레이아웃

CHAPTER 14

내가 만든 피피티는 왜 늘 어딘가 정신없고 정리가 안 된 것처럼 보일까요? 컬러나 폰트 같은 디자인 요소보다 더 중요한 건, 슬라이드 안의 요소들을 어떻게 배치하느냐, 즉 레이아웃 구성 방식에 있습니다. 같은 내용, 같은 스타일이라도 레이아웃에 따라 피피티의 완성도는 전혀 다르게 느껴집니다.

이번 장에서는 깔끔하고 정돈된 느낌을 주는 레이아웃의 기본 원칙과 실무에서 빠르게 적용할 수 있는 활용법을 함께 살펴보겠습니다.

🔖 정돈

내가 만든 피피티는 왜 **깔끔**해 보이지 않을까요?

Q 정돈된 디자인으로 슬라이드를 만들었는데, 왜 깔끔해 보이지 않을까요?

A 슬라이드에 삽입한 요소들을 제대로 **정렬**하기만 해도, 전체적인 인상이 훨씬 정돈되어 보일 수 있습니다.

▲ 피피티프로 강의

💡 폰트도 통일하고 색상도 신경 썼는데, 왜 슬라이드는 여전히 어수선해 보일까요? 디자인 요소를 잘 갖췄다고 생각했는데도 뭔가 정리가 안 된 느낌이 든다면, 레이아웃의 정렬 상태를 먼저 점검해 볼 필요가 있습니다. 다음 피피티의 공통점은 무엇일까요? 그리고 어떤 느낌이 드나요?

 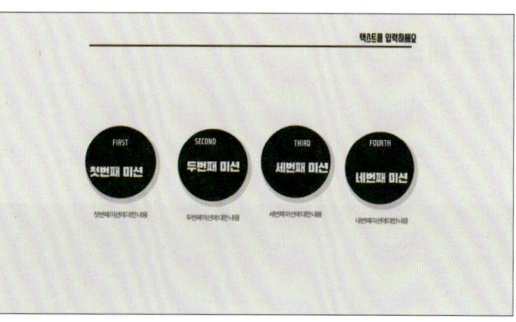

그렇다면 이 피피티는 어떤가요? 폰트, 색상, 이미지와 같은 디자인 요소는 모두 동일하게 구성되어 있습니다. 다만 한 가지 다른 점이 있다면 바로 정렬입니다.

 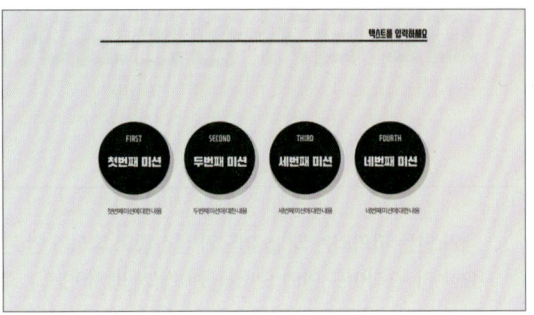

이처럼 피피티에서 정렬은 매우 중요합니다. 정렬이 잘 된 슬라이드는 그 자체로 안정감을 주며, 전달하려는 메시지를 더욱 명확하게 보여줍니다. 같은 내용과 디자인이라도 정렬만 잘해도 전혀 다른 인상을 줄 수 있습니다.

피피티에서 레이아웃을 구성할 때 가장 기본이자 핵심이 되는 작업 중 하나가 바로 정렬입니다. 정렬이란 슬라이드 안에 있는 텍스트, 도형, 이미지 같은 요소들을 일정한 기준에 따라 가지런히 배치하는 것을 말합니다.

겉보기에 단순한 작업처럼 보일 수 있지만, 정렬이 제대로 이루어지지 않으면 아무리 내용이 좋아도 어수선하고 미완성된 느낌을 줄 수 있습니다. 특히 피피티처럼 시각적으로 정보를 전달하는 문서에서는 요소 간의 간격, 정렬 방향, 화면의 균형감이 메시지의 명확성과 집중도를 크게 좌우합니다. 결국 정렬은 단순한 위치 조정 이상의 역할을 하며, 전체 레이아웃의 완성도를 결정짓는 기준이 됩니다.

그렇다면 정렬은 어떻게 해야 할까요? 어떤 기준으로 정렬해야 할지 막막하다면, 우선 이 장에서 소개하는 기준을 따라 슬라이드 안의 요소들을 정리해 보세요. 훨씬 깔끔하고 안정감 있는 레이아웃을 만들 수 있을 것입니다.

가로 세로 정렬

가장 먼저 해야 할 일은 전체 레이아웃을 구상한 뒤, 슬라이드에 배치된 각 요소를 그 레이아웃에 맞춰 가로와 세로 방향으로 균형 있게 정렬하는 것입니다.

피피티에서 요소를 정렬할 때는 [맞춤] 기능을 사용합니다. 가로 또는 세로 방향으로 정렬할 요소를

선택한 상태에서 메뉴의 [도형/그림 서식]-[맞춤]을 클릭해 보세요.

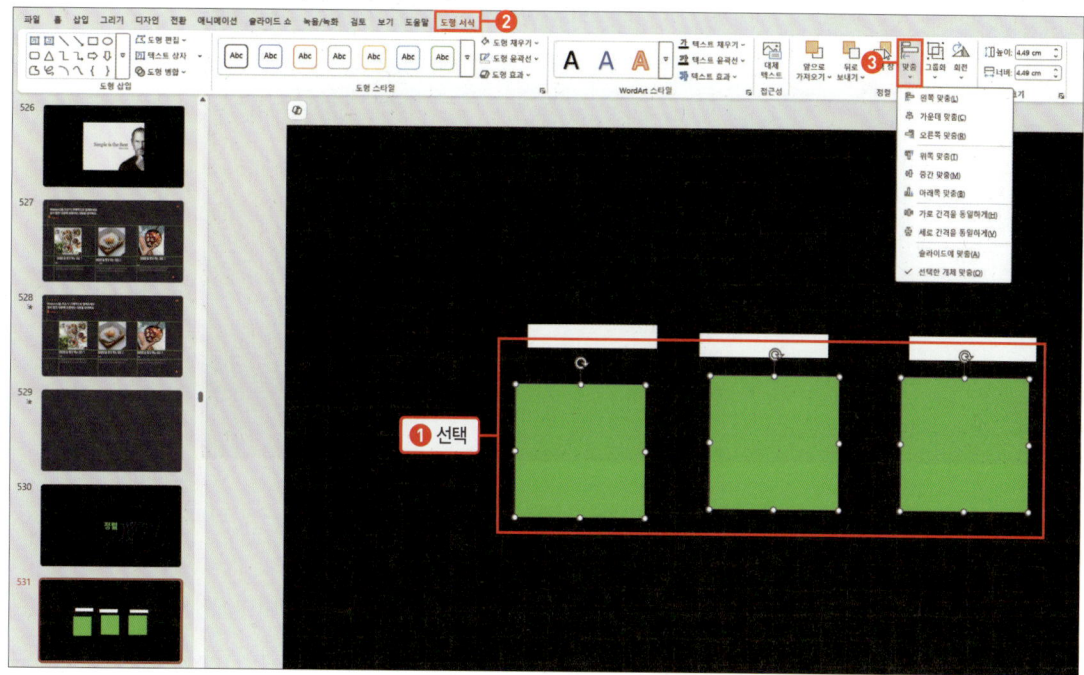

가로 정렬을 할 때는 [위쪽 맞춤]이나 [아래쪽 맞춤] 기능을, 세로 정렬을 할 때는 [왼쪽 맞춤]이나 [오른쪽 맞춤] 기능을 활용하면 됩니다. 정렬 기능을 사용할 때는 도형이나 요소가 정렬될 방향을 기준으로 어떤 정렬 옵션이 적절한지 판단하는 것이 중요합니다. 예를 들어, 여러 개의 도형을 세로로 나열하고 싶다면 [왼쪽 맞춤]을, 가로로 정렬하고 싶다면 [위쪽 맞춤]을 선택해 가상의 레이아웃 기준에 맞춰 정렬해 보세요.

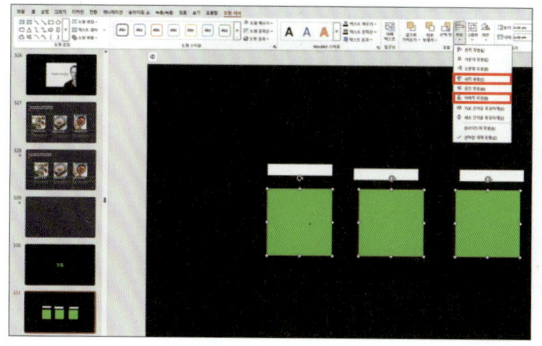 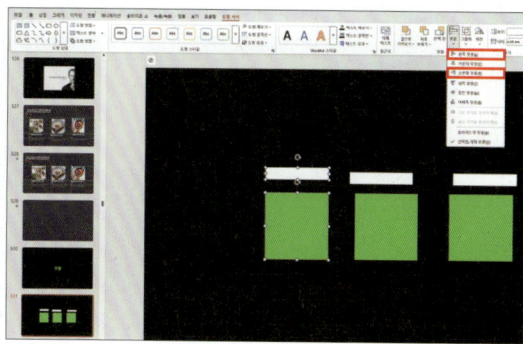

가로와 세로를 기준으로 슬라이드 안의 요소를 정렬하면, 다음과 같이 보다 깔끔하게 배치할 수 있습니다.

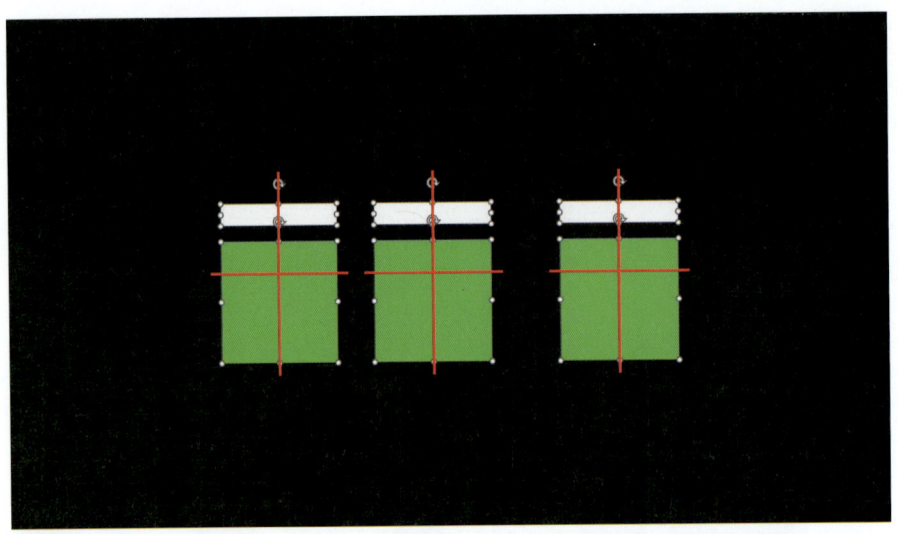

간격 정렬

가로와 세로 정렬을 맞췄다면, 이제는 요소 간 간격을 일정하게 조정해야 합니다. 현재 슬라이드는 흰색 도형과 연두색 도형이 하나의 그룹을 이루며, 총 세 개의 그룹으로 구성되어 있습니다. 이처럼 여러 그룹이 있을 경우, 그룹 간 간격을 균일하게 정렬해야 전체적으로 안정감 있는 슬라이드를 완성할 수 있습니다.

먼저, 각 흰색 도형과 연두색 도형을 선택한 다음 Ctrl + G 를 눌러 그룹화합니다.

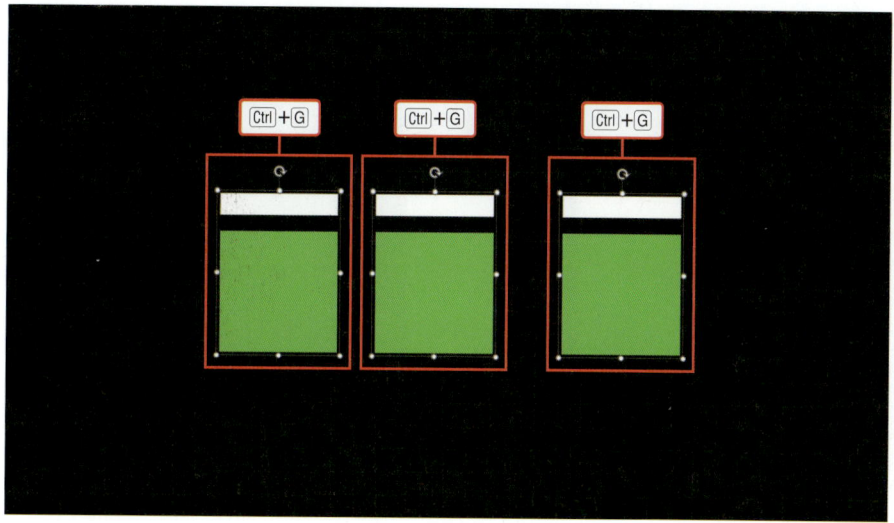

그룹화된 세 개의 그룹을 모두 선택한 다음 메뉴에서 [도형 서식]-[맞춤]-[가로 간격을 동일하게]를 선택하면 간격을 일정하게 배치할 수 있습니다.

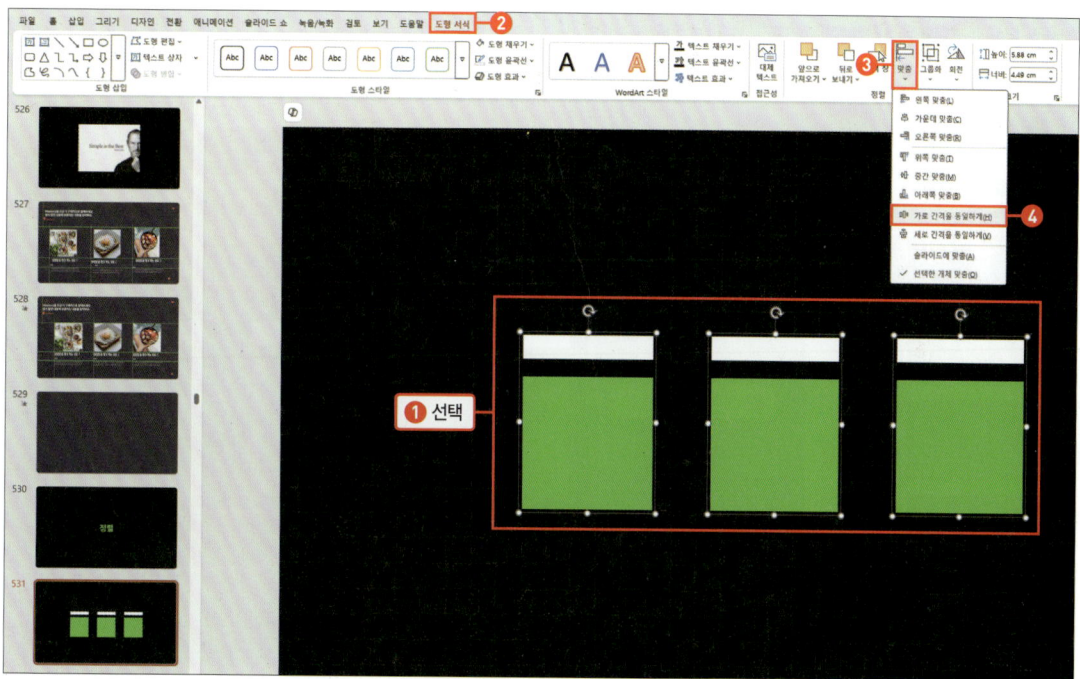

여백 정렬

요소 간 간격까지 정리했다면, 이제는 전체 슬라이드 안에서 중앙에 배치되도록 정렬할 차례입니다.

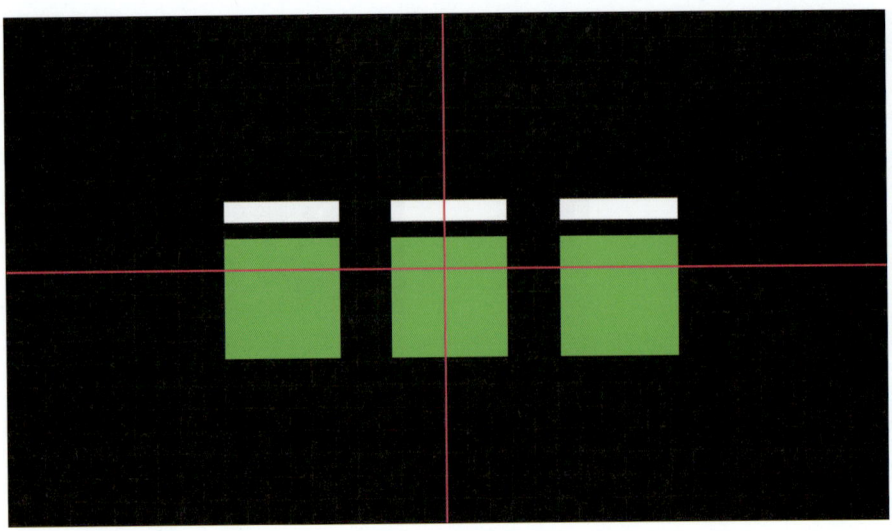

앞서 그룹화한 도형들을 모두 선택한 후 다시 한번 Ctrl+G를 눌러 그룹화한 상태에서 [도형 서식]-[맞춤]-[가운데 맞춤], [중간 맞춤]을 선택하면 슬라이드 중앙에 정렬할 수 있습니다.

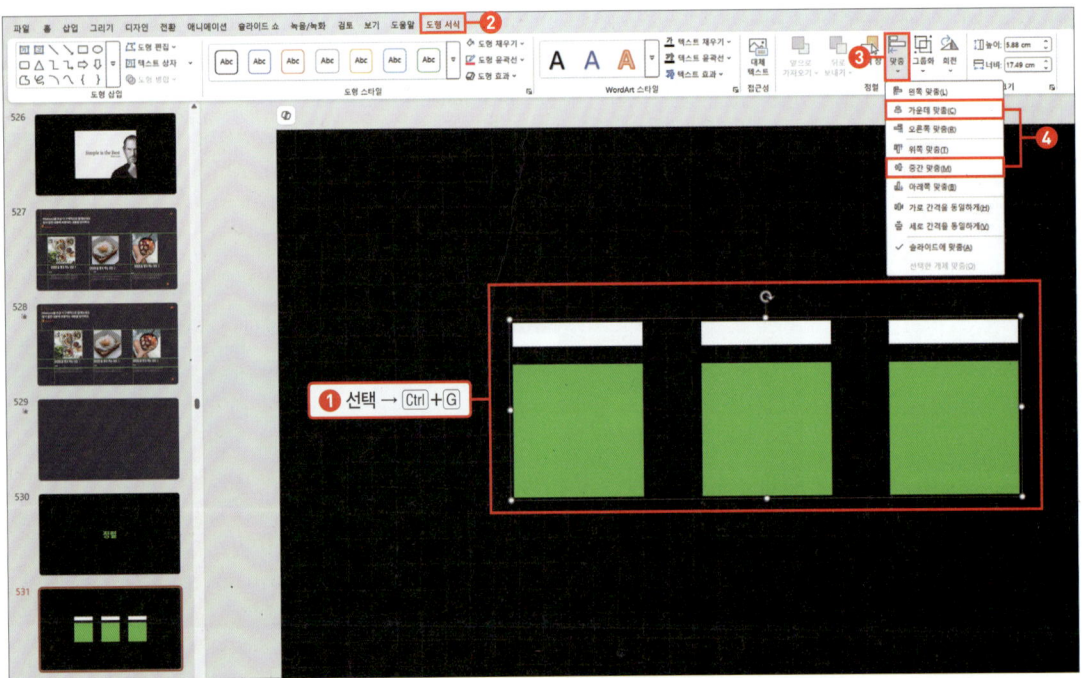

슬라이드에 다른 요소가 함께 배치되어 있거나, 특정한 디자인 의도가 있는 경우에는 반드시 중앙 정렬을 고집할 필요는 없습니다. 의도에 따라 유연하게 조정하는 것이 더 자연스러운 레이아웃을 완성하는 데 도움이 됩니다.

좀 더 쉽고 빠르게 정렬 기능을 사용할 수 있을까요?

정렬하는 방법은 알지만, 매번 메뉴를 선택하다 보면 생각보다 시간이 오래 걸립니다. 이럴 때는 [맞춤] 기능을 [빠른 실행 도구 모음]에 추가해 두는 것이 좋습니다. 자주 사용하는 정렬 기능을 등록해 두면, 메뉴를 오가는 번거로움 없이 빠르게 작업할 수 있습니다.

또한 [PowerPoint 옵션]의 [빠른 실행 도구 모음] 설정에서 [도구 모음 및 위치]를 [리본 아래]로 변경하면, 슬라이드와 더 가까운 위치에 도구가 표시되어 명령을 조금 더 빠르게 선택할 수 있습니다.

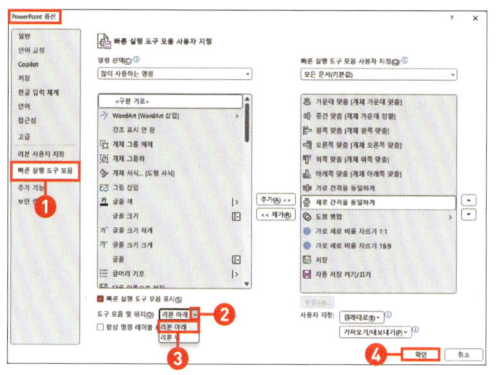

> **TIP**
>
> 빠른 실행 도구 모음에 대한 자세한 내용은 47쪽을 참고하세요.

이미 [빠른 실행 도구 모음]에 맞춤 기능을 추가해 활용하고 있더라도, 반복 작업이 많아지면 여전히 번거롭게 느껴질 수 있습니다. 이럴 때는 단축키를 함께 활용하면 훨씬 빠르고 효율적으로 작업할 수 있습니다.

[빠른 실행 도구 모음]에 [맞춤] 기능을 추가해둔 상태라면 Alt 를 누를 때 각 명령에 할당된 숫자가 함께 표시됩니다. 예를 들어 도형을 가운데 배치하고 싶다면, 설정된 순서에 따라 Alt → 1, Alt → 2 와 같이 할당된 키를 누르면 메뉴를 거치지 않고 바로 정렬할 수 있습니다.

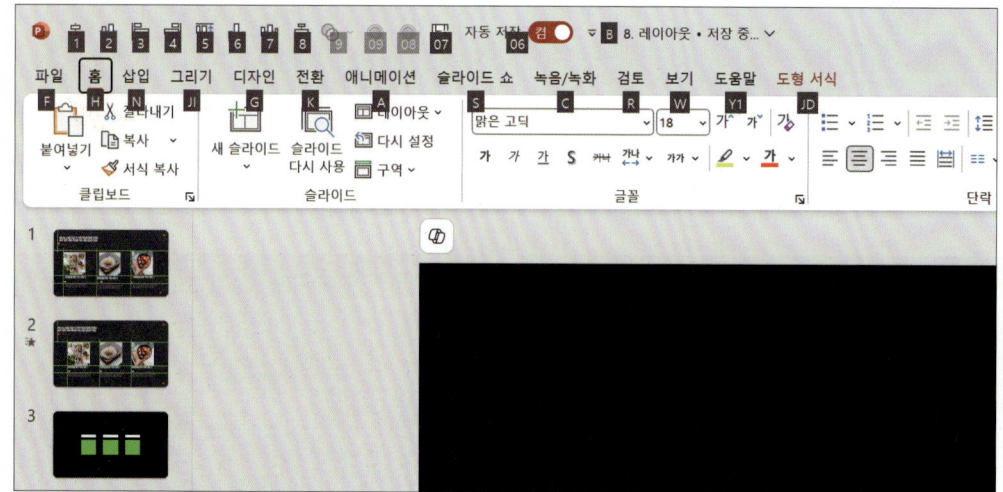

같은 정렬을 반복해야 할 경우에는 F4 를 활용하는 것이 더욱 효율적입니다. 직전에 실행한 정렬 명령이 그대로 반복되기 때문에, 같은 작업을 여러 번 해야 할 때는 Alt 와 숫자키 조합보다 훨씬 빠르게 작업할 수 있습니다.

레이아웃을 어떻게 구성하면 좋을까요?

Q 깔끔하고 완성도 높은 슬라이드를 만들고 싶은데, 레이아웃을 어떻게 잡아야 할까요?

A 레이아웃이 막막하다면 '**여백**'과 '**사각형**', 이 두 가지만 기억해 보세요.

슬라이드를 만들다 보면 어디에 무엇을, 어떻게 배치해야 할지 막막할 때가 많습니다. 전체적인 구조는 잘 잡고 싶은데, 막상 시작하려니 어떻게 구성해야 할지 감이 잡히지 않는 경우도 있죠. 이럴 때는 대단한 디자인 경험이 필요한 것처럼 느껴지지만, 사실 몇 가지 기본 법칙만 지켜도 누구나 쉽게 요소를 배치할 수 있습니다. 내용 전달을 명확하게 하면서도 디자인적으로 안정감을 주는 '레이아웃의 법칙', 어떤 것들이 있는지 함께 알아보겠습니다.

이럴 땐 슬라이드의 여백을 적절히 활용하고, 주제별 내용을 보이지 않는 사각형 안에 넣는 것부터 시작해 보세요. 이렇게 하면 시선이 흩어지지 않고, 전체 구성이 한눈에 들어오는 슬라이드를 만들 수 있습니다.

여백

주요 내용을 중심으로 모으고, 그 주변에 여백을 주면 안정감 있는 슬라이드를 만들 수 있습니다. 내용 주변에 충분한 공간을 남기면 시선이 자연스럽게 집중되고, 화면 전체에 여유와 균형이 생깁니다.

▲ 여백이 충분하지 않은 슬라이드   ▲ 주변부에 충분한 여백이 있는 슬라이드

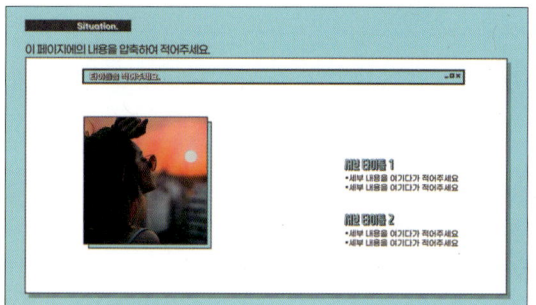
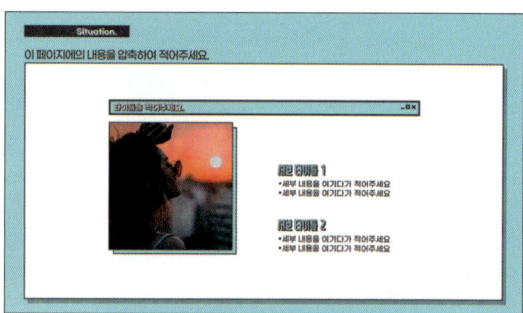

▲ 여백이 충분하지 않은 슬라이드　　　　　　　　▲ 주변부에 충분한 여백이 있는 슬라이드

사각형

슬라이드 안의 요소를 서로 관련 있는 내용끼리 묶어, 보이지 않는 사각형 안에 넣는다고 생각해 보세요. 이렇게 하면 배치가 훨씬 쉬워지고, 주목도와 가독성도 높아져 완성도 있는 슬라이드를 만들 수 있습니다.

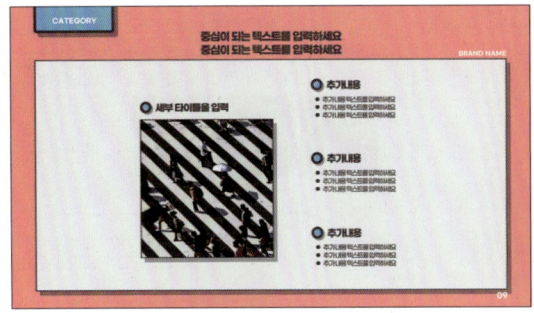
▲ 구성의 틀이 없이 정돈되지 않은 슬라이드

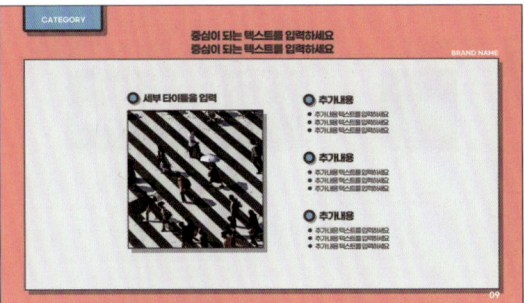
▲ 요소를 보이지 않는 사각형 안에 정리한 슬라이드

사각형 안에 요소들이 들어가니, 별다른 디자인 기법을 사용하지 않아도 깔끔한 인상의 슬라이드를 만들 수 있습니다.

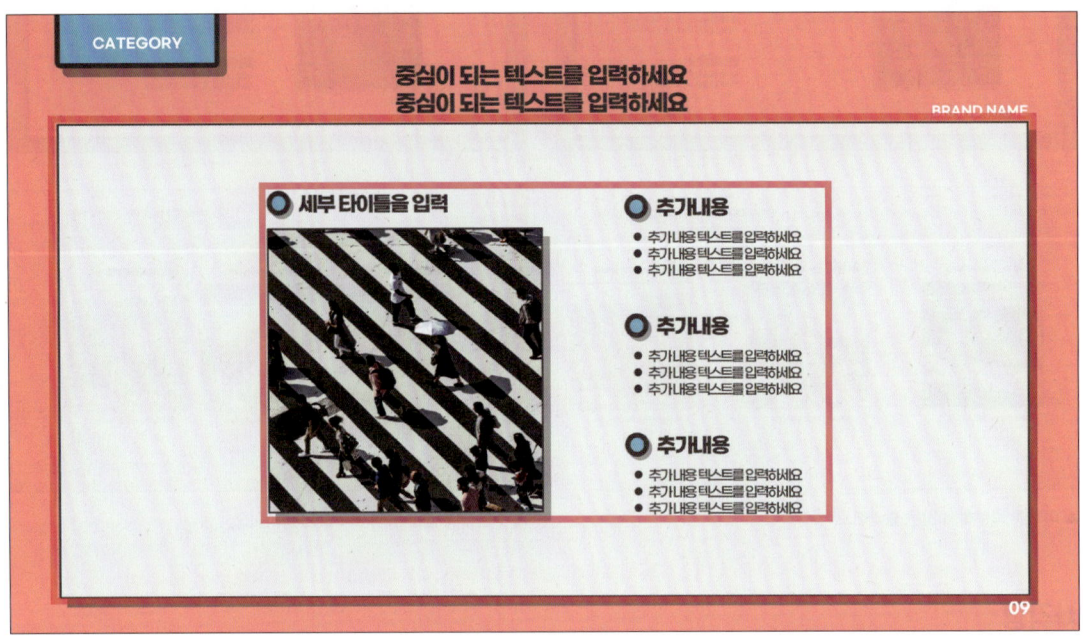

이미지와 텍스트를 함께 제시할 때는, 많은 영역을 차지하는 이미지를 먼저 배치한 후 텍스트를 이미지와 연결된 사각형 형태로 구성하면 깔끔한 슬라이드를 만들 수 있습니다. 특정 부분에 텍스트를 배치해야 하는 경우에는, 슬라이드에 큰 사각형을 설정한 뒤 나머지 영역에 디자인 요소를 배치하면 균형감 있는 구성을 완성할 수 있습니다.

이미지가 중심이 되는 경우에는, 텍스트를 이미지 주변에 적절히 배치하고, 중요한 텍스트는 도형 등을 활용해 이미지와 어우러지는 사각형 안에 명확하게 담아내는 방식으로 디자인하는 것이 효과적입니다.

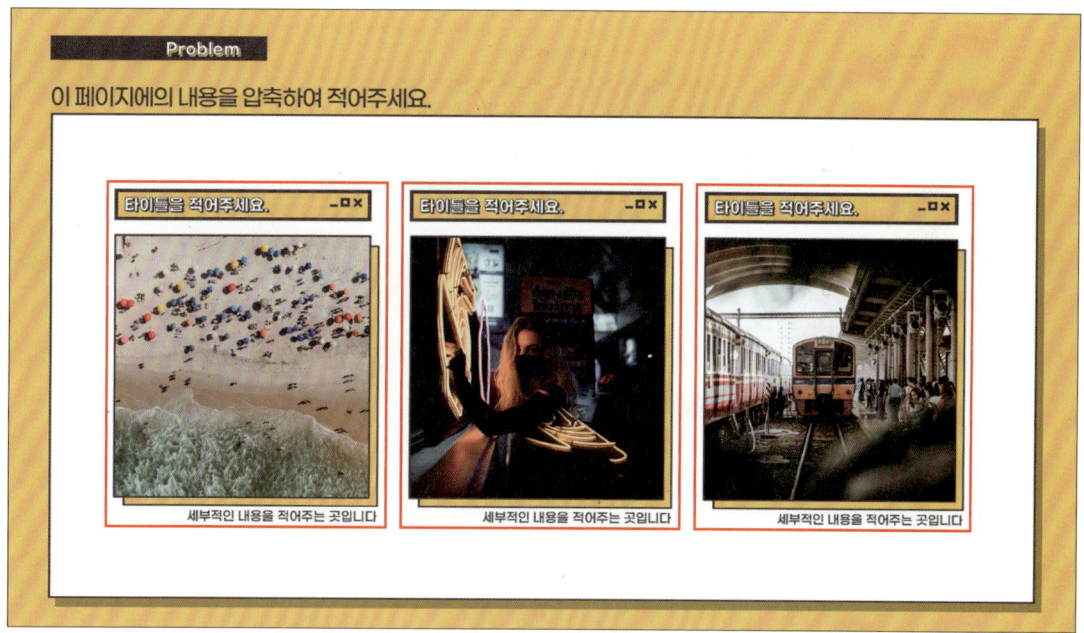

이미지와 함께 하나의 사각형 안에 배치하기 어려운 경우에는, 반드시 사각형을 하나로 구성할 필요 없이 이미지 영역과 텍스트 영역을 나누어 각각 사각형 안에 배치하는 것도 좋은 방법입니다.

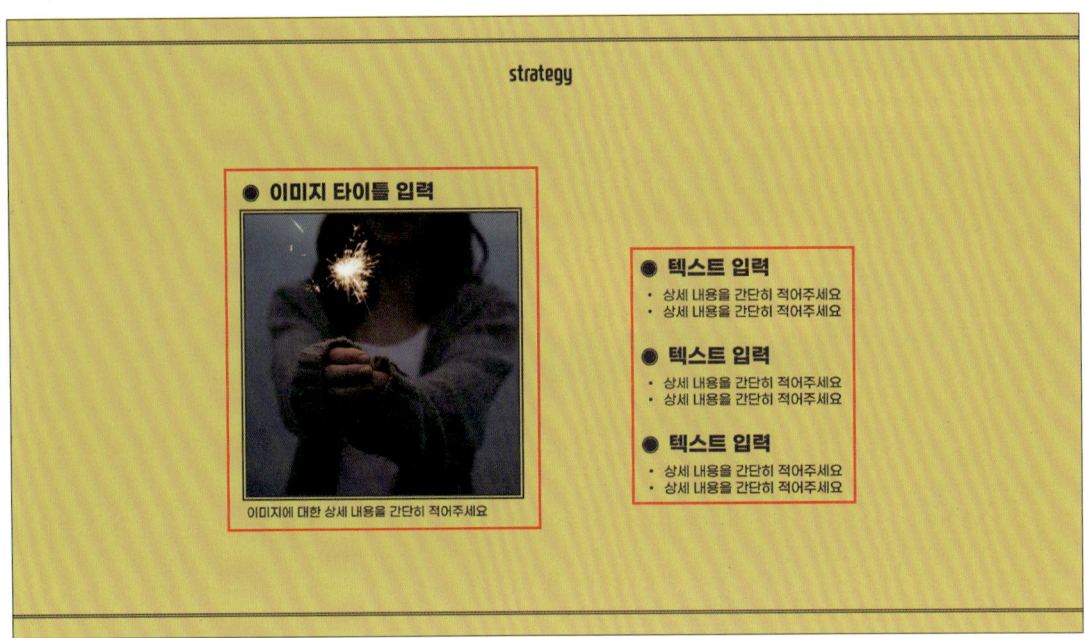

일부 요소만 사각형 안에 배치하는 것도 효과적이지만, 때로는 슬라이드 내 모든 요소를 하나의 큰 사각형 안에 넣는 방식도 유용합니다. 방법은 간단하지만, 결과적으로 훨씬 깔끔하고 정돈된 인상을 줄 수 있습니다.

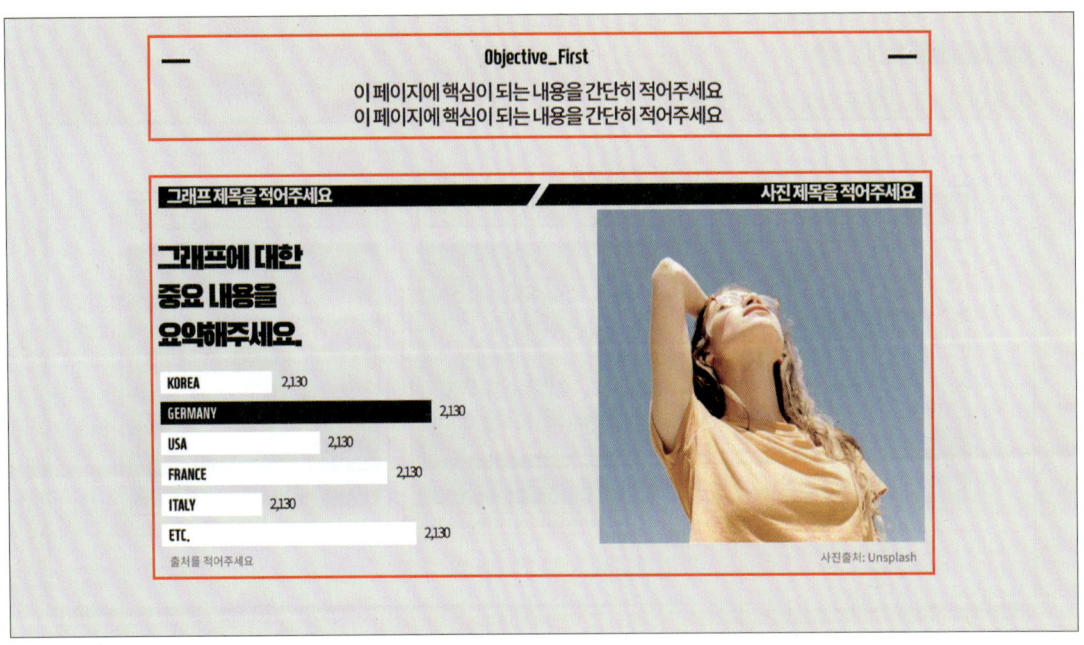

원형 차트처럼 사각형 안에 정확히 포함하기 어려운 요소라도, 대략적인 위치를 사각형의 중심에 맞춘다는 생각으로 배치하면 훨씬 쉽게 정리할 수 있습니다.

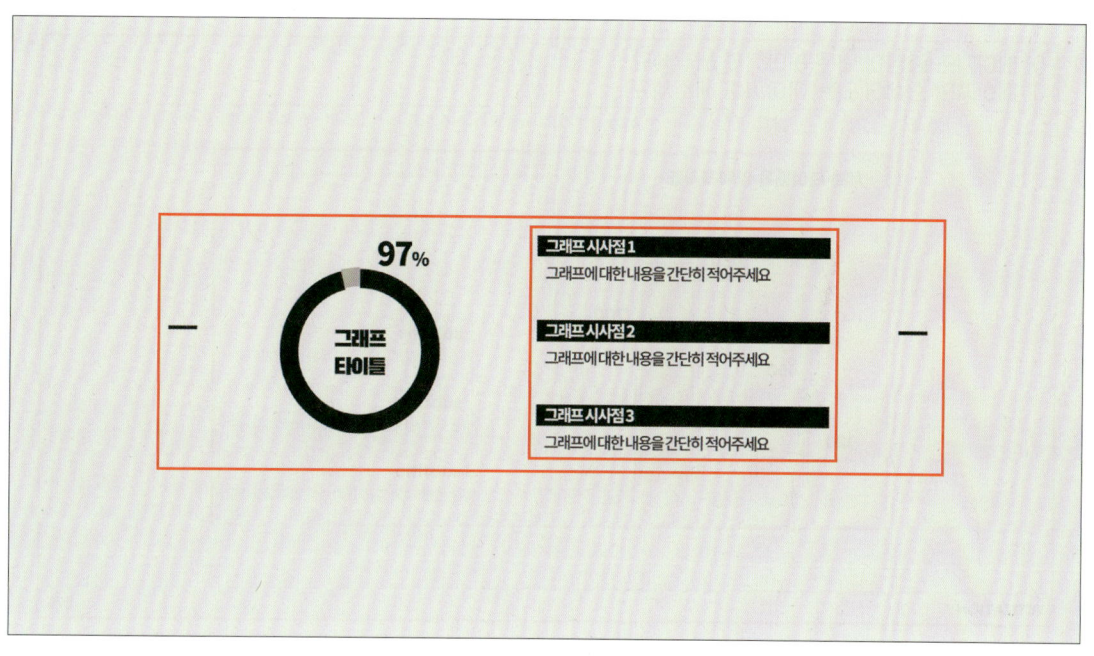

텍스트 맞춤을 조절하여 사각형 형태를 만드는 방법도 있습니다. 예를 들어, 텍스트가 좌측에 위치할 경우 [왼쪽 맞춤]을 설정하면, 이후 내용이 추가되더라도 텍스트가 사각형의 범위를 벗어나지 않도록 정리할 수 있습니다.

전체적으로든, 세부적으로든 요소를 사각형 안에 배치하면 아래 이미지처럼 안정감 있는 레이아웃을 구성할 수 있습니다.

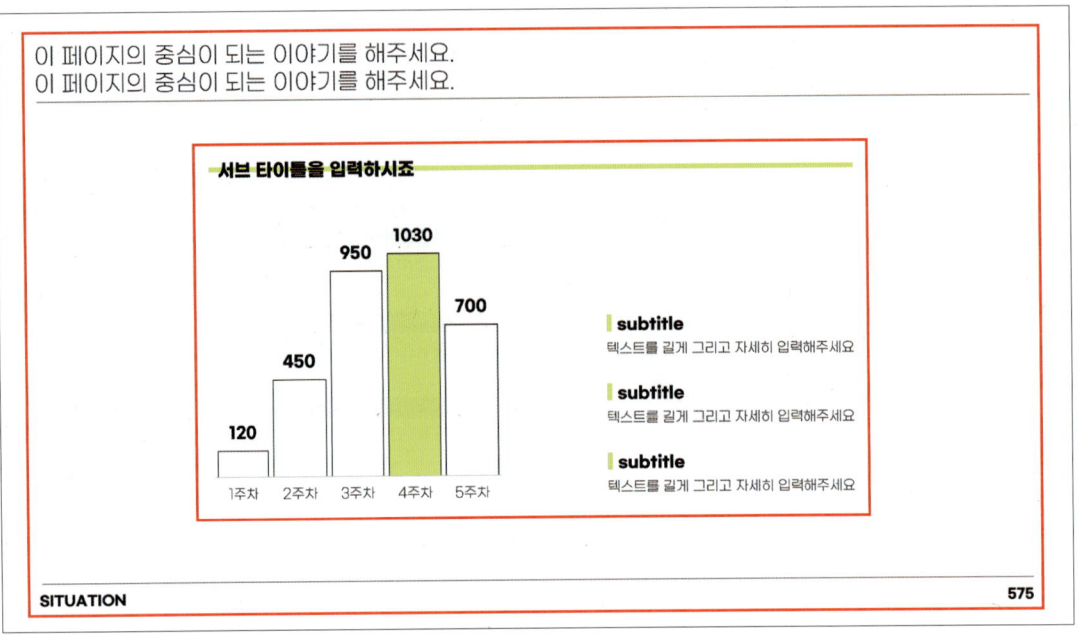

슬라이드 마스터는 뭐고 어떻게 사용하는 건가요?

Q 피피티를 잘한다는 사람은 하나같이 슬라이드 마스터를 쓴다던데, 이건 언제 쓰고 어떻게 사용하는 건가요?

A 슬라이드 마스터는 피피티 전체 디자인의 **기본 구조**를 설정하는 기능입니다.

▲ 피피티프로 강의

💡 프레젠테이션을 만들면서 매 슬라이드마다 제목의 위치, 글꼴, 배경, 로고 등을 반복해서 배치하고 수정하고 있다면, 이제는 슬라이드 마스터를 사용해 보세요. 슬라이드 마스터를 활용하면 많은 슬라이드에서 반복했던 작업을 한 번에 처리할 수 있습니다.

슬라이드 마스터는 전체 프레젠테이션에 적용되는 공통 요소를 관리할 때 유용한 기능으로, 작업 시간을 줄이고 디자인의 일관성을 유지하는 데 큰 도움이 됩니다.

슬라이드의 빈 곳을 마우스 오른쪽 버튼으로 클릭한 다음 [레이아웃]을 선택하면 미리 설정된 슬라이드 마스터 중 하나를 선택할 수 있습니다.

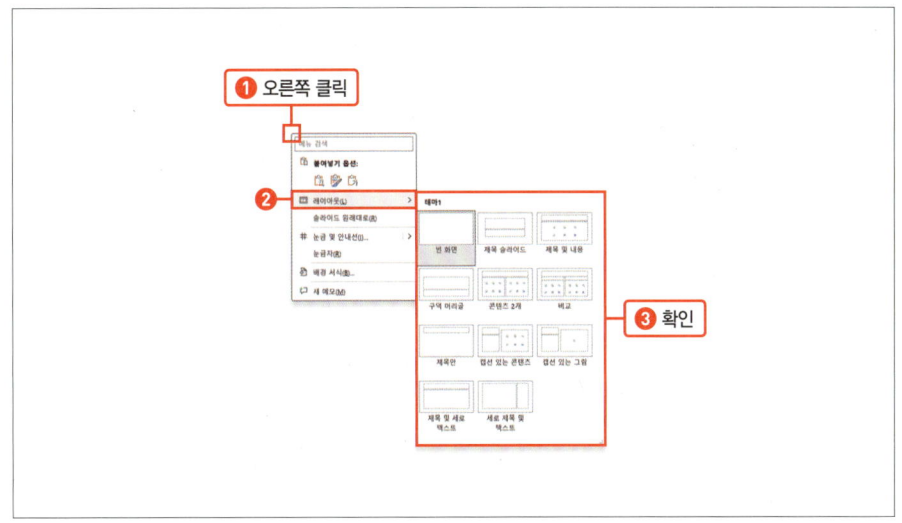

다음 그림처럼 슬라이드에 삽입한 이미지의 일부를 배경으로 사용할 경우, 새 슬라이드를 삽입할 때마다 배경 서식을 다시 설정해야 해서 번거롭죠. 하지만 슬라이드 마스터를 활용하면, 한 번 설정한 배경을 전체 슬라이드에 간편하게 적용할 수 있습니다. 여기에서는 슬라이드 마스터 기능을 활용해 공통 배경을 설정하는 방법을 알아보겠습니다.

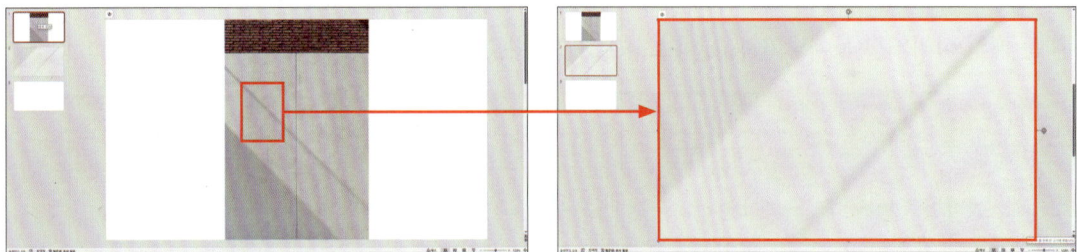

▲ 이미지 일부를 배경으로 사용

1 배경으로 사용할 이미지를 선택하여 복사한 다음 메뉴에서 [보기]-[슬라이드 마스터]를 선택합니다.

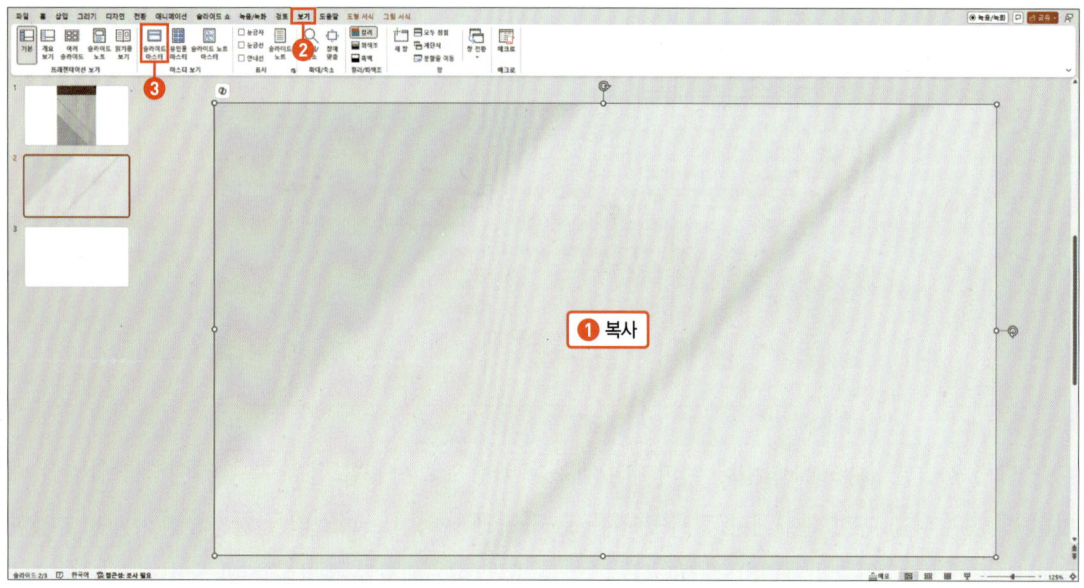

2 슬라이드 마스터 목록에서 빈 슬라이드를 선택한 다음 Ctrl+D를 눌러 복제합니다. **1**에서 복사해 둔 배경 이미지를 붙여넣기하고 [마스터 보기 닫기]를 클릭합니다.

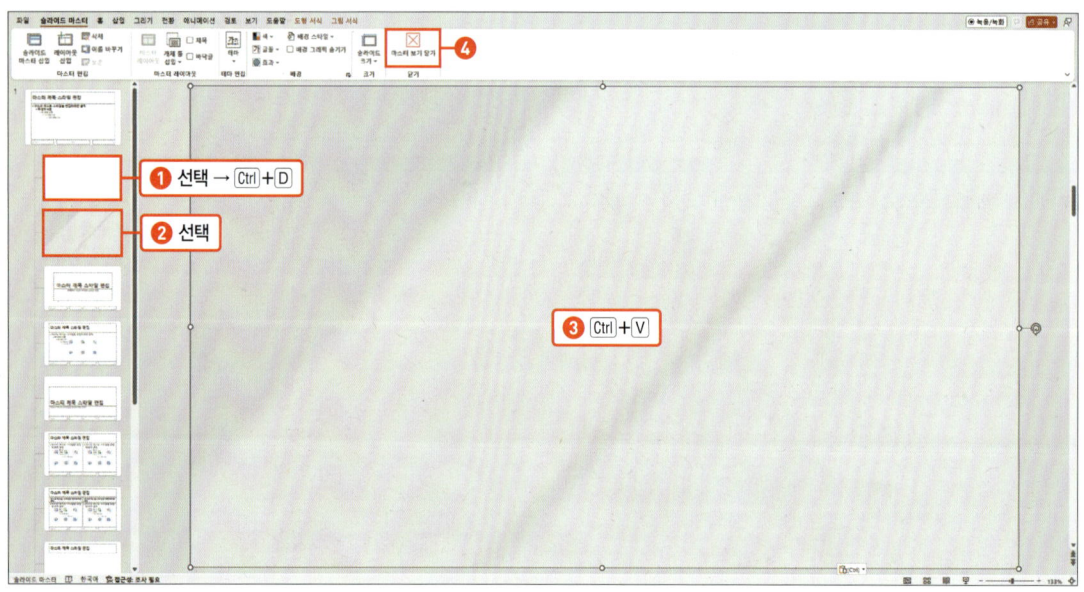

TIP
슬라이드 마스터 목록의 슬라이드는 현재 문서에서 사용 중일 수 있으므로, 기존의 슬라이드를 그대로 수정하기보다는 복제하여 사용하는 것이 좋습니다.

3 **2**에서 수정한 슬라이드를 적용하려면, 슬라이드의 빈 곳을 마우스 오른쪽 버튼으로 클릭한 후 [레이아웃]을 선택하세요. 슬라이드 마스터에 배경 이미지가 삽입된 레이아웃을 선택하면 현재 슬라이드에 바로 적용됩니다.

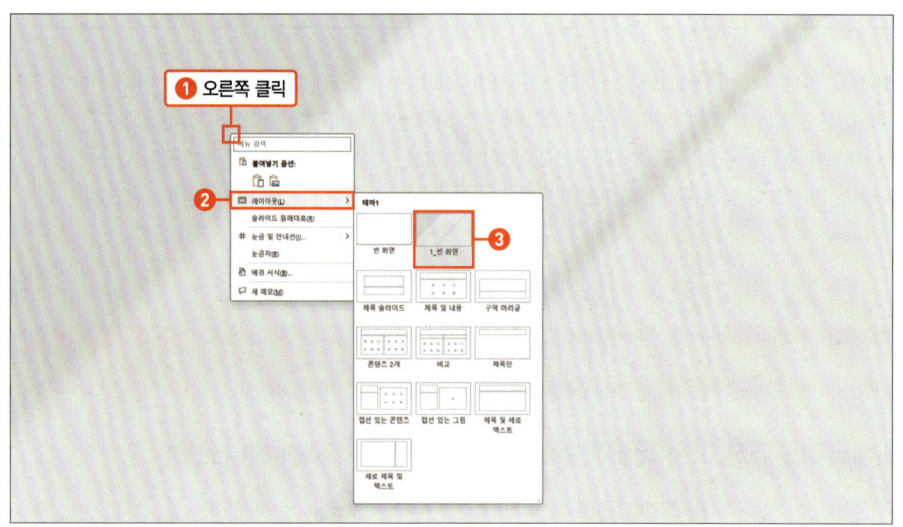

이렇게 슬라이드 마스터에 반복하여 삽입하는 로고나 요소를 삽입하면, 동일한 마스터 레이아웃을 사용하는 모든 슬라이드에 자동으로 적용됩니다. 즉, 슬라이드 마스터에서 편집한 내용은 같은 레이아웃이 적용된 슬라이드에 일괄 반영되는 것입니다.

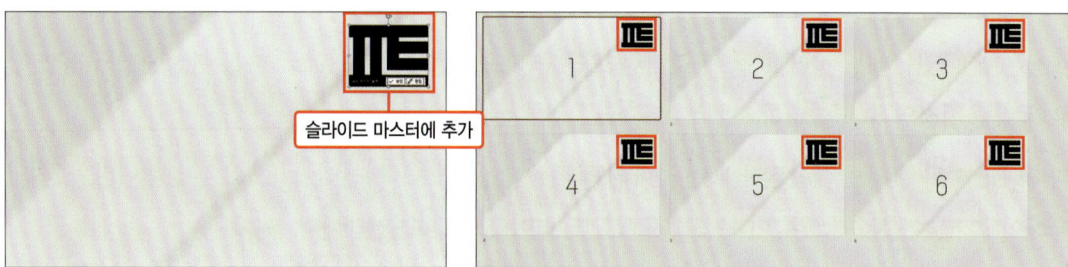

▲ 슬라이드 마스터에 추가된 로고　　　　▲ 동일한 레이아웃에 전부 추가된 로고

CHAPTER 15 올바른 피피티 구성법

이미지와 텍스트의 배치, 폰트, 색상 등 하나의 요소에만 집중하기 시작하면 보이지 않던 것이, 조금만 거리를 두고 슬라이드나 프레젠테이션 전체를 살펴보면 어떤 요소를 어떻게 조정해야 할지 명확하게 보이기 시작합니다. 가끔은 슬라이드 한 장의 디테일을 높이는 것보다 프레젠테이션 전체를 올바르게 구성하는 것이 더 중요할 때가 있습니다. 이번 장에서는 슬라이드 한 장보다 전체 프레젠테이션의 흐름과 구성을 어떻게 잡아 나가야 할지 살펴보겠습니다.

전체 피피티가 너무 복잡해 보여요!

 피피티에 슬라이드가 많아서 복잡하고 어지러운데 어떻게 해야 하나요?

 내용에 따라 슬라이드를 시각적으로 구분해 주면 프레젠테이션이 훨씬 정돈되어 보입니다.

💡 전하고 싶은 내용이 많아지다 보면 슬라이드 수도 덩달아 늘어나곤 합니다. 그런데 슬라이드가 많아질수록 전체 흐름이 복잡해 보이고, 페이지를 넘길수록 점점 산만하다는 느낌을 받을 때가 있죠. 내용은 잘 나눴는데도 정리가 안 된 것처럼 보인다면, 프레젠테이션을 조금 다른 관점에서 구성할 필요가 있는 시점일 수 있습니다.

피피티는 여러 개의 슬라이드가 모여 하나의 목적을 전달하는 프레젠테이션으로 완성됩니다. 하지만 슬라이드가 많아질수록 흐름이 복잡해지고, 전달력이 떨어질 수 있습니다.

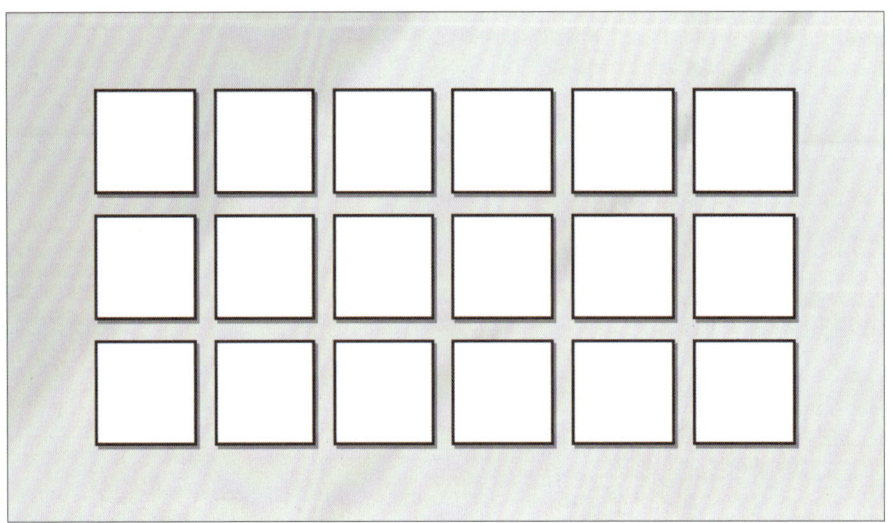

이럴 때 슬라이드를 자세히 들여다보면, 여러 슬라이드가 일정한 주제나 역할을 가지고 있는 경우가 많습니다. 예를 들어 시장 분석, 경쟁사 분석, 문제 도출 등 슬라이드마다 다루는 이야기가 각기 다릅니다. 이런 콘텐츠의 영역을 명확하게 구분해 주는 것이 문서의 완성도를 높이는 첫걸음입니다.

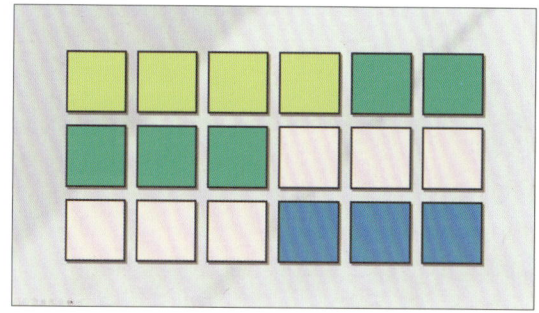
▲ 영역별로 변화되는 내용

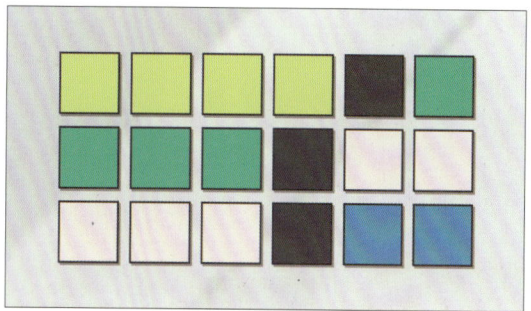
▲ 내용이 바뀌는 곳에 명확한 구분

영역을 구분하는 방법은 생각보다 간단합니다. 슬라이드 사이에 전환 슬라이드를 삽입해 시각적으로 '단락'을 만들어 주는 것입니다. 이때, 기존 슬라이드와는 확연히 다른 컬러나 이미지를 활용하면 구분이 더욱 명확해집니다.

▲ 전환 슬라이드로 명확히 구분해 준 피피티

전환 슬라이드를 삽입할 때 중요한 것은, 동일한 구성 기준을 따르는 전환 슬라이드는 디자인도 일관되게 사용하는 것입니다. 같은 성격의 구간마다 각기 다른 디자인을 적용하면, 오히려 흐름을 방해하고 혼란을 줄 수 있기 때문입니다.

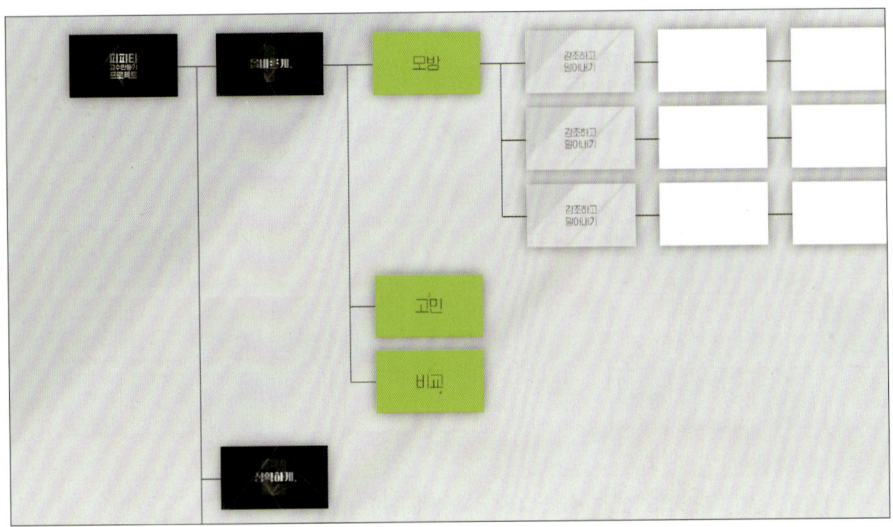

▲ 동일한 기준, 동일한 디자인 활용 예시

잘 만든 프레젠테이션은 슬라이드 한 장의 완성도가 아니라 전체 흐름 속의 질서에서 나옵니다. 슬라이드의 개별 요소에만 집중하기보다는, 내용의 흐름과 시각적 구분, 전환 슬라이드의 역할까지 함께 고려해야 합니다. 내용의 흐름이 명확하고 자연스럽게 이어질 수 있도록, 피피티 전체를 큰 틀에서 바라보며 전체 구성을 잡아 가는 것이 중요합니다.

슬라이드의 특정 요소에 집중하게 하려면 어떻게 해야 하나요?

Q 강조하고 싶은 요소에 집중하게 하고 싶은데, 어떻게 해야 하는지 모르겠어요.

A 슬라이드에서 가장 중요한 요소에 시선을 집중시키고 싶다면 '**대비**'를 활용하면 됩니다.

💡 다음 슬라이드의 도형 중 'FIRST STEP'에 시선을 집중시키고 싶다면 어떻게 하는 게 좋을까요? 가장 먼저 떠오르는 방법은, 다른 도형들과 명확히 구분되도록 색상이나 크기를 다르게 설정하는 것입니다. 이처럼 색상이나 크기 등을 달리해 특정 요소를 눈에 띄게 만드는 것을 '대비'라고 합니다.

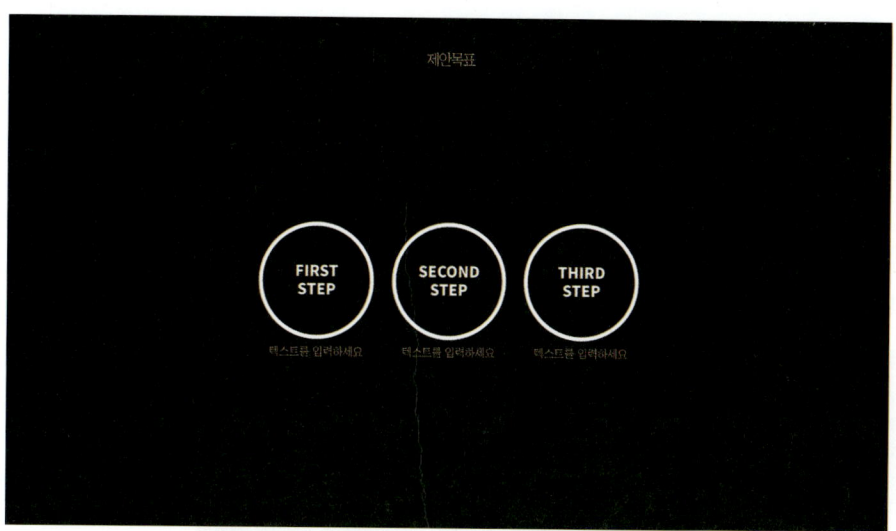

대비란 둘 이상의 대상을 나란히 놓아 차이, 우열, 또는 차별성이 드러나도록 하는 것을 말합니다. 피피티에서 대비를 잘 활용하면, 강조하고 싶은 요소를 시각적으로 더욱 뚜렷하게 보여줄 수 있습니다. 다양한 대비 방법이 있지만, 여기서 소개하는 세 가지 방법만 제대로 활용해도 슬라이드의 특정 요소를 얼마든지 의도대로 강조할 수 있습니다.

색상 대비

첫 번째 방법은, 서로 다른 색상을 활용해 시선을 끄는 것입니다. 예를 들어, 검정색 배경 위에 선명한 형광색 도형을 배치하면 자연스럽게 강조 효과가 생깁니다. 이때 '보색'을 활용하면 더욱 강한 대비를 만들 수 있습니다. 보색은 서로 가장 강하게 대비되는 색으로, 파란색과 주황색, 빨간색과 초록색처럼 색상환에서 마주 보는 위치에 있는 색을 말합니다. 또한 채도가 높은 색상을 사용하면 시각적인 주목도를 한층 더 높일 수 있습니다.

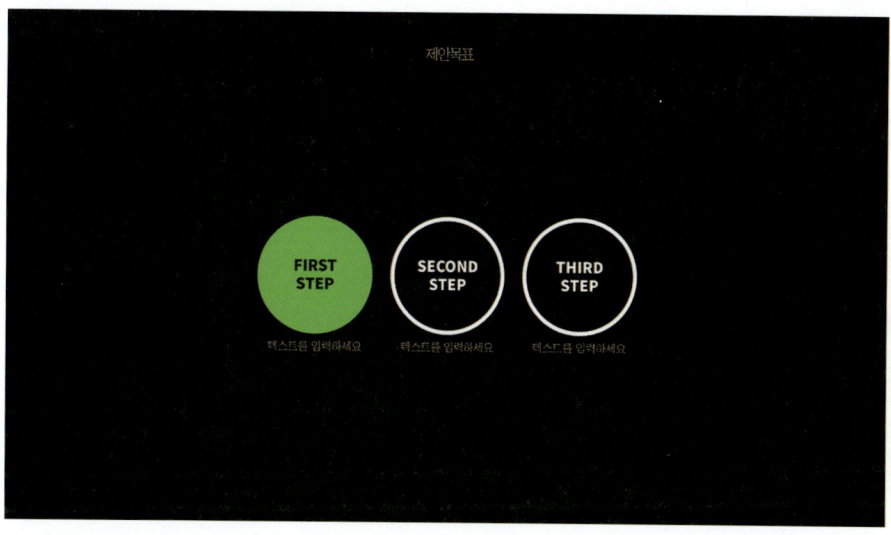

▲ 색상 대비를 활용한 슬라이드

명암 대비

두 번째는 명암 대비를 활용하는 방법입니다. 명암은 밝고 어두운 정도의 차이를 의미하며, 이를 이용하면 슬라이드의 특정 요소를 효과적으로 구분하고 강조할 수 있습니다. 예를 들어, 어두운 배경에서는 강조하고 싶은 요소를 밝은 색상으로 표현하고, 밝은 배경에서는 어두운 색상으로 표현하면 자연스럽게 명암의 대비로 시선을 끌 수 있습니다. 명암을 활용한 대비는 특히 텍스트의 가독성을 높이는 데 매우 효과적입니다.

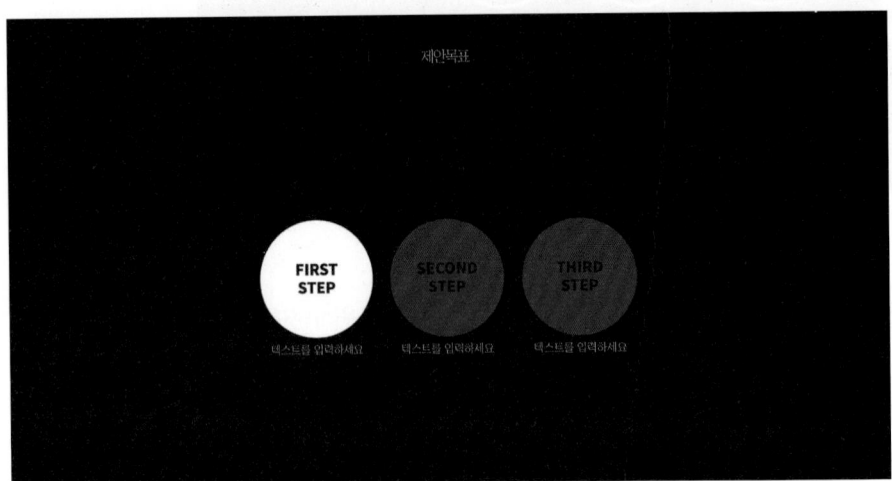

▲ 명암 대비를 활용한 슬라이드

크기 대비

세 번째는 크기 대비를 활용하는 방법입니다. 크기 대비는 같은 종류의 요소 중 하나의 크기를 다르게 설정해 시선을 유도하는 방식입니다. 예를 들어, 중요한 키워드나 숫자, 핵심 도형 등을 크게 배치하면 정보의 우선순위가 분명해집니다. 특히 슬라이드에 정보 밀도가 높을수록 크기 대비는 더욱 효과적으로 작용합니다.

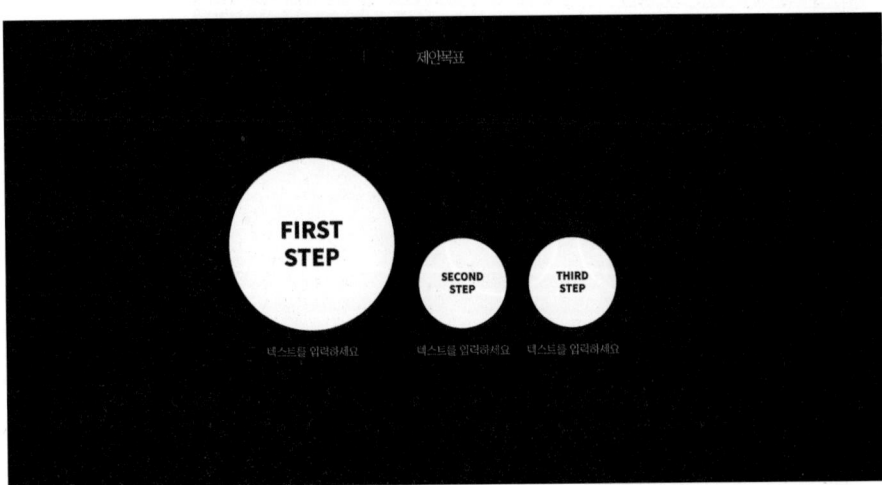

▲ 크기 대비를 활용한 슬라이드

여기서 알아본 세 가지 대비 방법을 함께 활용하면, 슬라이드에서 강조하고 싶은 요소를 더욱 효과적으로 드러낼 수 있습니다. 색상, 명암, 크기 대비는 각각 개별적으로도 강력하지만, 상황에 맞게 조합하면 시각적 주목도를 극대화할 수 있습니다. 단, 모든 요소를 한꺼번에 강조하면 오히려 시선이 분산될 수 있으니, 가장 중요한 정보에만 전략적으로 적용하는 것이 좋습니다.

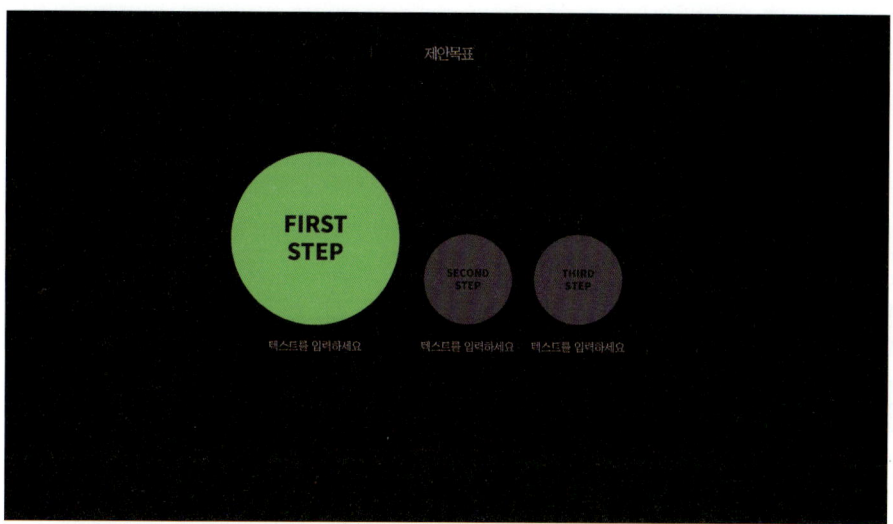

▲ 색상, 명암, 크기 대비를 모두 활용한 슬라이드

별다른 디자인 요소 없이도 내용의 중요도에 따라 대비를 적절히 활용해 구분만 잘해 주면 가독성이 높은 슬라이드를 만들 수 있습니다. 불필요한 장식보다 정보의 위계가 잘 드러나는 구성이 오히려 더 명확한 메시지를 전달합니다.

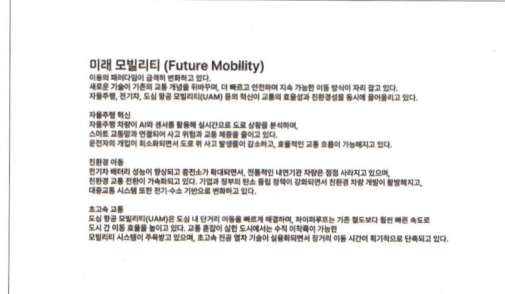

▲ 대비 없이 입력된 텍스트

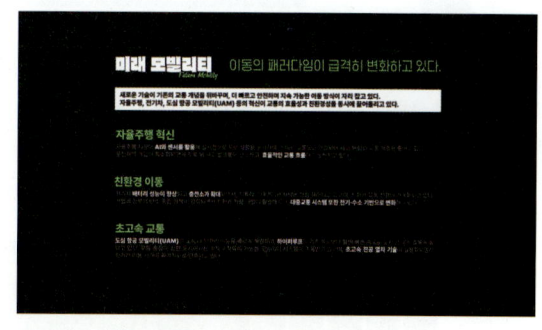

▲ 적절한 대비로 의도를 명확하게 보여주는 텍스트

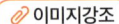 이미지강조

이미지는 어떻게 강조하나요?

슬라이드에 여러 개의 이미지를 삽입한 경우, 어느 하나에만 시선을 집중시키기가 어려워집니다. 모두 선명하고 크기도 비슷하다면 어느 것이 중요한지 전달되지 않고, 시선이 분산되기 쉽죠. 또 텍스트처럼 굵게 표시하거나 색을 바꾸기 어렵기 때문에, 이미지를 강조하는 방식은 다르게 접근할 필요가 있습니다. 하지만 이미지도 대비를 활용하면 쉽게 강조할 수 있습니다. 이때는 강조하려는 이미지 대신 나머지 이미지의 존재감을 줄이면 자연스럽게 시선을 집중시킬 수 있습니다.

강조할 이미지를 제외한 나머지 이미지를 모두 선택한 후, 메뉴에서 [그림 서식]-[색]-[채도]-[채도 0%]를 선택해 보세요. 선택한 이미지들이 흑백으로 변하면서, 컬러가 유지된 강조 이미지가 자연스럽게 도드라져 보입니다.

좀 더 강한 대비로 강조하고 싶다면, 흑백 처리된 이미지를 선택한 후 메뉴에서 [그림 서식]-[수정]-[밝기/대비]를 차례로 클릭해 보세요. 이때 밝기를 적당히 낮춰 어둡게 조정하면, 강조할 이미지와의 대비가 더욱 뚜렷해집니다.

이렇게 강조할 이미지는 그대로 두고 다른 이미지를 수정하면 원하는 이미지만 강조할 수 있습니다.

▲ 색상과 밝기로 대비를 주어 가운데 이미지를 강조

계속 똑같은 슬라이드가 반복되는 것 같아요.

Q 같은 디자인이나 구성의 슬라이드가 반복되는 느낌이라 지루한 것 같은데, 어떻게 해야 하죠?

A 지정된 양식을 사용하는 것이 아니라면 슬라이드에 변화를 주어 같은 디자인이라도 리듬감을 줄 수 있습니다.

💡 피피티가 지나치게 동일한 페이지 구성만 반복되면, 내용이 아무리 달라도 전체 흐름이 단조롭고 지루하게 느껴질 수 있습니다. 슬라이드 하나하나를 볼 땐 괜찮아 보여도, 프레젠테이션 전체를 훑어 보면 비슷한 패턴이 반복된다는 인상을 줄 때가 있습니다. 이처럼 유사한 슬라이드가 이어지면 청중의 집중력도 자연스럽게 떨어지기 마련입니다. 이런 이유는 '디자인'보다는 '구성의 리듬 부족'에서 비롯된 경우가 많습니다.

 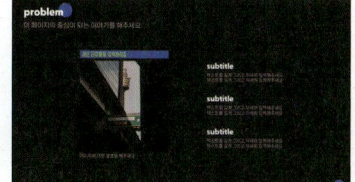 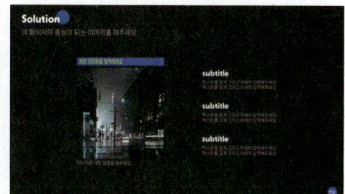

▲ 다른 내용이지만, 같은 슬라이드의 반복

비슷한 정보를 나열해야 하더라도 표현 형식이나 레이아웃을 바꾸면, 새로운 리듬을 만들 수 있고 전달하고자 하는 메시지를 더 분명하게 보여줄 수 있습니다. 예를 들어, 첫 번째 슬라이드는 이미지가 왼쪽, 텍스트가 오른쪽에 배치되어 있어 이미지를 먼저 본 뒤 메시지를 읽게 됩니다. 반대로 두 번째 슬라이드는 텍스트가 좌측에 있어 메시지를 먼저 읽고 이미지를 확인하게 됩니다. 이처럼 시각적 흐름에 따라 사용자가 받는 인상도 달라지므로, 내용에 맞는 배치 순서를 고민하면 슬라이드의 의도를 더 효과적으로 전달할 수 있습니다.

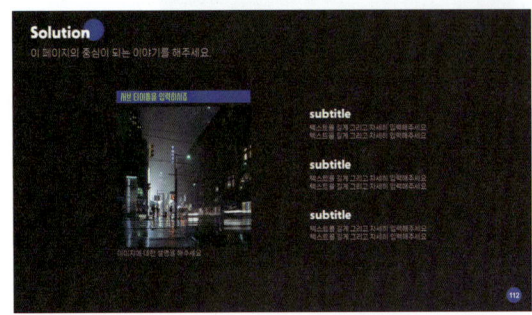 

▲ 같은 내용, 다른 구성

항상 동일한 양식을 사용하는 보고서의 경우, 리듬감보다는 같은 양식을 유지하는 것이 좋습니다. 이렇게 슬라이드를 재구성하는 것은 자신의 의도를 더 정확하게 표현할 수 있는 경우에만 선택적으로 활용하면 됩니다.

리듬감은 한 슬라이드 안에서도 중요하게 작용합니다. 내용을 전달할 때는 강조뿐만 아니라, 지루해 보이지 않도록 폰트, 색상, 크기 등 다양한 방식으로 리듬감을 주는 것이 좋습니다. 예시 슬라이드를 보면 내용이 평이하게 이어집니다.

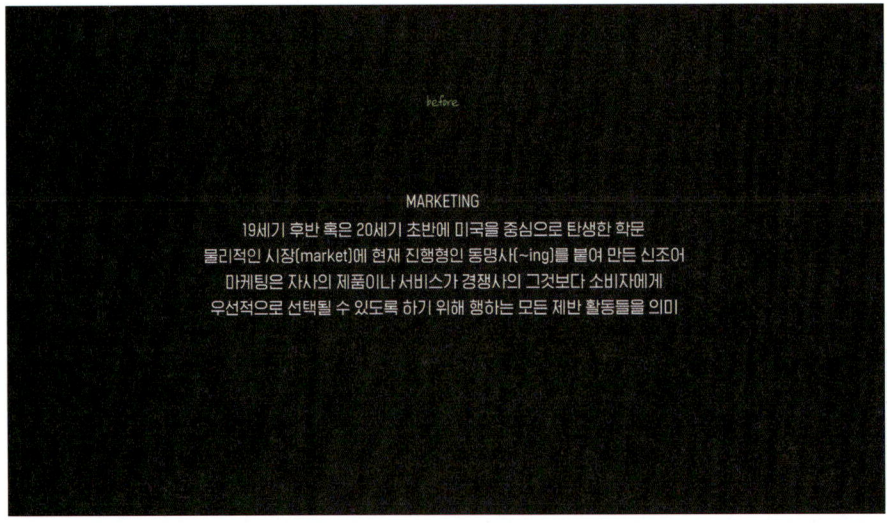

필요한 부분을 대비를 통해 강조하면 내용이 눈에 더 잘 들어옵니다. 다만, 페이지는 여전히 평이한 느낌을 줍니다.

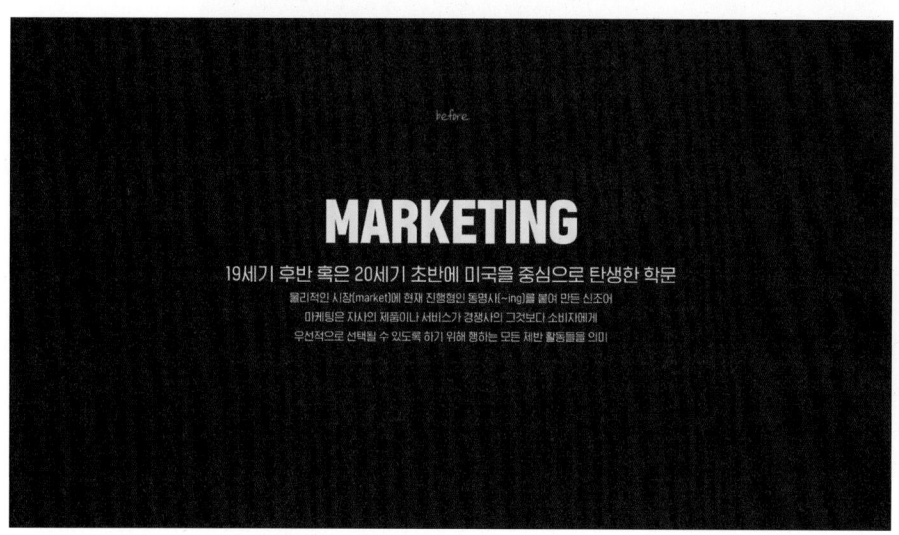

여기에 색다른 느낌의 손글씨 폰트를 사용하고, 색상이나 크기도 다양하게 조절하면서 리듬감을 주면 지루하지 않은 페이지를 완성할 수 있습니다.

다음 슬라이드처럼 한 페이지 안에서도 리듬감을 주어 더욱 매력적인 슬라이드를 만들 수 있습니다.

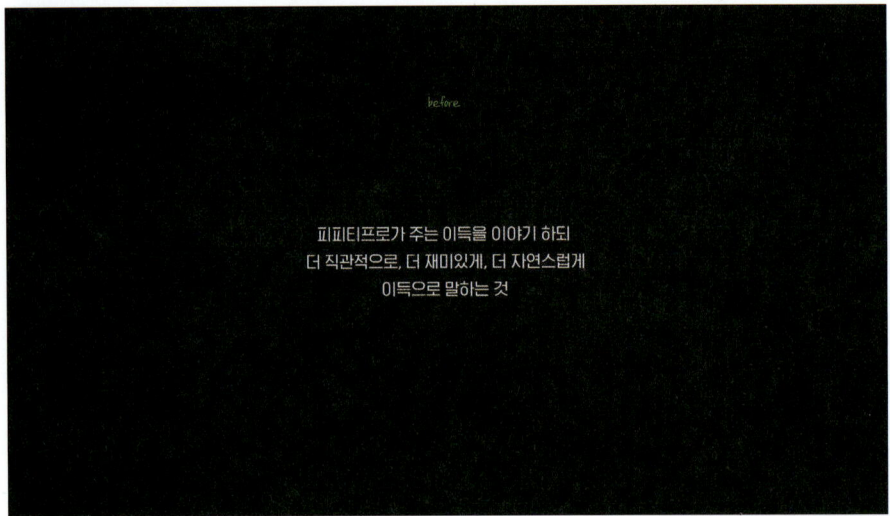

▲ 리듬감 없는 일반적인 페이지

▲ 도형, 컬러, 폰트 등을 적절히 활용하여 리듬감을 준 페이지

잠깐만요

슬라이드에 텍스트가 너무 많은데 어떻게 하면 좋을까요?

다음 슬라이드처럼, 한 장의 슬라이드에 담아야 할 텍스트가 너무 많을 때는 어떻게 구성해야 할지 막막해질 때가 있습니다. 모두 중요한 내용처럼 보여 빠짐없이 담으려다 보면, 오히려 핵심 메시지가 묻혀버려 전달력이 떨어지는 경우가 많습니다.

▲ 텍스트만 가득한 슬라이드

이럴 때는 선택과 집중이 필요합니다. 먼저 많은 내용 중에서 가장 중요한 메시지를 찾고, 그 메시지가 슬라이드를 처음 보는 순간 바로 눈에 들어올 수 있도록 강조해 배치해 보세요. 그다음 나머지 부가적인 내용은 강약을 조절해 하위 요소로 배치합니다. 이렇게 구성하면 정보량이 많아도 중심 메시지는 확실히 전달할 수 있습니다. 상세한 내용이 궁금한 사람은 그 이하까지 읽어갈 것이고, 그렇지 않은 경우에도 핵심 메시지 하나만은 분명하게 남길 수 있습니다.

▲ 가장 중요한 내용을 강조하여 배치

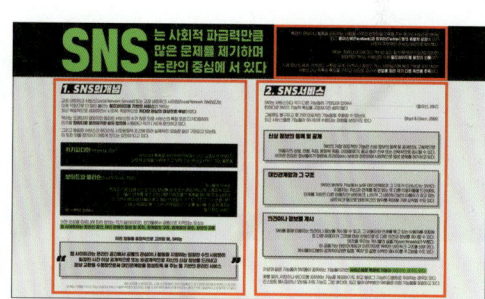

▲ 그 외의 내용들 적절히 삽입

🔗 슬라이드연결

슬라이드 한 장은 너무 좁고, 연결성도 떨어질 땐 어떻게 해야 하나요?

Q 한 장의 슬라이드에 담아야 할 내용이 너무 많고, 나눠서 표현하면 연결성이 부족해질 것 같을 땐 어떻게 해야 하죠?

A 슬라이드를 나누되, 서로 **자연스럽게 연결**되도록 디자인해 보세요.

▲ 피피티프로 강의

💡 내용이 많아 슬라이드를 나눴더니, 흐름이 끊긴 느낌이 들었던 적 있지 않나요? 정보는 잘 나눴지만 각 슬라이드가 따로 노는 것처럼 보이면, 보는 사람도 내용을 따라가기 어려워집니다. 이럴 땐 디자인 요소로 '연결성'을 만들어 주는 것이 중요합니다.

도형으로 연결하기

슬라이드가 자연스럽게 이어지는 느낌을 주고 싶다면, 다음 슬라이드의 색상이나 형태 일부를 첫 번째 슬라이드에 미리 보여 주세요. 예를 들어, 첫 번째 슬라이드 하단에 녹색 도형을 살짝 배치하고, 다음 슬라이드 전체를 녹색 배경으로 구성하면 두 페이지가 연결되어 있다는 인상을 줄 수 있습니다.

▲ 첫 번째 슬라이드의 아래를 두 번째 슬라이드의 배경과 연결

화살표로 연결하기

화살표를 단순히 한 슬라이드 안에서만 사용하는 대신, 다음 슬라이드까지 이어지도록 배치해 보세요. 예를 들어, 첫 번째 슬라이드에서 화살표가 아래쪽 끝으로 빠져나가고, 다음 슬라이드의 위쪽에서 동일한 화살표가 이어지도록 구성하면 시선의 흐름을 자연스럽게 유도할 수 있습니다. 화살표의 방향은 전달하려는 메시지나 흐름에 맞게 자유롭게 조절할 수 있습니다.

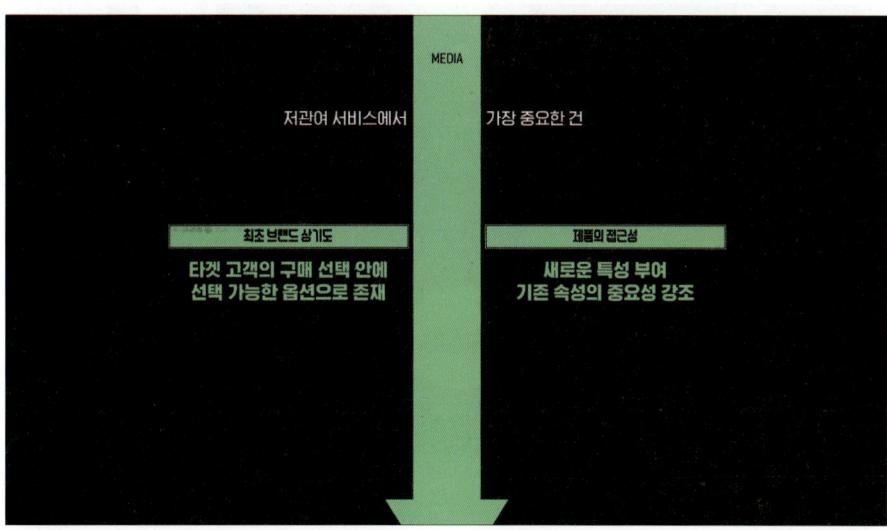

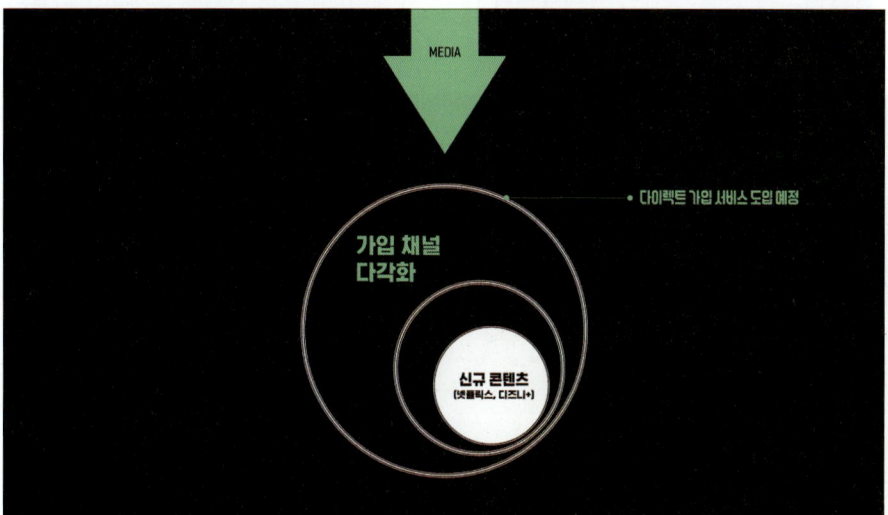

▲ 첫 번째 이미지 화살표의 일부와 두 번째 화살표 머리를 연결

전환으로 연결하기

연결된 슬라이드에는 [전환]-[밀어내기] 효과를 적용해 보세요. 두 번째 슬라이드를 선택한 뒤, [전환] 탭에서 [밀어내기]를 설정하고 [효과 옵션]을 통해 방향을 조절합니다.

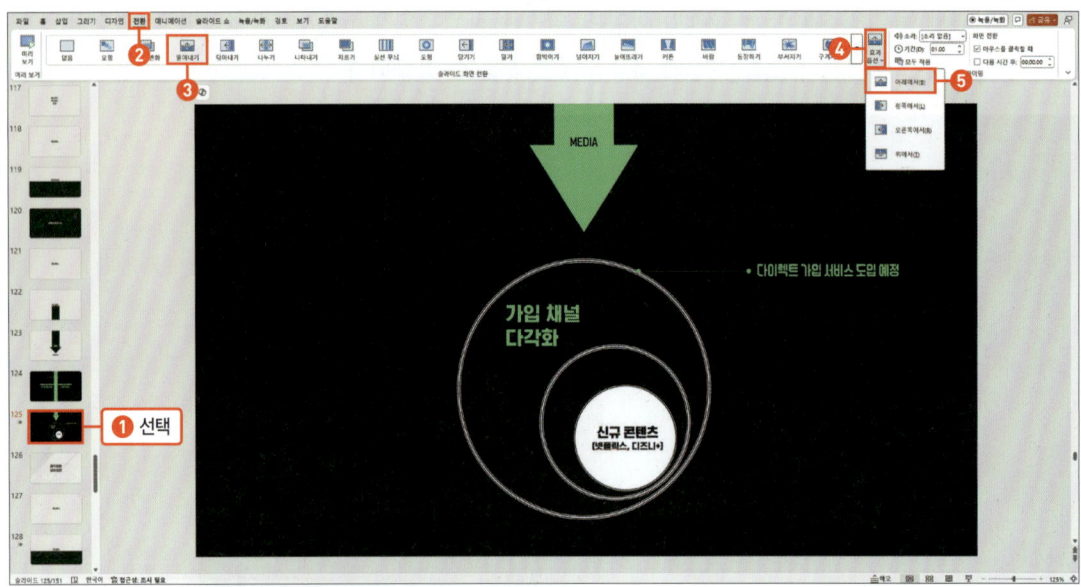

예를 들어 첫 번째 슬라이드의 연결 지점이 아래쪽이라면, [아래에서] 옵션을 선택해 보세요. 두 슬라이드가 하나의 화면처럼 자연스럽게 이어지는 전환 효과를 만들 수 있습니다.

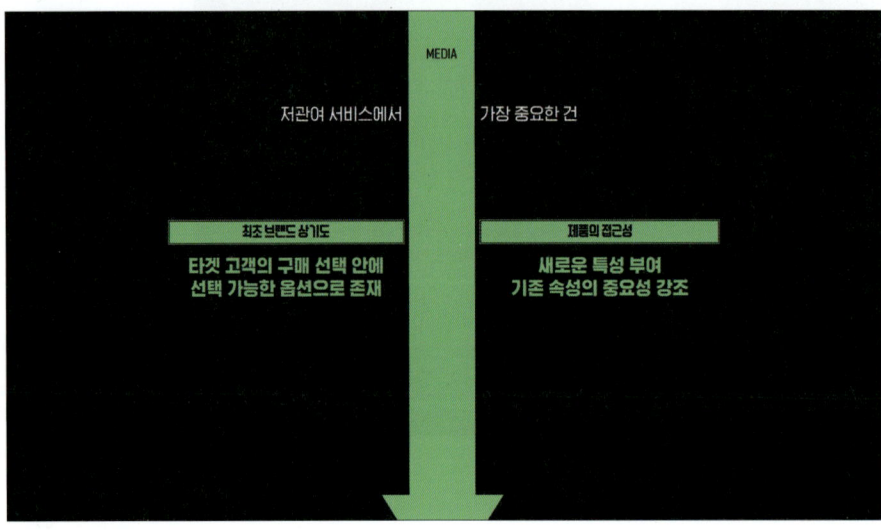

▲ 첫 번째 슬라이드

▲ 두 번째 슬라이드

▲ 슬라이드 쇼를 실행하면 화살표가 하나처럼 연결되어 보임

이미지 연결하기

[전환]-[밀어내기] 효과를 활용할 때는 하나의 이미지를 두 슬라이드에 나눠 배치해 보세요. 전환이 실행되면 화면이 움직이면서 두 이미지가 자연스럽게 이어져 하나의 큰 이미지처럼 보이게 됩니다. 실제보다 두 배 커 보이는 효과가 있어, 강조하고 싶은 이미지를 시각적으로 부각시키기에 좋은 방법입니다.

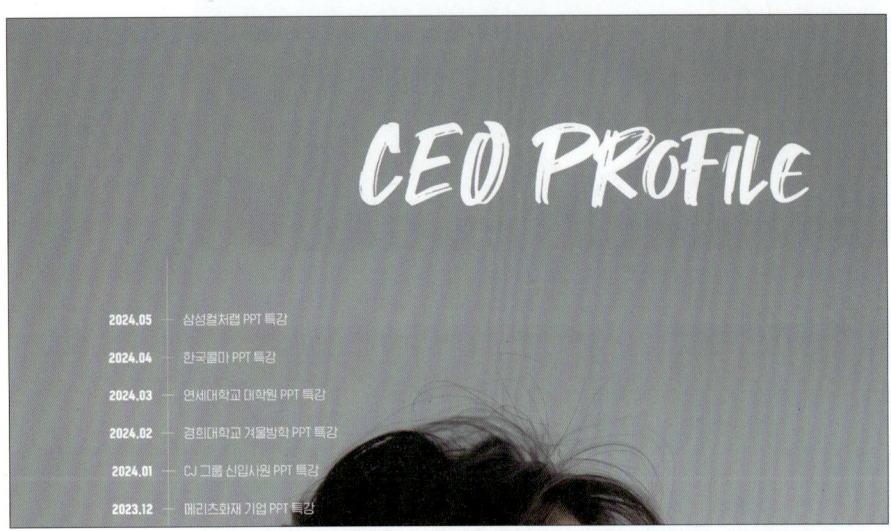
▲ 첫 번째 슬라이드

▲ 두 번째 슬라이드

▲ 첫 번째 슬라이드

▲ 두 번째 슬라이드

▲ 첫 번째 슬라이드

▲ 두 번째 슬라이드

 슬라이드명령

슬라이드에 원하는 명령을 삽입할 수 있나요?

Q 발표 중 특정 슬라이드에 소리를 재생하는 명령을 삽입할 수 있을까요?

A [삽입]-[실행] 기능을 활용하면, 슬라이드 안에 다양한 명령을 삽입할 수 있습니다.

💡 피피티에서는 도형, 텍스트, 이미지 등 슬라이드 안의 개체에 원하는 명령을 직접 설정할 수 있습니다. 예를 들어 특정 슬라이드로 이동하거나 소리를 재생하는 등, 클릭이나 마우스 동작에 따라 다양한 반응을 지정할 수 있습니다. 단순한 화면 전환을 넘어서, 발표자가 의도한 흐름에 맞는 상호작용을 구성할 수 있다는 점이 장점입니다.

여기서는 도형을 클릭했을 때, 소리와 함께 특정 슬라이드로 이동하는 명령을 삽입하는 방법에 대해 알아보겠습니다.

1 슬라이드에 삽입된 요소 중 명령을 삽입할 도형이나 텍스트를 선택한 뒤 메뉴에서 [삽입]-[실행]을 선택합니다.

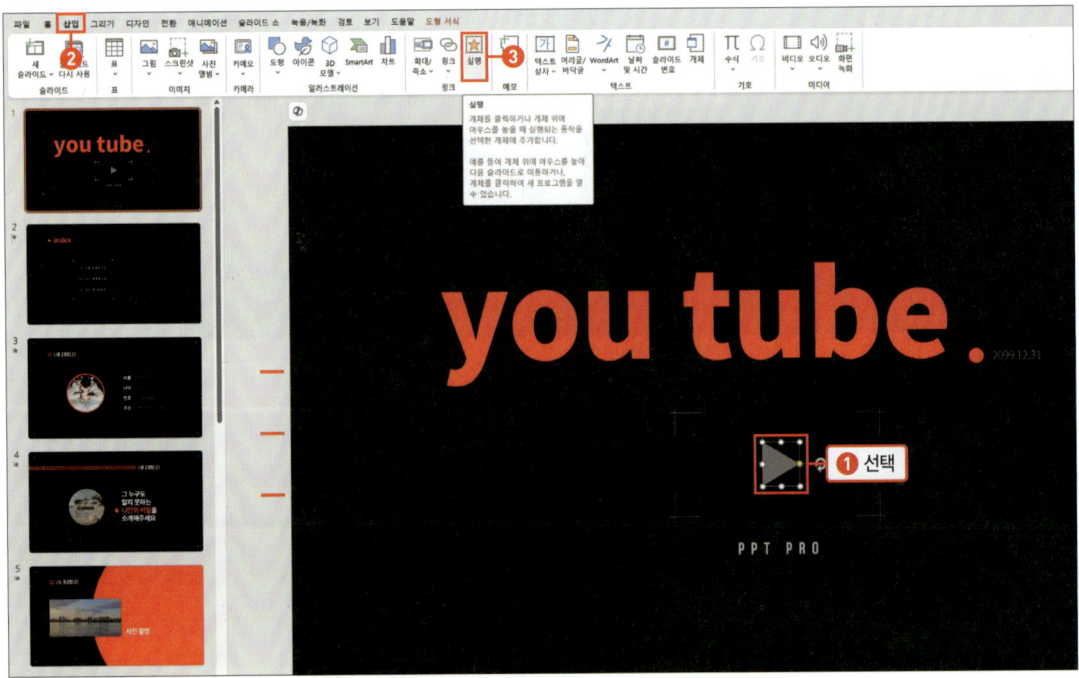

2 도형을 클릭했을 때 이동하도록 설정할 것이므로 [실행 설정] 창에서 [마우스를 클릭할 때]를 선택하고 [하이퍼링크]를 클릭한 후 [슬라이드…]를 선택하면 이동할 슬라이드를 지정할 수 있습니다.

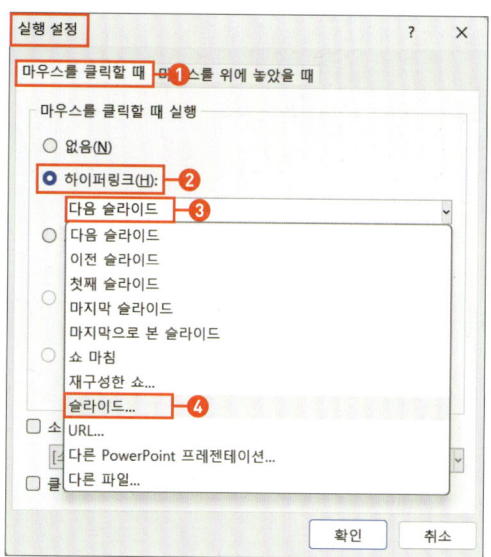

3 [슬라이드 하이퍼링크] 창에서 원하는 슬라이드를 선택하고 [확인]을 클릭합니다.

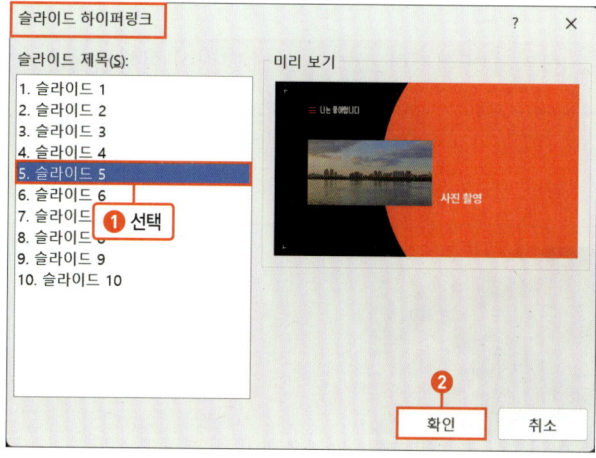

4 [소리 재생]을 클릭하여 체크 표시하면 동작이 실행될 때 재생할 효과음을 선택할 수 있습니다. 모든 설정을 완료한 다음 [확인]을 클릭합니다.

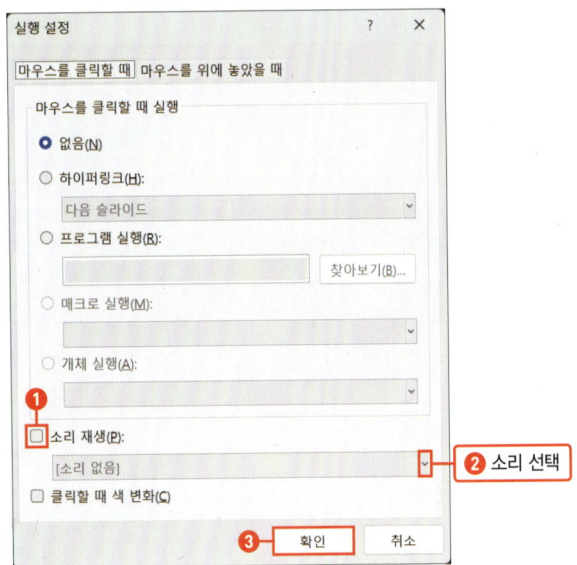

TIP

소리 선택 목록에서 [다른 소리…]를 클릭하면 직접 준비한 효과음이나 음성 파일을 삽입할 수도 있습니다.

5 이제 슬라이드 쇼에서 명령이 삽입된 도형을 클릭하면 설정한 소리와 함께 명령이 실행됩니다.

TIP

명령이 삽입된 도형은 '슬라이드명령(소리).PPTX' 파일을 참고하세요.

잠깐만요  슬라이드이동

발표 중 원하는 슬라이드로 바로 이동할 수 있나요?

발표를 하다가 특정 슬라이드로 이동하기 위해 일일이 슬라이드를 넘기다 보면 흐름이 끊기는 느낌을 받을 수 있습니다. 이럴 땐 [슬라이드 확대/축소] 기능을 활용해 보세요. 전체 슬라이드를 한눈에 보여주는 보기 화면에서 원하는 페이지를 클릭하면, 바로 해당 슬라이드로 이동할 수 있어 발표 흐름을 자연스럽게 이어갈 수 있습니다.

다음과 같이 목차 슬라이드(슬라이드 3)에서 각각의 전환 슬라이드로 이동하는 상황을 예로 알아보겠습니다.

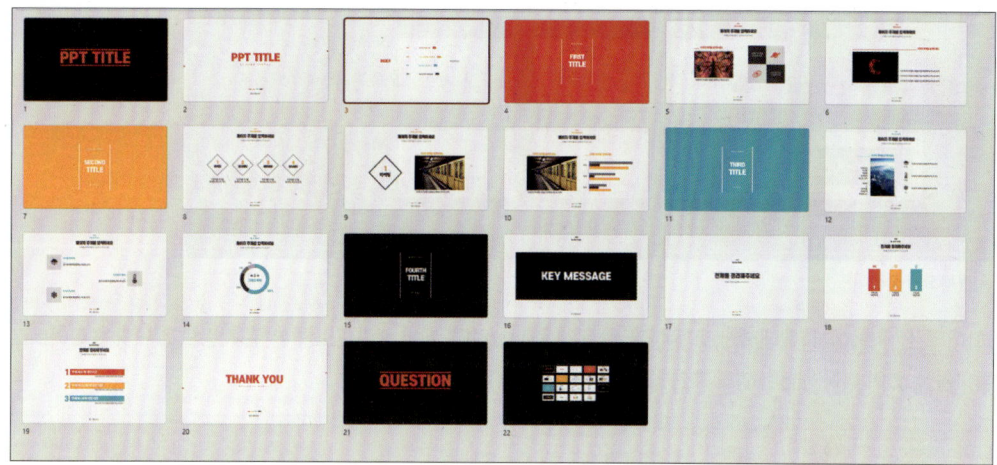

우선 목차 슬라이드(슬라이드 3)를 선택한 다음 메뉴에서 [삽입]-[확대/축소]-[슬라이드 확대/축소]를 선택하여 [슬라이드 확대/축소 삽입] 창을 표시하고 전환할 슬라이드를 모두 선택한 다음 [삽입]을 클릭합니다.

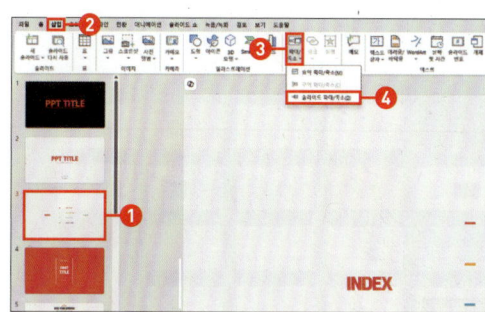

이미지로 삽입된 전환 슬라이드의 크기를 조절하여 각 목차에 배치합니다. 이제 [슬라이드 쇼]가 실행된 상태에서 이미지로 삽입된 전환 슬라이드를 클릭하면 해당 슬라이드로 자연스럽게 이동됩니다.

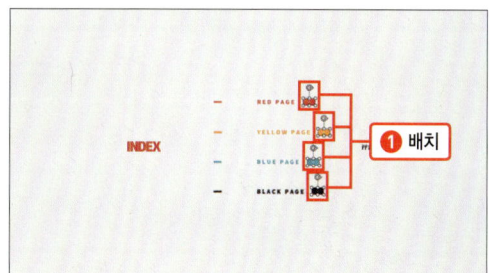
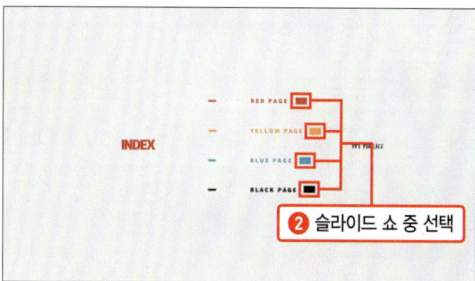

여기에서 설명한 방법을 응용하여 다음과 같이 전체 슬라이드를 한 페이지에 배치해두면 발표 후 질의응답 시간에

전체 슬라이드 중 원하는 슬라이드로 빠르게 이동할 수 있어 유용합니다. 다시 전체 요약 슬라이드로 이동하려면 슬라이드 쇼 화면에서 마우스 휠을 위로 올리면 됩니다.

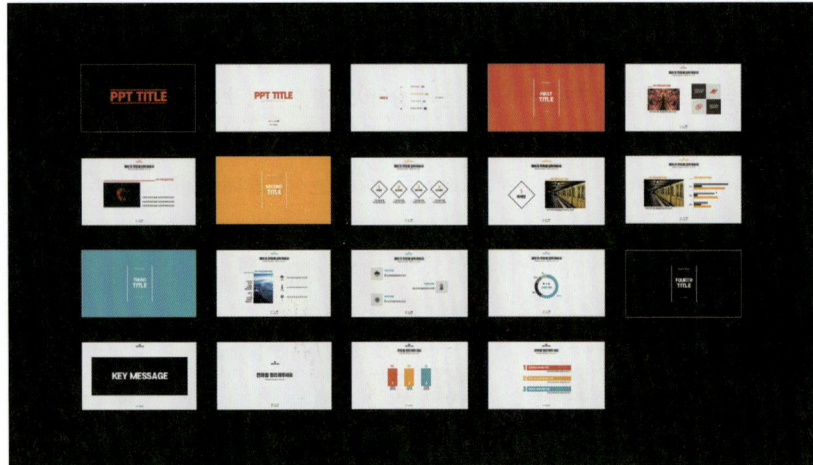

▲ 전체 요약 슬라이드

[확대/축소] 기능에서 [확대/축소로 돌아가기] 옵션을 체크하면, 개별 슬라이드를 본 뒤 자동으로 요약 슬라이드로 돌아올 수 있어 더욱 원활한 발표 흐름을 유지할 수 있습니다.

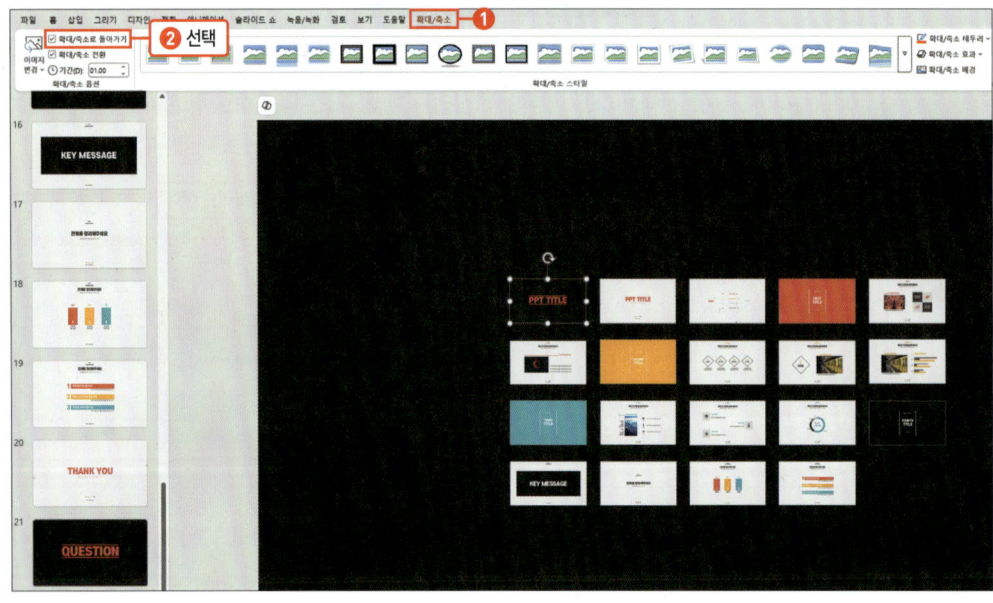

피피티에 생동감을 더하는 방법

CHAPTER 16

정적인 텍스트 정보보다 움직이는 영상 정보가 주목받고, 더 오래 기억에 남는 시대입니다. 영상 콘텐츠가 주류가 된 지금, 피피티에서도 모션을 활용한 표현은 선택이 아니라 필수에 가깝습니다. 간단한 움직임만으로도 슬라이드의 집중도를 높이고, 발표자의 의도에 따라 정보의 흐름을 효과적으로 안내할 수 있습니다. 이번 장에서는 피피티에 자연스럽고 세련된 모션을 더해 슬라이드에 생동감을 주는 방법을 알아보겠습니다.

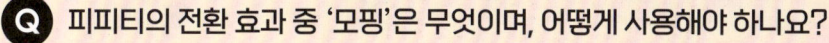
모핑

도대체 모핑이 뭔가요?

Q 피피티의 전환 효과 중 '모핑'은 무엇이며, 어떻게 사용해야 하나요?

A 모핑은 피피티 전환 효과 중 하나로, 슬라이드를 자연스럽게 이어주는 기능입니다.

▲ 피피티프로 강의

움직임이 자연스러운 피피티를 만들고 싶다면 '모핑' 기능을 활용해보세요. 모핑은 피피티 전환에 있는 기능으로, 슬라이드가 전환될 때 도형, 텍스트, 이미지 등의 변화를 자연스럽게 만들어줍니다. 두 슬라이드 사이의 위치, 크기, 투명도 등의 차이를 자동으로 인식해 애니메이션처럼 이어주는 것이 특징입니다. 복잡한 설정 없이도 전문가 수준의 전환 효과를 연출할 수 있어, 발표 흐름에 몰입감을 더하고 시각적 완성도도 높일 수 있습니다.

예를 들어, 첫 번째 슬라이드에는 왼쪽에 사각형 도형이 있고 두 번째 슬라이드에는 동일한 도형이 오른쪽에 배치되어 있다면, 두 슬라이드에 모핑 효과를 적용했을 때 사각형이 왼쪽에서 오른쪽으로 부드럽게 이동하는 것처럼 전환됩니다.

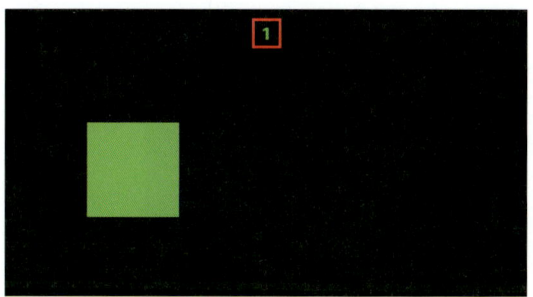

두 슬라이드의 도형 크기나 색상이 다르더라도, 모핑 효과를 적용하면 그 변화가 부드럽고 자연스럽

게 이어지도록 전환할 수 있습니다.

모핑 효과를 설정하려면, 전환을 적용할 두 번째 슬라이드를 선택한 상태에서 메뉴의 [전환]-[모핑]을 클릭하면 자동으로 적용됩니다. [기간]에는 모핑이 진행되는 시간을 설정할 수 있으며, 기본값은 '2초' 입니다. 다소 느리게 느껴질 수 있으므로 [0.5] 정도로 조정하는 것을 추천합니다.

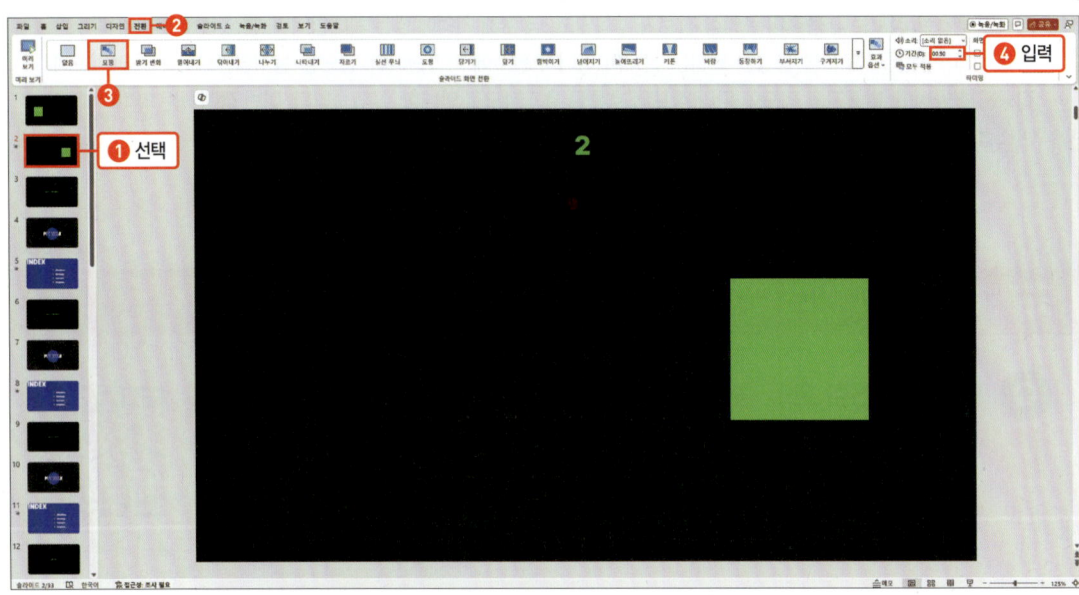

모핑 효과를 처음 사용하는 경우, 설정 방법이 막연하게 느껴질 수 있습니다. 슬라이드가 자연스럽게 이어진다는 개념은 이해되지만, 실제로 어떻게 적용해야 할지 감이 잘 오지 않는 경우가 많기 때문입니다. 그래서 이 장에서는 누구나 쉽게 따라 할 수 있도록, 실무에서 자주 사용하는 네 가지 모핑 활용 방식을 알아보겠습니다.

이전 슬라이드

모핑은 이전 슬라이드에 있는 요소의 위치 변화를 자동으로 인식합니다. 이 원리를 활용하면, 두 번째 슬라이드에 있는 도형이나 텍스트 등을 첫 번째 슬라이드의 화면 바깥에 배치한 뒤 모핑 효과를 적용하여, 마치 요소가 바깥에서 안으로 자연스럽게 등장하는 애니메이션 효과를 만들 수 있습니다.

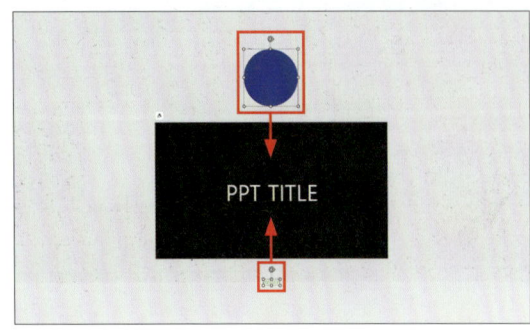

▲ 첫 번째 슬라이드

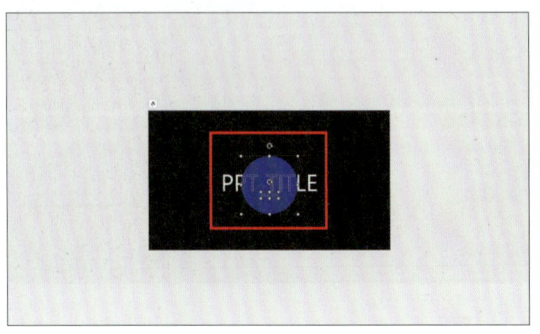

▲ 두 번째 슬라이드

다음 슬라이드

이전 슬라이드와 반대로, 첫 번째 슬라이드에는 요소를 화면 안에 두고, 두 번째 슬라이드에서는 해당 요소를 화면 밖으로 이동시켜 보세요. 이 상태에서 모핑 효과를 적용하면, 발표 중 해당 요소가 슬라이드 밖으로 자연스럽게 퇴장하는 느낌을 줄 수 있습니다.

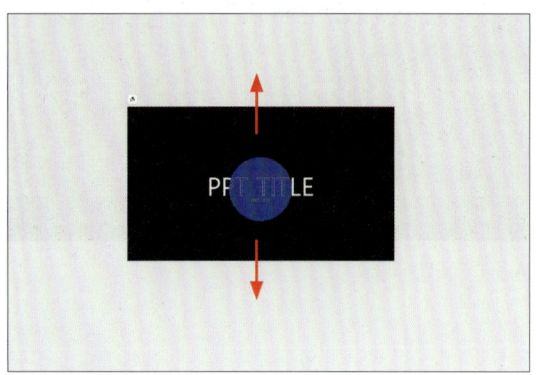
▲ 첫 번째 슬라이드

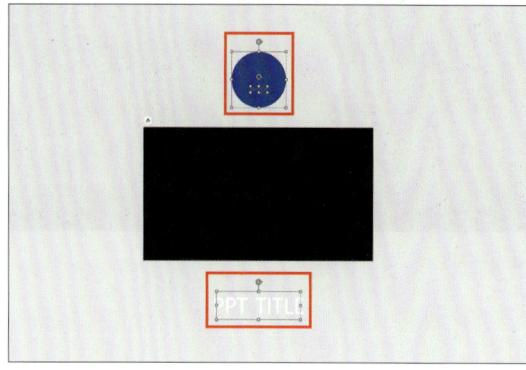
▲ 두 번째 슬라이드

속도 차이 연출하기

모핑 효과의 애니메이션은 설정한 시간에 맞춰 일정한 속도로 움직입니다. 이 특성을 활용해 이동 거리에 차이를 주면, 시간 차이가 있는 것처럼 연출할 수 있습니다. 예를 들어 각 요소를 서로 다른 거리만큼 배치하면, 거리에 따라 입장이나 퇴장의 속도에 차이가 생기며 더 역동적인 움직임을 만들 수 있습니다. 복잡한 설정 없이도 단순히 배치 거리만 조절해 다양한 연출이 가능합니다.

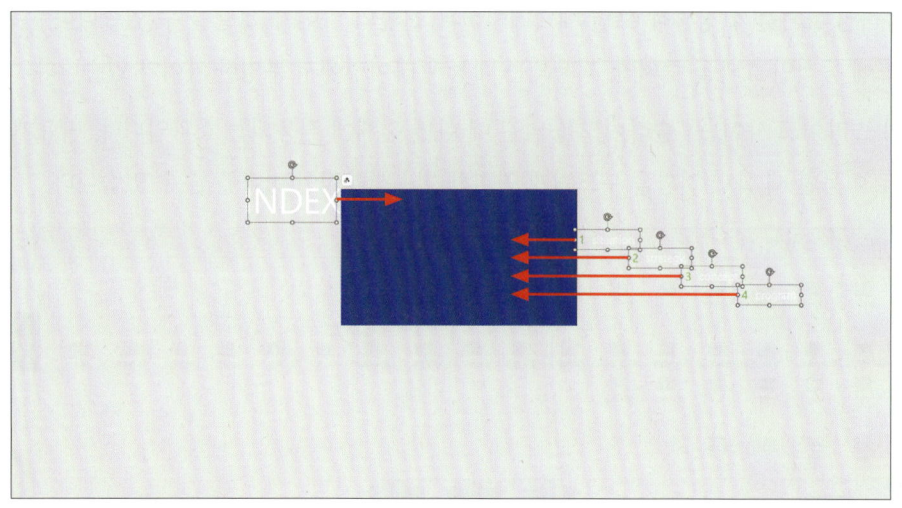

요소의 형태 변화

모핑은 요소의 위치뿐 아니라 형태의 변화도 자연스럽게 연출할 수 있습니다. 예를 들어, 모서리가 둥근 사각형 도형의 곡률을 줄이거나 늘리면, 형태가 변하는 과정이 부드러운 애니메이션처럼 표현됩니다. 여기에 색상이나 크기 변화를 함께 적용하면 더욱 풍부한 연출이 가능하므로, 다양한 방식으로 모핑 효과를 실험해 보세요.

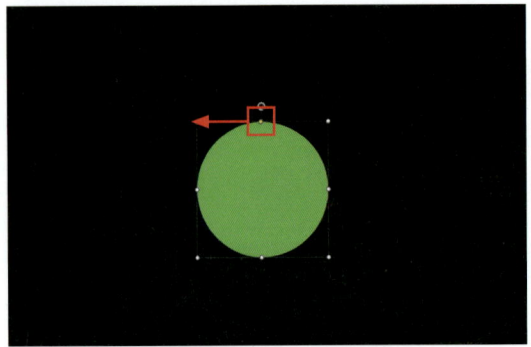
▲ 첫 번째 슬라이드

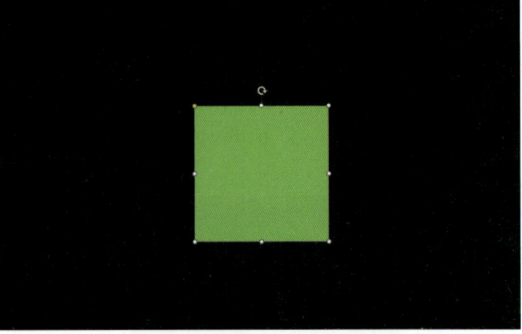
▲ 두 번째 슬라이드

피피티의 전환과 애니메이션은 어떤 차이가 있나요?

Q 전환과 애니메이션 모두 슬라이드에 움직임을 주는데, 어떤 차이가 있는 거죠?

A 전환은 슬라이드가 넘어갈 때 적용되는 효과이고, 애니메이션은 하나의 슬라이드 안에서 개별 요소에 적용되는 움직임입니다.

 피피티에서 움직임 효과를 설정하다 보면 애니메이션과 전환의 차이가 헷갈릴 수 있습니다. 두 기능 모두 슬라이드에 동적인 효과를 주지만, 적용되는 대상과 타이밍에서 분명한 차이가 있습니다.

전환은 슬라이드와 슬라이드 사이, 즉 슬라이드를 넘길 때 화면 전체에 적용되는 효과입니다. 발표자가 다음 슬라이드로 이동할 때 화면 전환을 부드럽게 연결하거나 시각적인 변화를 줄 수 있습니다.

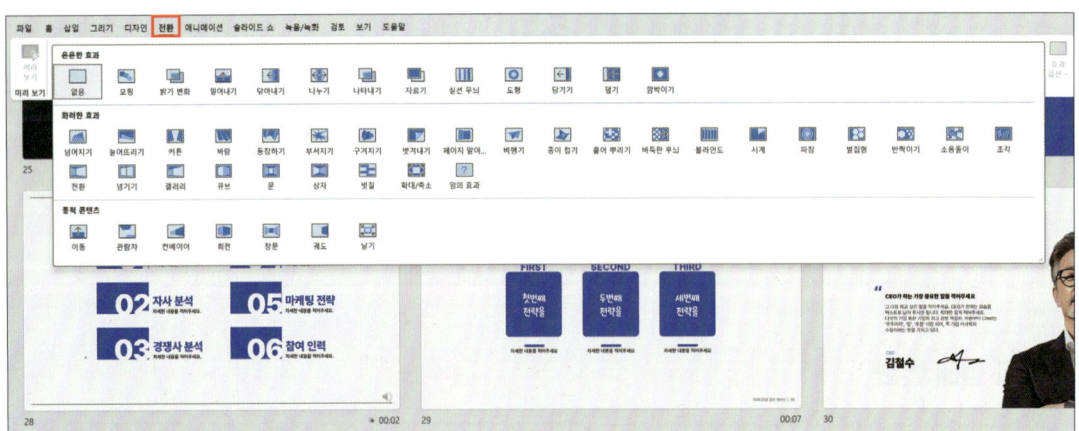

애니메이션은 슬라이드 안에 있는 도형, 텍스트 등 개별 요소에 적용하는 기능입니다. 슬라이드를 넘기지 않아도 특정 요소를 등장시키거나 움직이는 효과를 줄 수 있을 때 사용합니다.

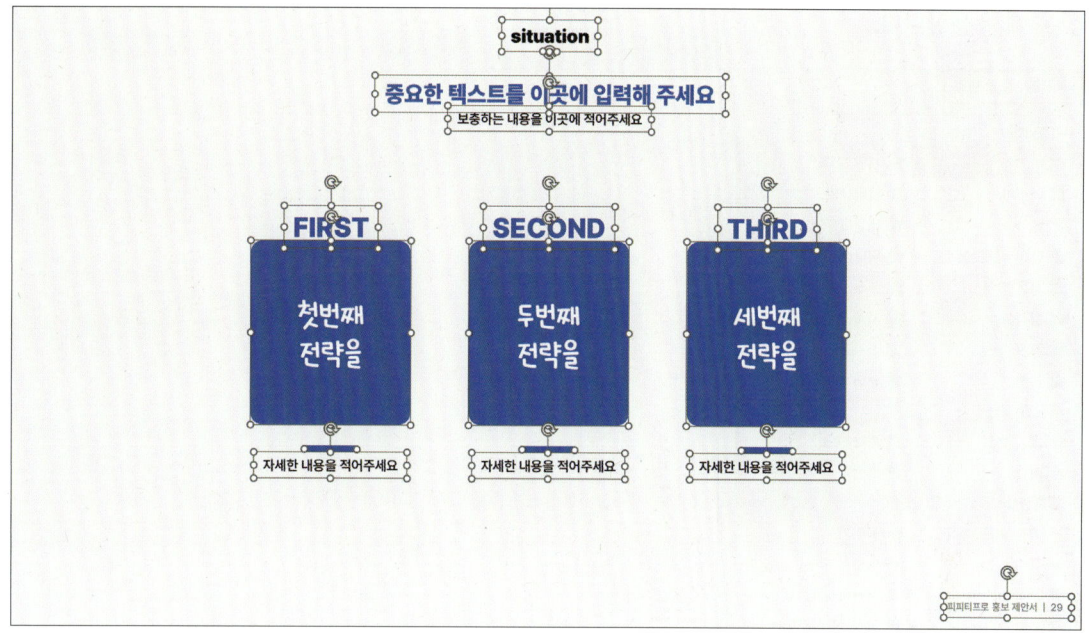

전환 효과는 기본적으로 원하는 효과를 선택하면 조절할 수 있는 항목이 많지 않아, 누구나 쉽게 활용할 수 있습니다. 반면, 애니메이션은 기본기가 없다면 적용 자체가 어렵고, 원하는 모션을 주기도 쉽지 않습니다. 따라서 애니메이션의 기본기를 미리 익혀 두는 것이 좋습니다.

애니메이션 기본 사용법

애니메이션을 적용하려면 효과를 적용할 텍스트 상자나 도형 등의 요소를 선택한 상태에서 메뉴의 [애니메이션]에서 원하는 효과를 클릭하면 됩니다.

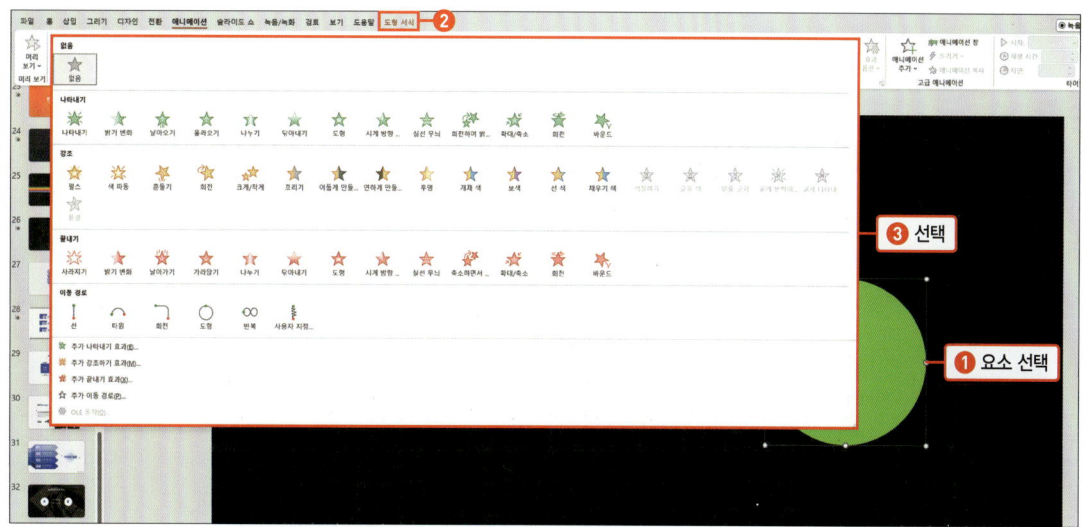

애니메이션은 크게 다음의 네 가지 유형으로 나뉩니다.

◆ **나타내기**: 요소가 슬라이드에 처음 등장할 때 사용합니다. 발표 초반에 내용을 순서대로 보여주고 싶을 때 유용합니다.

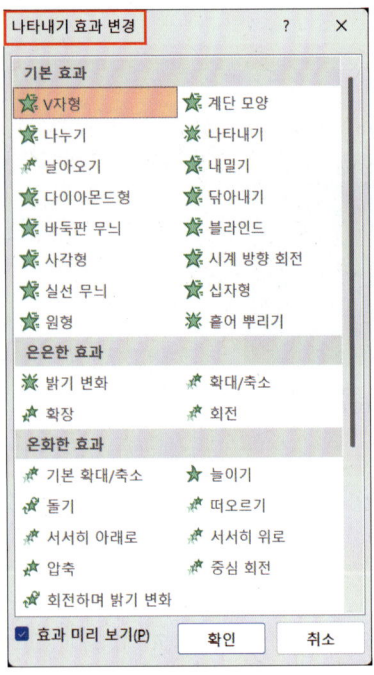

◆ **강조하기**: 슬라이드에 이미 있는 요소를 강조할 때 사용합니다. 발표 중 중요한 내용을 다시 한번 주목시킬 때 적합합니다.

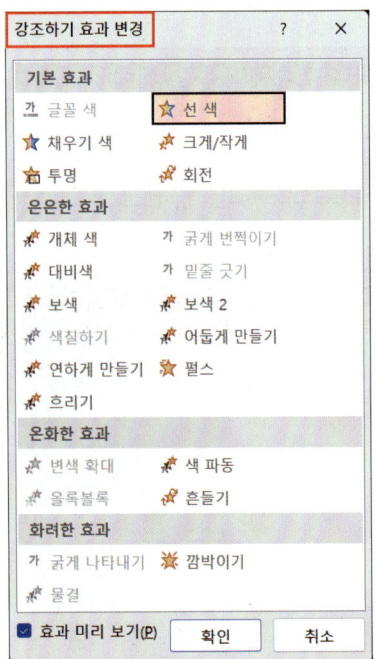

◆ **끝내기**: 요소가 슬라이드에서 사라지도록 설정할 때 사용합니다. 필요 없는 정보를 제거하며 발표 흐름을 정리하는 데 도움이 됩니다.

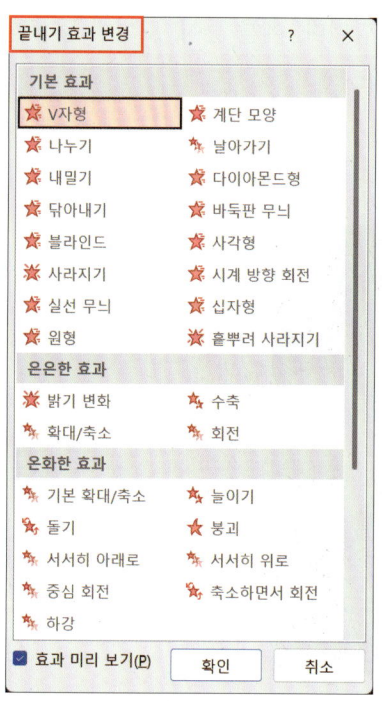

◆ **이동 경로**: 요소가 정해진 경로를 따라 움직이도록 설정하는 애니메이션입니다. 보다 동적인 연출을 원할 때 활용할 수 있습니다.

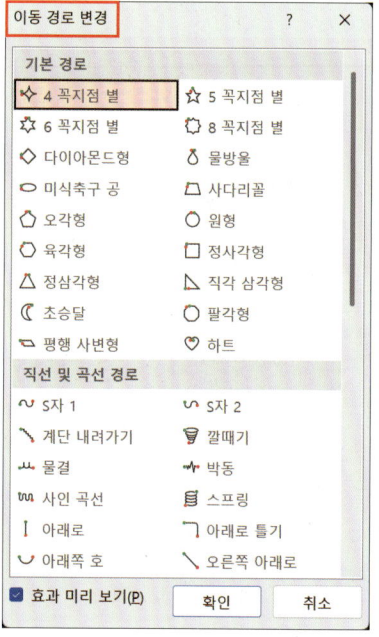

애니메이션 추가

기본적으로 하나의 애니메이션만 설정할 수 있지만, 같은 요소에 두 가지 이상의 애니메이션을 설정하고 싶다면 메뉴의 [애니메이션]-[애니메이션 추가]를 선택해야 합니다. 예를 들어, 도형이 등장한 뒤 강조되고, 이후 사라지는 순서로 애니메이션을 설정할 수 있습니다.

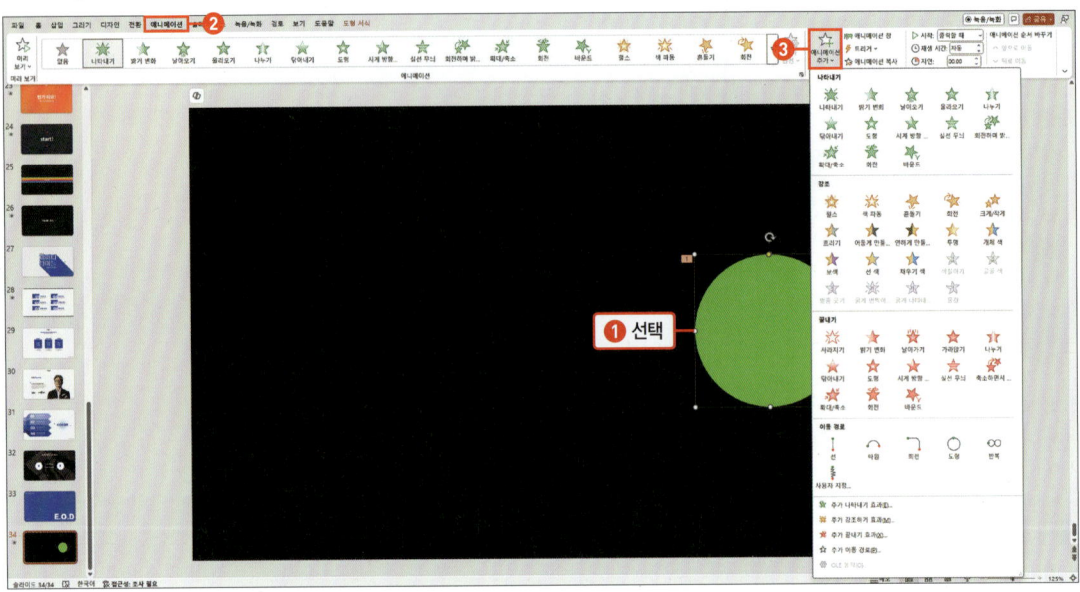

[애니메이션 창] 패널에서는 각 효과의 재생 순서와 시간을 조정할 수 있습니다. 애니메이션 효과를 마우스 오른쪽 버튼으로 클릭한 뒤 [이전 효과와 함께 시작] 또는 [이전 효과 다음에 시작]을 선택하면 애니메이션 순서를 세밀하게 설정할 수 있습니다.

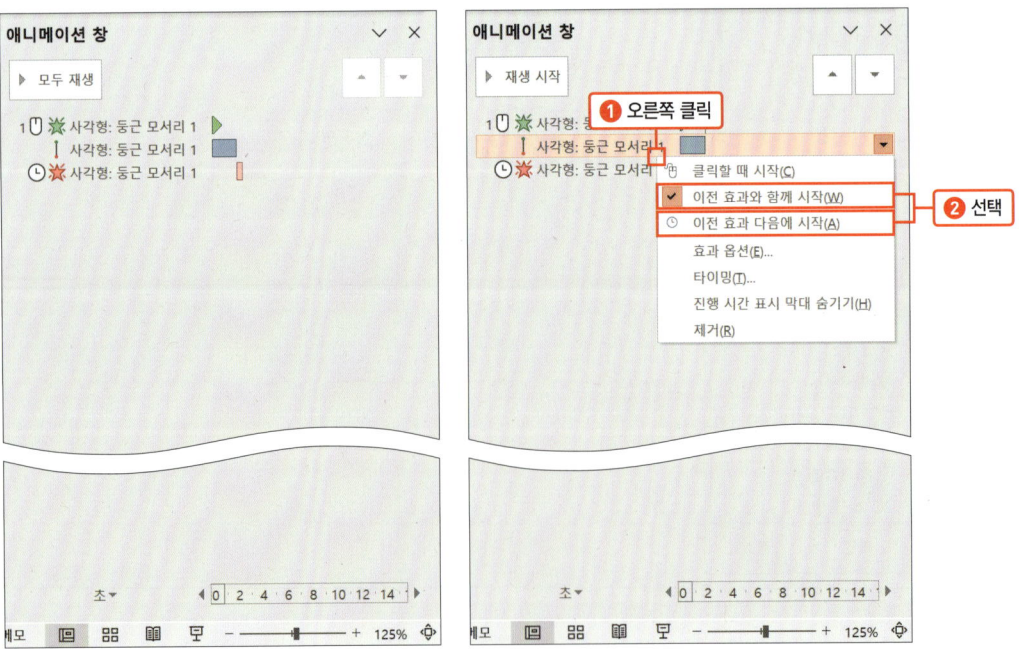

애니메이션 효과에 있는 트리거는 뭔가요?

애니메이션 효과를 설정하다 보면 원하는 특정 순간에 어떤 효과가 실행되도록 설정하고 싶을 때가 있습니다. 이럴 때 사용하는 것이 '트리거(Trigger)'입니다. 방아쇠를 뜻하는 트리거는 총을 격발하는 것처럼 원하는 순간 애니메이션이 실행되도록 할 때 사용합니다.

예를 들어 이미지를 클릭했을 때 다른 도형에 강조 애니메이션이 실행되도록 설정할 때 이미지를 클릭하는 행동이 트리거인 것이죠. 기본 애니메이션처럼 순서대로 효과가 적용되는 것이 아니라 특정 조건을 만족할 때 애니메이션이 실행되도록 하는 것입니다. 트리거는 특정 요소를 클릭했을 때 강조하는 방식으로 활용하기 좋습니다.

트리거를 설정하려면 강조할 요소를 선택한 후 메뉴의 [애니메이션]에서 원하는 효과를 적용한 다음 [트리거]에서 원하는 행동을 선택하면 됩니다.

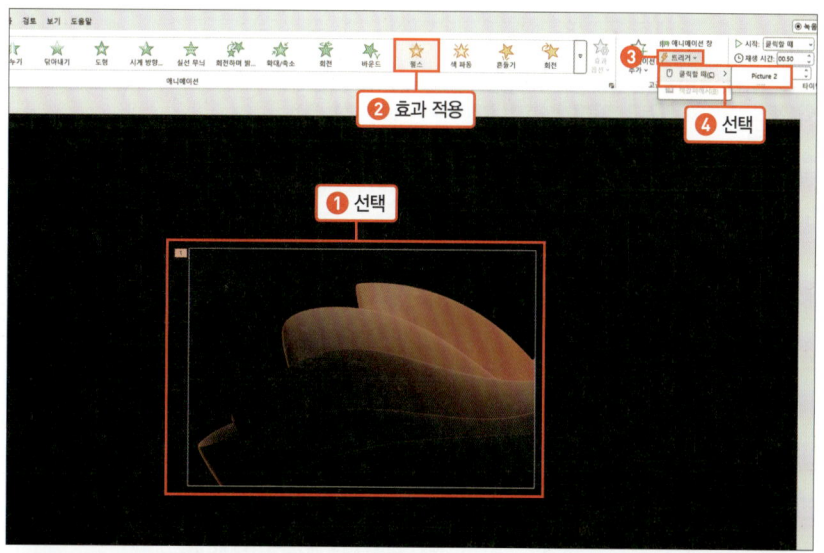

예를 들어 [트리거]에서 [클릭할 때]를 선택했다면 슬라이드쇼 중 해당 요소를 클릭하면 애니메이션이 실행됩니다.

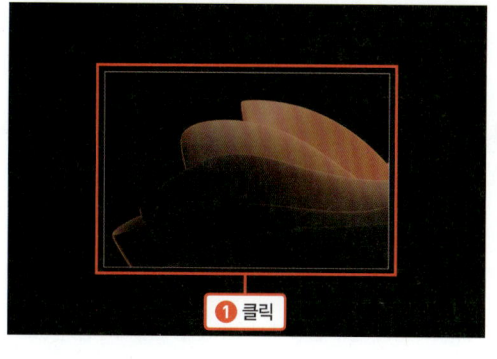

틀에 박힌 피피티에 활력을 불어넣을 이미지 없을까요?

Q 뻔하지 않고 재미있는 피피티를 만들고 싶은데, 적당한 이미지는 어디에서 찾을 수 있을까요?

A **GIF**를 활용하면 색다르고 유쾌한 분위기의 피피티를 손쉽게 만들 수 있습니다.

▲ 피피티프로 강의

💡 업무용 도구로 자주 쓰이는 피피티는 자연히 정해진 틀 안에서 작업하는 경우가 많습니다. 이 때문에 피피티를 딱딱하고 재미없는 도구로 느끼는 분들도 적지 않습니다. 하지만 상황에 맞게 유연하게 활용하면, 피피티도 충분히 재미있고 유쾌한 도구가 될 수 있습니다.

▲ 실무에서 자주 보는 딱딱한 피피티

GIF는 'Graphics Interchange Format'의 약자로, 움직이는 이미지 파일을 뜻합니다. 피피티에서는 일반 이미지처럼 간단히 삽입할 수 있으며, 슬라이드쇼에서는 별도의 설정 없이 자동으로 재생됩니다. 특히 밈(meme)적인 요소나 피피티로는 구현하기 어려운 효과가 적용된 GIF를 활용하면 발표에 활기를 더할 수 있어 유용한 시각 자료로 사용할 수 있습니다.

> **TIP**
> 밈은 인터넷에서 사람들 사이에 빠르게 확산되는 유행 콘텐츠를 말하며, 이미지나 영상, 문구 등에 재치 있는 상황 연출이나 풍자적 요소가 담긴 경우가 많습니다.

▲ GIF를 활용한 피피티

GIF는 다양한 웹사이트에서 구할 수 있는데, 그중 가장 대표적인 사이트는 'GIPHY(https://giphy.com/)'입니다. Giphy에서 'wow', 'good'과 같은 감정 표현 키워드로 검색하면 다양한 움직임의 GIF를 찾을 수 있습니다. 마음에 드는 GIF가 있다면, 해당 이미지를 마우스 오른쪽 버튼으로 클릭한 후 [이미지 복사]를 선택하고, 피피티에서 Ctrl+V로 붙여 넣으면 바로 삽입할 수 있습니다.

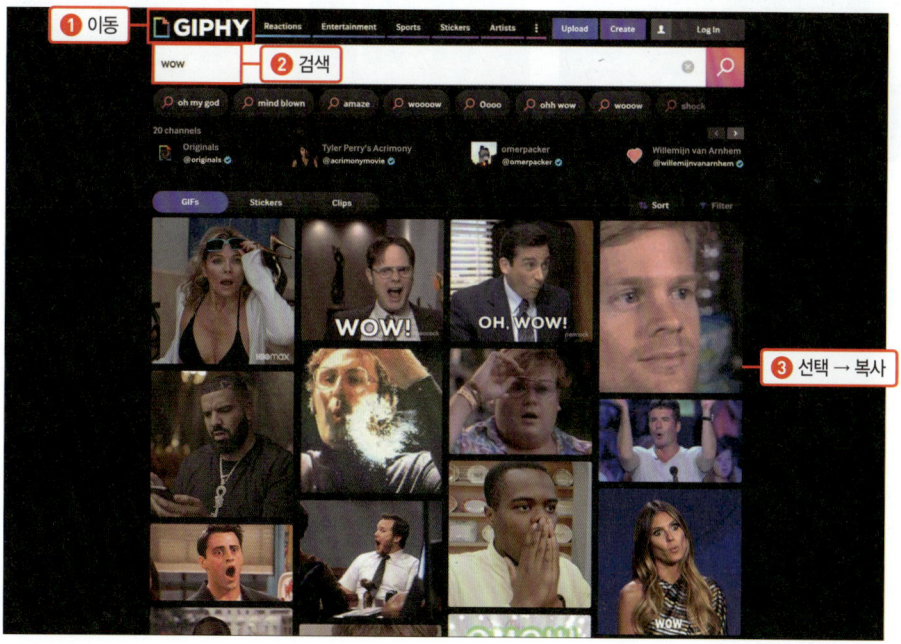

예를 들어, 연말 시상식이나 팀 회의에서 분위기를 살리고 싶을 때 단순한 텍스트 대신 표정이 풍부한 GIF를 활용하면 보다 유쾌하고 재미있는 연출이 가능합니다.

▲ 깔끔한 카피만 있는 슬라이드

▲ GIF를 통해 비주얼적인 재미를 더한 슬라이드

특히 배경이 투명한 GIF의 활용도가 높습니다. Giphy에서 원하는 키워드로 검색한 뒤 [Stickers] 탭을 클릭하면 배경이 없는 투명한 GIF를 확인할 수 있으며 이를 다운로드하여 피피티에 삽입하면 기존 디자인과 자연스럽게 어우러지면서 생동감을 더할 수 있어 완성도를 높이는 데 유용합니다.

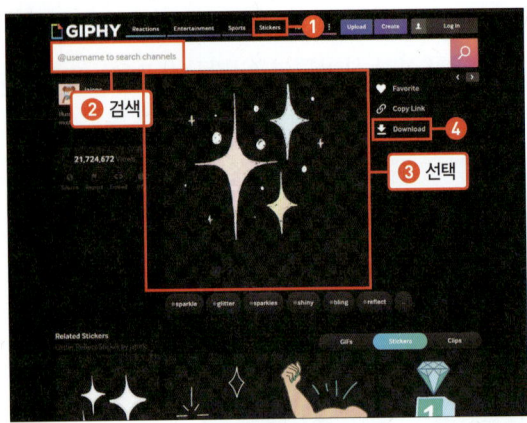

> **TIP**
>
> GIPHY의 이미지는 상업적 용도로의 활용이 제한될 수 있으므로 반드시 사용 목적에 따라 저작권 관련 사항을 확인한 후 활용하는 것이 좋습니다.

피피티 디자인 필살기

CHAPTER 17

피피티에서도 '임팩트'는 중요합니다. 핵심 메시지를 전달하거나 청중의 시선을 집중시켜야 할 때, 평범한 디자인만으로는 충분하지 않습니다. 하지만 몇 가지 디자인 스킬만 익혀두면 이미지 하나, 텍스트 한 줄만으로도 강한 인상을 남길 수 있습니다.

이번 장에서는 발표의 중요한 순간, 확실하게 포인트를 줄 수 있는 피피티 디자인의 '필살기'를 소개합니다. 필요한 순간 꺼내 쓰면 무엇보다 강한 임팩트를 줄 수 있을 거예요.

텍스트와 이미지만으로 임팩트를 줄 순 없나요?

Q 화려한 효과 없이 이미지와 텍스트만으로도 강한 인상을 줄 수 있는 슬라이드를 만들 수 있을까요?

A 여백, 투명도, 그라데이션만 잘 활용해도 텍스트와 이미지만으로 충분히 임팩트 있는 슬라이드를 만들 수 있습니다.

▲ 피피티프로 강의

💡 이미지와 텍스트는 피피티에서 가장 자주 함께 사용하는 요소입니다. 다음 이미지처럼 단순히 나란히 배치해도 무난하지만, 여백, 투명도, 그라데이션 같은 피피티의 기본 기능만 잘 활용해도 애니메이션이나 복잡한 효과 없이도 강한 인상을 전달하는 슬라이드를 완성할 수 있습니다.

여백

슬라이드에 삽입한 이미지에 충분한 여백이 있다면, 그 공간에 텍스트를 배치해 보세요. 가장 단순한 방식이 오히려 가장 자연스럽고 강한 인상을 줄 수 있는 방법이 될 수 있습니다.

위 이미지처럼 화면을 이미지로 가득 채우면 시각적인 몰입감을 줄 수 있으며, 여백에 텍스트를 배치하면 가독성을 해치지 않으면서도 메시지를 효과적으로 전달할 수 있습니다.

이미지에 포함된 색상을 모두 활용하여 텍스트에 그라데이션 효과를 적용한 예시입니다. 동일한 색상을 자연스럽게 활용함으로써 디자인의 완성도를 높였습니다.

이때 중요한 포인트는 텍스트의 색상입니다. 단순히 흰색이나 검정색을 사용하는 것보다, 이미지에서 색상을 추출해 텍스트에 적용하면 더욱 자연스럽고 통일감 있는 인상을 줄 수 있습니다.

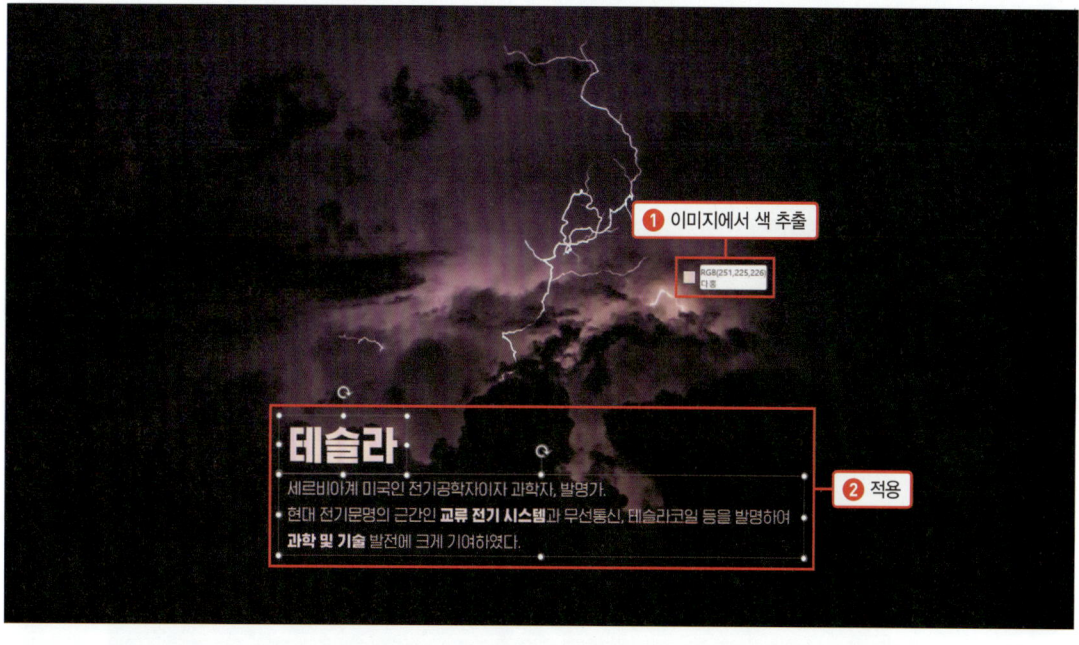

> **TIP**
>
> 이미지에서 원하는 색상을 추출하는 방법은 46쪽을 참고하세요.

투명도 활용

슬라이드에 삽입한 이미지에 텍스트를 배치할 여백이 부족하다면, 도형에 투명도를 설정해 그 위에 텍스트를 배치해 보세요. 이미지를 수정하지 않고도 텍스트의 가독성을 높일 수 있습니다.

사각형 도형을 삽입한 뒤 [채우기]는 검정색, [윤곽선]은 [윤곽선 없음]으로 설정합니다.

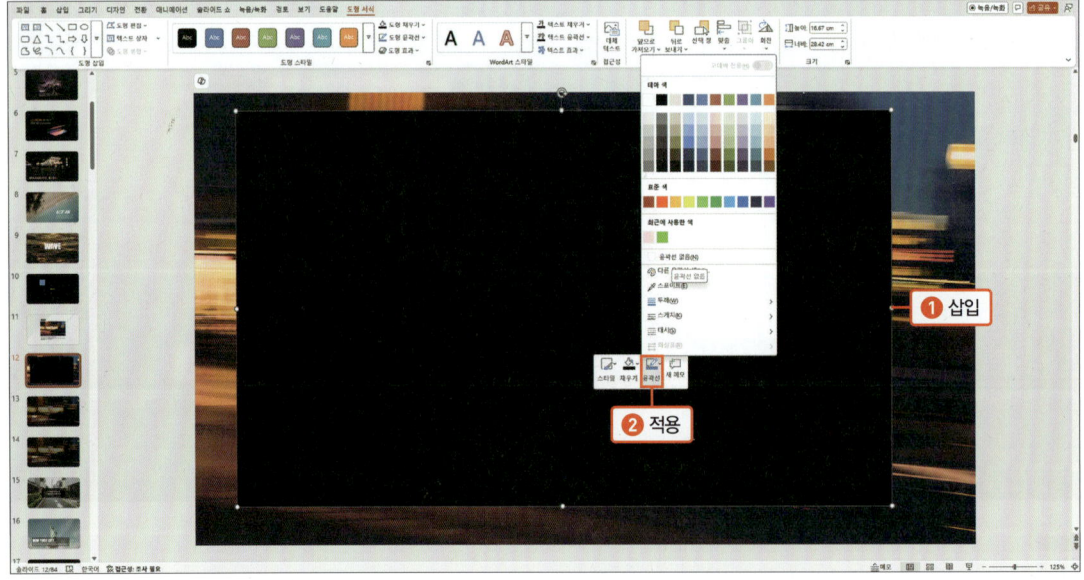

도형 크기와 위치를 전체 이미지를 덮을 수 있게 조절한 다음 도형 위에 텍스트를 배치합니다. 이때 도형 아래 텍스트 상자가 배치되어 있다면 도형을 마우스 오른쪽으로 클릭한 다음 [뒤로 보내기]를 선택해 순서를 변경할 수 있습니다.

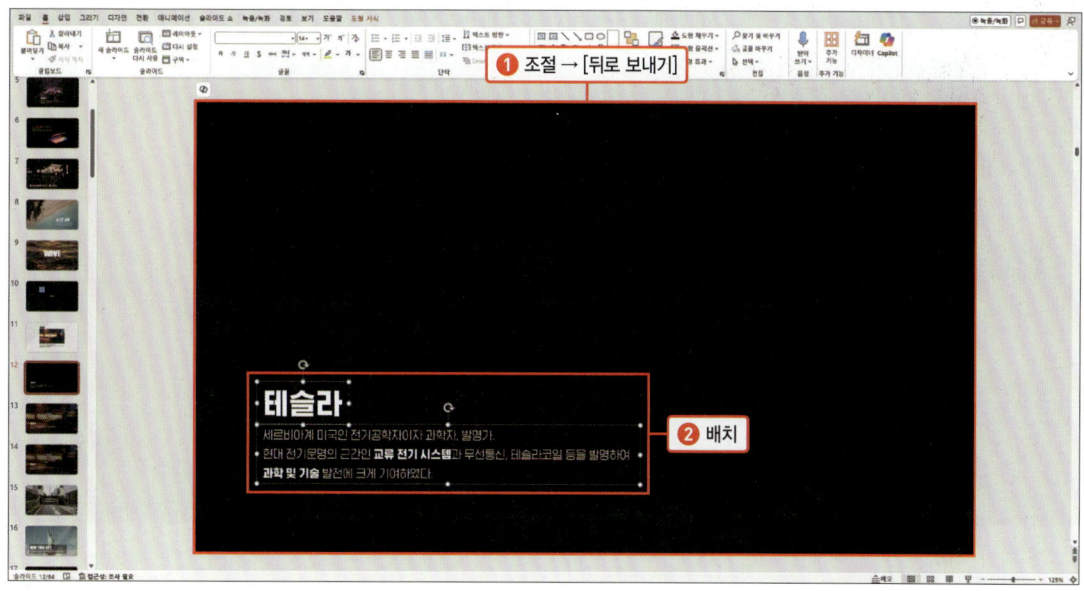

도형을 마우스 오른쪽으로 클릭한 다음 [도형 서식]을 선택합니다. [도형 서식] 패널에서 [도형 옵션]-[채우기]를 선택한 다음 [투명도]를 적절하게 조절해 보세요.

이렇게 하면 이미지의 분위기를 해치지 않으면서도 텍스트의 가독성을 높일 수 있습니다.

그라데이션

밝은 이미지의 명도는 그대로 유지하면서 텍스트를 강조하고 싶을 때는 그라데이션을 활용하는 것이 효과적입니다.

사각형 도형을 삽입한 뒤, 도형의 크기와 위치를 전체 이미지를 덮을 수 있도록 조절합니다. 도형을 마우스 오른쪽으로 클릭한 다음 [도형 서식]을 선택합니다.

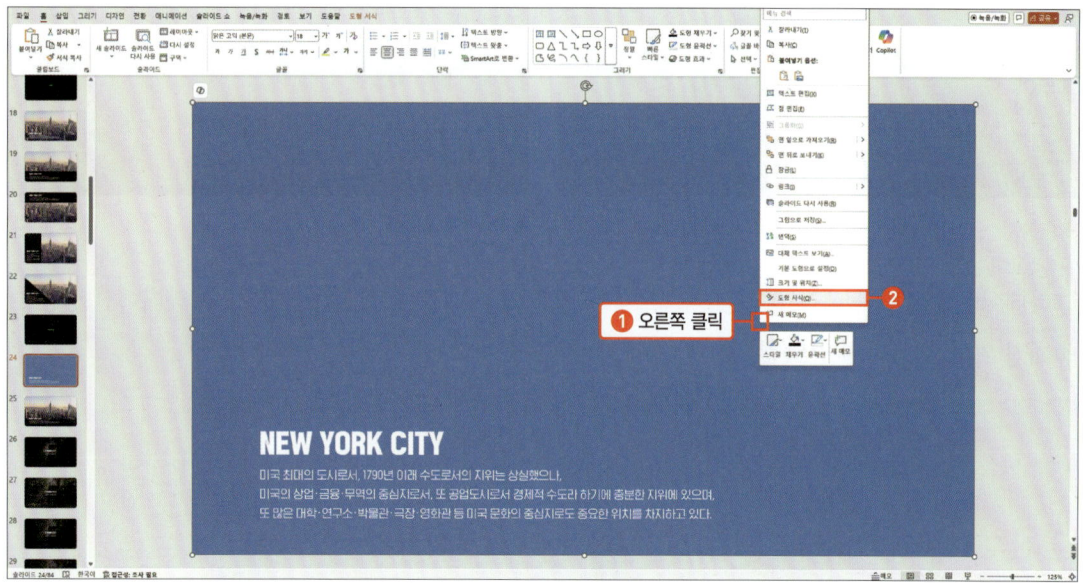

> **TIP**
> 도형 아래 텍스트 상자가 배치되어 있다면 도형을 마우스 오른쪽으로 클릭한 다음 [뒤로 보내기]를 선택해 순서를 변경할 수 있습니다.

[도형 서식] 패널에서 [도형 옵션]-[채우기]-[그라데이션 채우기]를 선택한 뒤, [종류]는 [선형], [방향]은 [선형 아래쪽]으로 변경하고, 다음 그림처럼 중지점을 배치한 후 중지점의 색을 모두 검정색으로 변경하고, 왼쪽부터 순서대로 [투명도] 값을 '100%', '75%', '25%'로 설정합니다.

이렇게 하면 이미지에 자연스러운 색상 경계가 생겨 텍스트의 가독성을 높일 수 있습니다. 이미지는 선명하게 유지하면서 텍스트도 보다 명확하게 전달할 수 있는 것이죠.

▲ Before

▲ After

그라데이션으로 만든 색상 경계는 텍스트를 배치할 영역에 맞게 조절하면 되며, 그라데이션의 종류, 중지점 위치, 색상과 투명도 값은 이미지의 밝기나 구도에 따라 적절히 조정해 보세요.

🔗 깊이감

슬라이드에 **깊이감**을 표현할 수 있을까요?

Q 어떻게 하면 평면적인 슬라이드에 깊이감을 줄 수 있을까요?

A 삽입한 **이미지의 일부**를 잘라내고 **텍스트와 함께 배치**하면, 입체감과 깊이감을 더한 슬라이드를 만들 수 있습니다.

▲ 피피티프로 강의

💡 피피티의 평면적인 슬라이드로 작업하다 보면 디자인에 한계가 있다고 느끼기 쉽습니다. 하지만 이미지의 구도를 활용해 앞뒤 공간을 나누거나 전경 요소를 따로 배치하면 슬라이드에 깊이감과 입

체감을 더할 수 있습니다.

특히 인물이나 사물 같은 전경 이미지를 배경과 분리해 텍스트와 함께 배치하면, 마치 텍스트가 화면 속에 들어가 있는 듯한 인상을 줄 수 있습니다. 이렇게 깊이감을 표현하면 슬라이드에 자연스러운 공간감이 생기고, 전문 디자이너가 만든 듯한 완성도 높은 결과물을 연출할 수 있습니다.

▲ 깊이감이 표현된 피피티

슬라이드에 깊이감을 표현하는 방법 중 가장 쉬운 방법은 배경 이미지의 일부를 제거해 텍스트와 함께 배치하는 것입니다. 배경을 제거할 때는 Adobe Express, remove.bg 등과 같은 웹사이트를 이용하면 됩니다.

> **TIP**
> 이미지의 배경을 삭제하는 방법은 196쪽을 참고하세요.

다음 그림처럼 기존 이미지와 배경이 제거된 이미지를 겹쳐 배치하고 이 두 이미지 사이에 도형이나 텍스트 상자 등의 요소를 배치해 보세요.

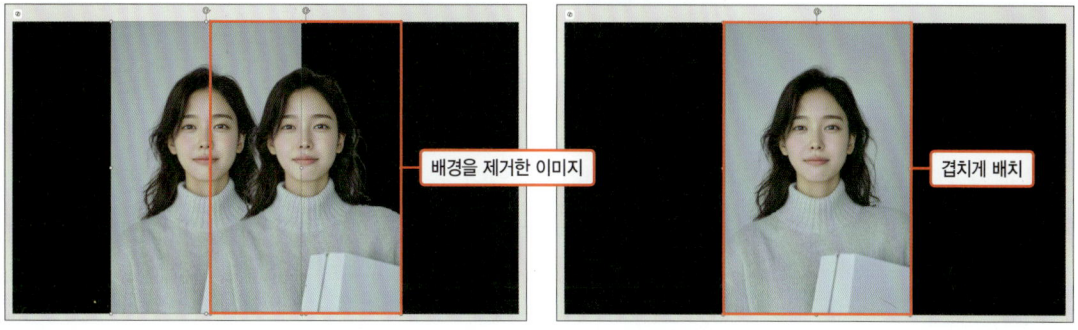

단순한 슬라이드가 입체적으로 바뀌며 시선을 사로잡는 디자인이 완성됩니다.

> **TIP**
>
> 이미지, 도형, 텍스트 상자 등의 배치 순서를 바꾸고 싶다면, 해당 요소를 마우스 오른쪽 버튼으로 클릭한 뒤 [앞으로 가져오기] 또는 [뒤로 보내기]를 선택하면 됩니다.

피피티에서 자주 사용하는 표나 일러스트도 단순히 나란히 배치하는 대신, 다음 그림처럼 일부를 겹쳐서 배치해 보세요. 훨씬 더 세련되고 완성도 높은 슬라이드를 만들 수 있습니다.

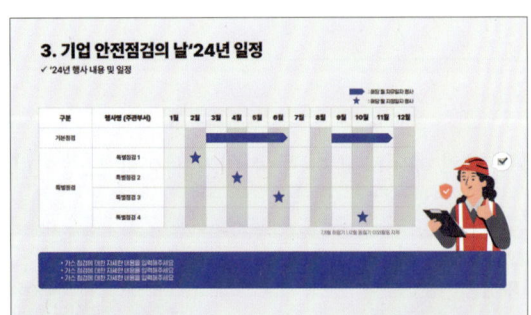 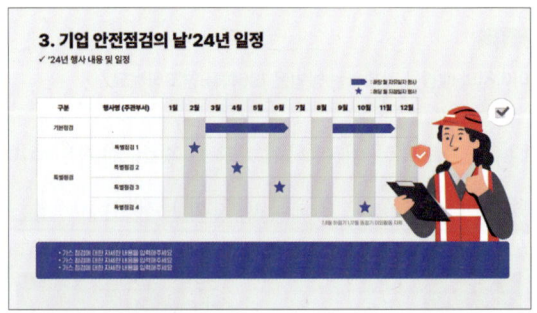

임팩트 있는 슬라이드를 만들고 싶을 때는 '공간감'을 의식적으로 활용해 보세요. 이미지, 텍스트, 도형의 배치만으로도 시선의 흐름과 깊이를 조절할 수 있어, 복잡한 효과 없이도 강한 인상을 줄 수 있습니다. 작은 차이가 슬라이드의 완성도를 크게 바꿀 수 있다는 점, 꼭 기억해 두시기 바랍니다.

주목도 높은 표지 슬라이드를 만들려면 어떻게 해야 하나요?

Q 상대적으로 주목도가 낮기 쉬운 표지 슬라이드를 임팩트 있게 만들려면 어떻게 해야 하나요?

A 롱쉐도우 효과만 사용해도 손쉽게 임팩트가 있는 표지를 완성할 수 있습니다.

▲ 피피티프로 강의

💡 표지 슬라이드에 강한 인상을 주고 싶다면, 그림자 효과를 새롭게 활용해 보세요. 피피티의 기본 그림자는 은은한 느낌을 주는 데 그치지만, 롱쉐도우(Long Shadow) 효과를 적용하면 단순한 텍스트나 아이콘에도 깊이감과 주목도가 생깁니다. 복잡한 장식 없이도 임팩트를 줄 수 있는 간단한 방식으로, 누구나 쉽게 시선을 끄는 표지를 만들 수 있습니다.

1 원하는 텍스트를 입력한 다음 마우스 오른쪽으로 클릭하고 [도형 서식]을 선택합니다.

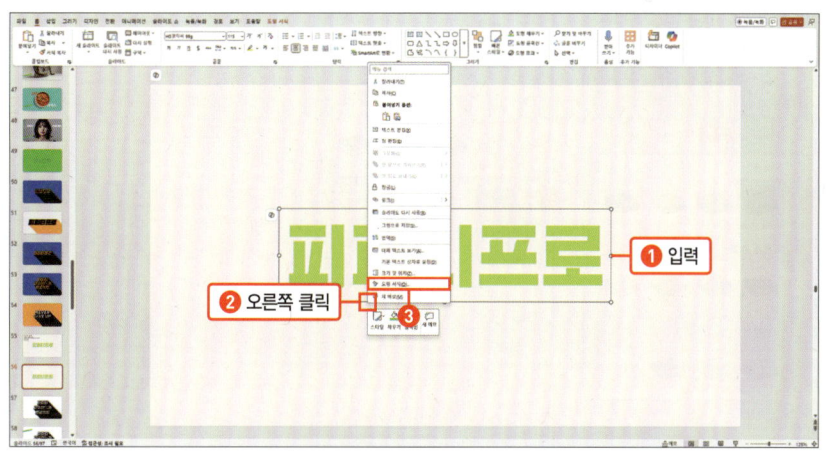

TIP
롱쉐도우 효과를 적용할 때는 그림자의 방향과 길이를 강조하기 위해 가능한 굵은 폰트를 사용하는 것이 좋습니다.

2 [도형 서식] 패널에서 [텍스트 옵션]-[텍스트 효과]를 선택합니다.

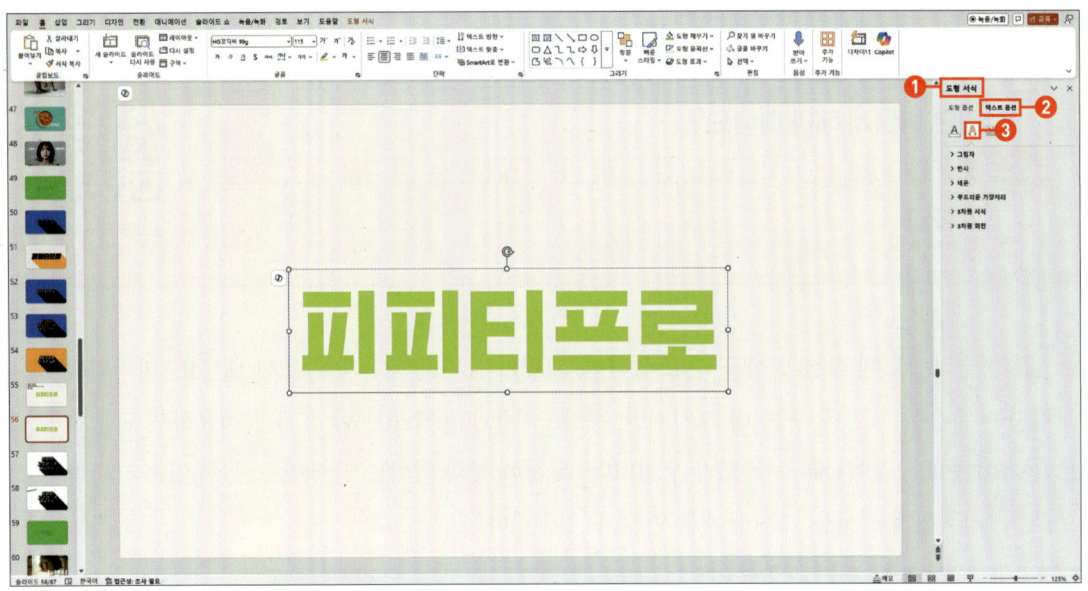

3 텍스트 효과 중 [3차원 회전]의 [미리 설정]에서 [빗각]의 [오빌리크: 오른쪽 아래]를 선택하고 [3차원 서식]에서 [재질]은 [무광택], [조명]은 [평면]을 선택합니다.

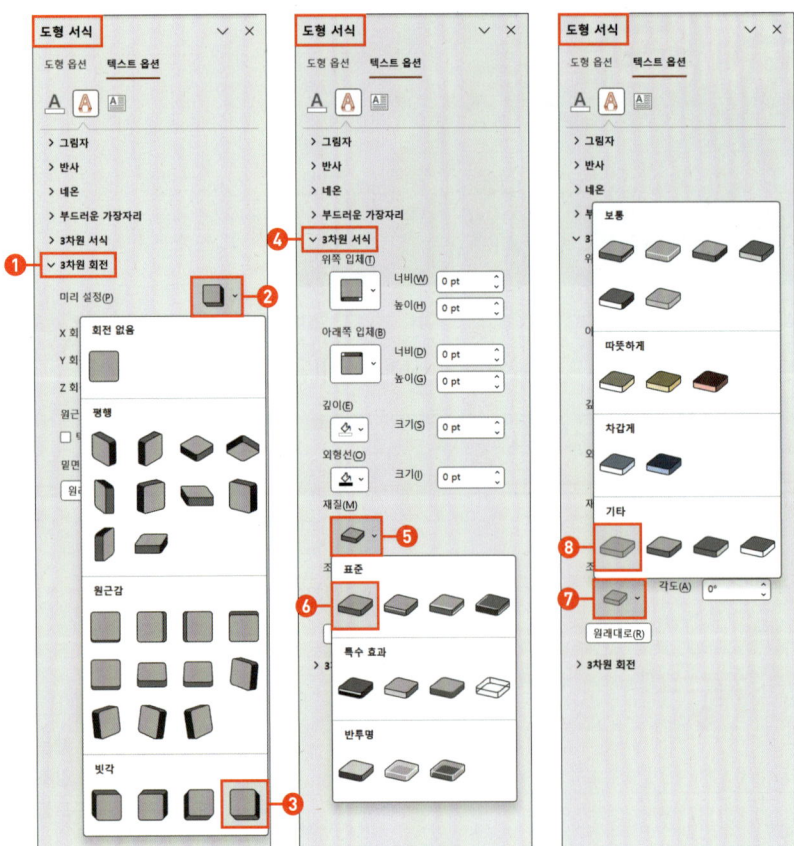

4 [3차원 서식]의 [깊이]에서 그림자 색상을 지정하고 크기를 '1000pt' 이상으로 조절하면 그림자가 길게 뻗어 있는 롱쉐도우 효과가 완성됩니다.

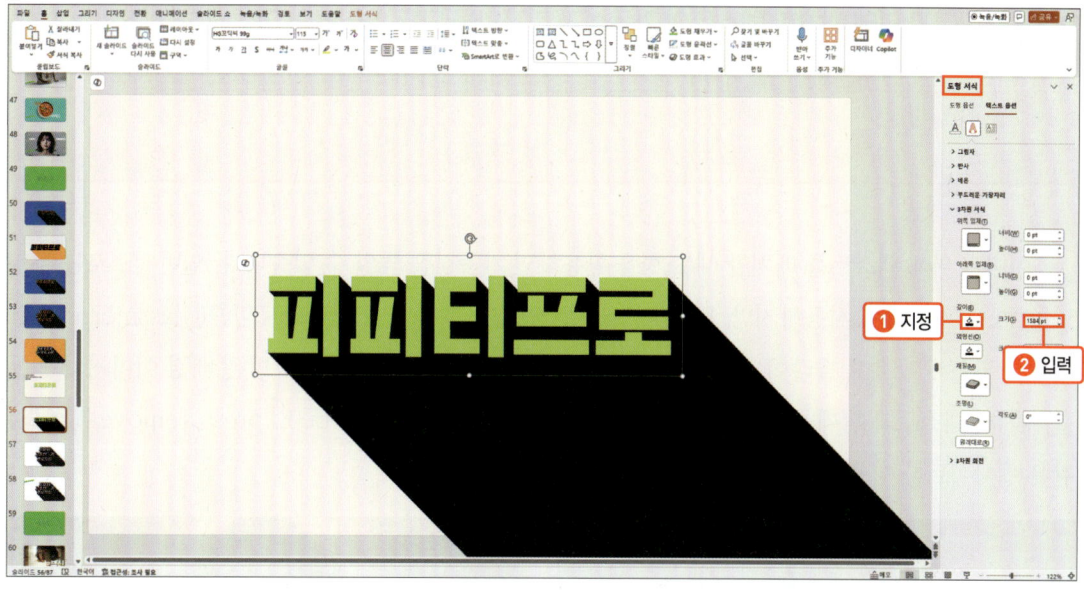

> **TIP**
> [깊이]에서 지정할 수 있는 최댓값은 '1584pt'입니다.

롱쉐도우는 별다른 디자인 없이도 임팩트 있는 슬라이드를 완성할 수 있도록 도와줍니다. 배경, 텍스트 색, 윤곽선, 그림자 색을 다양하게 조합하면 여러 스타일로 응용하는 것도 가능합니다.

매번 효과를 새로 설정하기 번거롭다면, 롱쉐도우가 적용된 슬라이드를 미리 만들어 저장해두고 필요할 때 복사해 사용하는 것이 훨씬 효율적입니다.

이미지 위에 텍스트를 배치하려면 어떻게 해야 할까요?

Q 이미지 위에 배치한 텍스트의 가독성과 디자인을 모두 살리려면 어떻게 해야 할까요?

A 글래스모피즘을 활용하면 텍스트의 전달력과 슬라이드의 완성도를 높일 수 있습니다.

이미지 위에 텍스트를 배치할 때 도형을 활용하면 가독성을 높일 수 있습니다. 일반적으로는 투명도를 준 도형을 많이 사용하지만, 한층 더 세련된 연출을 원한다면 '글래스모피즘(Glassmorphism)' 효과를 활용해 보세요. 슬라이드에 깊이감을 표현하는 방법 중 가장 쉬운 방법은 배경 이미지의 일부를 제거해 텍스트와 함께 배치하는 것입니다. 배경을 제거할 때는 Adobe Express, remove.bg 등과 같은 웹사이트를 이용하면 됩니다.

글래스모피즘이란 유리처럼 흐릿하게 반투명한 배경을 사용해 배경 이미지는 은은하게 살리면서도, 텍스트는 또렷하게 강조하는 디자인 기법입니다. 피피티에 글래스모피즘 효과를 적용하면 텍스트의 가독성을 확보하면서도 배경 이미지의 분위기를 유지할 수 있어, 시각적 완성도와 정보 전달력을 동시에 높일 수 있습니다.

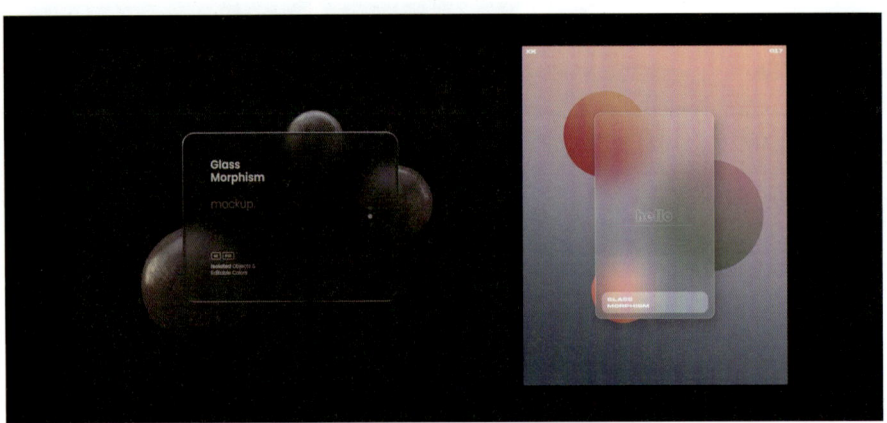

▲ 이미지 위에 불투명한 유리 효과를 일부 적용하여 도형 안 내용의 가독성을 높일 수 있음

1 슬라이드에 이미지를 삽입하고 삽입한 이미지를 복제합니다.

2 두 개 이미지를 겹치게 배치하고 사각형 도형을 삽입합니다. 이미지, 도형 순서로 클릭하고 메뉴에서 [도형 병합]-[교차]를 선택합니다.

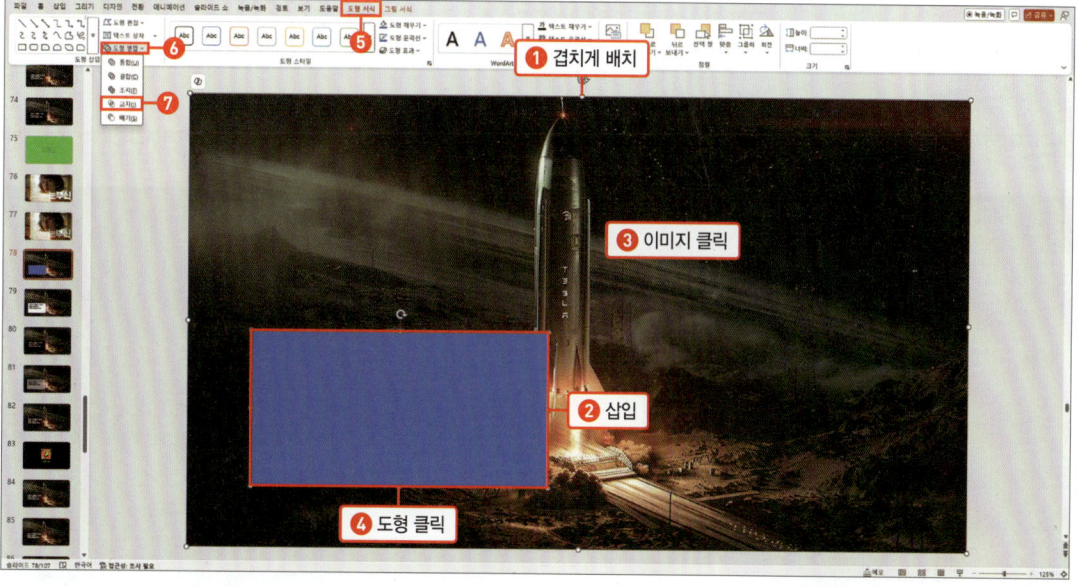

3 병합된 이미지를 선택한 다음 메뉴에서 [그림 서식]-[꾸밈 효과]-[흐리게]를 클릭해 흐림 효과를 적용합니다.

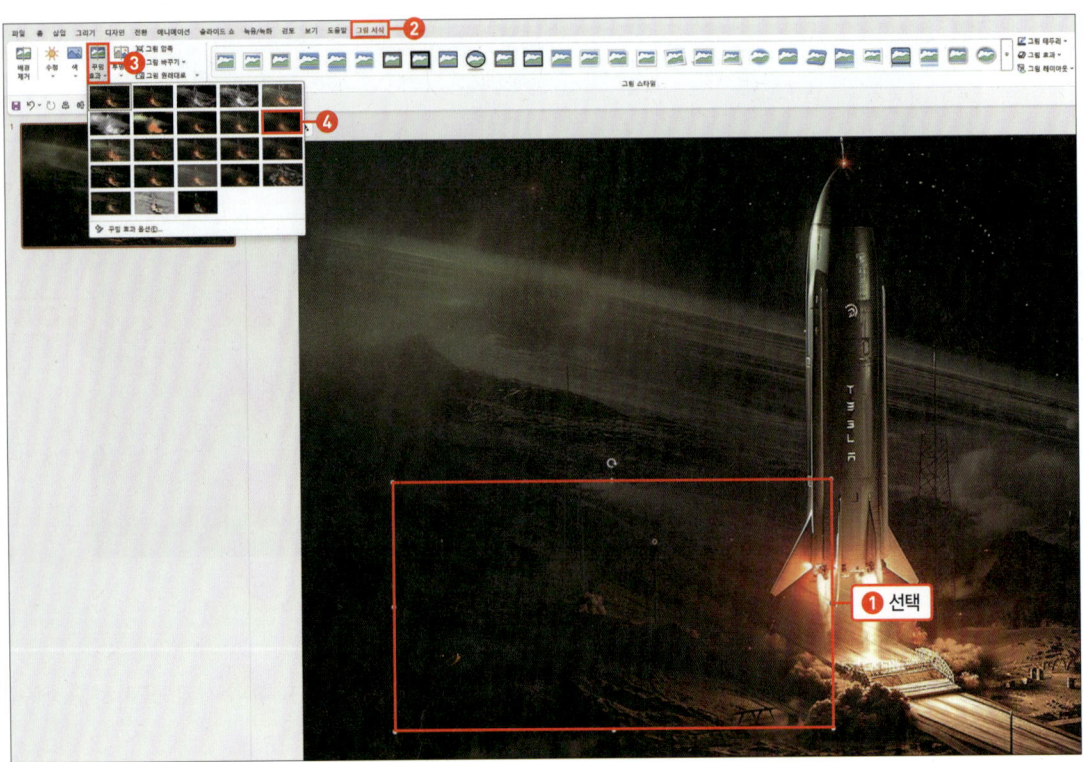

> **TIP**
>
> 메뉴의 [그림서식]-[꾸밈 효과]-[꾸밈 효과 옵션]에서 흐림의 정도를 조절할 수 있습니다.

4 흐림 효과가 적용된 이미지를 마우스 오른쪽으로 클릭한 다음 [그림 서식]을 선택합니다.

5 [그림 서식] 패널에서 [그림 서식]의 [효과]에서 [그림자]를 선택합니다.

6 [미리 설정]에서 [안쪽: 가운데]를 선택하고 [색상]은 흰색, [흐리게]는 [10pt], [투명도]는 [70%] 정도로 설정합니다. 각 설정 값은 이미지에 맞추어 적당하게 조절하면 됩니다.

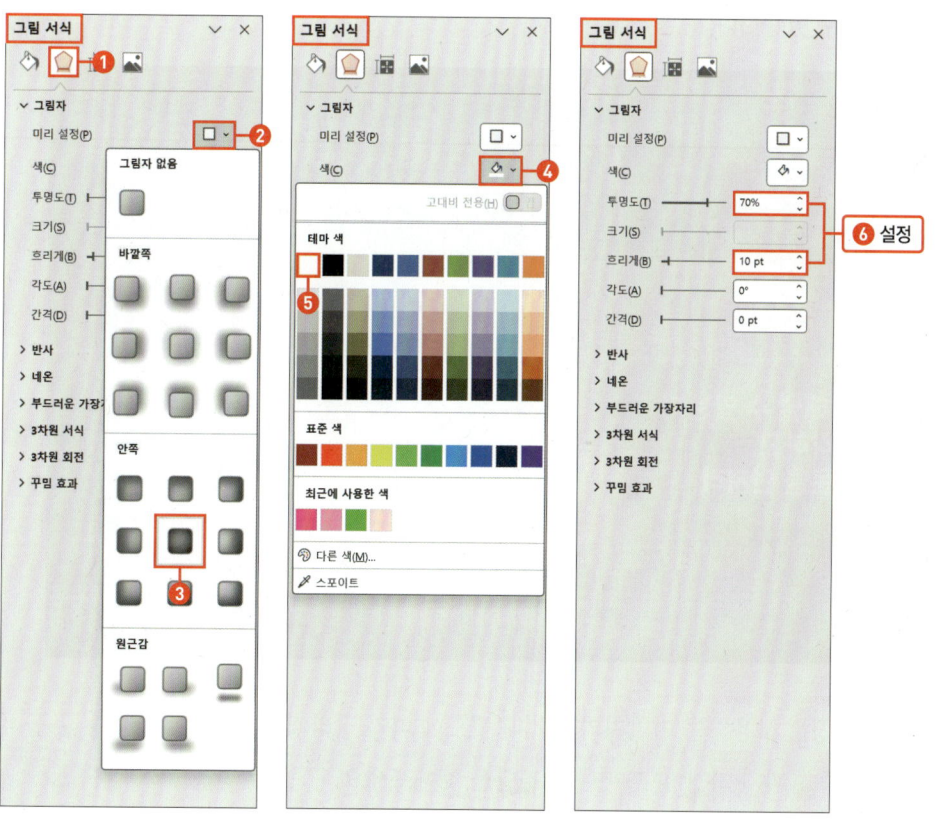

7 글래스모피즘 효과가 적용된 이미지 위에 원하는 텍스트를 입력합니다. 글래스모피즘을 사용하더라도 텍스트가 이미지 위에 직접 배치되기 때문에 배경과 잘 구분되도록 대비되는 색상과 두께감 있는 폰트를 사용하는 것이 좋습니다.

이렇게 하면 이미지에 글래스모피즘 효과가 적용되어, 이미지와 텍스트가 자연스럽고 세련되게 어우러진 슬라이드를 만들 수 있습니다.

흐림 효과와 그림자 설정은 사용하는 이미지의 밝기나 구도에 따라 달라질 수 있으니, 다양한 값을 적용해 보며 글래스모피즘 효과가 가장 잘 드러나는 조합을 찾아보세요.

텍스트만으로도 임팩트 있는 슬라이드를 만들 수 있을까요?

Q 이미지나 도형 등의 요소 없이, 텍스트만으로도 멋진 슬라이드를 만들 수 있을까요?

A <u>그라데이션</u>을 활용하면 입체감 있고 세련된 슬라이드를 만들 수 있습니다.

피피티 작업을 하다 보면 텍스트만으로 슬라이드를 구성해야 할 때가 있습니다. 이미지나 도형 없이 텍스트만 배치하면 슬라이드가 허전해 보이거나 완성도가 떨어져 보일 수 있습니다. 이럴 땐 간단한 그라데이션 채우기만으로도 텍스트에 입체감을 주고, 주목도를 높인 세련된 슬라이드를 만들 수 있습니다.

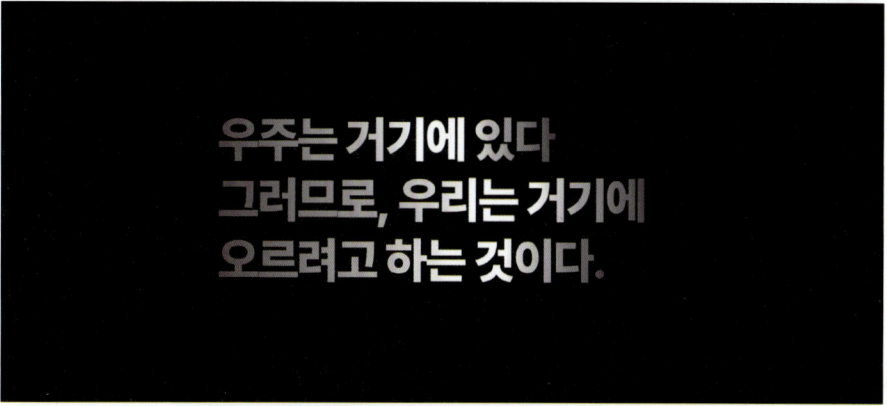

▲ 가운데 부분이 밝고 바깥 부분이 어두워 입체감이 느껴짐

1 텍스트를 입력한 다음 마우스 오른쪽으로 클릭한 후 [도형 서식]을 클릭합니다.

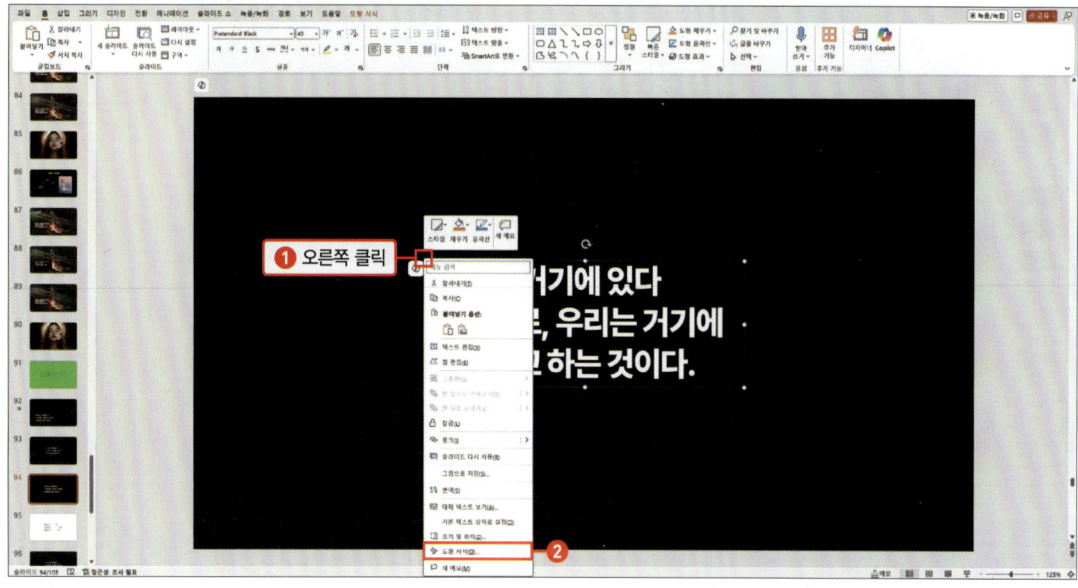

2 [도형 서식] 패널의 [텍스트 옵션]에서 [텍스트 채우기]-[그라데이션 채우기]를 선택합니다.

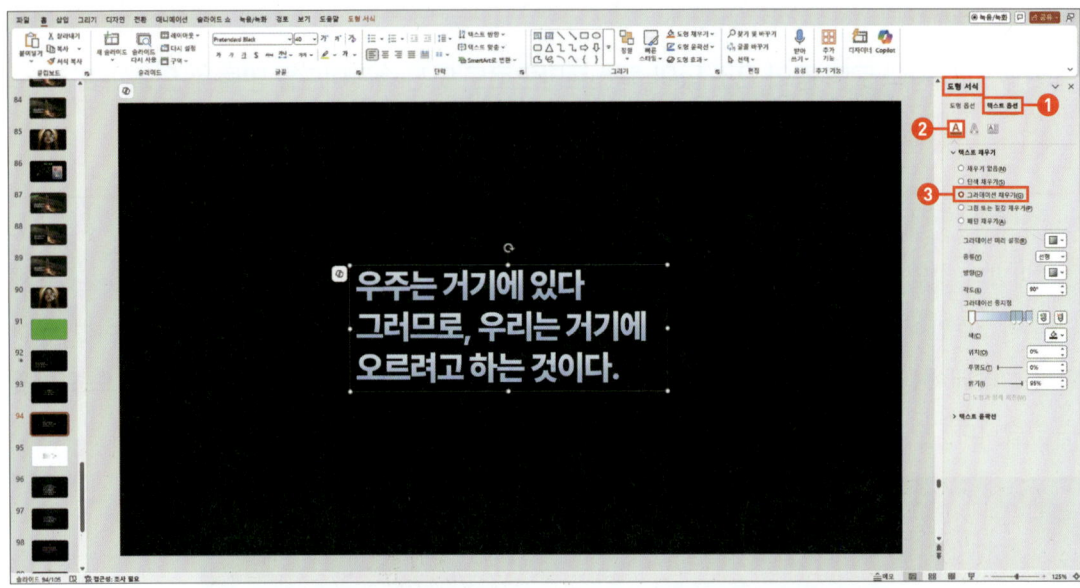

3 그라데이션 설정에서 [종류]는 [선형], [방향]은 [선형 오른쪽]을 선택하고 그림과 같이 중지점을 배치합니다.

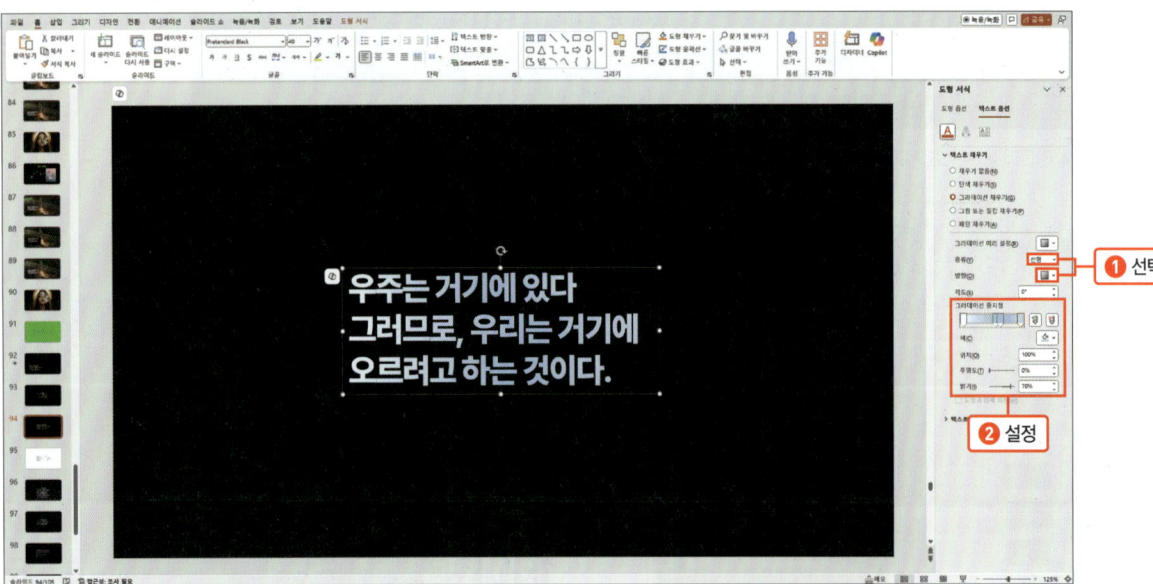

밝은 배경에서는 양쪽 끝의 중지점 색을 밝게, 어두운 배경에서는 어둡게 설정하는 것이 좋습니다. 예제처럼 어두운 배경이라면 양쪽 끝을 어두운 회색으로 지정하고, 가운데 두 개의 중지점은 밝은 색으로 설정해보세요. 이렇게 하면 중앙은 밝고 가장자리는 어두운 입체적인 효과를 연출할 수 있습니다.

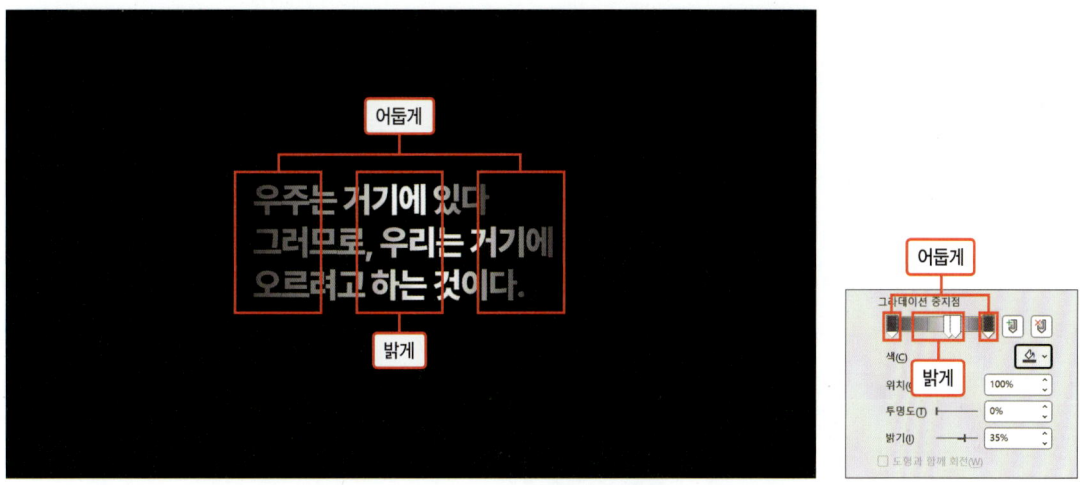

같은 방법으로 텍스트에 다른 색상의 그라데이션을 적용해 보세요. 가운데 중지점의 개수를 변경하고 색상을 더 밝게 설정하면 중앙이 부각되면서 더욱 입체감 있는 텍스트를 연출할 수 있습니다.

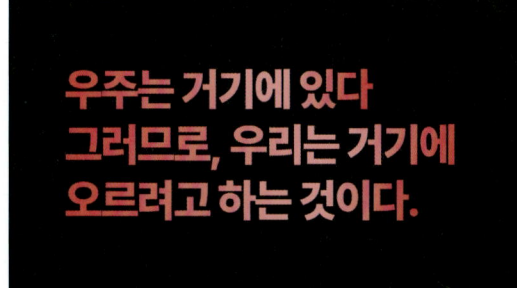

이렇게 간단한 설정만으로도 텍스트만 있는 슬라이드에 입체감과 주목도를 높일 수 있으므로 색상과 방향을 달리해 보며 다양한 방식으로 실험해 보고 실전에 적용해 보세요.

📎 그림자

그림자 효과가 눈에 띄지 않는데 어떻게 설정해야 할까요?

Q 텍스트에 그림자 효과를 넣었는데 가독성이 떨어져요. 어떻게 설정해야 할까요?

A 그림자 효과의 [색], [흐리게], [투명도]만 조절해도 가독성을 높이고 색다르게 디자인을 완성할 수 있어요.

💡 텍스트와 배경색이 비슷해 텍스트가 잘 보이지 않을 때, 텍스트 색을 바꾸는 대신 그림자 효과만으로도 가독성을 크게 개선할 수 있다는 것, 알고 있었나요? 간단한 그림자 설정만으로도 텍스트를 더 또렷하게 만들고, 디자인에 세련된 인상을 더할 수 있습니다.

여기서는 텍스트에 그림자 효과를 설정하는 방법을 중심으로 설명하지만 같은 방식으로 이미지, 도형, 아이콘에도 적용할 수 있습니다. 그림자를 활용하면 요소들이 배경과 분리되어 보이기 때문에 시각적인 입체감이 생기고 전체 디자인의 완성도도 함께 높일 수 있습니다.

▲ 텍스트 색상과 배경색이 비슷해 가독성이 떨어지는 사례

1 텍스트 상자를 마우스 오른쪽 버튼으로 클릭한 다음 [개체 서식]을 클릭합니다.

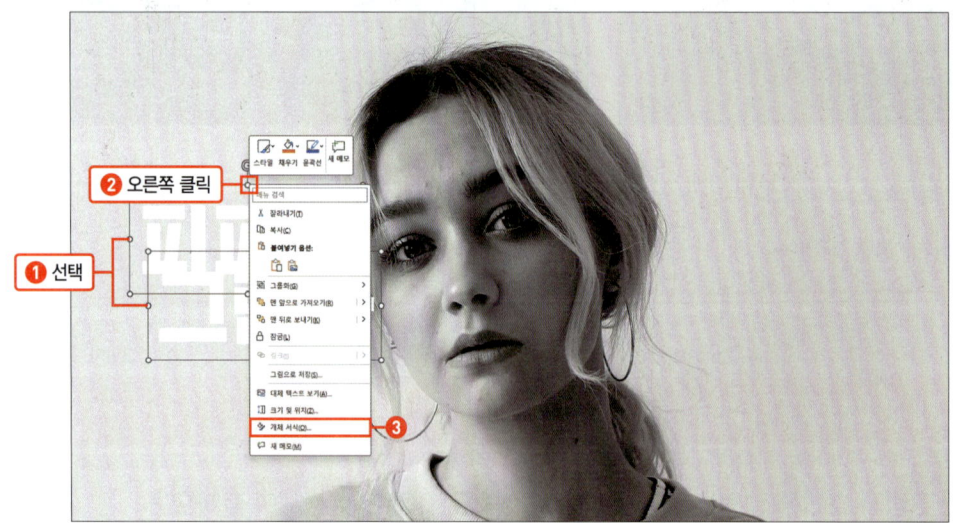

2 [텍스트 옵션] 패널에서 [효과]-[그림자]를 차례대로 선택합니다. [색]은 텍스트와 배경이 확실히 구분되는 색으로 설정하는 것이 좋습니다. 밝은 배경에는 어두운 색, 어두운 배경에는 밝은 색을 사용하는 방식이 기본입니다. 여기서는 배경이 밝기 때문에 검은색을 선택했습니다.

3 [간격]을 [0pt]로 설정한 뒤 [흐리게] 값을 [20~30pt] 수준까지 천천히 높여보세요. 결과적으로 텍스트 뒤의 은은한 그림자가 가독성을 눈에 띄게 높여줍니다. 간격을 [0pt]로 설정하면 텍스트와 그림자가 정확히 겹쳐 자연스럽게 번져 보이기 때문에, 더욱 균형 잡힌 디자인을 완성할 수 있습니다. 반대로 간격이 벌어져 있으면 그림자가 한쪽으로 쏠린 듯 보여 어색할 수 있습니다.

4 배경이 너무 진하거나 텍스트가 무겁게 느껴진다면 [투명도]를 조절해보세요. 텍스트가 더 잘 보이면서 감성적인 분위기도 함께 연출할 수 있습니다.

이렇게 간단한 설정만으로도 피피티 디자인에 감성과 시각적 전달력을 효과적으로 더할 수 있습니다. 특히 그림자를 활용한 미묘한 입체감과 투명도를 조절한 부드러운 표현 덕분에 텍스트가 돋보이면서도 전체 슬라이드의 분위기를 한층 자연스럽게 만들 수 있습니다.

같은 설정을 이미지나 도형에도 그대로 적용할 수 있습니다. 배경과 분리되어 보이기 때문에 자연스러운 공간감이 생기고, 이미지나 도형 자체를 더욱 돋보이게 만들 수 있습니다.

▲ 이미지와 도형에 동일한 방식으로 넣은 그림자

   🔗 밝은그림자

그림자는 꼭 어두워야 하나요?

피피티에서 사용하는 그림자 색이 꼭 어두운 색일 필요는 없습니다. 실제 그림자는 빛의 대비로 인해 어둡게 나타나지만, 피피티에서는 강조나 분위기 연출의 용도로도 활용되기 때문에, 그림자를 적용할 요소의 색상과 동일하거나 보완되는 색상을 선택해보세요.

▲ 그림자 강조 활용 전

▲ 그림자 강조 활용 후

이때 [흐리게] 값을 적절히 조절하고 색상을 변경하면, 요소 뒤에 은은한 후광이 비치는 듯한 효과를 낼 수 있습니다. 그림자 색이 너무 밝아 효과가 과하게 느껴진다면 [투명도]를 높여 밝기를 조절해보세요.

간단한 설정이지만, 그림자 색과 효과만 잘 조절해도 자연스러운 감성과 시각적 포인트를 더할 수 있습니다. 그림자를 적용할 요소의 일부분만 선택해 해당 부분에만 효과를 줄 수도 있어, 특정 부분을 강조하는 데에도 유용합니다.

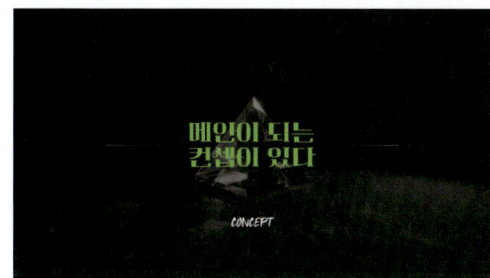
▲ 그림자 강조 활용 전

▲ 그림자 강조 활용 후

📎 색다른그림자

매번 비슷한 그림자 효과만 사용하는데 좀 더 색다르게 활용할 수는 없을까요?

Q 그림자 효과를 사용한 요소는 항상 비슷한 것 같은데, 좀 더 색다르게 활용할 수는 없을까요?

A 그림자 설정의 [흐리게]를 '0'으로 설정해 보세요. 전혀 다른 느낌의 디자인을 완성할 수 있습니다.

💡 그림자 효과를 사용하는 요소와 배경 사이에 은은한 분리를 주어 공간감을 만들고, 텍스트나 이미지, 도형을 강조하는 데 유용합니다. 하지만 무분별하게 사용하면 오히려 산만해 보일 수 있어 깔끔한 활용 방법을 알아두는 것이 좋습니다.

▲ 일반적으로 사용하는 그림자 효과

1 슬라이드에 삽입한 이미지를 마우스 오른쪽으로 클릭한 다음 [그림 서식]을 선택하고 [그림 서식] 패널에서 [효과]-[그림자]를 차례대로 선택합니다.

2 그림자 색을 원하는 색으로 변경한 뒤, [간격]은 [6pt], [각도]는 [45도], [흐리게]는 [0pt]로 설정해 보세요. 이렇게 하면 그림자가 흐려지지 않고 이미지와 동일한 크기와 모양으로 선명하게 나타납니다.

3 [그림 서식] 패널에서 [채우기 및 선]-[선]-[실선]을 선택한 다음, 선 색을 그림자와 같은 색으로 변경하고 [너비]를 약 [2.5pt]로 설정해 보세요.

이렇게 하면 윤곽선과 그림자가 동일한 색으로 정리되어 더욱 깔끔한 디자인을 완성할 수 있습니다.

TIP
모서리가 각지게 표현되는 것이 마음에 들지 않는다면, [연결점 종류]를 [원형]으로 변경해 보세요.

이렇게 완성한 그림자 효과에 추가로 투명도를 조절하거나, 윤곽선과 그림자에 피피티 메인 색을 적용해 보세요. 일관된 느낌을 유지하면서도 다양한 분위기를 연출할 수 있습니다.

▲ 검정색 그림자와 윤곽선을 활용한 경우

▲ 피피티 메인 색상을 그림자와 윤곽선으로 활용한 경우

이 방법을 응용하면 단순한 그림자 효과를 넘어서는 인상을 줄 수 있습니다. 여기에 윤곽선을 조합하면 이미지뿐만 아니라 다양한 요소에도 입체감과 정제된 느낌을 동시에 더할 수 있습니다. 정해진 규칙이나 설정 값은 없으니, 다양한 색상과 효과를 자유롭게 조합해 보세요. 실험적으로 조정해보는 과정에서도 자신만의 스타일을 발견할 수 있습니다.

▲ 일반적인 그림자 활용 슬라이드

▲ 흐리게 0과 윤곽선으로 명확해진 그림자 활용 슬라이드

CHAPTER 18

피피티의 무한한 확장, 3D 활용법

식상한 피피티에 변화를 주고 싶다면 3D 모델을 활용해보는 것도 좋은 방법입니다. 평면적인 아이콘이나 이미지와는 전혀 다른, 입체적인 시각 효과로 색다른 인상을 줄 수 있습니다. 여기에 간단한 모션 효과까지 더하면 청중의 시선을 끄는 강렬한 발표도 만들 수 있습니다. 이번 장에서는 피피티에 3D 모델을 적용하는 방법을 쉽고 간단하게 소개합니다.

🔗 새 프레젠테이션

피피티에도 3D 모델을 활용할 수 있나요?

Q 피피티에서도 입체적이고 역동적인 3D 모델을 활용할 수 있나요?

A [삽입]-[3D 모델]에서 원하는 모델을 선택하면, 기존 이미지와는 다른 입체적인 슬라이드를 만들 수 있습니다.

💡 피피티의 메뉴에서 [삽입]-[3D 모델]을 선택하면 다양한 카테고리별로 준비된 3D 모델을 삽입할 수 있습니다. 이모지, 동물, 도형 등 발표나 슬라이드 디자인에 유용한 요소를 활용하면 자칫 밋밋해 보일 수 있는 프레젠테이션에 입체감과 역동감을 더할 수 있죠. 3D 모델은 단순한 그림이나 아이콘보다 더 풍부한 시각적 효과를 제공합니다. 발표 주제에 어울리는 모델을 활용하면 한층 더 생동감 있는 디자인을 완성할 수 있습니다.

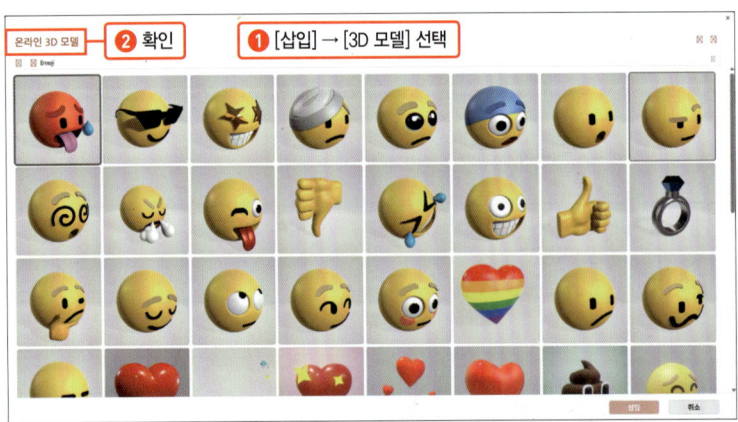

3D 모델을 삽입하면 이미지처럼 크기와 카메라 위치 등을 자유롭게 조절할 수 있습니다.

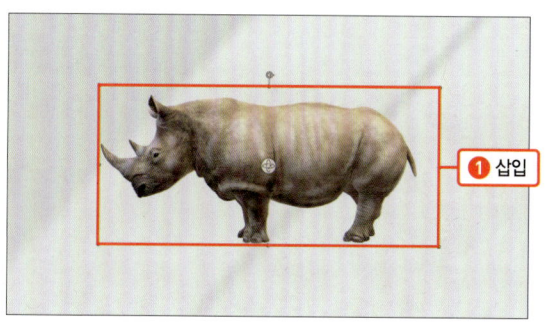 

삽입한 3D 모델을 세세하게 조절하려면 슬라이드에 삽입된 3D 모델을 마우스 오른쪽으로 클릭한 다음 [3D 모델 서식 지정]을 선택합니다.

[3D 모델 형식 지정] 패널에서 [3D 모델]을 선택하고 [X 회전], [Y 회전], [Z 회전]을 조절하면 3D 모델의 각도를 다양하게 변경할 수 있습니다. 마우스로 조절하는 경우 각도가 많이 바뀌기 때문에 디테일한 조절을 위해서는 각도를 직접 입력하는 것이 좋습니다.

◆ 정면이나, 윗면 등 정확한 방향을 빠르게 설정하고 싶다면 [미리 설정]에서 원하는 각도를 선택하는 방법도 있습니다. 빠르게 각도를 정확하게 조절할 수 있으며 슬라이드에 삽입된 3D 모델을 마우스 오른쪽으로 클릭한 다음 [보기]를 클릭하면 원하는 형태를 바로 선택할 수 있습니다.

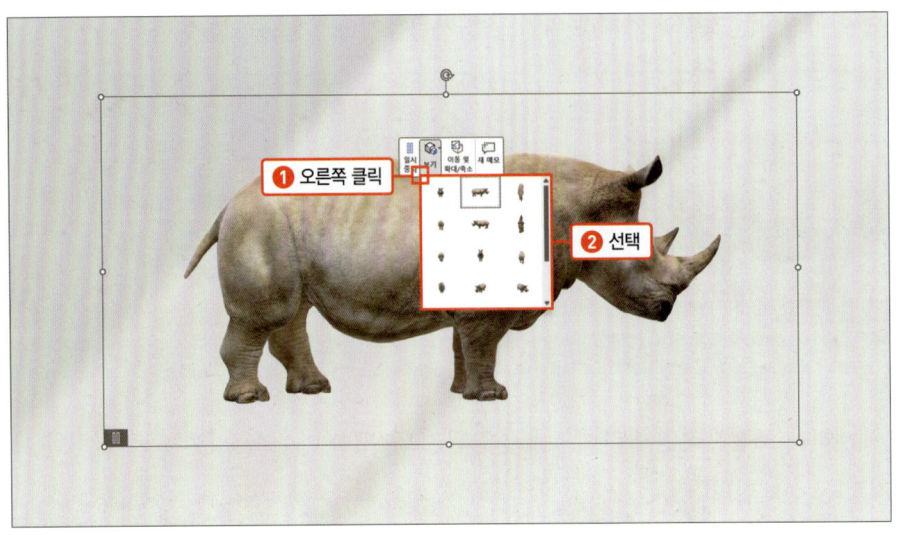

기본 제공되는 3D 모델 중 [이모지]와 [도형]은 슬라이드에 입체감을 더할 수 있고, 동물이나 기계 모형처럼 생생한 요소들은 교육 자료나 주목이 필요한 콘텐츠에 활용하기 좋습니다.

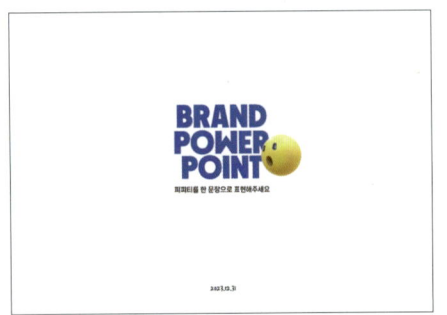

▲ [이모지] 3D 모델을 활용한 피피티

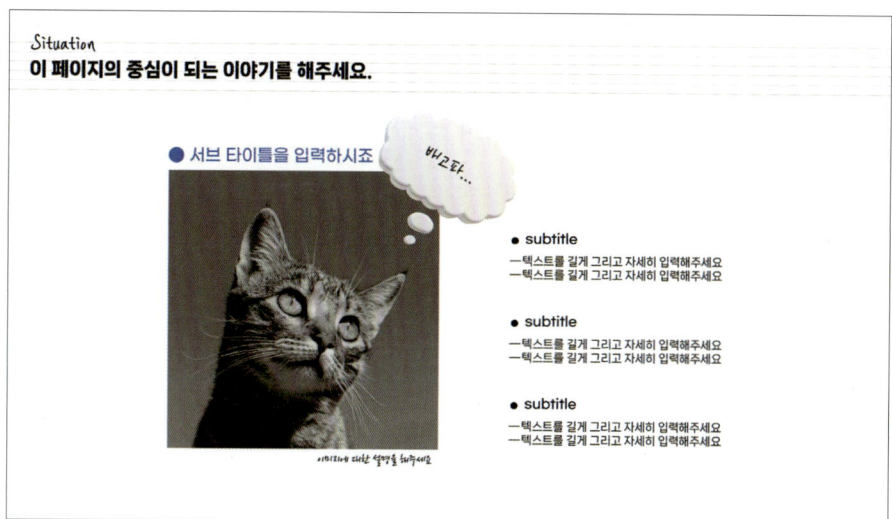

▲ [도형] 3D 모델을 활용한 피피티

단, 프레젠테이션에 3D 모델을 과도하게 삽입하면 파일 용량이 커져 편집 속도가 느려지거나 슬라이드 쇼 실행 중 문제가 발생할 수 있습니다. 필요한 부분에만 적절히 활용하는 것이 중요합니다.

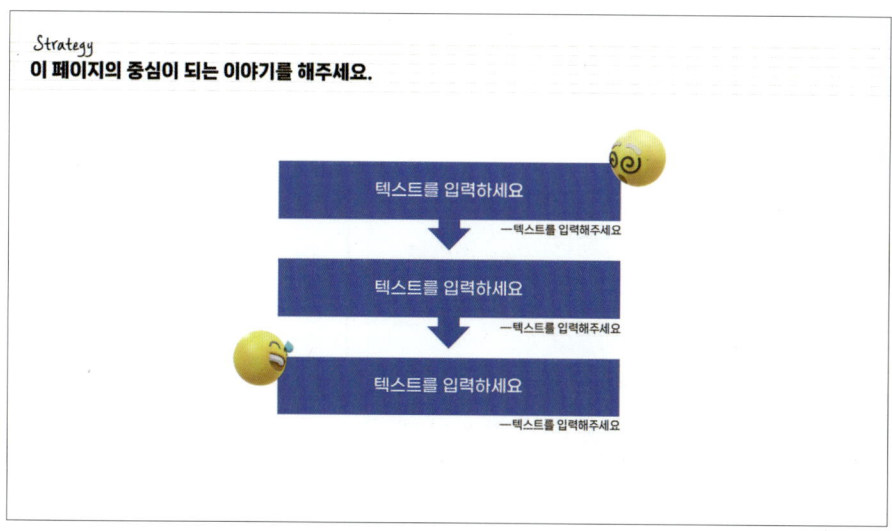

3D 모델에도 움직임을 줄 수 있나요?

Q 피피티에 삽입한 3D 모델에도 애니메이션처럼 움직임을 줄 수 있나요?

A <u>애니메이션 3D 모델</u>을 삽입하거나 [모핑] 효과를 사용하면 3D 모델에 움직임을 더할 수 있습니다.

💡 피피티에 삽입한 3D 모델에 움직임을 더할 수도 있습니다. 입체적이긴 하지만 정적인 이미지로만 활용하던 3D 모델에 애니메이션 효과를 적용하면 발표에 훨씬 더 생동감을 줄 수 있습니다. 여기에서는 3D 모델을 자연스럽게 움직이게 하는 세 가지 방법에 대해 알아보겠습니다. 프레젠테이션을 더욱 효과적으로 전달하고 싶다면 활용해보세요.

애니메이션 3D 모델

피피티에서 제공하는 일부 3D 모델에는 애니메이션이 포함되어 있습니다. 메뉴에서 [삽입]-[3D 모델]을 선택하면 다양한 모델 목록이 표시되며, 이 중 [애니메이션 3D 모델] 🖼 아이콘이 표시된 모델은 애니메이션이 포함되어 있는 모델입니다.

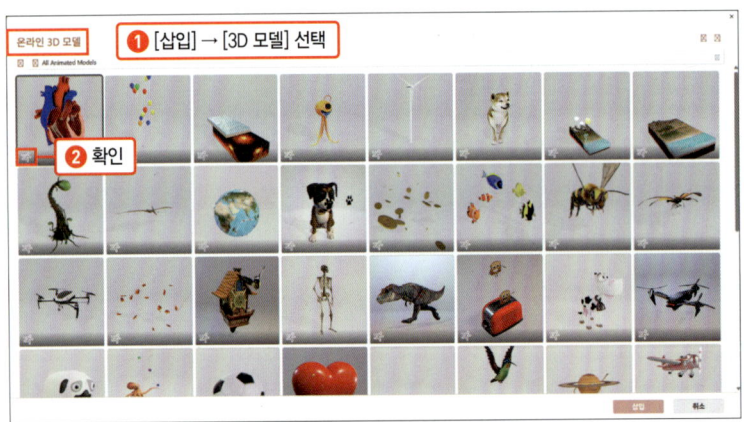

[애니메이션 3D 모델] 🖼 아이콘이 있는 3D 모델을 삽입한 후 메뉴의 [3D 모델]-[장면]을 클릭하면 원하는 애니메이션을 선택할 수 있습니다. 애니메이션이 포함되어 있는 3D 모델은 교육 자료나 소개용 슬라이드에서 활용하면 이목을 끌기 좋습니다.

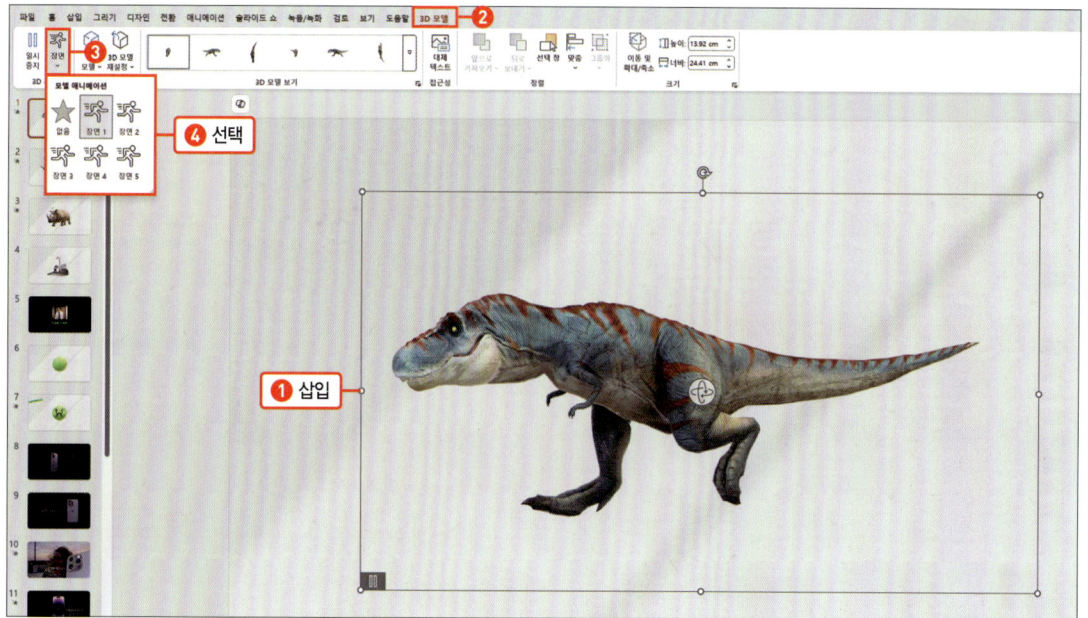

기본 애니메이션

애니메이션 3D 모델이 아니어도 기본 애니메이션을 적용할 수 있습니다. 슬라이드에 삽입된 3D 모델을 선택하고 메뉴에서 [애니메이션]을 선택하면 기존에는 없던 애니메이션 효과가 표시됩니다.

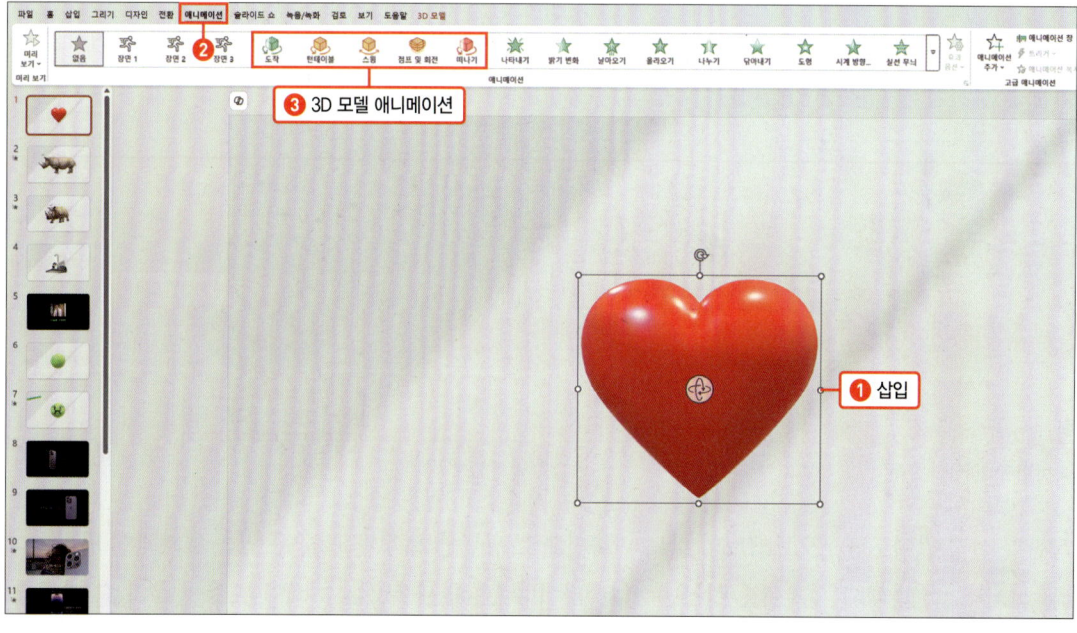

> **TIP**
> [애니메이션 스타일] ▼을 선택하면 항목별로 구분된 애니메이션 효과를 확인할 수 있습니다.

원하는 3D 모델 애니메이션 효과를 적용하고 [애니메이션 창]을 선택하면 [애니메이션 창] 패널이 표시됩니다. 여기에서 효과 항목을 더블 클릭하거나 [타이밍]을 선택한 후 [반복] 옵션에서 [슬라이드가 끝날 때까지]를 선택하면 슬라이드 쇼가 진행되는 동안 지속적으로 애니메이션이 반복됩니다.

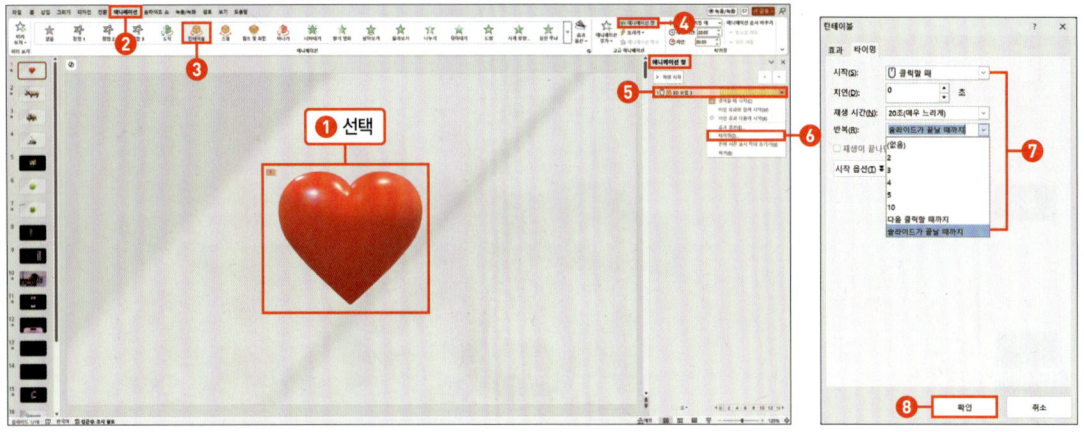

전환 효과 활용

3D 모델에는 [전환] 효과 중 [모핑]을 함께 사용하면 더욱 자연스럽게 연출할 수 있습니다. 모핑은 두 슬라이드 사이에서 요소의 위치, 크기, 회전 등을 부드럽게 전환해 주는 기능으로 3D 모델에도 동일하게 적용됩니다.

예를 들어, 첫 슬라이드에 뒤를 보고 있는 이모지를 배치하고 다음 슬라이드에서 같은 이모지의 방향을 정면으로 조정한 다음 메뉴에서 [전환]-[모핑]을 설정하면, 슬라이드 쇼 중 이모지가 정면으로 돌아보는 것처럼 연출할 수 있습니다.

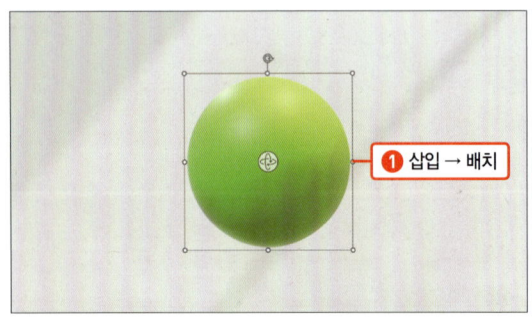

▲ 첫 번째 슬라이드

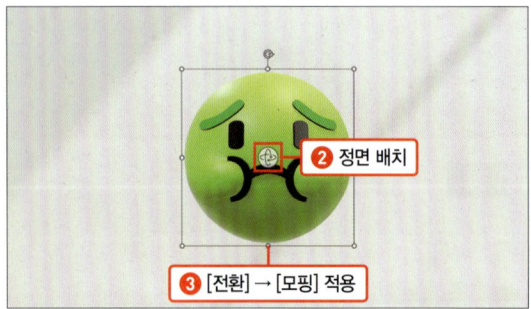

▲ 두 번째 슬라이드

복잡한 설정 없이도 3D 오브젝트의 각도 변화만으로 생생한 움직임을 줄 수 있는 효과적인 방법입니다. 이처럼 3D 모델에 움직임을 더하면 정적인 슬라이드에 생동감을 불어넣을 수 있습니다. 특히 주목도가 중요한 발표에서는 시각적인 흥미를 유도하고, 청중의 집중도를 높이는 데 효과적으로 활용할 수 있습니다.

피피티의 기본 3D 모델 말고, 더 다양한 3D 모델은 없을까요?

Q 피피티에서 기본으로 제공하는 3D 모델 중에 원하는 것이 없을 때, 다른 3D 모델은 어디에서 구할 수 있나요?

A Sketchfab 같은 사이트에서 3D 모델을 다운로드해 피피티에 삽입할 수 있습니다.

피피티에서 기본으로 제공하는 3D 모델만으로는 원하는 느낌이나 슬라이드를 완성하기에 부족할 때가 있습니다. 이럴 때 외부 사이트에서 필요한 3D 모델을 직접 다운로드해 활용할 수 있습니다. 대표적인 웹사이트로는 다양한 주제의 3D 모델을 제공하는 Sketchfab이 있으며, 발표 주제에 맞는 3D 요소를 활용하면 프레젠테이션을 보다 자유롭게 구성할 수 있습니다.

1 'Sketchfab(https://sketchfab.com/)'에 접속한 후 로그인합니다.

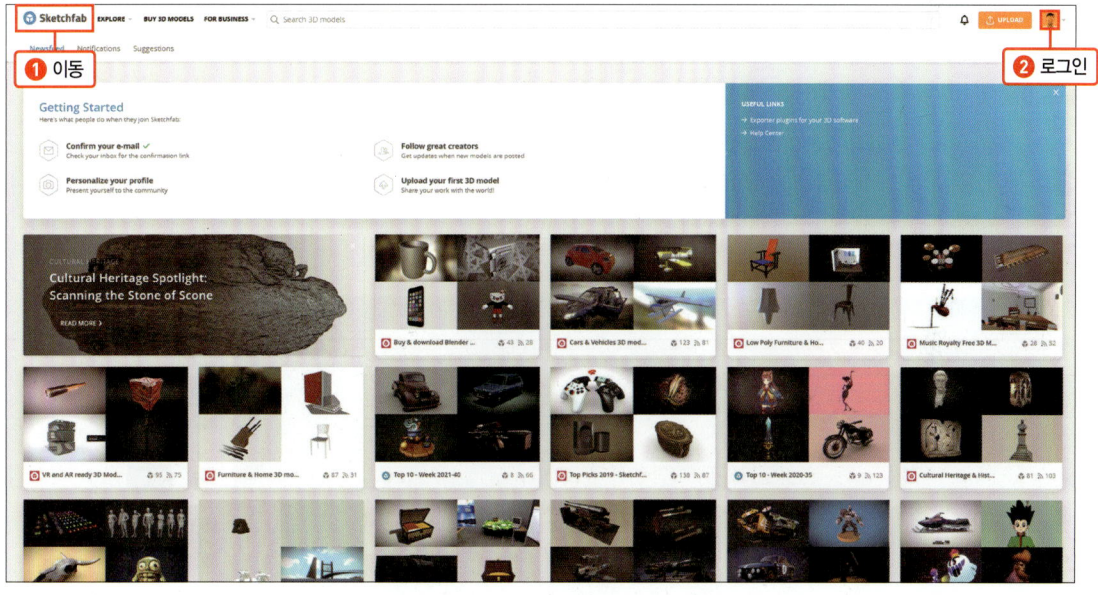

TIP

3D 모델을 다운로드하려면 회원 가입 및 로그인이 필요합니다.

2 검색 창에 원하는 3D 모델을 검색합니다. 한글 검색은 지원하지 않으므로 영어로 검색해야 원하는 3D 모델을 찾을 수 있습니다.

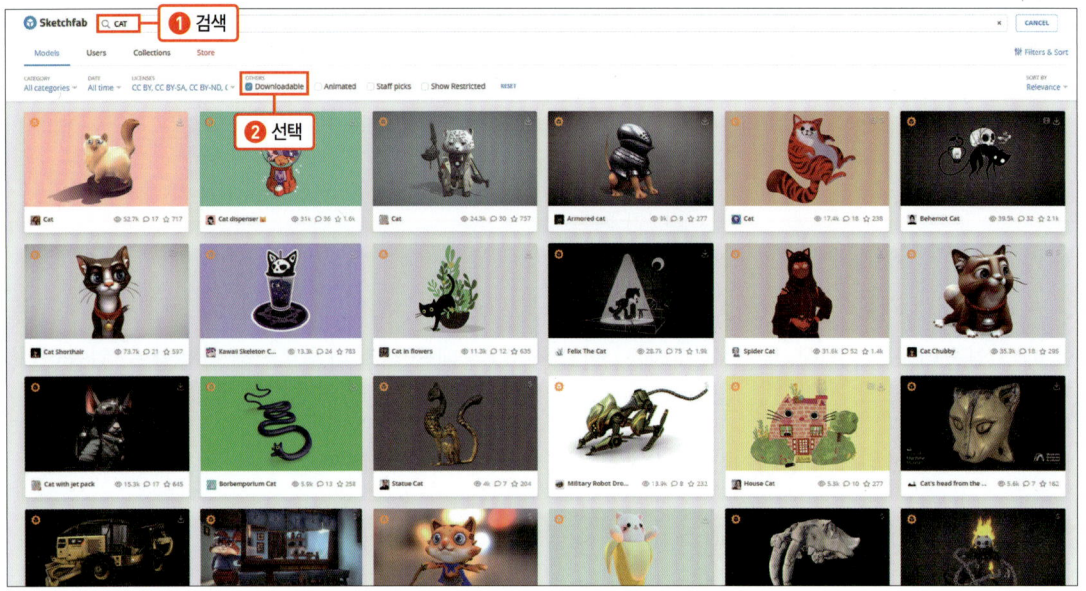

> **TIP**
> 검색 창 아래의 [Downloadable] 항목에 체크하면 다운로드 가능한 3D 모델만 필터링할 수 있습니다.

3 검색 결과 중 마음에 드는 3D 모델을 선택하면 3D 모델을 회전해보며 더 자세하게 살펴보거나 3D 모델에 포함된 애니메이션을 확인할 수 있습니다.

4 선택한 3D 모델을 다운로드하려면 [Download 3D Model]을 클릭한 뒤, 'GLB' 형식의 [DOWNLOAD]를 클릭합니다.

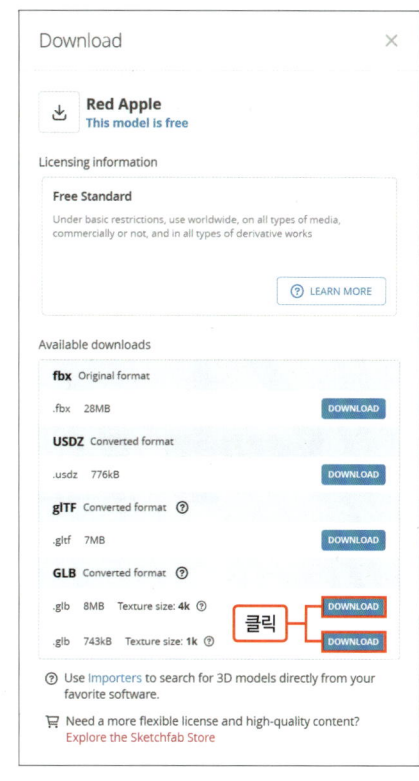

> **TIP**
> GLB 형식은 3D 모델의 이미지, 색상, 움직임 정보가 포함된 파일 형식으로, 피피티에 바로 삽입해 사용할 수 있습니다.

5 다운로드한 3D 모델 파일을 복사해 붙여 넣거나 슬라이드로 드래그하면 피피티에 바로 삽입할 수 있습니다.

이렇게 하면 피피티에서 제공하지 않는 독창적인 3D 모델을 자유롭게 활용할 수 있어 디자인의 폭이 훨씬 넓어집니다. 삽입한 3D 모델에는 피피티의 모핑 전환이나 애니메이션 효과도 적용할 수 있어, 보다 생동감 있는 프레젠테이션을 만들 수 있습니다.

4장

피피티×AI 활용법

최근 AI는 세상이 바뀌었다고 할 만큼 빠르게 발전하고 있습니다. 이제 피피티 작업도 창의력과 기술을 넘어 외부, AI의 도움을 받아 더 완성도 높은 결과물을 만들 수 있게 되었죠. [4장]에서는 피피티에 유용하게 활용할 수 있는 다양한 AI 도구들을 살펴보고, 앞으로의 미래를 반영한 새로운 피피티 제작 방식을 함께 알아보겠습니다.

POWERPOINT. IN THIS CASE, LIKE THIS!

✓ 피피티프로의 AI 활용법

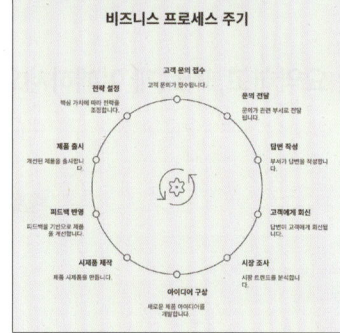

CHAPTER 19

피피티프로의 AI 활용법

AI가 등장한 지 오래되지 않았지만, 실무에서는 이미 선택이 아닌 필수로 자리 잡고 있습니다. 이 속도라면 곧 AI 없이 일하는 모습을 찾기 어려워질지도 모릅니다. 빠르게 변화하는 흐름 속에서, 이제는 AI를 배우고 활용할 줄 아는 능력이 경쟁력이 됩니다. 이번 챕터에서는 특히 피피티 실무에 효과적으로 활용할 수 있는 AI 도구들을 소개하고, 실제로 어떻게 활용할 수 있는지 알아보겠습니다.

발표를 준비해야 하는데, 방대한 자료를 빠르게 요약할 수 있을까요?

Q 프레젠테이션을 위해 유튜브나 논문 등을 찾아보는데 시간이 부족해요. 주요 내용만 빠르게 파악할 수 있는 방법이 있을까요?

A **Lilys AI**를 활용하면 유튜브 영상이나 문서의 핵심 내용을 빠르게 요약할 수 있어, 발표 자료 구성 시간을 줄일 수 있습니다.

▲ 피피티프로 강의

💡 'Lilys AI'는 다양한 형태의 콘텐츠를 신속하게 요약해주는 인공지능 기반 요약 전문 플랫폼입니다. 유튜브 영상, PDF 문서, 웹페이지, 음성 파일 등 다양한 자료를 입력하면, 핵심 내용을 정리한 요약 노트를 자동으로 생성해줍니다. 무료로 기본 기능을 사용할 수 있으며 결제를 하면 추가 기능을 사용할 수 있습니다. 프레젠테이션을 만들기 위해 방대한 정보를 빠르게 요약해야 할 때 유용합니다.

▲ 요약 전문 AI, Lilys AI

Lilys AI(https://lilys.ai/home)에 로그인한 다음 요약할 영상의 URL를 붙여넣기하고 [요약하기]를 클릭합니다.

잠시 기다리면 붙여넣기한 URL의 영상을 요약해 줍니다. 여기서는 영상을 요약했으므로 전체 영상의 내용과 타임라인별 내용, 스크립트가 요약된 것을 확인할 수 있습니다.

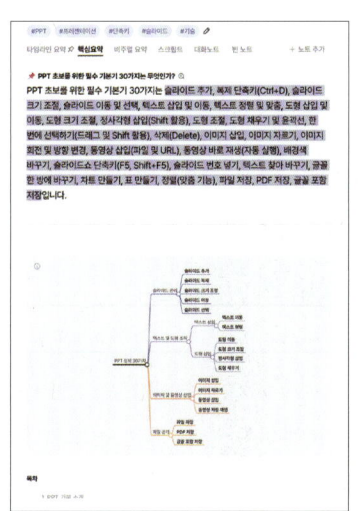
▲ 전체 영상 요약

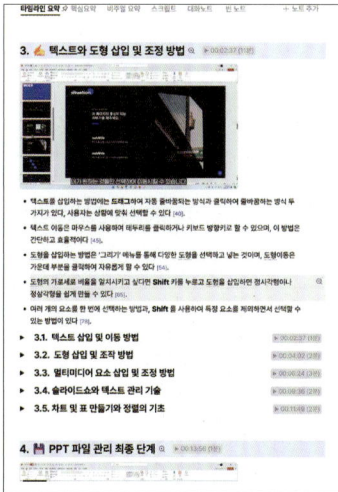
▲ 타임라인별 요약

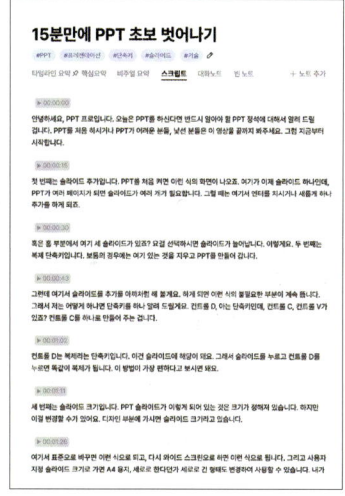
▲ 스크립트

자료가 영어 등 외국어로 되어 있더라도, 요약 과정에서 자동으로 번역되므로 다양한 언어의 콘텐츠도 쉽게 파악할 수 있습니다.

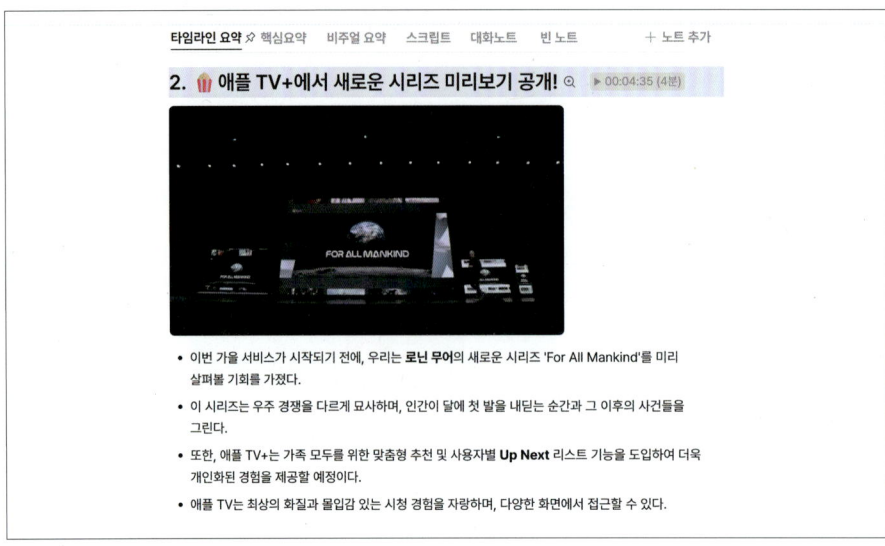

▲ WWDC 2019 기조연설 - Apple 요약 내용의 일부

Lilys AI를 잘 활용하면 단순히 자료 검토 시간을 줄이는 것을 넘어, AI가 요약한 내용을 바로 업무나 발표 자료에 반영해 전체적인 업무 효율도 높일 수 있습니다.

인터넷에서 본 폰트가 어떤 폰트인지 알 수 있나요?

Q 유튜브에서 본 폰트가 어떤 폰트인지 이름이나 출처를 확인할 수 있는 방법이 있나요?

A '폰트폰트'에 이미지를 업로드하면 비슷한 한글 폰트를 찾아볼 수 있습니다.

 웹사이트, 유튜브의 썸네일이나 자막, 영화 포스터, 길거리의 간판 등에서 마음에 드는 폰트를 보고, 그 이름이나 출처가 궁금했던 적 있지 않나요? 이럴 때 유용한 사이트가 바로 '폰트폰트'입니다. 폰트폰트는 이미지 속 텍스트를 인식해 비슷한 폰트를 추천해주는 사이트로 원하는 폰트의 출처나 이름을 빠르게 확인할 수 있습니다.

1 폰트폰트(https://fontfont.app/)로 이동한 후 [이미지 첨부]를 선택해 검색할 폰트가 포함된 이미지를 업로드하거나 [URL 검색] 탭에 해당 이미지가 포함된 URL을 붙여넣고 [검색하기]를 클릭합니다. 여기서는 이미지를 업로드했습니다.

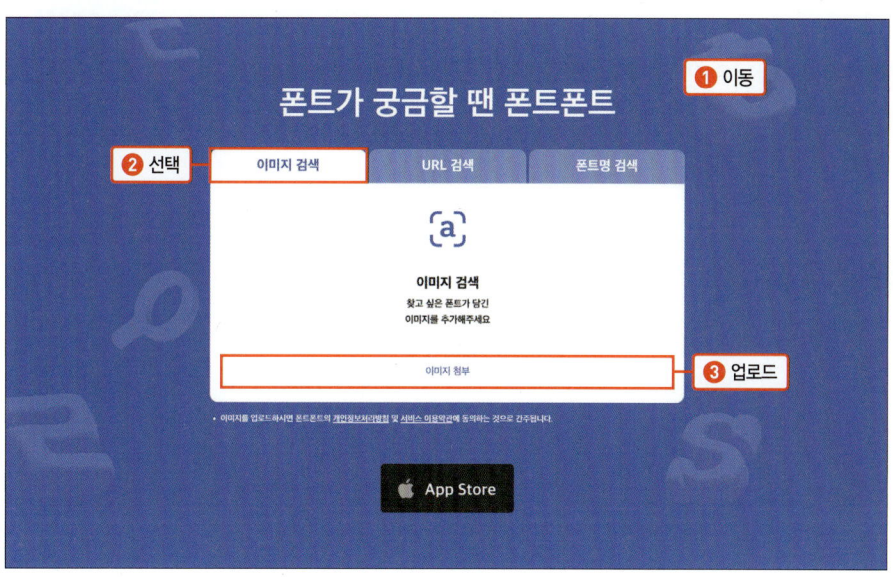

2 잠시 기다리면 이미지 속 텍스트가 자동으로 인식됩니다. 인식된 텍스트 영역을 클릭하면 가장 유사한 한글 폰트 목록이 표시되어 폰트 이름, 라이선스, 다운로드 링크까지 확인할 수 있습니다.

> **TIP**
>
> 이미지 품질이나 글자의 형태에 따라 검색 결과가 다소 부정확할 수 있습니다. 이럴 땐 '눈누'의 '무슨 폰트' 게시판에서 사용자에게 직접 문의해 보는 것도 하나의 방법입니다.

피피티에 사용할 이미지를 직접 생성할 수 있나요?

Q 원하는 이미지를 찾는 게 어려워요. AI로 원하는 이미지를 생성할 수 있을까요?

A **이미지 생성 AI**를 활용하면 원하는 이미지를 직접 만들 수 있습니다.

▲ 피피티프로 강의

💡 피피티에 사용할 이미지를 찾다 보면 원하는 분위기나 구성이 딱 맞는 이미지를 찾기 어려운 경우가 많습니다. 이럴 때는 이미지 생성 AI를 활용해 필요한 이미지를 직접 만드는 방식이 대안이 될 수 있습니다. 최근에는 미드저니(Midjourney), GPT의 이미지 생성(DALL·E) 등 다양한 도구를 활용해 텍스트 프롬프트만으로 원하는 스타일과 구도의 이미지를 손쉽게 만들 수 있습니다. 단순한 삽화부터 80년대 애니메이션 스타일, 손글씨 이미지, 비즈니스 인물 사진까지, 목적에 맞는 이미지 제작이 가능하죠. 여기에서는 미드저니와 GPT에서 이미지를 생성하는 방법을 살펴보겠습니다.

미드저니

미드저니는 텍스트 명령어인 프롬프트(Prompt)를 기반으로 이미지를 생성하는 AI 이미지 생성 도구입니다. 초기에는 디스코드(Discord) 채널을 통해서만 이용할 수 있었지만, 현재는 웹사이트에서도 몇 가지 설정만 선택하면 보다 직관적으로 이미지를 생성할 수 있도록 개선되었습니다. 미드저니를 활용하면 감각적이고 예술적인 스타일의 이미지를 직접 만들 수 있습니다.

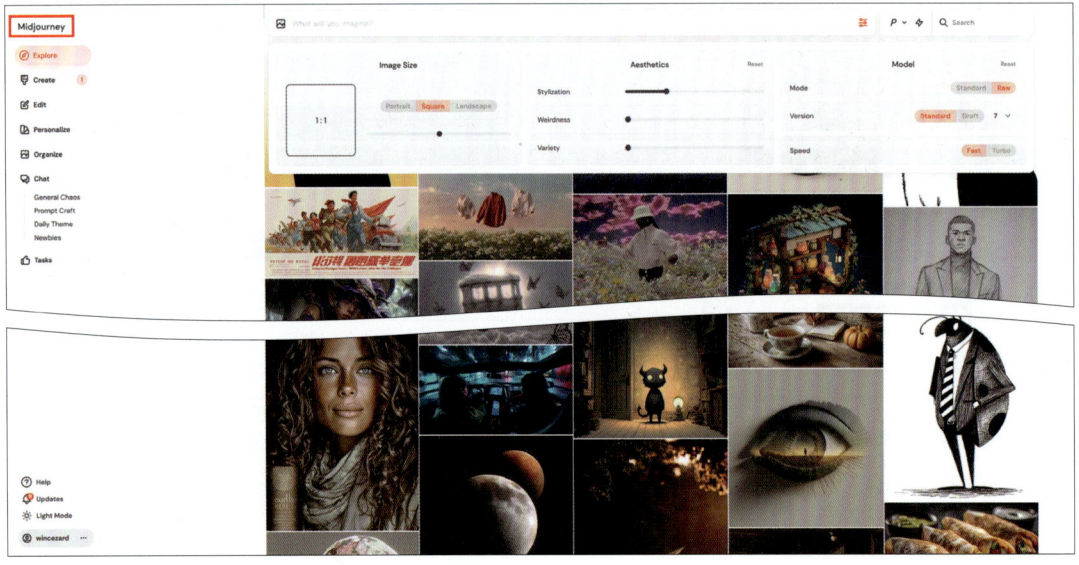

TIP
'미드저니(https://www.midjourney.com/)'에 접속한 다음 회원 가입 후 유료 결제를 해야 사용할 수 있습니다.

이미지 생성 AI로 이미지를 생성할 때 사용하는 프롬프트에 따라 이미지의 분위기, 구도, 색감, 스타일까지 달라지므로 프롬프트는 이미지 생성 AI 사용의 핵심입니다.

미드저니에서 이미지를 생성할 때는, 짧은 단어나 문장만으로도 이미지를 만들 수 있지만, 구체적인 묘사와 조건을 더 많이 포함할수록 원하는 결과에 가까운 이미지를 얻을 수 있습니다. 이때 프롬프트는 영어로 작성하는 것이 원칙입니다. AI가 영어 기반으로 학습되었기 때문에, 분위기, 구도, 스타일 같은 세부 요소를 정확하게 반영하려면 영어로 입력하는 것이 가장 효과적입니다. 하지만 영어가 익숙하지 않더라도 걱정할 필요는 없습니다. 프롬프트를 한글로 먼저 작성한 뒤, AI 번역 도구를 활용해 영어로 변환하면 미드저니에 그대로 사용할 수 있습니다.

다음은 미드저니로 생성한 이미지와 이 이미지를 생성할 때 사용한 프롬프트입니다. 여기서 소개하는 프롬프트를 참고해 원하는 이미지를 직접 생성해 보세요.

♦ **프롬프트**: dark grey 80s anime style cat center, looking to the left. large cute eyes. solid purple background(짙은 회색 80년대 애니메이션 스타일의 고양이, 중앙에 위치하고 왼쪽을 바라봄. 크고 귀여운 눈. 단색 보라색 배경)

♦ **프롬프트**: A high-resolution, realistic photo of a youthful and gentle-looking Asian female office worker in her early 20s. She has soft facial features, clear skin, and neatly styled straight shoulder-length hair that gives a fresh and tidy appearance. She is wearing a light, well-fitted business suit or a pastel-toned blouse paired with a blazer, presenting a neat and professional look while maintaining a soft and approachable vibe. She is smiling warmly with a relaxed, natural posture--either with her hands gently clasped or arms casually at her sides. The background is clean white or softly blurred, emphasizing her presence. Lighting is bright yet soft, highlighting her features without harsh shadows.

The image is crystal clear and studio-quality, perfect for modern corporate materials, educational visuals, or youth-focused promotional designs. (20대 초반의 젊고 부드러운 인상의 아시아 여성 사무직 근로자를 고해상도이며 사실적으로 촬영한 사진. 그녀는 부드러운 얼굴 윤곽과 맑은 피부를 가지고 있으며, 깔끔하게 손질된 직모의 어깨 길이 머리를 하고 있어 상쾌하고 단정한 인상을 준다. 밝고 몸에 잘 맞는 비즈니스 정장 또는 파스텔 톤의 블라우스와 재킷을 입고 있어 단정하고 전문적인 모습이면서도 부드럽고 친근한 분위기를 유지한다. 그녀는 따뜻하게 미소 짓고 있으며, 손을 가볍게 모으거나 팔을 자연스럽게 옆에 둔 편안하고 자연스러운 자세를 하고 있다. 배경은 깨끗한 흰색 또는 부드럽게 흐려져 있어 그녀의 존재감을 강조한다. 조명은 밝지만 부드러워 그녀의 얼굴을 뚜렷하게 비추되 강한 그림자는 없다. 이 이미지는 매우 선명하고 스튜디오 품질로, 현대적인 기업 자료, 교육용 시각 자료, 또는 청년 대상의 홍보 디자인에 적합하다.)

TIP
프롬프트는 짧은 단어 한두 개로도 가능하지만, 구체적인 묘사와 조건을 추가할수록 원하는 이미지에 가까운 결과를 얻을 수 있습니다.

다음 그림처럼 장소를 직접 언급하지 않으면 일반적인 사무실 혹은 카페 분위기, 다양하게 해석된 결과로 이미지가 생성됩니다.

◆ **프롬프트**: A person working on a laptop(노트북으로 작업하는 사람)

옆에서 본 구도, 부드러운 조명, 여백이 많은 배경, 현대적인 일러스트 스타일 등의 프롬프트를 사용하면 다음 그림처럼 통일된 스타일의 이미지를 생성할 수 있습니다.

◆ **프롬프트**: A person working on a laptop, shot from side view, soft lighting, minimal background, modern flat style illustration(노트북으로 작업하는 사람, 측면 보기에서 촬영됨, 부드러운 조명, 미니멀한 배경, 현대적인 플랫 스타일 일러스트레이션)

카페 테이블에서 노트북을 타이핑하는 여성, 위에서 내려다본 시점, 사실적인 스타일, 오후의 빛 등의 프롬프트를 사용하면 원하는 이미지를 구체적으로 생성할 수 있습니다.

◆ **프롬프트**: A woman typing on a laptop at a cafe table, top-down view, realistic style, afternoon light(카페 테이블에서 노트북을 타이핑하는 여성, 위에서 내려다본 시점, 사실적인 스타일, 오후의 빛)

이처럼 프롬프트에 시점(Top-down, Side view), 스타일(illustration, realistic), 조명 조건(soft lighting, afternoon light) 등을 함께 넣어주면, 원하는 이미지에 훨씬 가까운 결과를 만들 수 있습니다.

미드저니에서 이미지를 생성할 때는 처음에는 짧은 프롬프트를 사용하고, 생성된 이미지를 확인하면서 키워드를 반복적으로 조합해 수정해 나가는 것이 좋습니다. 다음은 이미지 생성에 도움이 되는 주요 프롬프트 옵션입니다. 이외에도 다양한 옵션이 존재하지만, PPT에 사용할 이미지를 생성할 때는 아래의 옵션만 알고 있어도 원하는 수준의 이미지를 충분히 만들 수 있습니다.

◆ **Variety [숫자]**: 한 번의 프롬프트 요청에서 생성되는 이미지 간의 다양성을 조절합니다. 값이 낮으면 유사한 이미지들이, 높을수록 서로 다른 시도와 구성이 나타납니다.

▲ 프롬프트: Cat / Variety: 0

▲ 프롬프트: Cat / Variety: 100

◆ **Weirdness [숫자]**: 이미지의 창의성과 예측 불가능성을 조절합니다. 수치가 높을수록 실험적이고 독특한 결과가, 낮을수록 일반적인 구성이 생성됩니다.

▲ 프롬프트: Dog / Weirdness: 0

▲ 프롬프트: Dog / Weirdness: 100

◆ **--ar [가로:세로]**: 'ar'은 aspect ratio(가로:세로 비율)의 약어로, 이미지의 출력 비율을 조절할 수 있습니다. 예를 들어 '--ar 1:1'을 입력하면 정사각형 비율의 이미지를 생성할 수 있고, '--ar 23:12'를 입력하면 슬라이드나 카드 뉴스 등에 적합한 비율의 이미지를 생성할 수 있습니다.

TIP
'--'는 미드저니의 프롬프트에 사용하는 옵션을 나타내는 표기 방식입니다.

◆ **--stylize [숫자]**: 이미지를 얼마나 예술적으로 표현할지를 결정합니다. 수치를 높일수록 개성 있고 스타일이 강조된 이미지가 생성되며, 낮출수록 현실적이고 간결한 스타일로 표현됩니다.

▲ 프롬프트: woman in newyork / stylize: 0

▲ 프롬프트: woman in newyork / stylize: 100

◆ **--style [standard 또는 raw]**: --style [standard]를 입력하면 안정적인 품질로 스타일과 구도가 조화롭게 반영되고, --style [raw]를 입력하면 AI의 개입을 최소화하고 프롬프트에 충실한 이미지를 생성합니다.

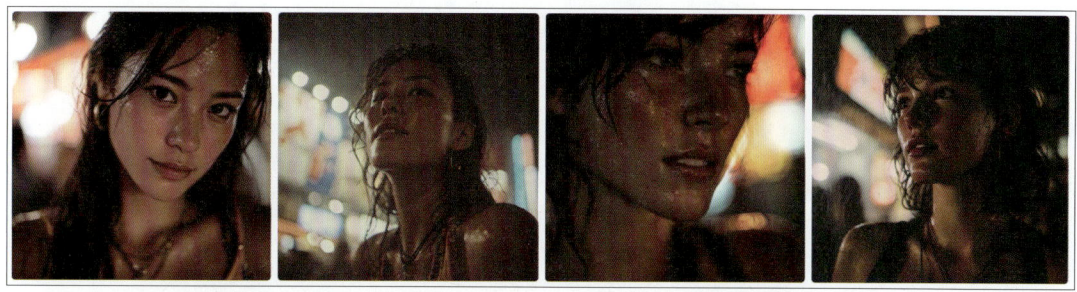

▲ 프롬프트: a hyper-realistic portrait of a woman in a neon-lit Tokyo alley at night, cinematic lighting, shallow depth of field, raindrops in the background, glossy wet skin, 85mm lens / style: standard(네온 불빛이 비추는 도쿄의 골목길, 밤 시간대에 촬영된 여성의 하이퍼리얼리즘 초상화. 영화 같은 조명, 얕은 피사계 심도, 배경에는 빗방울이 떨어지고, 피부는 윤기 있게 젖어 있다. 85mm 렌즈 사용 / 스타일: 스탠다드)

▲ 프롬프트: a hyper-realistic portrait of a woman in a neon-lit Tokyo alley at night, cinematic lighting, shallow depth of field, raindrops in the background, glossy wet skin, 85mm lens / style: raw(네온 조명이 비추는 도쿄의 밤 골목에서 촬영된 여성의 하이퍼리얼리즘 초상. 영화 같은 조명과 얕은 피사계 심도, 배경에는 빗방울이 떨어지고, 피부는 윤기 있게 젖어 있다. 85mm 렌즈 사용 / 스타일: RAW+)

다음 프롬프트는 미드저니의 버전과 이미지 생성 속도와 연관 있는 프롬프트입니다.

♦ **Standard**: 현재 미드저니의 정식 버전으로, 품질과 해상도가 높고 안정적입니다.

♦ **Draft**: 더 빠른 속도로 테스트용 이미지를 생성합니다. 품질은 다소 낮지만 반복 작업 시 효율적입니다.

♦ **v7**: 현재 사용 중인 미드저니 버전 번호이며, 대부분 이 버전으로 생성합니다. 애니메이션 관련 이미지를 생성하고 싶다면 niji6 버전도 좋습니다.

♦ **Fast**: 기본 속도이며, 균형 잡힌 품질과 생성 속도를 제공합니다.

♦ **Turbo**: 더 빠른 이미지 생성을 원할 때 선택할 수 있는 모드입니다. 일부 요금제에서만 사용 가능하며, Fast보다 높은 GPU 소모가 발생할 수 있습니다.

직접 프롬프트를 입력해 이미지를 생성할 수도 있지만, 이런 방식이 어렵게 느껴진다면 미드저니에 있는 기존 이미지를 활용해 새로운 이미지를 만들 수도 있습니다. 기존 이미지를 바탕으로 원하는 스타일의 이미지를 생성하려면, 먼저 미드저니 검색창에 원하는 이미지의 특징을 묘사하는 검색어를 입력해 이미지를 찾아봅니다.

▲ 프롬프트: a Woman walking alone in a rainy street in Tokyo, cinematic lighting, neon reflections, moody atmosphere, 35mm film style, wet asphalt, night time / image 참고(도쿄의 비 오는 거리에서 혼자 걷고 있는 여성. 영화 같은 조명과 네온빛 반사가 어우러진 분위기 있는 장면. 35mm 필름 스타일, 젖은 아스팔트, 밤 시간대 / 이미지 참고)

이미지의 구성을 참고하기 때문에 기존 이미지에 있던 여성, 올드카 등 요소를 그대로 가져와서 이미지를 생성합니다.

▲ 프롬프트: a man walking alone in a rainy street in Tokyo, cinematic lighting, neon reflections, moody atmosphere, 35mm film style, wet asphalt, night time / image 참고(도쿄의 비 오는 거리에서 혼자 걷고 있는 남성. 영화 같은 조명과 네온빛 반사가 어우러진 분위기 있는 장면. 35mm 필름 스타일, 젖은 아스팔트, 밤 시간대 / 이미지 참고)

이미지의 스타일을 참고하기 때문에 프롬프트의 내용에 충실해 남성이 밤거리를 거닐고 있는 모습을 표현했으며, 자동차와 여성 등 기존 요소들은 나타나지 않습니다.

Chat GPT

Chat GPT에서도 원하는 이미지를 직접 만들 수 있습니다. Chat GPT 대화창에 프롬프트를 입력하면 조건에 맞는 이미지를 빠르게 생성해주기 때문에, 바로 피피티에 활용할 수 있습니다.

이미지 생성은 Chat GPT Plus 사용자에게 제공되며, GPT-4를 기반으로 한 'GPT-4o' 모델이 활성화되어 있어야 사용할 수 있었습니다. 하지만 2025년 8월 GPT 5가 발표되며 'GPT 4'에 포함되어 있던 모델이 모두 GPT 5로 통합되었습니다. 이미지 생성에는 OpenAI의 이미지 생성 모델인 '달리(DALL·E)'가 사용되며, 입력한 프롬프트를 바탕으로 고해상도 일러스트, 사진, 그래픽 스타일 이미지 등을 만들어줍니다.

▲ 2025년 8월에 발표된 GPT 5

Chat GPT에서는 미드저니의 프롬프트와는 다르게 한글 자연어로 이미지를 생성할 수 있습니다. 예를 들어, '귀여운 고양이를 그려줘'처럼 텍스트만으로도 원하는 스타일과 구도의 이미지를 손쉽게 생성할 수 있습니다.

◆ **프롬프트**: 파란 배경에 귀여운 고양이 캐릭터가 있는 일러스트 스타일 정사각형 이미지 만들어줘.

또한 미드저니로 생성한 이미지는 한글 텍스트가 부정확하게 표현되는 경우가 많지만, Chat GPT에서는 한글 텍스트와 이미지를 자연스럽게 조합할 수 있어 행사 포스터, 썸네일, 공지 이미지 등을 만들 때 유용하게 활용할 수 있습니다.

◆ **프롬프트**: 어두운 배경에 연보라색 손글씨로 '오늘은 나에게 집중하기' 문구를 넣어줘. 전체적으로 차분한 분위기

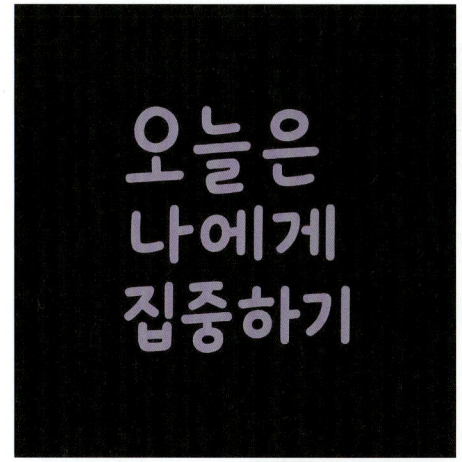

◆ **프롬프트**: 하늘을 배경으로 한 여름방학 영어 캠프 포스터를 만들어줘. 상단에는 '2025 SUMMER CAMP', 하단에는 '8월 3일~8월 10일, 제주 영어 마을'이라는 문구를 한글로 넣고, 배경은 맑은 하늘과 나무들로 자연스럽게 구성해줘.

이 밖에도 Chat GPT를 활용하면 배경이 없는 PNG 이미지를 생성할 수 있어 피피티나 썸네일 디자인에 더욱 효과적으로 사용할 수 있습니다. 배경이 없는 이미지는 피피티에서 다른 요소들과 쉽게 조합할 수 있기 때문에 활용도가 높습니다.

♦ **프롬프트**: 손에 커피잔을 들고 웃고 있는 젊은 여성의 전신 사진을 만들어줘. 자연스러운 포즈, 배경은 투명하게

Chat GPT로 이미지를 생성한 후에는 '조금 더 밝게', '글씨를 위로 올려줘', '배경을 연하게 바꿔줘'처럼 추가 수정을 대화하듯 바로 요청할 수 있어, 이미지 생성과 수정 작업을 끊김 없이 효율적으로 이어갈 수 있습니다.

다음의 피피티 슬라이드는 모두 AI로 생성한 이미지를 활용해 제작한 것입니다. AI 이미지 생성 기능은 이제 단순한 그림을 넘어 콘텐츠 제작의 핵심 도구로 자리 잡고 있습니다. 몇 줄의 문장만으로도 섬세한 감정 표현, 감각적인 조형미, 실용적인 디자인까지 구현할 수 있으며 텍스트와 이미지를 연결하는 창작 과정 역시 그 어느 때보다 쉬워졌습니다.

특히 피피티와 같은 실무 문서에서는 활용도가 더욱 높아졌습니다. 원하는 이미지의 구도를 직접 설명해 만들 수 있고, 한글 텍스트가 포함된 이미지도 구현할 수 있어 슬라이드 디자인에 바로 활용할 수 있는 고품질 비주얼을 손쉽게 제작할 수 있습니다.

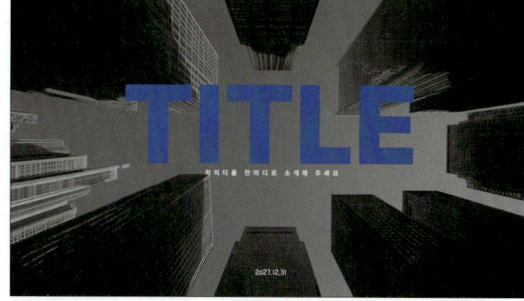

▲ 생성형 AI를 사용해 완성한 슬라이드

AI로 아이콘도 생성할 수 있나요?

피피티에 어울리는 아이콘을 찾는 게 어렵고 답답해서, 차라리 원하는 스타일의 아이콘을 직접 만들어보고 싶다는 생각, 해본 적 있지 않나요? 이럴 때, ChatGPT의 이미지 생성 기능을 활용하면 원하는 스타일의 아이콘 세트를 직접 만들 수 있습니다.

Chat GPT가 참고할 이미지를 제시하기 위해 'Pinterest'에서 'icon set'을 검색하여 마음에 드는 스타일의 아이콘을 복사합니다.

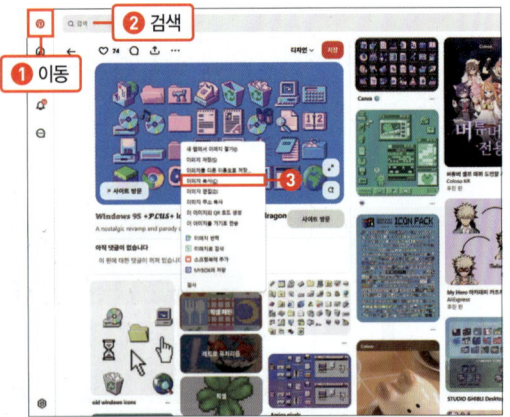
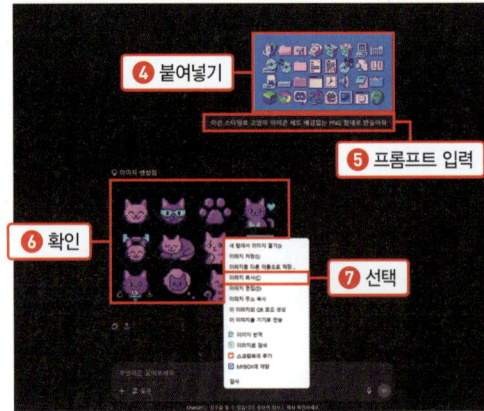

ChatGPT에서 복사한 이미지를 붙여 넣고 다음과 같이 요청해 보세요. 잠시 기다리면 ChatGPT가 아이콘을 생성해 줍니다. 생성된 이미지를 복사하여 피피티에 붙여 넣을 수 있습니다.

◆ 이런 스타일로 [고양이] 아이콘 세트 배경 없는 PNG 형태로 만들어줘.

피피티에 붙여 넣은 아이콘은 도형 병합 기능을 활용해 개별 아이콘으로 만들 수도 있습니다.

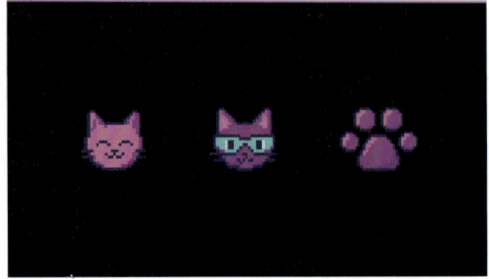

도식화를 쉽고 빠르게 할 수 있는 방법 없을까요?

Q 발표 내용을 도식화하고 싶은데, 막상 만들려니 어렵고 시간이 오래 걸려요. 빠르게 도식화할 수 있는 방법이 없을까요?

A **Napkin AI**를 활용하면 텍스트만 입력해도 자동으로 도식화할 수 있습니다.

💡 복잡한 내용을 슬라이드에 도식화하고 싶지만, 직접 만들려면 어떤 도형을 써야 할지 고민되고 시간도 오래 걸리는 경우가 많습니다. 구성 흐름이 어색하거나 원하는 형태를 구현하기 어려워 중간에 포기하게 되는 경우도 있죠. 이럴 땐 'Napkin AI'를 사용해보세요. 도식화하고 싶은 내용을 텍스트로 입력하기만 하면, AI가 내용을 분석해 자동으로 시각적인 도식으로 바꿔줍니다.

1 'Napkin AI(https://www.napkin.ai/)'에 접속한 다음 회원 가입 후 로그인합니다.

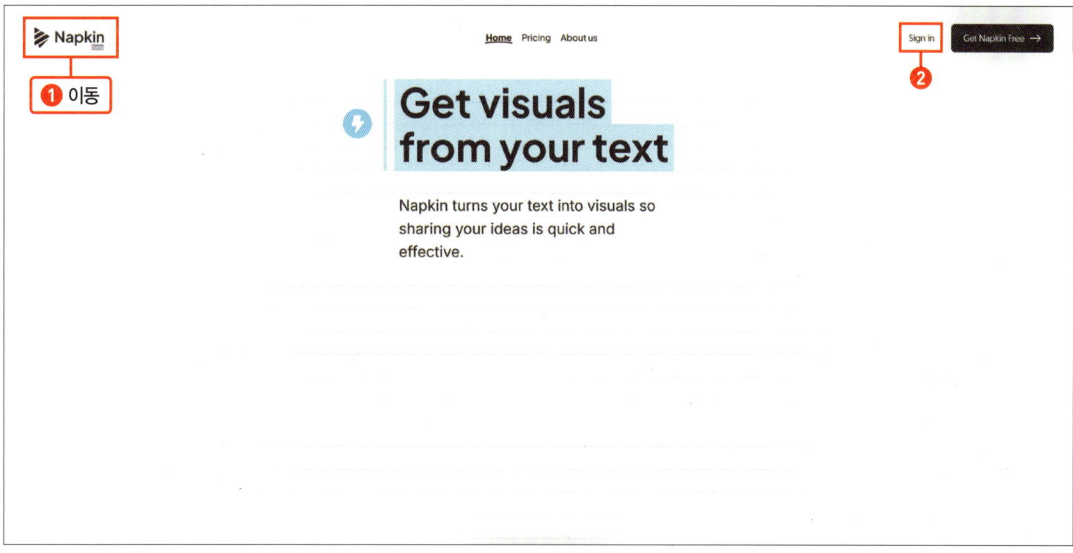

2 새 도식화 작업을 시작하기 위해 [New Napkin]-[Blank Napkin]을 선택합니다.

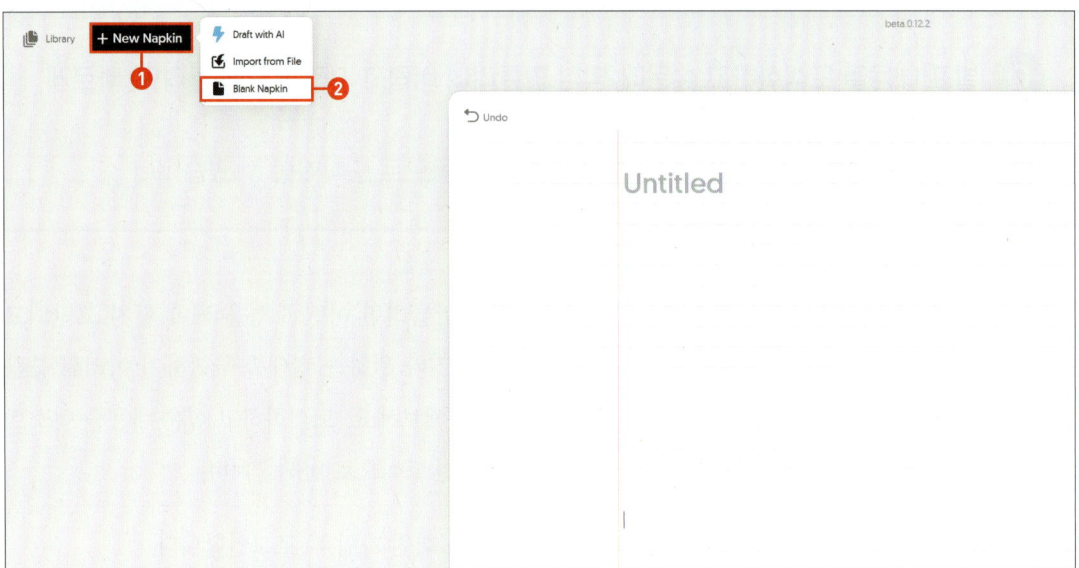

3 작업 화면의 입력창에 도식화할 텍스트를 입력합니다. 여기서는 다음과 같이 입력했습니다.

◆ 고객 문의가 접수되면, 담당자가 내용을 확인하고 관련 부서에 전달합니다. 이후 해당 부서에서 답변을 작성하고, 이를 다시 고객에게 회신합니다.

◆ 신제품 개발은 시장조사 → 아이디어 구상 → 시제품 제작 → 피드백 반영 → 출시 순으로 진행됩니다.

◆ 회사의 핵심 가치는 고객 중심, 지속 가능성, 그리고 기술 혁신입니다. 각 가치에 따라 부서별 전략이 다르게 설정됩니다.

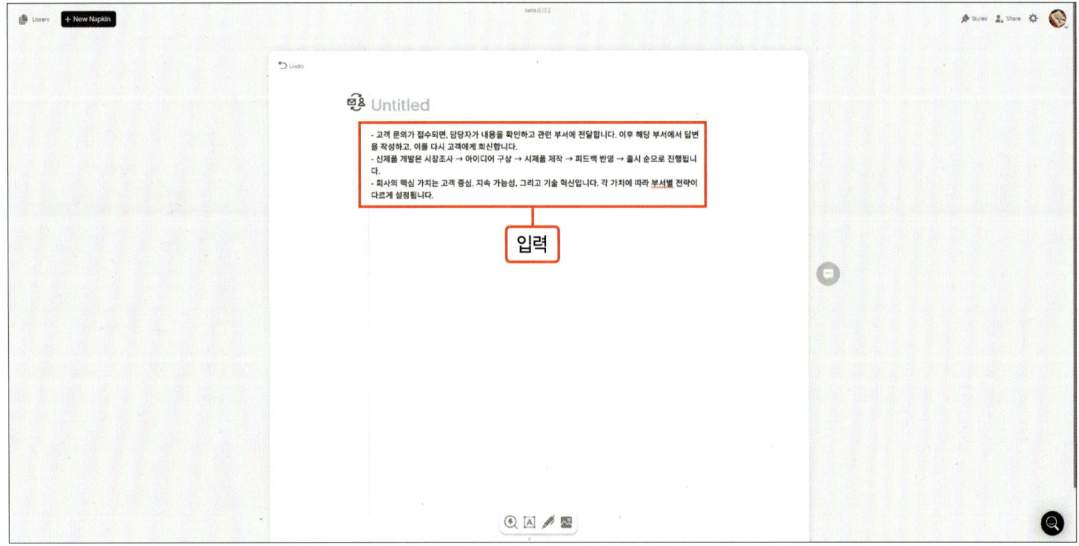

4 입력한 텍스트 위에 마우스 커서를 올려 놓으면 표시되는 아이콘[⚡]을 클릭합니다. 그러면 Napkin AI가 자동으로 적절한 도식화를 제시합니다.

 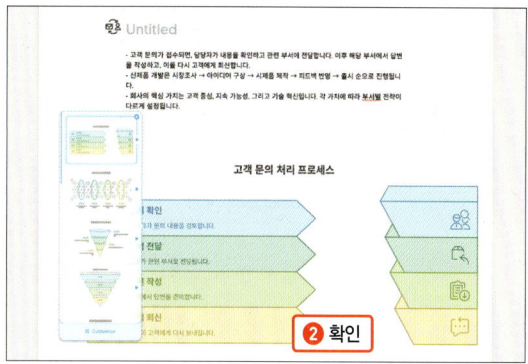

5 제시되는 도식 중 마음에 드는 형태를 선택하고 [STYLES]을 클릭하면 더 다양한 스타일을 확인할 수 있습니다.

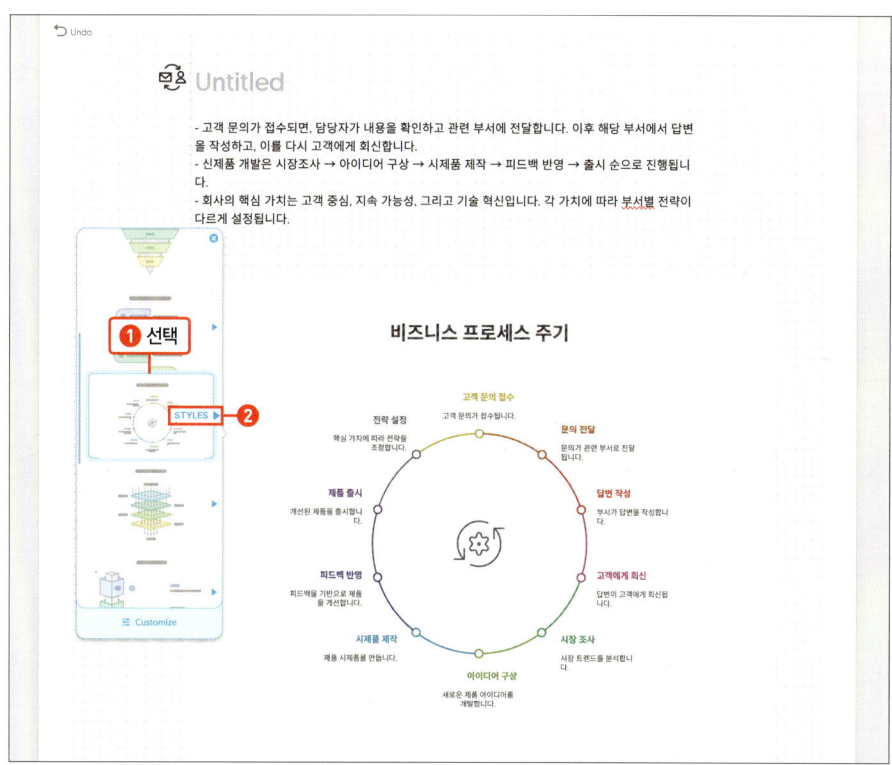

6 최종 생성된 도식을 선택하고 [Export]를 클릭하면 해당 도식을 PNG, SVG, PDF 등 다양한 파일 형식으로 저장할 수 있습니다.

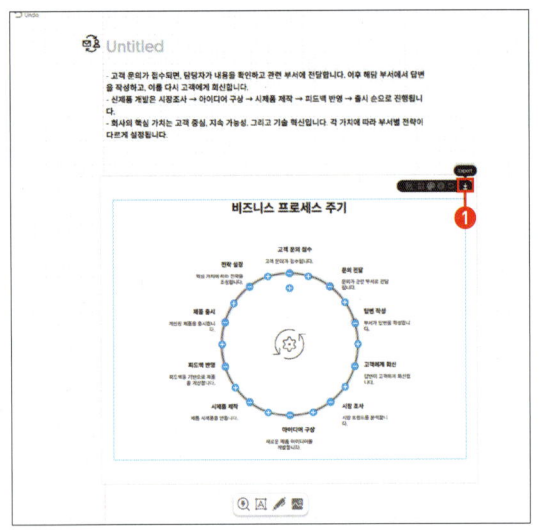

이렇게 생성한 도식은 바로 피피티에 삽입해 활용할 수 있습니다. 빠르게 삽입하려면 PNG 형식으로 다운로드하면 되고, 슬라이드 디자인에 맞게 수정하려면 SVG 형식으로 저장한 뒤 도형으로 변환해 편집할 수 있습니다.

내가 원하는 스타일의 색 조합을 만들 수 있나요?

Q 매번 색을 고르고 조합하는 게 어렵고 번거롭습니다. AI가 대신 해줄 수는 없을까요?

A Khroma AI를 활용하면 나만의 취향에 맞는 색 조합을 빠르게 만들 수 있습니다.

💡 슬라이드나 썸네일을 만들 때 색 조합을 고민하다 보면, 어떤 색을 골라야 할지 막막해지는 경우가 많습니다. 무난한 색만 반복하게 되거나, 직접 조합한 색이 어색하게 느껴지는 경험도 자주 생기죠. 이럴 땐 'Khroma AI'를 활용해보세요. 몇 가지 좋아하는 색을 입력해두면, AI가 사용자의 취향을 학습해 수십 가지 컬러 조합을 자동으로 제안해줍니다. 감각적인 컬러 팔레트를 빠르게 얻고 싶을 때 특히 유용한 도구입니다.

1 'Khroma AI(https://www.khroma.co/)'에 접속한 다음 [Generate]를 클릭합니다.

2 '50'개의 색상을 선택하라는 메시지가 표시되면 화면에서 마음에 드는 색상 50개를 선택합니다. 'khroma'에서는 원하는 색상을 선택하여 인공지능 학습시킬 수 있으며 학습 결과에 맞춰 사용자가 선호하는 색 조합을 무한대로 제시합니다.

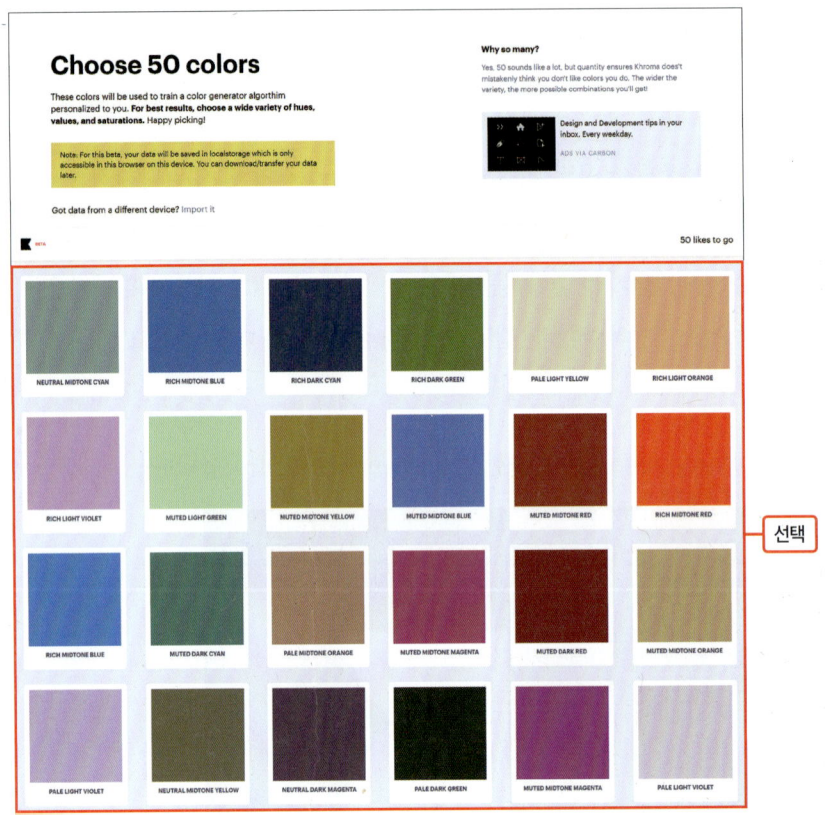

3 마음에 드는 50가지 색상을 선택한 다음 [training]을 클릭하면 앞서 선택한 색상을 기반으로 색을 조합해 줍니다.

4 제안하는 색 조합은 무한하며 'khroma'에서 제안하는 색상 조합을 피피티에 적용하기만 하면 색상 선정, 조합 고민 없이 쉽게 만들 수 있습니다.

원하는 색상을 검색하면 특정 색상을 추가할 수 있으며 A ▯ ▨ ✎ ☰ 를 선택하여 'khroma'가 제안하는 샘플을 다양한 형태로 변경할 수 있습니다. Bias가 높을수록 선택한 50에 가깝고 낮을수록 다양한 조합을 제안합니다. 제안 결과가 마음에 들지 않는다면 편집하여 다시 학습시킬 수도 있습니다.

오른쪽 위에 있는 ◎를 선택하면 Khroma AI의 설정을 변경할 수도 있습니다.

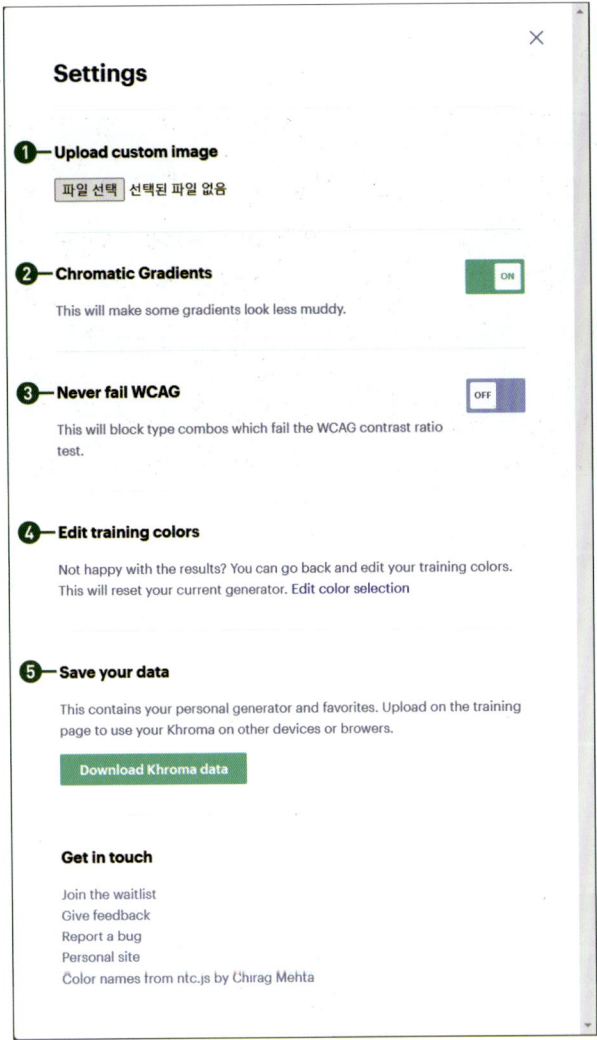

❶ **Upload custom image**: 사용자가 직접 이미지를 업로드하면, 해당 이미지에 포함된 색상들을 분석하여 컬러 조합 추천에 반영합니다.

❷ **Chromatic Gradients**: 그라디언트가 흐릿하거나 탁하게 보이는 문제를 줄여줍니다. 활성화하면 일부 그라디언트가 더 깨끗하고 선명하게 표시됩니다.

❸ **Never fail WCAG**: 명도 대비 기준을 충족하지 않는 조합을 자동으로 차단합니다.

❹ **Edit training colors**: 사용자가 선택한 색상 기반으로 학습된 결과가 마음에 들지 않을 경우, 색상 선택을 다시 할 수 있습니다.

❺ **Save your data**: 사용자가 학습시킨 색상 조합과 선호 데이터를 다운로드할 수 있습니다.

정적인 이미지를 움직이게 할 수 있나요?

Q 중요한 슬라이드에 삽입한 이미지를 임팩트 있게 강조하고 싶어요. 정적인 이미지를 움직이게 할 수 있을까요?

A 정적인 이미지를 영상처럼 바꿔주는 Immersity AI를 활용해보세요.

💡 피피티에서 아무리 고해상도 이미지를 사용해도 정적인 이미지만으로는 전달력에 한계가 있습니다. 특히 발표나 제안서처럼 한 장의 슬라이드로 승부를 봐야 하는 상황에서는, 시선을 단번에 끌 수 있는 장치가 필요하죠. 이럴 땐 'Immersity AI'를 활용하면 이미지를 영상처럼 움직이게 변환할 수 있습니다. 이미지에 깊이와 움직임을 더해 영상처럼 구현할 수 있어 보다 몰입감 있는 슬라이드를 만들 수 있습니다.

1 'immersity AI(https://immersity.ai)'에 접속한 다음 회원 가입 후 로그인합니다.

2 immersity AI에서는 다음 중 하나를 선택해 변환할 수 있습니다. 여기에서는 'Immersive Motion'을 선택하고 이미지를 업로드했습니다.

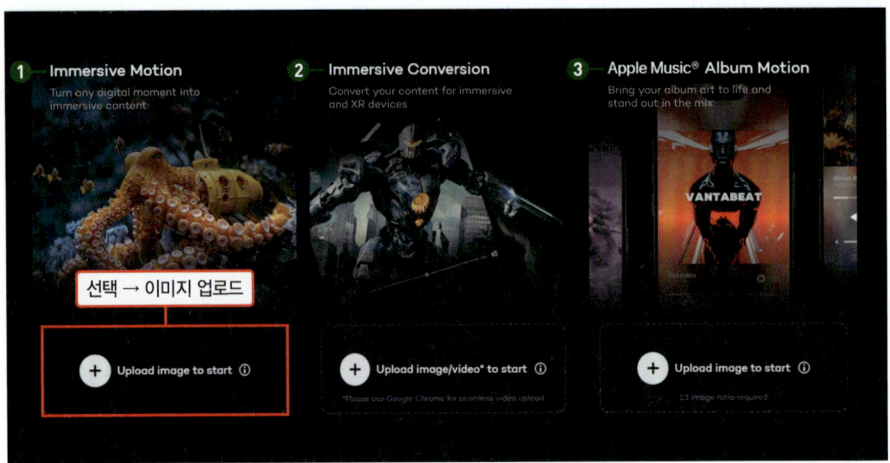

❶ **Immersive Motion**: 정적인 이미지를 움직이는 콘텐츠로 변환해줍니다.
❷ **Immersive Conversion**: 업로드한 이미지나 영상을 VR/AR 등 몰입형 디바이스에 최적화된 콘텐츠로 변환해줍니다.
❸ **Apple Music® Album Motion**: 앨범 커버 이미지를 생동감 있는 모션 그래픽으로 변환합니다.

3 이미지가 업로드되면 AI가 자동으로 전경, 배경, 깊이감을 분석하여 미리보기를 제시합니다.

4 화면 오른쪽에서 카메라 시점, 줌 인/아웃, 좌우 이동 등 원하는 움직임을 조정하여 변환된 영상 분위기를 설정할 수 있습니다. 설정이 어렵다면 기본 설정을 그대로 사용해도 충분합니다.

5 변환된 영상을 다운로드하려면 [Export]-[MP4 3D Motion]-[Next]를 차례대로 선택합니다.

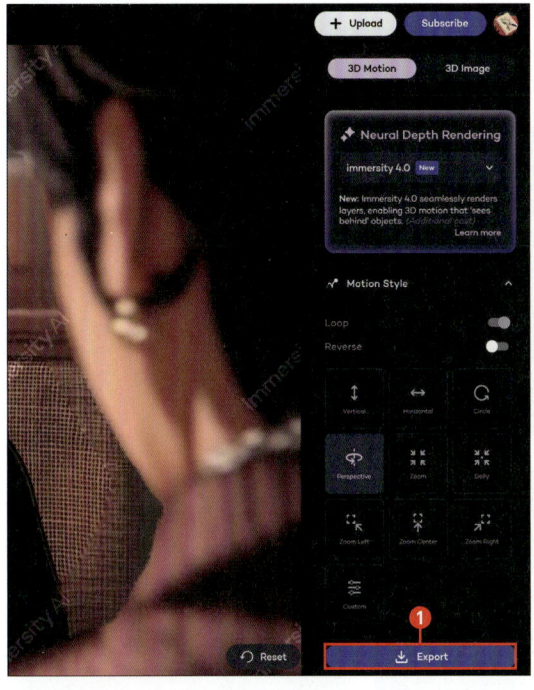
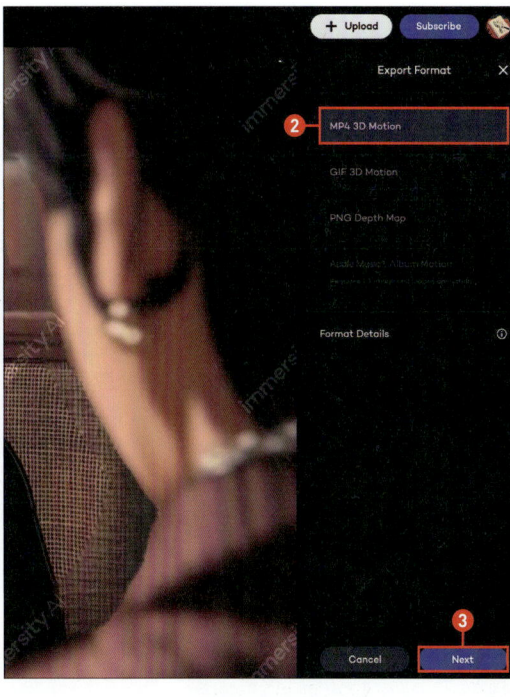

6 다운로드할 영상의 화질을 선택하고 [Next]를 클릭합니다.

> **TIP**
>
> 구독하지 않아도 워터마크가 있는 이미지를 무제한으로 생성할 수 있습니다. 유료 구독 시 크레딧을 사용해 고화질(Plus, Premium) 이미지를 다운로드할 수 있으니, 먼저 무료 버전으로 테스트해 보고 중요한 피피티에는 고화질 이미지를 활용해 보세요.

7 [Export]를 클릭하여 영상 추출하고 완료되면 [Download]를 클릭하여 영상을 다운로드할 수 있습니다.

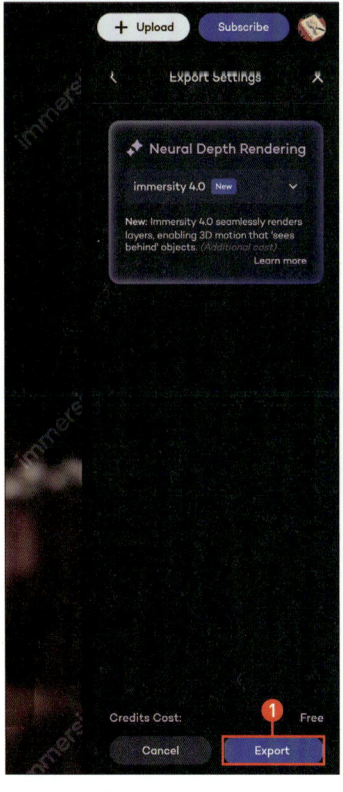

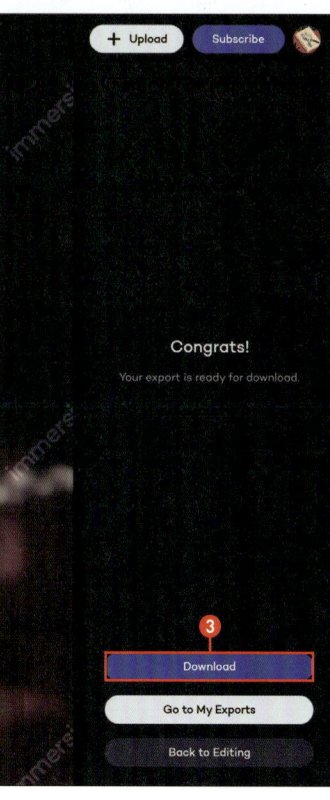

다운로드한 영상을 피피티에 삽입하면 임팩트 있는 슬라이드를 완성할 수 있습니다. 이렇게 삽입한 영상은 슬라이드 쇼를 시작했을 때 영상이 자동으로 재생되도록 설정하는 것이 좋습니다.

TIP
영상을 자동 재생하는 방법은 210쪽을 참고하세요.

INDEX

기타
3D 모델　　　　　　　　　　324, 328, 331

A
Adobe Express　　　　　　　92, 179, 199

C
Chat GPT　　　　　　　　　　　　　348

F
Flaticon　　　　　　　　　　　91, 177, 182
Freepik　　　　　　　　　91, 153, 177, 186

G
GIF　　　　　　　　　　　　　　171, 180
GIPHY　　　　　　　　　　　　　93, 293

I
I LOVE PDF　　　　　　　　　　　35, 92
Immersity AI　　　　　　　　　　　　361

K
Khroma AI　　　　　　　　　　　　　357

L
Life of pix　　　　　　　　　　　　90, 195
Lliys AI　　　　　　　　　　　　92, 336
Lordicon　　　　　　　　　　　　91, 181

M
Midjourney　　　　　　　　　　　　　340
Napkin AI　　　　　　　　　　　　　353

O
OTF　　　　　　　　　　　　　　　　141

P
Pexels Video　　　　　　　　　　　90, 195
Pixabay　　　　　　　　　　　　　90, 194
PNG　　　　　　　　　　153, 179, 203, 352

R
Remove.bg　　　　　　　　　　　92, 201

S
SVG　　　　　　　　　　　153, 179, 185

T
TTF　　　　　　　　　　　　　　　　141

U
Unsplash　　　　　　　　　　　　90, 193

ㄱ
가로 세로 비율　　　　　　　　50, 78, 345
강조용 폰트　　　　　　　　　　　　131
강조하기　　　　　　　　　　　　　288
개체 틀 삽입　　　　　　　　　　　　73
결합　　　　　　　　　　　　　　　164

교차	71, 110, 130, 164, 166, 168, 171, 309
그라데이션	29, 102, 108, 122, 300, 313
그리기 도구	149, 152
그림 압축	62
그림 테두리	81
글꼴	39, 61, 114
글래스포피즘	308
글머리 기호	56
기본 도형으로 설정	51
기본 테마	24
기본 텍스트 상자로 설정	51
끝내기	289

ㄴ

나타내기	288
내어쓰기 표시자	57
녹음/녹화	204
눈금자	57
눈누	93, 339

ㄷ

단락	116, 261
대비	262
데이터 레이블	215
데이터 선택	216
도식화	353
도형 병합	50, 71, 108, 122, 161, 168, 172, 309
도형으로 변환	187
디자이너	55

ㄹ

롱쉐도우	305

ㅁ

맞춤 확인	37
메모장	66
모핑	283, 328
무료 폰트	137, 142
미드저니	340

ㅂ

배경 서식	29, 70, 257
배경 제거	197
번호 매기기	56
벡터	178
복제	69, 85, 235
본문용 폰트	134
빠른 실행 도구 모음	47, 78
빼기	165

ㅅ

사용자 지정 슬라이드 크기	36, 60
새 슬라이드	27
새 테마 색 만들기	42
색 사용자 지정	41
서식 복사·붙여넣기	82, 86
소리 재생	280
스케치	149
스포이트	32, 46, 97
슬라이드 마스터	24, 68, 71, 256
슬라이드 번호	59
슬라이드 크기	60
슬라이드 하이퍼링크	279
슬라이드 확대/축소	281
시작 화면	22
실행	278
실행 취소	53

INDEX

ㅇ

아이콘	176, 184, 185
애니메이션	286, 290, 329
엑셀	227
연결점 종류	148
영문 폰트	135
온라인 비디오	208
왼쪽 들여쓰기 표시자	57
윤곽선	81
이동 경로	289

ㅈ

전환	274, 283, 286, 330
점 편집	145
정렬	221, 243, 249
조각	164
중지점	30, 105, 113, 123, 314

ㅊ

차트	211, 217
첫줄 들여쓰기 표시자	57
최대화	37

ㅌ

탭 정지점	58
투명한 색 설정	198
투명한 이미지	203
트리거	291

ㅍ

포스터	96
폰트폰트	338
표	223, 227
프롬프트	340
픽셀	178
핀터레스트	96, 233

ㅎ

현재 테마 저장	25, 41